「陈诚传」

孙宅巍 ／ 著

团结出版社

图书在版编目（ＣＩＰ）数据

陈诚传/ 孙宅巍著. -- 北京 ：团结出版社，
2016.10（2021.5 重印）
ISBN 978-7-5126-4323-9

Ⅰ．①陈… Ⅱ．①孙… Ⅲ．①陈诚（1898-1965）—
传记 Ⅳ．①K827=7

中国版本图书馆 CIP 数据核字(2016)第 168131 号

出　版：团结出版社
　　　　（北京市东城区东皇城根南街 84 号　邮编：100006）
电　话：（010）65228880　65244790　（出版社）
　　　　（010）65238766　85113874　65133603（发行部）
　　　　（010）65133603（邮购）
网　址：http://www.tjpress.com
E-mail：zb65244790@vip.163.com
　　　　tjcbsfxb@163.com（发行部邮购）
经　销：全国新华书店
印　装：三河市东方印刷有限公司

开　本：170mm×240mm　　　16 开
印　张：25
字　数：351 千字
版　次：2016 年 10 月　　第 1 版
印　次：2021 年 5 月　　第 3 次印刷

书　号：978-7-5126-4323-9
定　价：68.00 元

陈诚肖像

毋謂時鍾厄運而自疑
毋謂事不由人而自懈
銷災謝譴莫大於修誠
節用愛人忠先於亮己

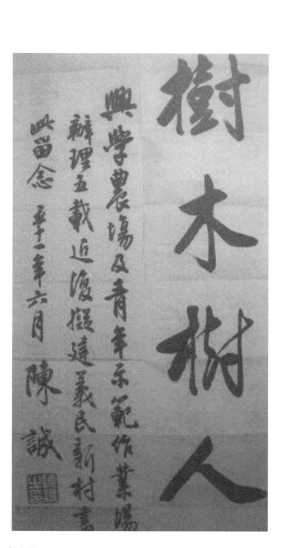

樹木樹人
興學農場及青年示範作業場
辦理五載近復擬建義民新村書
此留念 辛亥年六月 陳誠

陈诚墨迹

1951 年陈诚阖家欢照

1953 年陈诚夫妇与子女合影

1954 年陈诚夫妇合影

1958年陈诚（右一）与胡适（右二）闲话家常

1961年陈诚接见台湾少年战士

1963年陈诚（右一）与香港电影导演李翰祥（右二）交谈

前　言

陈诚是中华民国史上的一名风云人物，是国民党政权中著名的军事家、政治家。他从1918年考入北京政府的保定陆军军官学校起，开始了终其一生的戎马生涯。其间，由排长、连长、营长、团长、副师长、师长、而至军长、集团军总司令、战区司令长官、政治部长、军政部长、参谋总长，国民党政权撤退台湾后，更位至"行政院长"、"副总统"、副总裁。他一生的经历，丰富而繁杂，充满了传奇色彩。客观地、恰当地论述其一生，是民国史研究中的一项重要课题。

台湾已有陈诚的生平、传记、资料书籍多部，可是由于政治观点等原因，这些论著对于陈诚一生功过是非的论述是混乱的，有不少地方是错误的。大陆亦有许多关于陈诚生平的著作问世，笔者也曾有数部忝列其中，但由于长期以来陈诚私人档案资料没有开放和公开出版，致使对陈诚一生活动的记述，多有讹误与缺失。自本世纪初台湾地区将"石叟丛书"全部向社会公开，并陆续出版陈诚个人资料二十余册后，使史界对陈诚生平的研究得以耳目一新。本书在笔者原有对陈诚生平研究的基础上，又以新出版的陈诚个人资料对原有论述加以比对、更新，以使叙述与立论更为新鲜、准确，使读者能读到、见到一个更加真实的陈诚。

陈诚是蒋介石的重要嫡系将领。我国著名史学家章开沅教授称其为"追随蒋介石最久，最为忠诚又最受信任的得力助手"。蒋介石经常把一些带有全局性的工作交给陈诚主持，表现了对他特别的信任。蒋介石宠幸陈诚，最初的信号是，在1934年让他担任"庐山军官训练团"的副团长，而蒋则亲任团长。尽管当时陈诚已身为第18军军长和指挥19个师(旅)的"进剿军"总指挥，但是他并不希望部下称他"军座""总座"，而乐于部下称他为

"副团座"。陈对于能担任蒋的副手之重视，于此可见一斑。在以后续办的庐山训练团、峨嵋训练团中，均由蒋任团长，陈任教育长并主持全盘工作。1938年成立的"三民主义青年团"，蒋任团长，陈任中央团部书记长，实际主持"三民主义青年团"的全盘工作。抗战期间，蒋介石对陈诚的使用，殊异于一般将领。如他在担任六战区司令长官后，仍奉派去其他战区指挥战事；在担任远征军司令长官后，仍继续担任六战区司令长官等。此时，蒋陈关系，也达到了"爱恨交加"的非同寻常的地步。据《陈诚回忆录》揭示：当1943年9月陈诚向蒋请辞远征军司令长官后，蒋在复信中竟称："凡你要求者，无不遵你意旨照办；于我个人，无论公私，我以为已到至极地步。""现在除向你三跪九叩首之外，再无其他礼节可以表示敬意。"蒋在此处所使用的语言，包含了亲近、尊重、气恼、挖苦等多重元素。这样的交流，恐怕再不能从蒋与其他任何一个下属中间找到。蒋甚至表示："中正不可一日无辞修。"抗战胜利后，在国民党政权崩溃过程中，陈诚又一再被派往最关键的地方。当东北战场的地位日趋重要的时候，蒋派陈接替熊式辉担任东北行辕主任；当国民党政权即将于整个大陆崩溃的时候，蒋在宣告自己下野前夕，任命正在台湾休养的陈诚为台湾省政府主席，为国民党政权下一步的栖身之地安下了一颗足以放心的棋子。在国民党政权撤台后，蒋介石共两度7年任用陈诚担任"行政院长"，又先后提议陈诚出任"副总统"、国民党副总裁，使其成为台湾实实在在的"二号人物"。

陈诚毕生的思想、活动，有着明显的特点。笔者以为，除了在性格和作风上比较踏实、清廉和雷厉风行外，陈诚的主要特点可以用六个字来概括，即"反共、忠蒋、爱国"。"反共"反映了历史的局限，应予否定；"忠蒋"应作具体分析；"爱国"应予肯定。本书致力于体现陈诚的这样三个特点。由于陈诚与蒋介石同是国民党内掌权派的代表人物，因此对陈诚的评价，基本上可以与对国民党的评价同步。在国民党与共产党合作，共同推进中国的革命事业和反击外国侵略的时候，陈诚的活动，基本上应得到肯定；不过在肯定的同时，对于那些使"亲者痛，仇者快"的事，应予批判与否定。在国民党与共产党分裂，进行反共、反人民内战或准备"反攻大陆"的时候，陈诚的活动，基本上应予否定；不过在否定的同时，对于那些开发祖国边疆、抵御自然灾害、反对"台独"和"托管台湾"等方面的努力，则亦应给予实事求是的评价。陈诚坚决主张"一个中国"，曾谴责从事"台独""托管"活动者为"野心分子"和"不肖之徒"。尽管他所主张的"一个中国"乃是由国民党统治的"中华民国"，但这在客观上，却有利于祖国的独立、完整和统一。

基于上述种种考虑，我自20世纪80年代初，在参加编著《中华民国史纲》和编写《中华民国史丛书》时，即对陈诚的研究产生了浓厚的兴趣。为此，我曾到陈诚家乡青田作过实地采访、调查，曾追寻陈诚军事活动的重要地点南京、上海、武汉、桂林、沈阳等地查阅资料，曾利用赴台进行学术交流的机会收集相关信息。在此基础上，我先后在法国《欧洲时报》长篇连载《陈诚传略》，在国内数家出版社出版《陈诚晚年》《陈诚别传》《陈诚传》等著作，并在十多家报刊上发表有关陈诚的研究文章二十余篇。

本书的写作方法，基本以时间为序，分作15章97目。但当同一段时期，陈诚的军事、政治、经济活动内容都比较丰富时，则只能在不同类别中保持时间的先后次序，不可能如大事年表一般，将任何内容都纳入同一时段叙述。这样，便有少数的章和目，是跨越时间序列的。

任何一部史学论著的价值，都体现在该书的观点和史料上，即必须既有丰富的、新鲜的史料，又有正确的观点。本书努力在史料和观点这两个方面进行新的挖掘和探索。在史料方面，本书依据来自档案馆、港台书刊、回忆录、访问记录和报纸等方面的数百万字资料，反复核对，去粗取精，去伪存真，选择其最准确、最有代表性的资料加以运用。如抗日战争中，一个战役，往往有由陈诚收、发的电报近百件，书中只引用其三数件。有些资料，或由于其本身的珍贵价值，或由于台湾海峡的中隔而不易为人们所知，则尽量从详引用，力求保持其原有风貌。本书引用了大量陈诚的言论、信函、电文，还有众多的国民政府档案。本书力求用历史唯物主义的观点来统率和驾驭史料，寓论于史；对于某些重要的史实，还专门进行简要的评价。历史唯物主义观点的一条重要原则是实事求是，秉笔直书。笔者于写作中，在肯定陈诚之处，不为其隐讳错误；在否定陈诚之处，也不故意抹去不该否定的事情。

如何处理人物的个人活动和历史背景之间的关系，是写人物传记时需恰当把握的一个问题。本书依据的原则是，凡与陈诚有关者则书，凡无关者则弃；陈诚当政时则详，不当政时则简。如陈诚担任台湾"行政院长"时，台湾面临的形势、经济发展的状况等，这些情况的本身，虽无陈诚的足迹及声音，但它们都是陈诚活动的出发点或效果，因此在介绍时则略增笔墨。

本书在写作过程中，注意到了学术性与可读性的结合。不过，必须坦率承认，它首先是一本学术性的著作，其所载资料均可作为史学工作者在研究和教学工作中可靠的参考；其所阐发的观点，亦经反复推敲，而可以成为史学同行们进行新的研究和探索的基础。它不是纪实文学和报告文学，语言和情节都没有著者的刻意加工。学术性本身也应看做是可读性的一个方面。同时，本书中大批从未披露过或在大陆上难以接触到的新鲜资料，大量贯穿于陈诚军政活动中的趣闻轶事，将增添读者的兴趣。为了更完整地展现陈诚一生的风貌，书中对于陈诚的身世、婚姻、家庭、性格和病死等内容，都有专门的叙述。相信，通读全书后，读者将了解到一个历史上真实的陈诚。

2015 年 3 月，值陈诚先生逝世 50 周年之际，承台湾政治大学邀请，笔者赴台出席了"陈诚与中国现代化"学术研讨会，并在会上作《论抗日战争时期的陈诚》学术报告。会议期间，得与陈诚先生公子履安、履碚、履洁，女公子陈幸、陈平，嘉婿传韬校长相见，惠蒙履安、曹倩伉俪暨宇廷、央金拉姆伉俪宴请。在台期间，各位学人的精彩报告，陈诚亲属于会内、会外的交谈，给笔者提供了丰富的信息与灵感。特别需要感谢的是，传韬校长与台湾国史馆何智霖先生，在会议前后赠送笔者共二十余册最新出版的陈诚个人资料。这批宝贵的历史资料，为我客观、公正地论述陈诚，提供了极为有利的条件。

著　者

2016 年 5 月

目录

第四章 参加"围剿"红军

第五章 西安事变前后

第十三章　在台湾的军政生涯

第十四章　经营台岛

第十五章　最后的年代

附　录

第一章　将星初现

一　青田骄子

正当中国近代史上著名的戊戌变法运动日趋高潮的时候，在浙江省青田县高市外村的一座旧式院落里，出生了中华民国史上的显赫人物陈诚。陈诚少年时代曾题"游石门洞"诗云："鼓旗对峙镇山门，昔日文成策主勋。安得驰驱旗鼓出？青天之下扫余氛。"由此可见陈诚自命不凡的志向。

清光绪二十三年旧历十二月十二日，即公历 1898 年 1 月 4 日，正当中国近代史上著名的戊戌变法运动日趋高潮的时候，在浙江省青田县高市外村的一座旧式院落里，出生了中华民国史上的显赫人物陈诚。

陈诚，字辞修，别号石叟，出身于破落地主家庭。其先祖为河南人，自明嘉靖年间始迁青田，因家居县署旁司下，故人称司下陈家，后于明亡清兴兵乱之中复避往石盖、四都等处。待传至茂远时，始迁高市。茂远为武学诸生，生二子，长子采芹。采芹生国善，邑之首富，为陈诚高祖。陈诚曾祖廷珪，生六子，长子锦芝，妻刘氏。锦芝生二子，长子登迁，次子希文。①希文乃字，名应麟，晚清诸生，后毕业于杭州初级师范学校，初为村中塾师，复任青田县立敬业高等小学校长 10 余年，以教育事业终其身，1924 年逝世于校长任上。希文生三子一女，长子即陈诚，次子正修，三子勉修，女嫁徐姓。陈诚母洪氏，1953 年寿终于台北。

青田，又称芝田，因田产青芝而得名。境内虽土地贫瘠，经济落后，但因具泉石之胜，括苍山余脉分展县境，群峰倚天，江溪纵横，山清水秀，

---

① 陈诚家世，见《陈辞修先生世系纪要》，台北《"中央"日报》1965 年 3 月 6 日。

风景绮丽。当地盛产青田冻石，其石雕工艺，历史悠久，名扬中外。

自县城鹤城镇，沿瓯江西行约30公里，即至高市。高市镇濒临之瓯江段，又称大溪。江水滔滔，溪流蜿蜒，极富山乡田园色彩。

由高市再西行2公里，为全县及浙南之著名风景区石门洞。陈诚幼时，常至此处嬉戏，该地亦可视为陈氏赖以成长之故土。石门洞位于瓯江南岸，临江有两峰壁立，高数十丈，相对如门，故名石门。此二峰，有云卧龙、伏虎者，有曰鼓山、旗山者，从不同方位，可观得不同姿态，苍松翠竹，配以流水潺潺，别有一番情趣。从石门山峰奔腾倾泻的瀑布，有三级层次，飞瀑卷雪，高峰插云，被称为"浙东三瀑布"之一，有"浙南诸景之冠"的美名。石门洞自南朝刘宋景平年间（423年）永嘉太守谢灵运来游后，即以全国三十六洞天之一而闻名于世。明开国功臣刘基曾读书于此，并在这里写出了脍炙人口的《郁离子》一书。清诗人袁枚亦盛赞石门洞瀑布的纤巧轻盈、变幻万千。陈诚少年时代曾题游石门洞诗云："鼓旗对峙镇山门，昔日文成策主勋，安得驰驱旗鼓出？青天之下扫余氛。"[①]后并自署石叟，隐以自勉。由此可见，石门洞对陈诚成长的影响之深和他自命不凡的志向。

陈诚7岁始就读于堂伯父陈炽谦，其父亦时予督教。翌年，入本村高市小学，1912年自高市小学毕业。其后，在家作短期补习。

1913年春，陈诚考入丽水浙江省立第十一中学。他身穿长褂，肩挑书笼、包袱，由父亲陪同，风尘仆仆地来到离家数十里外的丽水县城，被分配在学校第10班就读。是年秋，为减轻家庭经济负担，兼顾两弟之读书，转入丽水浙江省立第十一师范学校读书。入校后，学习勤奋，成绩优良；尤其喜爱体育运动，擅长体操、单杠，曾在师范、中学联合召开的第一次运动会上，大显身手，博得热烈掌声，荣获个人总分第一，领取奖品甚多。

在师范读书期间，陈诚染上赌博恶习。一天晚上，出外赌博至夜方返，见校门已关，便扒墙洞钻进学校。后事发，多数教职员工主张开除其学籍，

---

① 夏敬：《敬悼辞公"副总统"》，见何定藩编《陈诚先生传》，台北"反共出版社"1965年版，第377页。文成，即明刘基谥号。

以示惩戒；唯校长华国坚持认为，他虽严重违犯校规，但念其已属高年级，不久将毕业参加工作，便免予开除处分。对此，陈诚感激不已，竟从此戒赌。

师范毕业前夕，同学们多心情喜悦，笑逐颜开；但陈诚却暗自懊丧，为未来的前途担忧。他感到：凭师范学到的一点知识，踏上社会后是不能生活的；若到其他高等学校进修，家中又无力供给，弄得不好，今天的毕业，就是明天的失业。是时，陈父于青田敬业小学任校长，学校正缺少体育教师。校中同仁咸知，陈诚之体育成绩优异，便向希文先生建议录用其任教体育。但偏偏遇到希文先生秉公办事，不徇私情，他说："现在青田许多绅士正在找我缺点，我若录用儿子，正好陷其圈套，告我滥用私人，岂不是授人以柄？"[1]其实陈诚本人对做小学体育教师亦无兴趣。于是，留陈诚于敬业小学之议遂罢。

1917 年暑假，陈诚由浙江省立第十一师范学校毕业。

1918 年，陈诚依媒妁之言，与师范同学吴子漪胞妹吴舜莲结婚[2]。吴家是青田著名富户，结婚时陪嫁甚多，妆奁满房。新婚燕尔，感情甚笃。

这年，杭州体育专门学校招生，陈诚衔父命插班考入，仅一月即卒业。陈父原认为，体专毕业可当中学教员，比小学教师要强。殊不知，陈诚压根儿看不起教师，觉得教书没有出息。他之短期入体专，是为了掌握体育技巧，锻炼身体。

因此，陈诚虽腰藏第十一师范和杭州体专两张毕业文凭，但因无意谋取教师之职，故仍彷徨不定。年届二十的陈诚，此时此刻，走到了一生事业和命运的十字路口。

二　军校机遇

正当青年陈诚徘徊于人生道途转折点的时候，一张招生广告和一位邂

---

[1] 见陈诚同乡刘少峰、叶秉枢回忆材料《陈诚一生简况》，藏青田县政协。
[2] 见陈诚同乡刘少峰、叶秉枢回忆材料《陈诚一生简况》，藏青田县政协。

近的前辈，把他推向戎马生涯。1918 年 7 月，北京报纸刊登了保定军校的招生广告。陈诚的一口青田方言，引起了在福建皖系部队中任师长、最近刚当选为北京政府国会议员的前辈杜志远的好感。他在杜志远的帮助下顺利完成了报名手续。

正当青年陈诚徘徊于人生道路转折点的时候，一张招生广告和一位邂逅的前辈，把他推向戎马生涯。

1918 年 7 月，北京报纸刊登了保定军校的招生广告。由于该校完全官费，毕业后待遇较高，而军官的社会地位又十分引人瞩目。因此，这一招生消息，给那些无力升大学的青年学生带来了福音，成了轰动全国的新闻。胸怀大志的陈诚，当然也被它深深吸引，盘算着自己的条件。陈诚此时年方二十，刚好符合报考的最低年龄；四年多中学和师范的学习，使他应付军校的入学考试也有一定把握；至于报名所需要的四年制中学毕业证书，则可按当时社会上的通常做法，借用他人的合格文凭。如此算来，真可谓"万事俱备，只欠东风"了，这个"东风"，就是要找寻两名校级以上军官具保。

说来凑巧，一个偶然的机会，给陈诚送来了"东风"。一天，陈诚到杭州汽车站买票准备返乡计议，他的一口青田方言引起了一位前辈的好感。此人名杜志远，在福建皖系部队中任师长，最近刚当选为北京政府的国会议员，北上就职，路过杭州。杜志远因请陈诚代为照看行李，顺便问及家世，这才发现，面前的青年人乃挚友陈希文之子。杜遂慨然应允介绍陈诚投考保定军校。当时北京政府由皖系军阀段祺瑞执政，杜是皖系中的实力派，由他来保荐一名学生报考军校，当为顺事。

陈诚在有了杜志远这个靠山后，匆匆回到青田，征得了父亲的同意，又借到了一张本家陈德的中学毕业文凭，便拜别父母，随杜志远登程赴京。按保定军校招生简章规定，一切报考手续均在北京办理。

首次来到首都北京的陈诚，对于这里的一切都备感新鲜，对自己的前程也充满了希望。他在杜志远先生的帮助下，顺利地完成了报名手续，领取了体格检查单。陈诚一贯喜爱体育运动，注意锻炼身体，除了身材偏矮不能尽如人意外，其他各项尚称合格，故初榜有名。

然而接下来的学科测验，对于陈诚来说，却是一场严峻的考验。因为他读的是师范学校，所学课程，与正规四年制中学，多有差别。按规定，要进行中外地理、中外历史、物理、化学、英文、国文、修身、代数、几何、三角的考试，地点在旃坛寺。陈诚每天一早即赶到考场，中午可以免费得到一盘小包子和一碗汤，下午继续考试。上午考两场，下午有时一场，有时两场。为了应付这紧张、漫长的考试，陈诚每天都觉得疲倦不堪。

各门课程考完后，陈诚与众考生一道，集合在大院内聆听军学司司长齐振林中将讲话。齐振林在讲话中特地引用了刚刚进行的英文考试中一条中译英的孟子的话："天将降大任于斯人也，必先苦其心志，劳其筋骨。"①这些话，说来虽属平常，但给向往军人生活的陈诚，却留下了极为深刻的印象。

考试后约 20 天发榜。杜志远先生事先打听得陈诚考试成绩不佳，不能列入录取名单，便设法疏通了主试官魏宗瀚，将他列为备取第一名。但是，备取生只有在正式录取生发生缺额时，才能补上。陈诚渴望能得到递补，心急如焚。

就在这时，出现了一件意外的机缘。此次应考成绩名列第一的考生刘亦琨，突然决定改变从戎之初衷，而欲去高等学府深造。这给了陈诚跻身军界一个千载难逢的机会。于是，陈诚以陈德之名，侥幸地跨进了保定陆军军官学校，成为该校第 8 期 600 多名学员中的一员。

三 军人生涯的开始

陈诚首先被分发到炮团的连队入伍，他头戴大盖帽，身着军棉袄，足登黑布靴，一副十足的武夫形象。他参加了实弹射击、野外演习、体操竞

---

① 陈诚在保定军校第 8 期同学齐向明、刘海波：《回忆保定军校第八期》，载《保定陆军军官学校》，河北人民出版社 1987 年版，第 138 页。

技和各兵种的业务训练，同列兵一样站岗放哨。这一切，都为陈诚日后的
戎马生涯奠定了坚实的基础。

　　按照保定军校招生简章的规定：凡考试及格的考生即录取为军官候补
生。候补生需首先分发到指定军队入伍 9 个月，入伍期满经鉴定合格者，
才能升入军校各科学习。

　　1918 年 10 月初，在北京铁师子胡同陆军部门前的照壁上，贴出了第 8
期学员入伍的分配名单。陈诚被分配在京郊南苑由魏宗瀚任师长的陆军第
九师。

　　第九师驻于南苑北端，西边是南苑飞机场，南边则是第十五师驻地。
其营房较为简单，除师部为砖瓦建筑外，其余房屋均为灰土简易建筑。该
师系由原袁世凯的模范团扩充为第五混成旅后，又再次扩充成师，是段祺
瑞的嫡系部队。

　　陈诚于到达南苑的当天，就被分配到炮团的连队入伍，住进了兵棚。
这里的睡觉条件极差，一个班住一个房间，搭着大通铺，每人只能占 50 厘
米宽的地方，人挤着人睡。第二天就开始了士兵的正规训练，从如何打裹腿、
扣风纪扣、系皮带，到如何立正、稍息、转步，均有专人司教。因一切均
按部队规矩，从严要求，强度较大，初到连队的陈诚，很不习惯；经月余，
对连队训练及生活，方稍适应。

　　入冬后，陈诚头戴大盖帽，身着军棉袄，足登黑布靴，已是一副十足
的武夫形象。从第四个月起，陈诚结束了新兵的特殊训练，开始转入正常
训练，享受正兵待遇，操课、勤务和杂差等都和列兵一样。这一时期，他
参加了实弹射击、野外演习、体操竞技和各兵种的业务训练，同列兵一样
站岗、放哨。这一切，都为陈诚日后的戎马生涯奠定了坚实的基础。不过，
在训练中，也曾碰到过不愉快的事。由于陈诚长期生活在青田、丽水，方
言很重；而入伍的连队士兵中，多为北方人，听不懂他的话，常歧视他。
老兵们常挑烈马让他骑，使他多摔了不少跟头；练劈刺时，老兵们又故意

用死力"劈面",即往他脸上刺,使他受到比别人更多的磨难①。为此,陈诚的心灵上蒙受了不少的委屈。但这种委屈,又化成了一种逆反心理,使他的训练基础更加实在;也使他日后带兵时,比较注意平等待人,尊重士兵的人格。

1919年5月,就在陈诚入伍9个月的时间届满前夕,爆发了轰轰烈烈的五四爱国运动。表面看来戒备森严的军营,也阻挡不住五四爱国运动的猛烈冲击。这时,陈诚辗转读到了《新青年》一类进步刊物,受到了一些社会新思潮的影响。

6月,陈诚入伍期满,与其他分往南苑和全国各地的入伍生一道,被陆续送到保定军校。

保定,是直隶省会所在地,位处京汉线上,北距京城180公里,东北距天津150余公里,为北方军事重镇。军校位于保定城东,校门南开,门楼高大,台阶石砌,对面有高大照壁;门前有护城河环绕校园四周,河上架一木板平桥;大门两边各设两人高的石狮一座,5名卫兵分列两侧,长条大匾"陆军军官学校"高悬门上,两扇朱红油漆大门,配以铜钉、铜环。②陈诚第一次入军校,即被这威武的大门所深深吸引,也为做一名军校学生而极感自豪。更令他印象深刻的,是进进出出都必须经过的"尚武堂"。堂门口两侧有副对联,上联是"尚父阴符,武侯韬略,简练揣摩成一厅",下联是"报国有志,束发从戎,莘莘学子济斯望"。可见,这尚武堂不仅是一般地提倡崇尚武功,而且从中国历史上推出了姜太公(尚父)和诸葛亮(武侯)这两位杰出的军事家,作为军人学习的典范。

军校的生活条件,要比连队优裕得多。学员上课的教室和宿舍,都在尚武堂后面东西两侧的砖瓦平房里。这些建筑宽敞、实用、方便,中间是大院,空气比较新鲜。伙食也大有改善,早餐有面包、稀饭和小菜,中、

① 齐向明、刘海波:《回忆保定军校第八期》,载《保定陆军军官学校》,河北人民出版社1987年版,第141页。
② 齐向明、刘海波:《回忆保定军校第八期》,载《保定陆军军官学校》,河北人民出版社1987年版,第143页。

晚两餐吃米饭，均有四菜一汤。陈诚等一班学员，在经过 9 个月的连队生活磨炼之后，搬进军校校舍，莫不有霄壤之感。

陈诚在正式开始军校的学习之前，又遇到了一次甄别、核实的关卡。学校在正式编队前，为了核实学生中是否有冒名顶替的情况，又进行了一次严格的检查鉴定。一排考官在尚武堂前，面南而坐，逐个点名，被点名的学生要跑步到距中央考官 6 步远的地方立正脱帽敬礼，堂上考官便拿起学生报名时的照片逐次传看，直至都认为没有问题时才算通过。由于大家经过 9 个月的当兵生活，气质已不同于昔日书生，加上一律剃了光头，与原照片的容貌已不大相同，因此甄别颇费时间。对于这样的核对，陈诚因有个"陈德文凭"的事缠绕着他，心里总没有别人踏实，唯恐考官会突然提出报考文凭的事情来。幸而，并未发生意外。陈诚于 8 月 8 日被正式编入保定军校第 8 期炮科，参加了开学典礼。

在第 8 期以前，军校的教育和训练历来是按各兵科编队的。从第 8 期开始，校长杨祖德在这方面进行了改革，采用各科混合编队的办法来进行一般军事课程的教育和生活管理；到训练时，再按各兵科分开进行。陈诚在这里学习了军事教程、典范令、普通学科和外语等科目，同时进行了实弹射击、炮兵操作，以及体操、劈刺、武术等辅助科目的训练。这种按照不同的编队来分别进行教育和训练的方法，增加了陈诚与别科同学接触的机会，扩大了他的活动范围。因此，他很快习惯了这种组织体制。

1920 年春，直、皖两军剑拔弩张，准备大战，京汉铁路交通中断，保定军校亦受波及，师生人心惶惶，无心上课。恰好此时已至期终，军校始于 7 月 4 日放暑假一个月。陈诚因平时与粤籍同学相处甚好，于此兵荒马乱之时，为增长自己的阅历，便与相好之粤籍同学一道南下粤东，服务于粤军第一师第三团，并于此时加入了中国国民党①。

7 月中下旬，直皖战争正式爆发，并很快以皖系的失败而告结束。保定

---

① 关于陈诚入国民党时间，现存多说，此处从台湾《革命人物志》（台湾中国国民党中央委员会党史史料编纂委员会 1970 年编印）说。

军校为投降直军的原皖系第十五师占驻。该师官兵于哗变中将校舍焚毁，图书、仪器破坏，并抢走军炮、步枪、骡马一批。惨淡经营了二十多年的保定军校毁于一旦。陈诚等第 8 期学生散处全国各地，有些则彷徨于京城。虽皆渴望军校早日复课，以成学业；但当时的北京政府刚由直系军阀控制，忙于派系间的争权夺利，一时无暇顾及军校的续办。

直至 1921 年 10 月初，军校在停课 1 年又 4 个月后，方由于各方的呼吁和推动，才勉强复课。陈诚亦迅即结束了在粤军的工作，返校继续学习。复课后的军校，教官不足，经费短缺，学术保守，纪律松弛，与直皖战争前的情况远不能相比。这使陈诚感到非常失望。不过，在失望之余，他的学习仍然是十分认真的。

这种勉强敷衍的学习环境，在军阀混战的旋涡中，再一次面临危局。1922 年 4 月下旬，直奉之战又已箭在弦上。保定是直军的大本营，直军在这里集结了重兵，大肆征发粮草车辆，情况十分紧张。军校虽不承担作战任务，但亦人心大乱，操课停顿，并一度短期放假。幸而此次直奉战争，只经一周时间，便以奉军败退而告终。军校师生所担心的重遭洗劫，并未发生。5 月上旬，战事甫停，军校即行复课。这时军校第 8 期学生的课程已基本学完，短期扫尾之后，便举行了毕业考试。

6 月，顺利通过了毕业考试的陈诚，随全体毕业生，乘学校安排的专列火车到达北京，在陆军部参加了毕业典礼。陈诚领到了毕业证书，全套新教程、典范令，还有军刀一把。该第 8 期毕业生共有 638 名，其中陈诚所在的炮兵科共毕业 97 名，人数仅次于步兵科，在各兵科中，毕业人数列第二。按军校规定，学生毕业后，均需分发部队实习 6 个月。陈诚被分发到浙江第二师第六团实习①。从此，陈诚结束了军校学习的阶段，登上了硝烟弥漫、戎马倥偬的军事舞台。

───────────────

① 此处从《陈辞修先生大事年表》说，台北《"中央"日报》1965 年 3 月 6 日。

第二章　黄埔春秋

一　结缘蒋介石

一天晚上，陈诚外出访友，深夜始归，不能入睡，遂拿起孙中山先生的《三民主义》一书阅读，旋携书至操场，时天已微明，便放下书本，脱下衣帽，练习单杠。蒋翻阅了放在一边的《三民主义》，只见上面圈圈点点，显然已被认真阅读。他对站在自己面前的部下，大为赞赏，当即予以表扬，并询问和记录了陈诚的姓名及工作单位。这偶然发生的一切，便成了陈诚依靠蒋介石发迹、一生追随蒋介石的开始。

陈诚到绍兴浙军第二师第六团报到后，被分配到第三连任见习官。按照北京政府陆军部的规定，军校毕业生在见习期满后改为候差，支排长七成薪，待有排长缺额时，方能补为排长职务。陈诚非常幸运，见习期刚满，即顺利补为少尉排长。可是，自命不凡的陈诚，并不以此为满足，遂往求浙江著名权贵夏超。

夏超，浙江青田人，毕业于清末陆军武备学堂，此时任浙江全省警务处处长兼省会警察厅厅长，手中握有保安团队、警察队、警察训练所等机构。陈诚以同乡关系，要求夏允派其去浙江省保安团，以图有较快的升迁。可是夏超对于时任微职的陈诚并不重视，便以"听候通知"一语敷衍搪塞。陈诚当然也不可能等候到什么通知。

陈诚在向夏超求援的同时，也将自己的心思告诉了杜志远先生的儿子杜伟。杜伟时任浙军第二师少校副官。恰巧，此时适逢保定军校6期生邓演达奉孙中山之命，赴沪罗致军事干部去广东参加革命。杜伟得悉这一消息后，便介绍陈诚随邓南下。①

陈诚到上海后，先去访问在商务印书馆任职的挚友赵志垚，征询其意见。赵毕竟混迹上海有年，见多识广，力赞其行，致使陈诚赴粤之志益坚。赵并供给膳食，馈赠川资。后来陈诚在粤军担任连长后，即任赵为司务长，办理军需，从此赵一直跟随陈诚，为其料理军需、财务，节节高升。

1923年3月，陈诚到邓演达任团长的建国粤军第一师第三团任职上尉副官，旋调上尉连长，负责大元帅府的警卫事宜。5月，随孙中山出征西江沈鸿英叛军；中旬，在肇庆与其冯葆初部作战中，胸部中弹负伤，幸得邓演达亲自率部抢救，才脱险境②。18日，攻克肇庆，讨沈战役告一段落，陈诚亦入肇庆医院养伤、治疗。此时，适逢大元帅行营参谋长蒋介石来肇庆，并到医院慰问伤员，对陈诚亦当面予以抚慰。这在陈诚的脑海里留下了十分深刻的印象。这年9月，陈诚伤势痊愈，升任师部独立连少校连长。

1924年春，黄埔军校在清陆军速成学堂和海军学堂旧址创办，蒋介石任校长，廖仲恺为党代表，邓演达任教练部副主任兼学生总队队长。陈诚对刚刚建立的黄埔军校十分向往，便不计官阶，随邓演达到黄埔军校任上尉特别官佐，负教育副官之职。他刚到军校，人地生疏，只是和邓演达及保定军校5期生、黄埔军校学生总队副总队长严重接触较多，很为自己的抱负和前途担忧。

正当此时，26岁的陈诚因遇到了一个十分偶然的机会，为其日后的官运亨通打开了门径。一天晚上，陈诚外出访友，深夜始归，不能入睡，遂拿起孙中山先生的《三民主义》一书阅读，旋携书至操场，时天已微明，便放下书本，脱下衣帽，练习单杠。而校长蒋介石，每天都有于清晨来操场散步，等候学生早操、训话的习惯。他见偌大的操场上只有一个人在练习单杠，便信步走了过来。陈诚见是校长来到，慌忙停止练习，向蒋介石行礼。蒋翻阅了放在一边的《三民主义》③，只见上面圈圈点点，显然已被

① 杜伟：《我所知道的陈诚》，载《纵横》1985年第6期。
② 杨逸棠：《邓演达》，广东人民出版社1986年版，第6页。
③ 台湾有关论著中，多称陈诚当时阅读的是一本兵书；现从国内诸回忆文章之说。

认真阅读。他对站在自己面前的部下大为赞赏，当即予以表扬，并询问和记录了陈诚的姓名及工作单位。

嗣后，蒋介石又将自己这一满意的发现，告诉战术教官兼第一总队队长严重。严重因早在建国粤军中就是陈诚的副团长，平日与陈诚多所接触，且亦对其有良好印象，遂在蒋前力予褒扬。这无疑又增加了蒋介石对陈诚的好感。

这偶然发生的一切，便成了陈诚依靠蒋介石发迹、一生追随蒋介石的开始。

二　悲情婚姻

陈诚与吴舜莲的结合，全系父母包办、媒妁之言，毫无互相的了解和感情。陈诚的冷淡和呵斥，使吴舜莲一气之下，以剪刀刺破喉咙，以死相抗。在陈诚与其妻吴舜莲间，原已感情淡漠，再加此次自杀之冲击，犹如雪上加霜，更难弥合。

就在陈诚入黄埔军校后不久，其父陈希文因与石门洞主管讼争本村屋后山场所有权事失败，心情抑郁，一病不起，于1924年5月病故，家中特电黄埔。[1]陈诚得此噩耗，随即请假回家奔丧。惜因当时粤汉线、浙赣线均未完成，只能取水路经温州返乡；而海运又班次稀少，航速较慢。故待陈诚赶抵青田县城，其父已过世多日。陈诚赶到后，随即将其入殓，并需将灵柩运回高市村里。出丧前夕，适逢大雨滂沱，瓯江洪水暴涨，亲友都劝其改期，唯陈诚因军务在身，假日不多，不便更动，遂按期而行。次日，天空突然放晴，万里无云，阳光普照。诸亲友送灵柩至西门外沙滩上船。尝有老师云："雨后如此晴朗，希文归去，子孙必昌。"[2]不想这句嘴边的吉利话，事后恰巧有了几分灵验。

---

[1] 陈父去世年份，国内现有1923年、1924年和1925年三说；其月份皆说5月，无分歧。笔者采台湾《革命人物志·陈诚》（台湾中国国民党中央委员会党史料编纂委员会1970年编印）所说。

[2] 陈诚同乡刘少峰、叶秉枢回忆资料《陈诚一生简况》，藏青田县政协。

陈诚步步高升，其大弟、二弟均出国留学，一时传为邻里佳话。

再说陈诚将其父灵柩运抵家中后，按乡中习俗暂不入土，丧事遂告一段落。不料，祸不单行，又发生妻子自杀的意外事件。

陈妻吴舜莲，与陈诚的结合，全系父母包办、媒妁之言，毫无相互间的了解和感情。虽然新婚之初，吴舜莲在经济上给了陈诚以很大的支持，双方感情亦称融洽；可是，随着时间的推移，他们之间感情基础的脆弱便愈加显现出来。7年来，由于陈诚东奔西走，不常回家，吴舜莲亦无身孕。此次回家料理丧事，对于吴舜莲来说，倒觉得是与丈夫亲热的好机会。她在对陈诚百般照料的同时，一会儿向丈夫打听自己的哥哥吴子漪在他身边干什么工作，拿多少薪水；一会儿在丈夫面前自作多情，纠缠不休。然而，陈诚的心情却实在不佳，甚至起初都不愿睡在妻子的房间里，还是经过母亲的劝说，才勉强住进去。陈诚的冷淡和呵斥，使吴舜莲一气之下，以剪刀刺破喉咙，以死相抗。[①]幸得当地走方郎中陈茂相及时抢救，"先给止住了血，再用活鸡去毛，剥下鸡皮糊贴在伤口，再敷上金疮伤药"[②]，方得脱离危险。陈诚由水路雇船送妻子去温州医院养伤，托付母亲照料。

办好父亡妻伤之善后，陈诚复去温州法院，了结其父在诉讼中的未竟事宜，遂告别亲友，登程回队销假。

陈诚与其妻吴舜莲间，原已感情淡漠，再加此次自杀之冲击，犹如雪上加霜，更难弥合。此后，陈诚长期只是表面敷衍，一别数载，不稍问候；吴舜莲亦自知无回天之力，唯怨父亲没有把她嫁给一个船工，父女相对，徒叹奈何。

三　淡水初显炮兵声威

陈诚被任命为校军炮兵第一营第一连上尉连长。该炮兵连的成立，实

---

① 李卓然回忆资料《陈诚史事点滴》，藏青田县政协。
② 陈旭烈回忆资料《关于陈诚的事迹几点补充》，藏青田县政协。

为国民革命军炮兵之始。陈诚冷静沉着，指挥有方，迅即以密集炮弹迫使敌火暂时中断。奋勇队员遂一拥而上，使校军旗帜飘扬于淡水城头。淡水一战的成功，使陈诚在校军中崭露头角。

陈诚跨入黄埔军校之时，正值广东革命根据地的政局风云变幻之际。随着孙中山于1924年11月应冯玉祥电邀北上，军阀陈炯明趁机蠢动，先后攻陷宝安、东莞、石龙等地，就任"粤军总司令"，并于1925年1月初，下达进攻广州的总动员令。面对陈炯明的反叛行为，广州大本营决定将建国粤军许崇智部、建国滇军杨希闵部、建国桂军刘震寰部和建国湘军谭延闿部联合组成东征联军，以杨希闵为联军总司令，于1月15日正式颁布动员东征命令。

这时，黄埔军校因苏联火炮运达，遂成立炮兵连。陈诚被任命为校军炮兵第一营第一连上尉连长。该炮兵连的成立，实为国民革命军炮兵之始。

1月底，东征联军决定以三路进兵，先发制敌。陈诚所率炮兵连，编入何应钦教导第一团序列，受何指挥，随第一团行动。蒋介石以军校校长身份，兼任粤军参谋长，指挥右翼军作战。这使陈诚得到了一个机会，可以在战斗中直接受到高级指挥官蒋介石的考察。

2月初，教导第一、第二团先后出发。陈诚所在的炮兵第一营与军校学生总队，于2月3日上午8时从军校出发，9时登上福安舰，驶离黄埔港，至虎门寨太平圩一带集中。沿途各岸均鸣礼炮欢送校军出征，陈诚深为自己能有机会征讨叛军，捍卫三民主义而庆幸。

校军作为东征联军右翼的前锋部队，于太平圩登陆后，经过东莞、平湖、龙岗等地，顺利攻击前进，迫敌望风披靡。作为炮兵指挥官的陈诚，始终随校本部行营前进。

2月13日，东征军分三路向淡水前进。陈诚所率之炮兵连随教导第一团及教导第二团由平湖、龙岗前进，攻击淡水之南；粤军第七旅与第二师分别攻击淡水之东北和西北。行进中，传来蒋介石的作战命令，其中告诫"本军深入敌境，须知非奋勇前进剿灭叛逆，不能求生"，"如闻侧面或后方枪声及见敌之旗帜,切不可惊慌,须知逆敌长技只在扰乱后方,使我耳目眩晕,如我以镇静持之,则彼技自穷"①。陈诚将此命令传达于全连官兵。是日下午,陈诚指挥本连部队进行了十分艰苦的行军。因这段路程,接近敌军,需特别隐蔽行动,且多山路,军行不便。当时炮兵行动,无车辆、骡马,全靠肩抬人扛,颇属不易。部队于下午1时由龙岗圩附近集合场出发,行10公里抵平山圩。因炮兵连与第一营驻上石湖,"复行十里抵上石湖一带,则天已黑,炮兵因更感困难,七时三十分始完全就宿营地,一半为村落露营,一半为舍营"②。

14日上午8时30分,蒋介石发布了进攻淡水的命令。

敌军的严密防范,使陈诚所率炮兵更有用武之地。蒋介石特别注意发挥这支刚刚建立的炮兵部队的作用。攻击前夕,他下令查问何应钦,炮兵阵地选在何处,并要何将其位置绘图报告。实施攻城时,蒋介石选在洞井高地的炮兵阵地督战,亲自指挥炮兵射击。这时,何应钦的指挥地点亦在陈诚的炮兵阵地。陈诚在蒋、何二位高级将领的身边指挥下属,参加战斗,实不胜惶恐,倍加小心,再三核查各炮之准备状况,务求充分显示炮火的威力。

15日拂晓,位于淡水东南面的教导第一团,全部进入阵地;105名从全团官兵中遴选出来的奋勇队员,携攻城竹梯7架,已经处于攻击出发位置,专候炮声一响,便开始向城墙跃进。5时40分,蒋介石在检查炮兵阵地并观察各部准备情况后,旋命炮兵准备射击。陈诚根据蒋介石的指令,当即指挥全连开炮。"午前六时,我炮兵隆然一声响矣,步枪、机关枪继之。炮兵距城不过八百米达,效力极佳。步枪、机关枪则以城墙之阻,不过助奋勇队前进之雄心耳。"③6时25分,教导第一团的奋勇队员始冒敌人火力,

---

① 陈训正编:《国民革命军战史初稿》(1),载《近代中国史料丛刊》第79辑,台北文海出版社1973年版,第157页。

② 罗家伦主编:《革命文献》第10辑,台湾中国国民党中央委员会党史史料编纂委员会1978年编印,总第1557页。

③ 《第一次东征纪略》,国民政府军委会档案,藏中国第二历史档案馆。

单兵跃进，匍匐前进，分三路接近城根。但因这一段地形开阔，敌火猛烈，故冲在前面的数十名奋勇队员在前进至离城墙20米处时，便潜伏沟渠，不敢再进。蒋介石即命炮兵猛烈射击，务将敌火压倒。值此关键时刻，陈诚冷静沉着，指挥有方，迅即以密集炮弹迫使敌火暂时中断。奋勇队员遂一拥而上，冲至城脚，并利用炮弹毁城约尺许缺口，使校军旗帜飘扬于淡水城头。

是役，教导第一团共缴获敌步枪590余支，机关枪5挺，子弹数万发，俘虏700余人。这一战果，当然与陈诚指挥炮兵连的战斗不能分开。蒋介石、何应钦均亲见陈诚的指挥才能及其效果，遂对其大加赞赏。淡水一战的成功，使陈诚在校军中崭露头角。

四　棉湖再现神炮

蒋介石直接命令炮兵连长陈诚，把炮架起来，自己亲自发射。陈诚虽觉没有把握，但又不好违抗命令，只好硬着头皮，由自己亲自瞄准、拉火打了第一炮。陈诚在此役中，当蒋介石、何应钦之面，亲发四炮，连发皆中，似有天助；而战局亦于此四炮连中之后，即获转机。从此，陈诚之神炮，便在革命军中传开。

陈诚率炮兵连随东征右翼军，在攻克淡水之后便继续东进。右翼军于2月20日克平山，3月7日占潮州、汕头。沿途居民对东征军箪食壶浆，使陈诚受到了教育。

可是，在胜利的欢呼声中，却隐藏着危机。由于东征联军中的左翼杨希闵部、中路刘震寰部，与陈炯明部将林虎早有勾结，始终按兵不动，致使林虎得以从容集中主力2万余人，从兴宁、五华一带抄袭右翼军的后路。此时右翼军已出师一个多月，攻击前进达400公里之遥，后方补给已甚不易，若其后路被敌军切断，则全军必将陷入进退维谷的艰险境地。

3月12日，蒋介石令粤军第二师留驻潮汕，以教导第一、第二团和粤军第七旅回师棉湖,迎战林虎军。林虎,乃陈炯明手下一员猛将,任"粤军总指挥",其部队亦较其他更为优胜。此时他正率精兵2万余人,分数路如疾风暴雨般地迫近棉湖。蒋介石于12日夜发出向敌军总攻击令。蒋命令教导第一团占棉湖,向和顺之敌进击;教导第二团占池尾,向鲤湖之敌进击。陈诚所率炮兵部队随教导第一团,奉命于13日晨5时30分渡河,6时30分登对岸前进,攻击和顺方向之敌。13日凌晨0时30分,何应钦团长命令:以第一营为前卫,其余部队按团本部、特务连、步兵第三营、机关枪连、炮兵连、步兵第二营、通信队、卫生队之次序在前卫后跟进。[①]陈诚奉命率炮兵连,自5时30分起,夹于机关枪连与步兵第二营之间渡河,并于登岸后即按原序列随队攻击前进。

7时30分,先头部队第一营在占领距和顺约2公里的曾塘村后,与一支数百人的队伍遭遇,初疑为友军第二团,至近方看清系敌军。此乃林虎向棉湖进击之前卫队。此时和顺除有原驻敌军七八千人外,又临时从鲤湖方面调来三四千敌军,合约万余。两军随即交火。陈诚的炮兵奉命占领曾塘村东北方小高地,向对面山地敌军麇集处开炮。惜敌军山头在4千米之外,虽发炮许多,至撞针发软而不能发射,亦未取得满意效果。无奈,陈诚只好命大家将炮拆下,抬至团部所在地。

此时形势十分危急。前锋第一营第二连已被缴枪数十支,第一连、第三连也已开始后退。敌人占领了曾塘村,直向教导第一团阵地中央冲来。眼见敌军已前进至曾塘村东端田地中,其前锋距第一团团部指挥所只剩下两三百米。在前沿指挥作战的蒋介石、军校党代表廖仲恺、军校政治部主任周恩来和苏联顾问加伦将军,都非常着急。蒋介石命令何应钦必须坚决顶住,绝不能后退;同时,又转而直接命令炮兵连长陈诚,把炮架起来,自己亲自发射。陈诚虽觉没有把握,但又不好违抗命令,只好硬着头皮,令士兵将6门旧式七五大炮都架起来,由自己亲自瞄准、拉火打了第一炮。出乎意料的是,大概因为停歇了一段时间,撞针经过冷却又恢复了原有的

---

① 《第一次东征纪略》,国民政府军委会档案,藏中国第二历史档案馆。

硬度，这一炮不仅打响了，而且命中一堆正在向团指挥所进攻的散兵，打得他们死的死，逃的逃；接着打第二炮，向村东端发射，迫敌纷纷退入曾塘村；第三炮，以曾塘村独立树为目标，又毙20余人；再打第四炮，转击村西田地，敌军更加晕头转向。[①]在陈诚的亲自带动下，全连6门炮全都打响，一时声威大震。团长何应钦见战局有所转机，随即命第二营营长刘峙率总预备队第六连，端起刺刀向敌阵发起冲锋；陈诚则指挥连队继续以炮火掩护步兵追击。至中午时分，曾塘村遂为第六连所占领，第一团左翼转危为安。陈诚是举，获得各方极高的评价。据文献记载，有关方面在总结棉湖战役的经验时称："当林军突破正面之际，距第一团团部及炮兵阵地不过数百米远，此时炮兵即变换目标，向敌第一线之散兵射击，一发而致敌之前进散兵退却，再发而敌正面全数退却，因之全局转危为安。此可知炮兵虽在近距离，果能沉着射击，亦能收极大之效力。"[②]

下午2时30分，当第一团左翼处相持状态时，其右翼军进至和顺附近，突遭敌军总预备队反攻，伤亡惨重，部队已不支后退，敌军攻至距团部指挥所四五百米处。此时团部官兵已只剩数十人。何应钦团长一面命多插旗帜，以作疑兵；一面复命陈诚炮连加紧轰击，以壮声势。此为陈诚率队在是役中第三次组织向敌阵之猛烈轰击。他命令全连官兵做好为国牺牲之准备，战斗至最后一人，将火炮连续发射，勿使其间断。果然，敌军在旗帜林立、炮声隆隆之中顿生疑虑，徘徊顾盼，踌躇不前。正当此时，校军之教导第二团，因闻陈诚连队的炮声再次响起，自鲤湖疾趋增援，直攻和顺敌军司令部，拊敌之背，迫敌逃遁。棉湖之战遂于下午5时结束。

陈诚在此役中，当蒋介石、何应钦之面亲发四炮，连发皆中，似有天助；而战局亦于此四炮连中之后即获转机。从此，陈诚之神炮，便在革命军中传开，这对于他以后的发迹，当然有着重要的作用。蒋介石曾言："棉湖

---

① 罗家伦主编：《革命文献》第11辑，台湾中国国民党中央委员会党史史料编纂委员会1978年编印，总第1632页。

② 罗家伦主编：《革命文献》第11辑，台湾中国国民党中央委员会党史史料编纂委员会1978年编印，总第1639页。

一役，以教导第一团御万余精干之敌，其危实甚；万一惨败，不惟总理手创之党军尽歼，广东策源地亦不保。"①何应钦亦于事后回忆棉湖之战时说，"虽然这场战役在现在看来，是一个小规模的战争，但在那时仍为吃力的一战。尤其是炮兵，因为运动困难，不像现在有马、有车辆，那时炮必须由人来抬"，而陈诚却"不论步兵前进有多么迅速，总使炮兵能够配合得上，每次都达成任务，实在是一件非常难得的事"②。

1925 年陈诚在东征战役战场

五　广州又立新功

战斗中，炮兵有力地掩护了步兵的进攻，使全旅一鼓作气，至中午 11 时左右即占领瘦狗岭南北之线，共毙俘敌军 4000 人。15 日上午，陈诚闲着

---

① 罗家伦主编：《革命文献》第 11 辑，台湾中国国民党中央委员会党史史料编纂委员会 1978 年编印，总第 1702 页。

② 何应钦：《陈"副总统"的勋业与道德》，载何定藩主编《陈诚先生传》，台北"反共出版社"1965 年版，第 360 页。

无事，无意间向城外的白云山望去，突见有旌旗摇动，似有大部队列队而来。陈诚遂命本连士兵前去侦察，发现确是叛军的余部。他"当机立断，匆匆集结留营炮兵，首发一炮击倒其军旗，敌军大骇"。

陈诚率部，在经过了 3 月 13 日的棉湖激战后，又随校军于 18 日克五华，20 日夺兴宁。4 月 11 日移驻梅县，胜利结束了第一次东征的战斗。13 日，国民党中央执行委员会第 77 次会议决定，将黄埔军校教导团组成党军，以教导第一、第二两团为党军第一旅，何应钦任旅长[①]。这样，陈诚亦成为党军第一旅之炮兵连连长。

1925 年 5 月初，滇军杨希闵和桂军刘震寰叛乱的迹象愈加明显。13 日，党代表廖仲恺来到汕头，会商讨伐杨、刘的计划，结果决定暂时放弃潮梅地区，全部返穗平定杨、刘。

下旬，党军开始向广州进发；6 月 9 日左右，回师广州的党军、粤军在总指挥蒋介石的率领下，已返抵石龙附近，到达了向广州攻击的准备位置。

叛军杨希闵、刘震寰部，号称四五万人，在广州外围与革命军几经接触，纷纷溃退，紧缩至广九路车站、瘦狗岭、白云山一带，而尤以瘦狗岭阵地为其轴心。

6 月 12 日，总指挥部部署：陈诚的炮兵连随党军第一旅，由何应钦率领，担任右翼；粤军第一旅陈铭枢部担任左翼；警卫军吴铁城部为总预备队。13 日拂晓，各部开始向敌方阵地发起总攻击。陈诚率炮兵连，配合党军第一旅步兵，主攻瘦狗岭。战斗中，炮兵有力地掩护了步兵的进攻，使全旅一鼓作气，至中午 11 时左右即占领瘦狗岭南北之线，共毙俘敌军 4000 人。与此同时，其他炮兵连和海军大炮也连续发射，炮声震天，士气大振。敌军如同瓮中之鳖，死伤枕藉，敌师长赵成梁亦遭炮火击毙。叛军首领杨希闵、刘震寰经沙面英租界逃往香港。

陈诚耳闻目睹叛军溃败遭戮的惨象，从而深感作为一名军人，必须要

爱护人民，决不能去扰民、害民；主张严肃军纪，决不姑息。

革命军全部占领广州后，部队经 20 余日的征战之苦，一旦得胜，营房里立即出现了一片升平景象。官长多休假外出，许多官兵在河边洗衣服，放松了戒备。不料正值此时，叛乱的滇军第三军军长胡思舜由惠州率军回援杨、刘，于 6 月 14 日到达广州城郊。胡军以为广州仍为杨、刘所据，故亦疏于戒备。

在这双方都缺乏准备的情况下，陈诚又为革命军立了一个大功。15 日上午，他闲着无事，无意间向城外的白云山望去，突见有旌旗摇动，似有大部队列队而来。陈诚遂命本连士兵前去侦察，发现确是叛军的余部。他"当机立断，匆匆集结留营炮兵，首发一炮击倒其军旗，敌军大骇"[①]。这时党军官兵迅速自动拿起武器，勇敢而有秩序地向叛军包抄过去，经激战四五小时，于下午 2 时许将这批敌军全部消灭，胜利结束了战斗。

事后，陈诚对于这一战斗的结果甚为满意。他曾对别人说：正因他及时指挥炮击，"敌人知我有备才停止前进，我军乃得有暇迅速整队，开赴前方将残敌缴械，否则这一意外的突袭，不知将构成如何的后果！"他对于自己当机立断的指挥，则不无自豪地表示："当军人的人，就要在这些地方见功夫。"[②]

平定杨、刘之乱后，国民党中央于 6 月 15 日作出决议，将建国军、党军改称为国民革命军。8 月 25 日，党军第一师第一、第二、第三团正式改称为国民革命军第一师第一、第二、第三团。[③]由是，陈诚同时成为国民革命军炮兵第一营第一连连长。

六　惠州智擒敌探

陈诚正为白天的战斗不理想而苦恼愁思，忽报在营外抓住了一名可疑

① 《革命人物志》第 5 集，台湾中国国民党中央委员会党史史料编纂委员会 1970 年编印，第 205 页。
② 黄季陆：《最后之一面》，载台北《传记文学》第 6 卷第 4 期。
③ 龚乐群编：《黄埔简史》，台北正中书店 1980 年版，第 20 页。

人员，经讯问，乃敌军侦察人员。陈诚遂以酒饭招待，晓以大义，劝其戴罪立功，改邪归正，终使该员弃暗投明，提供了位于北门城楼旁边小棚内隐蔽机枪工事的位置。他早已根据敌军侦察人员提供的情报，将全连火炮推至离城仅四五百米处，胸有成竹地将其瞄准好敌人城楼旁的隐蔽机枪工事。第一发炮弹，由自己亲自校正角度，瞄准目标，拉火发射，果然，命中了城楼旁的隐蔽小棚，火光熊熊，使敌军大吃一惊；刹那间，又是一炮飞来，将隐蔽部机枪工事彻底摧毁；接着第三炮又在不远的地方炸开。

由于革命军方面只留下了粤军第二师之一部驻扎汕头及沿海地区，兵力薄弱，因此，9月初，陈炯明残部洪兆麟、林虎、刘志陆、熊略等部回驻潮梅，据潮县以叛。与此同时，驻广州附近的一些部队也先后叛变，与陈炯明勾结，向广州进攻。刚刚成立不久的广州国民政府为消灭各路叛军，统一广东，于9月底决定实行第二次东征，任命蒋介石为东征军总指挥。陈诚所率炮兵连，时仍配属第一纵队，由何应钦指挥。陈诚率炮兵连随东征军第一纵队于10月6日进抵石龙；续沿东江岸边前进，于10日至博罗；11日，达惠州城下。

惠州，素称天险，前临西湖，后枕东江，三面环水，易守而难攻，为东征要隘。敌军除凭险以据外，复加铁网尖钉、沙包竹栅等种种防御工事，大有一夫当关万夫莫入之势。这样险峻的形势，预示了陈诚所率炮兵在这场攻城战中所占的重要地位。

还在进军惠州的途中，总指挥蒋介石就在攻城计划中明确规定了陈诚所率炮兵的作战位置及其与步兵的协同动作。11日，蒋介石在给担负主攻任务的第一纵队队长何应钦的命令中作出规定：炮兵攻击目标为城内公园敌人之炮兵阵地、电灯局、敌之司令部、东门桥、北门城上之敌人兵棚、北门、南门及城之东南角、西门；总指挥于12日上午10时到达炮兵阵地实施指挥；实施总攻击，以党旗左右摇动，各炮齐响为信号。①

---

① 《第二次东征纪略》，国民政府军委会档案，藏中国第二历史档案馆。

陈诚率炮兵连于 12 日下午 5 时前，进入攻击准备位置；13 日上午 9 时 30 分，占领惠州城北之大中堂阵地，并奉命即刻与其他炮兵部队同时开始射击。陈诚沉着指挥本连官兵，认准北门城楼及其附属防御工事射击，以为攻城步兵扫清道路。下午 2 时，炮火轰击的效果明显表现出来，北门城楼之城垛已崩塌多处；城内目标也多所命中，大火四起。担负主攻北门的第四团步兵，在团长刘尧宸率领下，于 2 时和 5 时 30 分，先后两次组织勇猛进攻，携登城竹梯冲至城脚，惜均因敌城楼机枪火力太猛，致死伤枕藉，刘团长亦阵亡于城下。何纵队长只好命炮兵节约弹药，停止发射；步兵停止进攻，等待援兵，至明日再战。

是夜，陈诚正为白天的战斗不理想而苦恼愁思，忽报在营外抓住了一名可疑人员，经讯问，乃敌军侦察人员。陈诚遂以酒饭招待，晓以大义，劝其戴罪立功，改邪归正，终使该员弃暗投明，提供了位于北门城楼旁边小棚内隐蔽机枪工事的位置。这一工事，利用城楼掩蔽，既不易被发现，更不易被击中，致白天部队久攻不克。

14 日上午，第三师第八团已由西门调至北门，与第四团协力进攻。在组织新的进击前，陈诚向就在身边指挥战役的蒋介石总指挥建议，改变昨天的战术，先以炮火将敌方工事摧毁，再由步兵伺机攻击，以减少运动中的伤亡。蒋介石采纳了这个建议。中午 12 时，陈诚奉命开始集中炮击。① 他早已根据敌军侦察人员提供的情报，将全连火炮推至离城仅四五百米处，胸有成竹地将其瞄准好敌人城楼旁的隐蔽机枪工事。第一发炮弹，由陈诚自己亲自校正角度，瞄准目标，拉火发射，果然，命中了城楼旁的隐蔽小棚，火光熊熊，使敌军大吃一惊；刹那间，又是一炮飞来，将隐蔽部机枪工事彻底摧毁；接着第三炮又在不远的地方炸开。一阵炮击之后，敌门楼上侧射的火力点已失去作用。3 时许，在敌火力已被压倒的情况下，步兵于一瞬间发起了冲锋；4 时，敌军纷纷弃城而逃，革命军长驱直入，为叛军盘踞之

---

① 《第二次东征纪略》，国民政府军委会档案，藏中国第二历史档案馆。台湾《革命人物志》和《集忠诚勇拙于一身——陈诚传》均写作 14 日拂晓开始攻击。此处从《第二次东征纪略》说。

惠州城遂告收复。蒋介石在发给广州国民党中央执行委员会和国民政府主席等的告捷电中称："惠城夙称天险，有宋以来，从未攻下；今为我革命军一鼓攻克，虽将士奋勇用命，亦我先大元帅在天之灵，有以佑之。"[①]陈诚的炮兵连队为攻夺惠州城立下了汗马功劳。陈诚因此而升迁炮兵第二营少校营长[②]；1926 年 5 月，任炮兵大队队长。

七　北伐战将

陈诚以总司令部中校参谋的身份随军前进不久，旋调升国民革命军预备第一师严重部所辖第三团团长。严重对陈诚则非常器重，关怀备至，要求严格，尝于日记中称赞曰："将来救中国必此人也。"陈诚身为团长，在战斗最猛烈的时候，横穿于宽 300 米的阵地第一线，督饬每一名官兵奋勇作战。他因战功，擢升第二十一师少将副师长仍兼第六十三团团长。在不到一年的北伐征战中，陈诚历经营、团、师三级官阶，这在国民革命军中尚不多见。

1926 年 7 月，广州国民政府决定出师北伐，组成了以蒋介石为总司令的国民革命军总司令部。此时陈诚由炮兵大队长调任国民革命军总司令部的中校参谋，跟随在蒋介石身边，开始与蒋介石有了较多的接触。

陈诚以总司令部中校参谋的身份随军前进不久，旋调升国民革命军预备第一师严重部所辖第三团团长。该师多由新兵组成，边随大部队前进，边进行训练、演习。陈诚自入黄埔后，即与严重过从甚密，礼貌有加，此时又为严重之部属，甚为高兴。在北伐途中，严重师长经常随陈团前进，亲自督饬该团的军容风纪和军事训练。他对陈诚则非常器重，关怀备至，要求严格，尝于日记中称赞曰："将来救中国必此人也。"[③]11 月，部队经韶关到赣州，

---

① 民国 14 年 10 月《政府公报》第 12 号。
② 《陈辞修先生大事年表》，台北《"中央"日报》1965 年 3 月 6 日。
③ 陈诚同乡刘少峰、叶秉枢回忆文章《陈诚一生简况》，藏青田县政协。

预备第一师改编为第二十一师，其第三团同时改编为第六十三团。陈诚亦由预备队第一师第三团团长，而改任第二十一师第六十三团上校团长。

此时，军阀孙传芳残部集中于沪杭、沪宁两铁路线，重整师旅，以图再举。北伐军根据这一形势，于1927年1月，拟定了肃清长江下游孙传芳余部的作战方略，陈诚所在的第二十一师属东路军。

2月11日，孙传芳余部3个师21个旅，前来进攻桐庐。14日，敌攻更急，一部已冲过浮桥。在这关键的时刻，恰好陈诚率第六十三团随第二十一师在桐庐西北的浪石埠架桥过江，与敌3师之众背水激战竟日，伤亡甚重，陈团营长赵敬统阵亡，宋希濂、王敬久两人负伤，连、排长中伤亡更多。陈诚亲率特务队、侦探队冲锋陷阵，致特务队中，军官、班长只各剩一人，其惨烈程度，可以想见。①陈诚身为团长，在战斗最猛烈的时候，横穿于宽300米的阵地第一线，督饬每一名官兵奋勇作战。他还率部在夜晚突袭敌军的司令部，使敌不知虚实，自相惊扰，仓皇退去。全师乘势追击，遂于15日克新登，18日占领杭州。陈诚因战功，擢升第二十一师少将副师长仍兼第六十三团团长。

杭州既克，陈诚奉命协助师长严重率部向德清前进。这时，北伐军东路军的主要任务为攻占上海。何应钦率一部由吴兴方面进攻，白崇禧率一部由嘉兴方面进攻。严重、陈诚所率之第二十一师，与第一、第二师，第二十六军两师及李明扬先遣队的1个营，统归白崇禧节制，由嘉兴方面进击。陈诚率第六十三团于3月18日占江苏吴江；20日夜，派出第二营第六连为尖兵，向苏州方向追击；21日，占苏州。22日，陈诚率部乘船继续向常熟追击溃军。与此同时，北伐军先后占领了上海、南京。自此，长江下游之江南地区，悉为北伐军占领，北伐战事取得重大胜利。在不到一年的北伐征战中，陈诚历经营、团、师三级官阶，这在国民革命军中尚不多见。

---

① 访问陈诚嫡系将领宋瑞珂记录，1987年7月，上海。

第三章　在混战的激流中

一　就任第十一师师长

在北伐征战中不断擢升的陈诚，其发迹的过程始终与严重的起落联系在一起。初则由于严重担任重要军职，而一再提携陈诚；继则因严重之去职，又给陈诚的飞黄腾达留下了空缺。蒋介石终于下了决心，在严重和陈诚中间，选择了既忠诚于他又作战勇敢的陈诚。

在北伐征战中不断擢升的陈诚，其发迹的过程始终与严重的起落联系在一起。初则由于严重担任重要军职，而一再提携陈诚；继则因严重之去职，又给陈诚的飞黄腾达留下了空缺。

随着北伐军在长江下游的节节胜利和对上海、南京的占领，蒋介石"清共"、与武汉国民政府分裂的迹象已经愈来愈明显。严重是一个有正义感的军人，思想比较倾向于国民党左派，尤其与武汉国民党左派的中心人物邓演达交谊很深。这引起了蒋对严的疑忌。"四一二"事变后，蒋原已决定调严重、陈诚之第二十一师由沪宁沿线至南京担任卫戍部队，后考虑到严重的政治态度不可靠，便又电令第二十一师停止开拔，由严重独身去南京见蒋。蒋介石当面责问严重，对于邓演达的反蒋行为为什么不予劝阻。严重坦然申明，自己是革命军人，只知打倒军阀，宁汉不能分裂。接着，蒋介石又问严重的身体怎么样，副师长陈诚的能力怎么样。严重意识到这是要以陈诚来取代自己，且这时他对陈诚的印象，无论从思想上还是军事上来说，都确实不错。于是，严重干脆回答：自己的胃病很重，请求离职休养；陈诚的能力很强，可以接替自己的职务。蒋介石当时没有表态，要严重先回苏州待命。

此时陈诚也随严重到了南京。在蒋介石接见严重后，陈诚赶往严重住处，打听接见的情况。陈激动地对严说:"现在凡是积极肯干的,都被当成共产党,这样谁还肯干!"他还指着当时在座的部下宋瑞珂、郑维四二人说:"他们都是努力肯干的人,也都坚决要走。"接着,陈诚又含着眼泪对严重说:"你走了,我是没有法子干的!"严重当即劝慰陈诚:第二十一师是一个革命的部队,应当好好维持下去;自己虽然离开了,但还是会尽力帮忙的。①

陈诚在"四一二"事变前后的思想十分混乱,并无确定的政治倾向,似乎既不赞成国民党,也不同情共产党;对于国民党中一些思想倾向互相对立的人们,又都具有一定的向心力。他对邓演达、严重,不仅私交较深,且对他们的为人亦极敬佩;而对"四一二"政变前后的蒋介石,也抱着敬仰和忠诚的态度。他曾在政变前夕向蒋介石表示:"绝对服从总司令。"②

蒋介石终于下了决心,在严重和陈诚中间,选择了既忠诚于他又作战勇敢的陈诚。就在蒋介石单独接见严重后没几天,何应钦奉蒋之命赶到苏州,向第二十一师全体官兵宣布:严师长因病请假休养,由副师长陈诚代理师长③。由于严重治军有方,德高望重,深得军心,相比之下,陈诚的影响和威望远不及严。因此,何应钦对于严、陈二人去留的宣布,引起全师一片哗然。还是严重出面做工作,断然责成参谋长罗卓英、军需处长赵志垚,交出部队关防及全部结余款项由陈诚接管,方平息了这一小小的风波。

5月1日,南京国民政府决定实行"第三期北伐"。其作战方案规定:以主力出皖北,攻截津浦路,击破津浦路南段之敌;以一部结集于南京以东扬子江南岸,乘机渡江攻击江北之敌。④北伐军兵分三路,以何应钦、蒋介石(兼)、李宗仁分别为第一、第二、第三路总指挥。

陈诚所率第二十一师被编入第一路军序列。该路共分四个纵队,其第

① 访问宋瑞珂记录,1987年7月,上海。
② 陈诚同乡刘少峰、叶秉枢回忆文章《陈诚一生简况》,藏青田县政协。
③ 师籍:《记严重——立三先生》,《武汉文史资料》第10辑,武汉市政协文史资料研究委员会1982年编印。
④ 陈训正:《国民革命军战史初稿》(3),台北文海出版社1973年版,第8页。

四纵队辖第十四、第十九、第二十一师三师，由何应钦兼任纵队指挥官，集中于沪宁线一带，以攻击扬州、靖江、通州（即南通）为目标。陈诚奉命率部于镇江待命，一俟皖北各军占领津浦路后，便乘势渡江攻击江北之敌。

刚刚登上师长宝座的陈诚，急欲在战斗中一显身手。可是，北伐军各路兵马攻击前进的时间都是 5 月 10 日，唯有第一路军中的陈诚师和其他部分部队，需原地待命，择机进发。正当陈诚急不可耐之际，5 月 19 日深夜，传来了蒋介石的命令：第一路军第十四、第二十一两师着归第二路军第一纵队指挥官贺耀祖指挥。①此时贺部已在津浦路东向天长、邵伯方向进击。为赶上贺耀祖部队，陈诚所部必须从南京过江。于是，他率第二十一师偕同第十四师，于 20 日乘火车由镇江而达南京，自下关渡江，暂归贺耀祖所部序列。

陈诚率部随贺耀祖部在皖北、苏北一带战斗数日后，复于 25 日奉令归还原建制。这时，何应钦所部第一路第一纵队进展迟缓，正在一筹莫展之际，喜见陈诚师回归，便令该师兼程向邵伯增援，加入作战。陈诚立即率部会同第一纵队向邵伯奋勇攻击，血战数日，毙敌官兵逾千，迫敌于 28 日委弃枪支、辎重，向高邮溃退而去。邵伯镇遂于是日被攻克。②在 6 月的最初几天，第二十一师配合第一纵队乘胜追击，连下大运河沿线的高邮、界首、宝应、淮安，陈诚临时将师部设于涟水。直至占领淮阴后，苏北战事暂平，陈诚方于 6 月下旬奉命率师返回南京。

在陈诚率师扫荡苏北之后，第二十一师的主要长官，多已逐渐换上蒋介石所欣赏的人。这时，师参谋长为周至柔，第六十一团团长为黄维，第六十二团团长为李树森，第六十三团团长为王敬久。整个第二十一师遂成蒋介石嫡系部队，蒋对陈亦愈加赏识和重视。

在 1927 年七八月间的徐州之战中，蒋介石已完全将陈诚当作自己的心腹将领来使用。

---

① 陈训正：《国民革命军战史初稿》（3），台北文海出版社 1973 年版，第 20 页。
② 陈训正：《国民革命军战史初稿》（3），台北文海出版社 1973 年版，第 31 页。

7月中下旬，直鲁联军在鲁南顽强抵抗，死守临沂，北伐军第二路军久攻不克。下旬之初，战局更加不利于北伐军。军阀部队于21日占临城，24日陷徐州。蒋介石认为徐州系战略要点，故一面电止第二路军第四十军南下，一面亲率第一军第二十一师赴蚌埠。陈诚则率部随蒋行动。

26日，蒋介石下达作战命令。29日，国民革命军分三路向徐州进攻，陈诚所率第二十一师，在三路进攻部队之外，属由蒋介石直接掌握的机动力量。该日陈部推进至符离集。31日，陈诚发现继续沿铁路线前进过分暴露，不利隐蔽，又易受意外攻击，决定：主力由曹村转向西面的前白村，再折向北面城阳、高庄、二十五里桥前进；另以一部由铁道西侧道路前进至高庄、官桥之线。

8月1日，陈诚率第二十一师到老山口。2日上午9时，将正面敌军击退，占领了龙山—二十五里桥—癞痢山之线，11时占领泉山，战斗取得了一定的胜利。

泉山既得，陈诚遂指挥全师向敌纵深阵地进攻。下午5时，陈诚于硝烟之中接奉蒋介石发来的紧急命令："第二十一师应于薄暮时将云龙山全部确实占领，尔后以一部分途搜索石狗湖操场及徐州西门南门内外，以主力集结于云龙山东麓待命。"①但是，就在这个建功请赏的节骨眼上，整个战局突然发生了不可抗拒的逆转。北伐军左翼第十军没有能够抵住敌人的疯狂反扑，全线撤退；晚9时，敌人又向已为陈诚部占领的云龙山、泰山、凤凰山三角地带大举反攻，情势极为严重。陈诚虽严厉督饬部队坚决顶住，但因侧翼不守，敌军突入，势难阻挡。第二十一师于山村黑暗之中奋战至夜12时，第六十一团因受敌包围，全被冲散；其余两团亦损失过半。青龙山、云龙山、凤凰山、泰山诸高地遂为敌夺获。

3日凌晨1时，陈诚于乱军之中又接到一道命令。蒋介石令其在猴山、旱沟、高家窝一带占领收容阵地，其主力与第四十军第一师，趁暗与敌脱

① 陈训正：《国民革命军战史初稿》（3），台北文海出版社1973年版，第138页。

离接触，向南宿州背进。①背进，乃军事术语，其意即撤退也。猴山、旱沟，乃第二十一师向云龙山区进击的出发地；老天不佑，曾几何时，却成了残兵败将的收容站。此情此景，怎不令陈诚痛心疾首！

陈诚率余部，经高庄、城阳、符离集等地，于8月4日垂头丧气地到达南宿州。国民革命军复退守扬州、浦口、合肥一线，其恢复徐州的努力，至此宣告失败。

恢复徐州之役的失利，乃战役全局出现疏漏所致，作为师长的陈诚，对此无能为力。但是，对于渴望创造一番事业的陈诚来说，此役犹如一瓢凉水，不能不说是一个挫折。

二　仕途坎坷

1927年的8月对于陈诚来说，是灾难的一个月。先是在北面的徐州邀宠而败北，威望扫地，接着又在南面的龙潭得胜而丢官，灰心丧气。这是陈诚在宦途上经历的第一次沉浮。从任职到卸职，前后只经半年。浮，未料到蒋介石会拿掉严重；沉，没想到何应钦会将功作过。4月，蒋任陈诚为国民革命军总司令部警卫司令。这又是一个贴近蒋介石并受其宠信的要职。可是，当陈诚从疆场折回南京时，等着他的却是庙折官丢。

1927年的8月对于陈诚来说，是灾难的一个月。先是在北面的徐州邀宠而败北，威望扫地，接着又在南面的龙潭得胜而丢官，灰心丧气。

军阀孙传芳在取得8月初的徐州胜利后，集中8个师和6个混成旅的兵力，分别沿津浦路和大运河兼程南下，陈兵长江北岸。

26日，孙趁江面大雾，分三路强渡长江，将龙潭和栖霞山攻占。何应钦、李宗仁于中午12时急令时在南京驻防的第二十一师陈诚部（缺第六十三团），驰援栖霞山。

---

① 陈训正：《国民革命军战史初稿》（3），台北文海出版社1973年版，第140页。

此时陈诚胃病发作，接命令后，即以带病之躯，率第六十一团、第六十二团出发，下午抵栖霞山附近。"终将敌军击退，救出被围部队"①。但此时孙军据守南北象山高地之巅，顽强抗击，致使陈部至天暮而终不能将其拔除。

27 日下午 2 时，孙传芳又组织后续渡江部队加强对栖霞山地区反攻，并以白俄敢死队数百人，向第二十一师阵地猛扑过来。这一招使陈诚所部两个团的攻势顿遭挫折。②幸在这千钧一发之时第七军第一师以及第三师赶来援助，将白俄军击败，复使南京方面军队士气倍增。陈诚趁势组织本师及来援各师部队，从三面向敌军据以顽抗的南北象山发起冲锋，竟夜不息，至 28 日晨 7 时，终将栖霞山阵地全部攻克。

就在陈诚率师攻克栖霞山阵地的同一天，龙潭阵地复又告急。孙军屡退屡进，异常顽强。白崇禧遂进驻镇江指挥，急调陈诚师驻苏州之第六十三团，配合第一军第二师和独立第五十八团共同增援龙潭。29 日拂晓后，龙潭第二次为敌夺据，情势十分严重。即由军事委员会常委何应钦、李宗仁二总指挥，将陈诚所率第二十一师两个团及警备师第一团、警备团调往麒麟门，收容由龙潭方向溃退的部队，并准备经东流镇、东阳镇向龙潭之敌发起攻击。③

30 日，国民革命军对龙潭之敌实施东、南、西三面围攻。这日上午 8 时许，陈诚率部赶到东阳镇，参加了左纵队向龙潭西边黄龙山的进攻。至下午 5 时，陈诚指挥第二十一师，终于同各增援部队一起，将龙潭完全克复。④

龙潭一战，阵地三易其手。孙传芳军先后 7 次渡江，总数为 5 万余人，

———————————

① 蒋纬国总编著：《国民革命战史》第 2 部，《北伐统一》第 3 卷，台北黎明文化事业股份有限公司 1980 年版，总第 538 页。

② 蒋纬国总编著：《国民革命战史》第 2 部，《北伐统一》第 3 卷，台北黎明文化事业股份有限公司 1980 年版，总第 538 页。

③ 罗家伦主编：《革命文献》第 16 辑，台湾中国国民党中央委员会党史料编纂委员会 1978 年编印，总第 2686 页。

④ 罗家伦主编：《革命文献》第 16 辑，台湾中国国民党中央委员会党史料编纂委员会 1978 年编印，总第 2694—2695 页。

悉被歼俘，孙本人仅以身免。这是国民革命军打的一个漂亮仗。陈诚抱病上阵，勇于负责，多次化险为夷，本该受到奖赏和升迁；可是，这8月的龙潭苦战，种下的却是一颗酸涩的苦果。

由于陈诚在龙潭之役中，将作战不力的第六十二团团长李树森撤换，遭到一批黄埔同学的忌恨。他们联合起来在何应钦的面前倒陈。而这时陈诚的主要靠山蒋介石又已下野，东渡日本，无从庇护。10月，在第二十一师返驻苏州整训期间，何应钦免去了陈诚第二十一师师长之职。

这是陈诚在宦途上经历的第一次沉浮。从任职到卸职，前后只经半年。浮，未料到蒋介石会拿掉严重；沉，没想到何应钦会将功作过。陈诚在卸去职务后，领到了一个饷包。拆开一看，为大洋500多元。①这相当于一名码头工人20个月的工资，当然是一个不小的数字。他除分寄一部分回家供养母亲、妻子外，便携带余款，告别疆场，只身赴沪养病。

陈诚是一个不甘寂寞的人。他住沪养病不久，听说老上级严重在南京任职，便又返宁去找严疏解。严重自4月被蒋介石免职后，政治上一度消沉，去杭州天竺寺穿上了僧衣，拒会宾友。宁汉合流、蒋介石下野后，他又在各方的推崇下，担任了南京国民政府军事委员会军政厅长。陈诚见到严重后，免不了将自己半年来所受委屈申述一番，深得严重之理解和同情。遂由严重向何应钦解释误会，并于10月，将其荐任为自己的副手——军事委员会军政厅副厅长，兼驻上海办事处主任。12月，严重在南京微妙的政治局势中，急流勇退，辞去军政厅长职务。陈诚又一次填补了严重的空缺，随任代理厅长。次年3月，继又兼任军事委员会军事教育处处长。

这时，蒋介石已复出担任国民革命军总司令。4月，蒋任陈诚为国民革命军总司令部警卫司令。这又是一个贴近蒋介石并受其宠信的要职。

陈诚就任国民革命军总司令部警卫司令后，便借在中枢任职的有利条件，大力扩充自己的实力。他以何应钦的第一路军特务团为警卫第一团，由桂永清任团长；以伤兵编成团为警卫第二团，由张本清任团长；以宁波

---

① 邱七七：《集忠诚勇拙于一身——陈诚传》，台北近代中国杂志社1985年版，第60页。

成立的补充团为警卫第三团，由冯圣法任团长；此外，还有炮兵第一团姚永安部、炮兵第二团杨德良部归其节制，陈兼任总司令部炮兵指挥官；宪兵第一、第二团亦属陈指挥。陈诚这个警卫司令，手握7团，其实力比杂牌军的一个军还要强。①

总司令部警卫部队甫告组建，便碰上了"第二次北伐"。4月5日，蒋介石以军事委员会主席兼国民革命军总司令的身份，在徐州誓师北伐；9日，下达了总攻击令。

陈诚奉蒋介石之命，统率由警卫第一、第二、第三团组成的警卫军，并兼炮兵集团指挥，辖炮兵第一、第二团，随第一集团军沿津浦线进击。该集团军在第二集团军的配合下，于4月20日下兖州；22日克泰安；29日形成对济南三面包围的态势，迫使张宗昌、孙传芳弃城逃走。5月1日，陈诚随第一集团军方振武部和第二集团军孙良诚部开进济南城，住于城内张宗昌督军署内。②由于日本帝国主义的挑衅，蒋介石采取避免直接冲突的方针，命部队绕过济南城，继续渡河向德州方向前进；同时，命陈诚所率之炮兵部队由平阴后撤至宁阳待命。③这时，陈诚正在雄心勃勃地计划着如何率警卫部队和炮兵部队，直开北京城，洗刷徐州惨败和龙潭遭贬的耻辱；突然接到蒋介石的紧急撤退令，感到十分唐突和怅惘。他奉命带着贴身的特务队长邱行湘，骑马撤离了济南城。

"五三"济南惨案发生后，陈诚指挥的炮兵第一、第二团，随第一集团军由平阴渡过黄河，继续北进；而陈诚则率领部分警卫部队回到了南京。可是，当陈诚从疆场折回南京时，等着他的却是庙拆官丢。原来，在陈诚随蒋介石北上期间，何应钦利用主持军政的机会，已决定将陈诚的警卫司令部裁撤。

陈诚素以"清廉"闻名。此次他在结束警卫司令部工作时，向蒋介石交了该部的"结余"。这是一般国民党军官所不易做到的，因而深得蒋介

---

① 访问宋瑞珂记录，1987年7月，上海。
② 访问邱行湘记录，1987年9月，南京。
③ 陈训正：《国民革命军战史初稿》（3），台北文海出版社1973年版，第601页。

石之赞许。此时，蒋介石心中已在筹划着，由陈诚去组建一支新的野战部队。

三 巧用密电码

陈诚在就任第十一师副师长之后不久，便参加了1929年初春的讨桂战役。

就在双方研讨行将结束时，陈诚老谋深算，建议大家对今后的联络问题再加以仔细研究。他觉得，既然系以使者在先、兵马随后的阵势，迫使对方慑服，则使者与部队之间的联络，便显得十分重要。于是，大家重新商定了电报署名上的暗号，并以暗号辨明电文的真伪。至此，通信联络一端，方达万无一失的程度。

1928年秋，随着南京国民政府北伐讨奉的顺利进军，蒋介石开始着手整编十分混乱的军队，将军、师分别整编为师、旅。陈诚原率总司令部警卫军的2个警卫团和曹万顺所率第十七军的4个团，被合编为第十一师。按蒋的原意，是任陈诚为第十一师师长；但何应钦认为，陈诚此时资历尚浅，不能与顾祝同（第二师师长）、蒋鼎文（第九师师长）等人担任同样级别的官职。蒋于无奈之下，遂改变原方案，拟任陈诚为副师长。陈诚在得悉这一变化后，愤愤然由宁去沪，不愿就任新职。后经蒋介石派随从副官把他由上海找回南京，允以副师长职暂时过渡，授予处理人事、经理的实权，陈诚才欣然应命。[1]9月上旬，陈诚在浦口就第十一师副师长职；同时，任保定军校第8期同学罗卓英为师参谋长，陈式正、冯圣法、霍揆彰、肖乾、关麟征等黄埔一期生为团长。陈旋兼代第三十一旅旅长。这时，曹万顺虽名为师长，但实权尽操陈诚之手。第十一师整编完成后，即开驻芜湖。

陈诚在就任第十一师副师长之后不久，便参加了1929年初春的讨桂战役。

---

[1] 杨伯涛：《陈诚军事集团发展纪要》，全国政协文史资料研究委员会编《文史资料选辑》第57辑，文史资料出版社1978年版。

蒋桂交恶，由来已久。1929 年 2 月，以桂系首领李宗仁为主席的武汉政治分会作出决议，撤免鲁涤平湖南省政府主席兼第十八师师长职务，任命何键为湖南省政府主席。这一闻名全国的"湘案"，便成了此次蒋桂战争的导火线。战斗中，陈诚与曹万顺所率第十一师，被编在第三军朱培德的属下。第十一师奉命集结于江西、湖北交界处的武穴。3 月 31 日，各路讨桂军发起总攻击。桂军由于前线指挥李明瑞突然倒戈投蒋，致使战局急转直下。讨桂军未经激烈战斗，即克武汉。陈诚亲赴汉口、武昌督训部队。陈诚、曹万顺指挥第十一师，在进占武汉后，又奉命转向鄂北进军，直至武汉与襄樊之间的随县。

接着，在这年 5 月，陈诚、曹万顺又受命率第十一师配合南京当局对新编第五师李纪才部实行改编。

新编第五师是早年河南督军胡景翼的旧部，皆系陕西子弟兵，与西北军首领冯玉祥关系甚深，与桂系第四集团军亦有一定的历史联系；其师长李纪才，兼任鄂北清乡司令。时新五师驻节湖北枣阳、襄樊、老河口一带。鉴于该师在历史与地理上的特殊地位，致使南京当局急欲将其部队与师长李纪才分离，实行改编。时处军阀混战年代，南京政权尚无绝对权威，故欲对一支部队动大手术，必须有优势兵力为后盾，才能"和平"地进行。陈诚、曹万顺正是在这种情况下，受命进军襄樊的。

5 月下旬，由武汉行营参议宣介溪、张迺威，随带秘书、副官、宪兵共 10 人衔命由武汉出发，经随县第十一师驻地，前往新五师"宣抚"。当宣、张一行抵达随县时，陈诚与曹万顺早已得到通知，遂予热情接待。陈、曹决定：派关麟征团长带 1 营人，护送宣、张前往新五师驻地；命师部译电室编制了一本"宣密"密电本，交宣、张使用。就在双方研讨行将结束时，陈诚老谋深算，建议大家对今后的联络问题再加以仔细的研究。他觉得，既然系以使者在先、兵马随后的阵势，迫使对方慑服，则使者与部队之间的联络，便显得十分重要；如在这方面出了问题，将影响整个方策的实施。曹万顺、宣介溪、张迺威三人都认为陈诚的考虑十分得当。于是，大家重新商定了电报署名上的暗号：①如在密电下署名"弟宣介溪"，则不论电文内容如何，均表明对方已采取或准备军事行动；②如署名"弟介溪"，则表明是被迫发出，非自由意志；③如署名"介溪"，则是宣、张本意，可照电而行。①本来，讨论至此，已够缜密。可是，陈诚仍觉不够严密，复提议以暗号明辨电文的真伪，以防电本为人所窃或被抄录。最后决定：电本虽名为"宣密"，但到发电时，一律改用"陈密"字样。译电室见到"陈密"电文时，仍以"宣密"译出；若来电称"宣密"，则为伪电。②至此，通信联络一端，方达万无一失的程度。

后来，宣介溪、张遒威二人由关麟征护送，经枣阳而达襄樊，因得新五师参谋长、代师长邓英，旅长李凌霄和团长公秉藩的支持，"宣慰"工作进行得非常顺利，便用"陈密"以示真电，用"介溪"以示本意，电告陈诚，"即率军到襄接防"。陈诚、曹万顺遂移师襄樊，师部和第三十二旅驻襄阳，第三十一旅驻柿子铺，第三十三旅驻襄阳和双沟。而原新五师则被一分为二，由邓英任第十三师师长、公秉藩任第二十八师师长，同调往江西"围剿"红军。

第十一师进军襄樊的一段趣事，反映了陈诚的谋略。而襄樊驻军的交换，则又使蒋介石在未来的军事派系纷争中，占据了有利的战略地区。

四　因胜唐首获授勋

陈诚在挺过了最艰难困苦的局面之后，与来援各部互相配合，局势方转危为安，并及时展开反攻，获得全胜。就在陈诚浴血奋战于冰天雪地之际，南京国民政府于1930年1月1日，奖给他一枚三等宝鼎勋章。这是他一生中所得47枚中外勋章、奖章、纪念章中的第一枚。

陈诚以第十一师副师长的名义，实际指挥第十一师，取得了西略武汉、

---

① 宣介溪：《中原大战前夕陈辞公与我》，台北《传记文学》第37卷第1期。
② 宣介溪：《中原大战前夕陈辞公与我》，台北《传记文学》第37卷第1期。

北取襄樊的重大战果，声威大震。师长曹万顺，原是北洋军阀、福建督军李厚基的旧部，行伍出身，识字不多，在能力和官场中，都不是陈诚的对手。师部各机关，亦均以陈诚之命是从，不把曹的指示放在心上。1929 年夏，曹因处事失当，引起了部队中黄埔系下级军官的不满，遂被调离第十一师，任新编第一师师长；不久，曹率师部由武汉乘轮船到宜昌，遭张发奎军缴械，其所部各团亦在鄂西当阳、荆门一带叛变，致新一师番号被撤销，曹本人被免职。

陈诚于这年 7 月，升任第十一师师长。他接任师长后，大量罗致黄埔学生用为中、下级干部。这样，既提高了部队的素质，又进一步取得了蒋介石的信任，一箭双雕。陈诚在第十一师锐意改革，大刀阔斧，以“不贪财、不怕死”作为用人的标准。对曹万顺的旧部，则大力编遣；虽曾有个别营因不服整编而逃跑，但很快都被平息。在陈诚的严格整肃下，第十一师的官兵素质和部队作风都有了较大的改变。这个师，便成了陈诚戎马一生中的起家部队。

陈诚主第十一师不久，就发生了蒋冯战争。陈诚奉蒋介石之命，率第十一师，协同蒋鼎文的第九师和夏斗寅的第十三师，据守襄阳、樊城，将张维玺部击退。至 11 月 22 日，蒋军在先后发动三次总攻击后，终将西北军赶回潼关以西；陈诚师在南线，则由第三十一旅追击至草店，第三十二旅追击到均县，迫使冯军向白河、安康退去。[1]蒋介石令第五路军总指挥唐生智代行总司令职权，全权处理河南善后。

唐生智与蒋介石的关系乃貌合神离。唐料定蒋迟早要对自己下手，遂于 12 月 1 日在郑州发表反蒋通电，将第五路军番号取消改为“护党救国军第四路军”，并于 5 日接受汪精卫的委派，就任“护党救国军第四路军”总司令。唐生智旋率刘兴、龚浩两师和门炳岳骑兵旅，经郑州、许昌，沿平汉线南进，直指武汉。

在蒋介石组织的“讨逆军”中，陈诚所部第十一师被编在第二路军刘

---

① 访问宋瑞珂记录，1987 年 7 月，上海。

峙属下的右翼军中。此时，第十一师因追击西北军，已进至均县、郧县一带，忽奉命讨唐。陈诚一面命部队在汉水上游四处搭桥，佯作继续追击之状；一面指挥主力日夜兼程，折返襄樊。接着，第十一师东经武胜关、平靖关，北出信阳，及时赶至确山以东的刘店附近，凭险据守，阻击南下唐军。

唐生智反蒋之举，从时间选择上来说，本是趁蒋军疲于奔命武汉和南京空虚之机；可是，他又迷信术士顾伯叙占卜选定的 12 月 27 日这一总攻击时间，遂予陈诚等部以三周从容调动的时间。顾伯叙，乃扬州一信奉佛教密宗的居士，其人能言善辩，精于政治手腕，自 1922 年起经人介绍，与唐生智结下不解之缘。唐尊称顾为"老师"，唐部官兵敬顾如敬唐。

陈诚率第十一师以急行军速度于 12 月 25 日赶到冰天雪地的刘店附近，设师部于刘店。27 日，唐生智部队发起总攻，陈诚部陷于极度困苦之中。激战数日，陈诚师之第六十一团在张营北端损失了 1 个连，第六十二团在太平洼遭重创，第六十三团在王庄东北被冲垮，第六十四团也伤亡过半。唐生智的骑兵一度冲到第十一师师部附近。战斗最激烈时，第十一师预备队已经用完，只剩下一个连队和一个机枪排在苦撑。①陈诚严令各部队，坚决顶住，不得后退一步。他自己则亲率特务营到第一线战斗，并向敌军喊话。

战局在千变万化。陈诚所部最困难、最危险的时候，也是对其有利的条件逐渐出现的时候。

其一，唐军内部思想混乱，部下对唐忽而拥蒋、忽而反蒋的态度捉摸不定，致军心涣散，士无斗志。战斗正酣之际，罗少甫、杨乾吉率两营向第十一师投诚，其余各部亦无心恋战，唐部的攻势顿遭挫折。

其二，蒋军各路援兵纷纷赶到。在陈师面临危局的时候，其第六十五团从信阳押运弹药至前线，立即投入战斗；第一师之丁德隆团驰援刘庄阵地，亦及时到达；杨虎城之冯钦哉部奔袭驻马店，截断了唐军后路。

其三，10 多年来少见的大雪，给唐军造成极大困难。唐军官兵多为湖南人，不适应北方过胫之积雪。他们既遭冰雪围困，则给养断绝，饥寒交迫，

---

① 访问宋瑞珂记录，1987 年 7 月，上海。

冻伤者无数，战斗力大减。

陈诚在顶过了最艰难困苦的局面之后，与来援各部互相配合，局势方转危为安，并及时展开反攻，获得全胜。1930 年 1 月 3 日，陈诚骄傲地发电告捷："冬（2 日）、江（3 日）将龚浩、门炳岳部击溃，除收编龚部等二团外，尚有一团正接洽中，其余正进剿。"[①] 第十一师追击唐部，直至临颍，方奉命折回信阳，开到武汉整训。此次蒋唐战争，蒋军共将唐军 1.6 万余人解除武装，收缴其枪械 1.3 万余支，炮类 100 余门。陈诚在是役中，以其顽强拼搏，为蒋介石消灭异己部队立下了汗马功劳。就在陈诚浴血奋战于冰天雪地之际，南京国民政府于 1930 年 1 月 1 日，奖给他一枚三等宝鼎勋章。[②] 这是他一生中所得 47 枚中外勋章、奖章、纪念章中的第一枚。

五　战中原解围曲阜

陈诚所率第十一师，刚刚得到整补和充实，便又投入了另一场史称中原大战的混战之中。陈诚命令官兵日夜趱行，不准设营就宿。有一个团来不及吃饭，陈即令整队出发。这时，连长韩应斌取出饭碗在小河沟里取了一碗水，喝下即走，士兵们也跟着这样做了。陈诚对此大加鼓励。该师以日行 60 公里的速度，赶到兖州，并立刻向包围曲阜的晋军发起了进攻。

陈诚在结束了讨唐战斗后，所部于武汉整训期间，实力得到了两次较大的补充。一是 1930 年 2 月间，将驻武昌洪山附近的曹万顺残部第六十六团，以武力解散，军官资遣回原籍，士兵则拨补第十一师所辖各团。二是同年 4 月，奉命收编湖北徐声钰的独立第十三旅，改其番号为第十一师独立旅，下辖三团，以周至柔为旅长。第十一师遂由 2 旅 6 团扩至 3 旅 9 团，跃入甲种师的行列。

---

① 《大公报》1930 年 1 月 5 日。
② 《白日青云勋业千秋》，载何定藩主编《陈诚先生传》辑录资料，台北"反共出版社"1965 年版，第 75 页。

　　陈诚所率第十一师，刚刚得到整补和充实，便又投入了另一场史称中原大战的混战之中。

　　早在1930年3月中旬，原第二、第三、第四集团军的57名将领，便联名发出了反蒋通电，拥阎锡山为中华民国陆海空军总司令，李宗仁、冯玉祥、张学良副之。4月1日，阎、冯、李通电就职，设总司令部于石家庄，将所属各部编为4个方面军，分出湘东、鲁西和平汉、津浦二线。

　　蒋介石认为，"阎逆实为祸首，冯逆同为逆魁。其余桂逆等尚属局部之患"①。于是，他首先调集大军，讨伐阎、冯。其讨伐军共编为4个军团。陈诚第十一师属第二军团序列，参战前全师共有16 626人，驻蚌埠、滁州、浦镇等处。②该师于4月间奉调至徐州以西的陇海线上。

　　5月7日，陈诚指挥第六十四团，将冯军刘堤圈、万选才的搜索部队予以驱退；8日，指挥独立旅攻占陇海线上的交通枢纽马牧集，进而攻占归德城郊的朱集车站，将归德包围。11日，蒋介石下达总攻击令，陈诚亦率部与冯轶裴的教导第一师联合向归德发起进攻，并迅速占领，俘冯军师长万殿尊。陈师继续向宁陵地区前进。这里驻有冯军步兵9个团和炮兵1个团，由其第三方面军第六路军总指挥兼河南省主席万选才的部将刘茂恩指挥。刘茂恩系陈诚同学。陈诚遂于进军途中，给刘去信，予以拉拢。刘在大军压境、软硬兼施的情况下，决定弃冯投蒋，于5月21日将万选才扣押，开城迎陈。刘茂恩归蒋后，被蒋介石委任为第六十六师师长，掉转枪口，反击晋军。陈诚趁对方混乱之际，于5月21日晨，发起猛攻，相继占领宁陵、睢县等地。22日，蒋军第二军团司令部进驻民权以西的野鸡岗。

　　陈诚轻取宁陵后，奉命于24日向陇海线以南的兰封、杞县之间攻袭。

　　整个6月份，陈诚师一直与冯军在豫东一带僵持，形成了拉锯战，打得难分难解，双方都付出了很大的伤亡。据军事档案记载，6月12日这一天，双方进行了十分惨烈的战斗。拂晓，陈诚指挥第三十一、第三十二旅由褚庙、

----

① 蒋介石：《陆海空军总司令部自十九年三月至十月政治工作报告》，1930年10月，藏中国第二历史档案馆。

② 《讨阎军事纪略》（上），南京国民政府战史编纂委员会档案，藏中国第二历史档案馆。

吴家之线，齐头猛攻冯军宋哲元部的突出部，先后攻克蒋凹、石槽、王楼、张牌楼等地；但突然左侧背寄岗、汤庄砦一带的冯炮兵向该二旅进行猛烈射击，使陈部进击遭阻，损失颇重。陈诚当机立断，将预备队用上，以一个团监视寄岗方面，另一团攻击汤庄砦方面。冯军利用村寨工事和连锁地形，顽强抵抗。陈部攻击至冯军阵地前数十米处，遭对方正、侧瞰射，伤亡甚巨；复调1个营援助冲杀，终以冯军炮火猛烈，团、营长伤亡殆尽，仍无法前进。陈诚无可奈何，只好命部队原地构筑工事，待机进攻。是日一战，陈部共伤团长1名、营长3名，亡营长2名，伤亡副营长以下官兵700余名；俘冯军数十名，毙伤无算。①

6月下旬，陈诚下令，所有官兵必须死守归德以西阵地，违令者以军法处置。团长刘天铎丢失阵地，虽然是刘峙之侄，但陈诚恃有蒋介石批准，即于战地枪决，并调整了各级军官。

正当陈诚在豫东与冯军酣战之际，晋军第二路军张荫梧部和第四路军傅作义部由平津南下，于6月25日攻占济南，直逼曲阜。30日，蒋军第十三师万耀煌部，在马鸿逵部骑兵的掩护下，开进曲阜坚守。晋军段树华师不断组织爬城，攻击迅猛，第十三师处境十分危急；徐海动摇，南京亦受到严重威胁。

陈诚于7月1日接到蒋介石电令，率第十一师开往津浦线，对付晋军。陈诚率师沿铁路线，车步兼行，赶至滕县，又急行军直奔曲阜。陈诚命令官兵日夜趱行，不准设营就宿。有一个团来不及吃饭，陈即令整队出发。这时，连长韩应斌取出饭碗在小河沟里取了一碗水，喝下即走，士兵们也跟着这样做了。陈诚对此大加鼓励。②该师以日行60公里的速度，赶到兖州，并立刻向包围曲阜的晋军发起了进攻。7月12日，在陈诚第十一师与第十三师的内外夹击下，晋军第四军李生达部被迫向泗水以北溃退，直至宁阳、吴村、尧山口一线。陈诚进曲阜城后，见古老圣地曲阜，已被晋军

① 《讨阎军事纪略》（上），南京国民政府战史编纂委员会档案，藏中国第二历史档案馆。
② 访问宋瑞珂记录，1987年7月，上海。

破坏得满目疮痍。他随即拿起相机，连拍数张照片，并在照片上亲书"解围后之曲阜城写真"，"晋逆接近北门城外拆毁贫民茅舍之真相"，"被晋逆炮击后曲阜东门城楼"，"陈诚十九年七月十二日于曲阜军次"等语。①当时，第二军团总指挥刘峙尚未到达曲阜前线，这里各作战部队，暂归陈诚指挥。

六 擢升第十八军军长

蒋介石在《陆海空军总司令告捷电》中称，陈诚之第十一师及各路"讨逆军"，"奋勇肉搏血战五昼夜，率将逆敌压迫于济南附近，完全击溃"。于是，该 3 师部队均领得奖金；蒋光鼐提任第十九路军总指挥，蔡廷锴任第十九路军军长，陈诚擢升为第十八军上将军长，仍兼第十一师师长。年仅 33 岁的陈诚，自军校毕业投身军界刚 8 年，即由少尉排长而至上将军长，可谓官运亨通，青云直上。

曲阜一仗的胜利，使蒋军士气大振，也使陈诚在宦海的拼搏中受到了极大的鼓舞。这时，蒋军第二军团的总指挥部由陇海线的柳河站转移到山东滕县，总指挥刘峙亲临兖州前线。1930 年 7 月 27 日，蒋介石亦由陇海线指挥部直飞兖州督战，指挥全军分左、中、右三路，直取济南。陈诚的第十一师受命沿津浦线正面北攻；第六十、第六十一师为右翼，由泗水向北攻击新泰；教导第一、第二师为左翼，沿津浦线西侧，向汶河南岸攻击前进。

各路蒋军于 8 月 1 日发起全线总攻击。陈诚指挥第三十一旅向东进击，将晋军酆玉玺部击溃，占领楼德、宫里；以第十一师主力猛击李生达军，进占莲花峪、华丰、磁窑一线。败退的晋军，在陈诚所部的凌厉攻势下，本已溃不成军；加之适逢瓢泼大雨，山洪暴发，拥挤堵塞于大汶口铁桥上，秩序大乱，损失惨重。阎军于慌乱溃退中，不仅炮兵和辎重全部丢光，就

---

① 见何定藩主编《陈诚先生传》，台北"反共出版社"1965 年版，照片原件。

是李生达等高级将领的小汽车，也尽为陈师所获。①陈诚率师，经一周激战，即挺进至泰安以西地区，展开于红岭、界首、白马寺之线。陈诚复督师迎战以两列铁甲车为掩护的顽抗晋军，次第突破其堡垒，于9日下午5时，进占大官庄、大辛庄、王家堂之线；又连夜冒雨向晋军阵地猛冲，于10日拂晓，占领红庙南方的几个高地。这时，晋军除陈长捷师外，又增加李服膺所部之第十八师，抵抗甚力。陈诚派出一旅抄袭对方后路，更于正面加强攻击。11日，第十一师主力仍在红庙以南的460高山、黄草岭、和尚桥一带与晋军对峙；而其迂回部队，则突破凤凰庄、白马寺、小陆庄等战略要地。这一天，晋军不甘心丢失白马寺，组织大量兵力反扑。陈诚指挥迂回部队，顽强坚守，不退半步，双方死伤甚众。13日，陈诚率第十一师主力，占领界首，并向溃乱的晋军展开了猛烈的攻击。②自陈诚部占领白马寺、界首后，晋军已无法组织有效的抵抗。陈诚遂挥师北进，顺利占领了界首以北、津浦线上的万德、张夏、崮山、党家庄等地，直逼济南城。蒋介石在《陆海空军总司令告捷电》中称，陈诚之第十一师及各路"讨逆军"，"奋勇肉搏血战五昼夜，率将逆敌压迫于济南附近，完全击溃"③。

　　15日，陈诚继第六十师蒋光鼐部、第六十一师蔡廷锴部之后，进入济南。晋军慌忙逃窜，连仅有之3架飞机亦不及运走。因蒋介石在进军济南时，曾悬重赏奖励首先入城的部队。于是，该3师部队均领得奖金；蒋光鼐提任第十九路军总指挥，蔡廷锴任第十九路军军长，陈诚擢升为第十八军上将军长，仍兼第十一师师长。④年仅33岁的陈诚，自军校毕业投身军界刚8年，即由少尉排长而至上将军长，可谓官运亨通，青云直上。时军中同仁，有因其年轻、身矮，以"童子军"戏称者。

----

① 访问陈诚副官邱行湘记录，1987年9月，南京。
② 第十一师的主要战斗经过，见《讨阎军事纪略》（下），南京国民政府战史编纂委员会档案，藏中国第二历史档案馆。
③ 《陆海空军总司令告捷电》，1930年8月16日，载《国民政府公报》第550号。
④ 《革命人物志》第5集，台湾中国国民党中央委员会党史史料编纂委员会1970年编印，第210页。按：陈诚晋升第十八军军长的时间，现有1930年8月、10月和12月三说；晋升上将的时间，现有各种说法，相差极大。《国民政府公报》1935年4月公布陈诚为中将。

济南既克，蒋介石于 8 月 21 日亲飞泉城，将所有第二军团部队及第十九路军，咸调陇海、平汉线作战，以攻克郑州为其目标。在其 31 日编制的"讨逆"序列中，陈诚之第十一师与第十三师、暂编第一师，同属第二纵队，在指挥官夏斗寅辖下。①

是役，蒋介石决以"锥形战术"取胜。陈诚表示这种战术需要各纵队有独立作战和自我牺牲的精神。蒋对陈如此深刻理解"锥形战术"的要领，慰勉有加。

9 月 6 日，蒋军各路开始总攻击。陈诚率第十一师与夏斗寅第十三师自平汉路东的西华、鄢陵和平汉路上的临颍、许昌间，钻隙北进。夏师进至许昌东边的五女店受阻；陈师的方靖团，却一直北进至洧川双洎河南岸，为西北军任应岐部和吉鸿昌部挡住了去路。适吉鸿昌派员向蒋介石接洽投诚；蒋允，任吉为第二十二路军总指挥，让出防地。10 月 5 日，陈师夜袭和尚桥成功。此时，陈诚接获自郑州传来的关于"敌将全线撤退"的密报。鉴于郑州的屏障新郑尚在冯军之手，人多以为此密报不可轻信；而陈诚则综观战局变幻，确信此报，遂命所部超越新郑，直荡郑州。②陈诚深知，克复郑州至关重要，蒋介石最为关注。于是，他着人事先拟好占领郑州的捷报电稿，届时只要填上时间，即可发出；同时，派卫士石心志骑马紧跟先头部队第六十一团肖乾部，随时了解该部的进展情况。6 日黄昏，肖乾团在郑州以南的二里岗击溃冯军的掩护部队后，遂率队跑步入城。石心志飞骑向陈诚回报占领郑州情况。陈闻报大喜，命将预先拟好的报捷电稿填明时间，立即发出。③蒋介石接获陈诚电报后，给第十一师奖金 20 万元。

在第十一师先头部队攻至郑州南郊二里岗时，上官云相的第四十七师搜索部队已一度搜索前进至郑州火车站，只是听到二里岗方面的枪声，方又撤走，没有进入郑州城。陈诚为了联络上官云相部，显示自己"不称功，不贪财"的宽广胸怀，特意致电蒋介石，表示第十一师先占郑州，友军协

① 《讨阎军事纪略》（下），南京国民政府战史编纂委员会档案，藏中国第二历史档案馆。
②《革命人物志》第 5 集，台湾中国国民党中央委员会党史史料编纂委员会 1970 年编印，第 210–211 页。
③ 访问陈诚副官邱行湘记录，1987 年 9 月，南京。

力有功，赏金不敢独受；遂将20万元奖金分了一半给第四十七师；其余的10万元奖金，发给全师官兵每人2元，余款约6万元做公积金，以后创办了"十八军南通残废军人工厂"和"吉安农场"，以收容本军的残废军人和老弱士兵。①

陈诚师首占郑州，奠定了蒋军在中原大战中的胜局。蒋介石曾当面嘉勉陈诚："马牧集开战胜之端，曲阜挽垂危之局，郑州结胜利之果。"②10月9日，蒋介石离开前线，返回南京；15日，阎锡山、冯玉祥通电下野。历时7个月、集百万大军厮杀于千里战线的中原大战，旋告结束。

这年11、12月间，陈诚奉派与钱大钧、黄毓沛、潘竟、李国梁等人前往日本参观秋操③。陈诚首由湖南岳阳驻地赴南京，作出国准备，于10月30日夜抵沪。11月4日，陈诚一行，由沪赴日。④他们在日期间，除参观日军的秋操外，又在东京、名古屋等地参观了日本陆军军官学校和陆军飞行学校，访问了孙中山先生的旧友宫崎寅藏，受到了各地华侨团体的欢迎。此时的日本军政当局，虽表面也叫喊"中日友好"，但实际都看不起中国，把中国当作可以任意欺侮的对象。当局的这种态度，当然要影响到他们的军队官兵。因此，陈诚也遇到了一些不愉快的事情。有一个日本高级军官，讽刺他如此年轻，就当上了上将。陈诚答曰：你们的天皇，也很年轻，怎么就当上了天皇？日方听后，认为是对天皇的不敬，还打了一场外交官司，后来由何应钦出面斡旋，方算平息。⑤还有一个日本将领，听到陈诚在交谈中表示，以前曾有进日本士官学校学习的想法时，竟鄙视地说：看你身体这么矮小，又不强壮，连当一名军人还不大适合哩。⑥这使陈诚的人格受到侮辱，深感气愤，异常不快。总之，日本帝国主义的凶狂骄焰，使陈诚感慨万端。他曾这样写道："目睹人日谋我，我日自铄，彼土军民骄焰十倍，

---

① 访问宋瑞珂记录，1987年7月，上海。
② 《革命人物志》第5集，台湾中国国民党中央委员会党史史料编纂委员会1970年编印，第211页。
③ 参观秋操的名单，系根据《盛京时报》《申报》的报道整理。
④ 《盛京时报》1930年11月2日称，陈诚等"定四日东济赴日观操"。
⑤ 访问陈诚副官邱行湘记录，1987年9月，南京。
⑥ 邱七七：《集忠诚勇拙于一身——陈诚传》，台北近代中国杂志社1985年版，第71页。

在在逼人。"①

　　陈诚一行在日参观 40 余日，除钱大钧因事在神户逗留 2 日外，陈诚等人均于 12 月 19 日回国，随即由沪抵南京；21 日，由南京乘轮船赴武汉，转牯岭向蒋介石汇报去日观操情况。②

七　治军有术

　　第十八军的组建初具规模后，陈诚便着手大刀阔斧地进行整顿，决心建设一支以他为中心的、具有独特风格的战斗部队。陈诚治军，标榜实行"经济公开""用人公开"和"意见公开"。除了"三大公开"以外，陈诚十分重视部队的训练。他经常利用战斗空隙的休整期间，开办各种军官训练班和军士教导队。第十八军的野外演习，多用实弹射击，硝烟弥漫，如同实战。

　　1931 年元旦这天，陈诚接受了一生中的第二枚勋章——南京国民政府授予他的二等宝鼎勋章。③接着，蒋介石又决定将刚刚改编为第十四师的原钱大钧教导第三师交给陈诚，隶属于第十八军。陈诚于 1 月兼任第十四师师长；任周至柔为副师长，助陈襄理一切，代主日常事务；柳善为参谋长。同时，陈诚还接收了武汉要塞工兵营和攻城营，将其改编为 1 个攻城旅，任李延年为旅长。至此，陈诚所率之第十八军，已辖 2 师 1 旅部队。其第十一师辖 3 旅，每旅 3 团，约 22 000 人；第十四师辖 2 旅，每旅 3 团，约 15 000 人；直辖攻城旅，辖 3 团，5 000 余人。

　　第十八军的组建初具规模后，陈诚便着手大刀阔斧地进行整顿，决心建设一支以他为中心的、具有独特风格的战斗部队。自此，人们便习惯称

---

① 吴相湘：《陈辞修生平大事》，载《民国政治人物》第 2 集，台北传记文学出版社 1982 年版。
② 《申报》1930 年 12 月 20 日、22 日。
③ 《白日青云勋业千秋》，载何定藩主编《陈诚先生传》辑录资料，台北"反共出版社"1965 年版，第 75 页。

蒋军中的陈诚系为"土木系"。按中国字的字形，"土"者，"十一"也；"木"者，"十八"也。第十一师和第十八军，正是陈诚戎马一生中起家的部队。

陈诚治军，标榜实行"经济公开""用人公开"和"意见公开"。其目的，当然是为了笼络人心，提高本部队的战斗力，效忠"党国"。这"三大公开"虽只能是名重于实，但有此"三大公开"，亦使陈部与国民党其他部队有了一定的区别。

经济方面：

陈诚对于本部队应得之份额及经济待遇，竭尽全力，为之争取。他委其亲信赵志垚，在南京挂出"十八军驻京办事处"的招牌，向军政部领取经费和装备。军政部对于第十八军领取的经费，从不敢怠慢，均按期如数拨发。①

对于上级规定经济制度的执行，陈诚则比其他将领较为坚决。九一八事变发生后，国民党当局加紧"围剿"红军，财政日绌，军政部为压缩开支，给各级官兵发"国难薪"，将、校、尉官的薪金分别打对折、六折和七八折不等，士兵饷金酌减，行政办公费减半。陈诚不仅严格执行这一规定，而且还在这个基础上，再打一个折扣。如旅长原月薪 200 元，应打对折，陈规定实行对折九扣，只发 90 元。但薪饷一定按月发清，决不拖欠。②

当时，国民党军队中，贪污成风，部队主管官吃缺额已成惯例。陈诚却对各级长官申报的空额，规定了严格的限度，只允许有极少的名额作为机动掌握，如连长为 2 名，营长为 3 至 4 名，团长为 8 至 10 名，旅长则不准超出 8 名；逃兵限于 24 小时内上报，否则以吃缺论处。他宣称，各部队长凡不遵守这一规定者，轻则撤职，重则枪决。各连队的伙食，也由全体士兵轮流采购副食品，然后向全连公布账目。

陈诚还要求，各部队长在调离原职办理移交时，必须把部队的公积金一并移交。他自己在卸职第二十一师师长、总司令部警卫司令和第十四师

---

① 方耀：《陈诚其人其事》，《杭州文史资料》第 3 辑，杭州市政协文史资料研究委员会 1984 年编印。
② 访问宋瑞珂记录，1987 年 7 月，上海。

师长时，都将公积金造册交清。陈诚不惜使用巨量公积金，创办残废军人工厂、农场；而在私人应酬中，则较为节俭。

用人方面：

比较而言，陈诚能够广收人才，用则不疑。他所用的干部，大致有三类：用得最多的是黄埔军校毕业生，其次为保定军校毕业生，再次是行伍出身再经各种军校、军训班培养的。他在任用中、高级军官时，不大从地域观点出发。在整个第十八军中，只有个别青田籍人当上了团长；第十一师师长罗卓英是广东人，第十四师师长周至柔是浙江临海人，后来归第十八军建制的第四十三师师长刘绍先是河北人，第五十二师师长李明是广西人。

陈诚大量任用黄埔军校学生，从而使其军官的素质较其他部队为强；同时，也取得了蒋介石的信任。在陈诚执掌第十八军以后一段时期中，副师长霍揆彰，旅长肖乾、黄维、夏楚中、李及兰，团长彭善、陈烈等，都是黄埔一期生；团长胡启儒、方天等是黄埔二期生；团长宋瑞珂、方靖分别是黄埔三、四期生。

他还从陆军大学毕业的学员中，录用了不少人才。只要是学习成绩优秀、有能力的，便广为招徕，破格提拔。但对他们的使用，并不轻率从事。一般首先派他们到参谋处当参谋或科长，再适当担任下级军官训练班或军士教导队的教官、队长；有的放到自己身边来当一段随从参谋，就近培养、考察；经一段时间的工作实践后，则分别任他们为高级幕僚长或部队长。也有些黄埔毕业生，被保送到陆军大学去深造后，再赋予重任。当时第十八军内，称黄埔为"黄马褂"、陆大为"绿帽子"。因此，那些既穿黄马褂又戴绿帽子的人，最为吃得开。①

陈诚对本部队的人事大权，控制很严。在他任第十一师师长期间，所有尉级以上军官均由其亲自决定任用；任第十八军军长时，凡少校以上的人事调动，均亲自传见、谈话。

---

① 杨伯涛：《陈诚军事集团发展史纪要》，载全国政协文史资料委员会编《文史资料选辑》第57辑，文史资料出版社1978年版。

听取意见方面：

陈诚规定，全体官兵，在人事、经理、教育、管理、训练、作战等方面，都可以提出意见；尤其对于违犯军纪、贪污舞弊者，更加鼓励大胆揭发，严禁打击报复。各级官佐，在团务会议、师务会议、军务会议和总理纪念周上，都可对部队工作提出批评或建议；凡基层长官不予解决的问题，可向上一级长官写信，并不以越级报告论。①陈诚自己亲自拆阅和处理的这类信件甚多。有时，在战斗以后的"检讨会"上，一些高级将领争辩得异常激烈，泪涕交加，陈诚仍耐心听取。

除了"三大公开"以外，陈诚十分重视部队的训练。他经常利用战斗空隙的休整期间，开办各种军官训练班和军士教导队。部队在行动期间，只要在一个地方停留3天以上，就要出操上课。驻防期间的训练，则按表实施，很少改变，也很少准假离队。第十八军的野外演习，多用实弹射击，硝烟弥漫，如同实战。他认为，与其在战场上胡乱发射1万发没有效果的子弹，不如先在操场上发射9 000发训练子弹，然后在战场上发射1 000发有效子弹。其训练方式，1932年以前仿效日本，之后则取德国式教练。由于第十八军得天独厚的条件，其武器装备亦改善较快。在江西对工农红军作战时，已开始使用轻机关枪和德造卜福式七五山炮。

由此可见，陈诚所率第十一师、第十八军，之所以成为蒋介石手中的一支精锐之师，除了其所占种种有利条件之外，陈诚治军有术、严而不苟，实为重要原因之一。

---

① 访问宋瑞珂记录，1987年7月，上海。

第四章 参加"围剿"红军

一 得不偿失的攻击

陈诚部历时半月，辗转于山区，不时受到苏区地方武装与赤卫军的袭击，却根本寻不着红军主力的影子。陈诚谎称，共军都已"流窜"。陈诚参加第三次"围剿"，自7月1日起，迄于9月15日，历时两个多月，不仅没有能够消灭红军的主力，相反损失了17个团，计3万余人。

陈诚在擢升为第十八军军长之后，便开始投入了"围剿"中国共产党领导的工农红军的战争。

陈诚于1931年年初，自兼第十四师师长后，设第十八军军部于武汉。不久，即奉调移驻江西抚州。

南京国民政府对江西苏区发动的第二次"围剿"，被红军粉碎后，蒋介石于6月21日，亲赴南昌，部署对中央苏区的第三次"围剿"。27日，国民党军事当局制定了第三次"围剿"的战斗序列。陈诚在左翼集团中，任第二路进击军总指挥，下辖以罗卓英为师长的第十一师和由陈诚兼任师长的第十四师。此时，第十一师辖第三十一旅张鼎铭部、第三十二旅肖乾部、独立旅霍揆彰部，以及由炮、工、通、辎各1营和1个特务连组成的师直属部队，全师约2.2万人。第十四师由副师长周至柔代为主持，辖第四十旅夏楚中部、第四十一旅李及兰部，以及由炮、工、通、辎各1个营和特务、骑兵各1个连组成的师直属部队，全师约1.5万人。原第十四师的攻城旅，改归军部直辖。全军共18个步兵团，4万余人。

第三次"围剿"攻击出发前，陈诚致电蒋介石表示效忠，称："今日时局之危殆,祸机之剧烈,殆十倍于咸同之世①。职当小心谨慎,以盛气临之。但求有补于党国,勿辱及钧座,寸心无悔憾,其他非所知也。"②蒋于接电后的次日即复电,用古语勉励、告诫其对红军作战,必须加倍小心,拼死战斗。电云:"战阵之事,恃强者是败机,敬戒者是胜机";"能战虽失算亦胜,不能战虽胜亦败"③。

7月1日,左、右两翼集团军同时出动,寻找红军主力决战。3日,蒋介石亲至临川前线巡视,并电陈诚及左翼集团军、第二军团诸将领:"我军左翼兵力数倍于'赤匪',对于侧背之掩护兵力尤为雄厚,故我前方各路之进击部队,尽可专心挺进,决无后顾之忧,且挺进部队以寻求'匪军'主力为目的,故进度愈急速愈为得机。"④陈诚部历时半月,辗转于山区,不时受到苏区地方武装与赤卫军的袭击,却根本寻不着红军主力的影子。陈诚谎称,共军都已"流窜"。

何应钦发现红军主力西进,急命陈诚率第十一师和第十四师,向宁都以西进击,以拦截红军主力。陈诚遂率部折向西北方向,先于红军主力到达富田,使红军主力处于三面被围、背临赣江的危急形势下。可是,就在陈诚认为可以稳逼红军主力与之决战时,红军主力却采用中间突破的办法,巧妙地通过了国民政府军第一、第四军团的空隙地带,向东转移到莲塘地区。8月上旬,陈诚的第二路进击军又奉命划归右翼集团军总司令陈铭枢指挥,并受陈铭枢命令要旨:"第二路进击军之第十四、第十一师,分别扼住富田、固陂一带,尔后向东固、黄陂协攻'匪军'。"⑤自11日后,陈诚即以两师之众,与第一军团蒋光鼐所率之3个师部队,向东推进,将红军主力夹

① "咸同之世"系指清咸丰、同治年间,这一时期发生了1851年至1864年的太平天国农民运动。
② 《蒋主席复陈诚军长指示作战机宜电》,《中华民国重要史料初编——对日抗战时期》绪编(二),台湾中国国民党中央委员会党史委员会1981年编印,第374页。
③ 《蒋主席复陈诚军长指示作战机宜电》,《中华民国重要史料初编——对日抗战时期》绪编(二),台湾中国国民党中央委员会党史委员会1981年编印,第374页。
④ 《蒋主席复陈诚军长指示作战机宜电》,《中华民国重要史料初编——对日抗战时期》绪编(二),台湾中国国民党中央委员会党史委员会1981年编印,第375页。
⑤ 王多年总编著:《国民革命战史》第4部《反共"戡乱"》上篇第1卷,台北黎明文化事业股份有限公司1982年版,第240页。

于陈、蒋二部之间约 10 公里的大山之中。但由于红军战略战术灵活机动，苏区群众实行坚壁清野，陈、蒋二部情报不灵，行动艰难，不知红军主力的确切位置，又笨拙地将向北佯攻乐安的红军当作主力追击，遂使处于不利态势的红军主力从容自该二部的间隙中穿过，到兴国集中；陈诚等部，"则饥疲沮丧，无能为力，下决心退却了"①。

陈诚参加的第三次"围剿"，自 7 月 1 日起，迄于 9 月 15 日，历时两个多月，不仅没有能够消灭红军的主力，相反损失了 17 个团，计 3 万余人，以失败而告终，当然是辜负了蒋介石的信任。当时，第十八军中流行疟疾、痢疾，陈诚自己也未能幸免，真是"胖的拖瘦，瘦的拖病，病的拖死"，有的连队被拖得只剩下了 1 个排，真是吃尽苦头，一无所获。

二　与邓演达的生死之交

这年 8 月，中国国民党临时行动委员会决定实行武装起义，推翻南京国民政府的专制统治。邓演达是这次起义的总指挥。不料，邓演达赴江西领导起义尚未成行，即因叛徒出卖而被捕。陈诚闻讯，曾由江西"围剿"红军的前线，打电报给蒋介石，请求释放邓演达。邓被杀害后，噩耗传来，陈诚十分震惊，泪流不止；既恸逝者，又恐蒋对他怀疑，顾虑重重，食不下咽，意志消沉。他曾电蒋辞职，电文中有"上无以对总司令，下无以对恩友"等语。

差不多与陈诚率第十八军参加对红军第三次"围剿"的同时，他所敬重并积极支持其活动的邓演达，于 1931 年 8 月被捕，旋遭蒋介石杀害。这件事，对陈诚的影响颇大。

邓演达，字择生，著名国民党左派领导人，曾任黄埔军校教练部副主任、学生总队长、教育长、北伐军总司令部政治部主任、武汉行营主任，在国民党二届三中全会上，被选为中央执行委员、中央政治委员会委员、中央军事

---

① 《毛泽东选集》第 1 卷，人民出版社 1991 年版，第 219 页。

委员会主席团成员和中央农民部部长，被任命为中央军事委员会总政治部主任。大革命失败后，他于 1927 年 7 月秘密出国，先后在苏联、德国、英国、意大利、保加利亚、土耳其、伊拉克、印度等国考察；1930 年 5 月秘密回到上海，成立了中国国民党临时行动委员会（又称"第三党"，即中国农工民主党之前身）担任中央干部会总干事。①在由他起草通过的《中国国民党临时行动委员会政治主张》中强调指出："我们坚决相信，三民主义这个名称虽然被叛徒们所盗窃，它的内容虽然被叛徒们所曲解，但三民主义的真相，却并不因此而受丝毫损失。我们要努力去打倒这些叛徒们，恢复中断的中国革命。"《主张》公然宣称："我们争斗的目的，是要彻底的肃清帝国主义在华的势力，取消一切不平等条约，使中国民族完全解放，要使平民群众取得政权，要实现社会主义。"②其矛头直指以蒋介石为代表的南京政府的专制统治。

陈诚和邓演达同是保定陆军军官学校的毕业生，邓为工科 6 期，陈为炮科 8 期；当陈诚于 1918 年 10 月考入保定军校时，邓演达尚未毕业。因此，他们互为校友，邓为学长。1923 年年初，陈诚因得杜伟之介绍，而在上海谒见邓演达，并随邓南下，入建国粤军。时邓任该军第一师第三团团长；陈诚在邓属下先后任上尉副官、连长，负责拱卫大元帅府。是年 5 月，在对沈鸿英叛军的作战中，陈诚胸部负伤，得邓于火线相救。1924 年春，黄埔军校设立，陈诚又随邓演达离开粤军第一师，一起来到黄埔军校，邓任教练部副主任，陈则在其领导下任上尉特别官佐，负责教育。在工作和战斗的实践中，陈诚始终是邓演达的部下，直接受到邓的关怀和教诲。邓演达激进的革命思想、朴实的工作作风和勇敢的战斗精神，都给陈诚留下了极为深刻的印象。陈诚敬重邓演达，邓演达也很信任陈诚。

在风云变幻的 1927 年 4 月，南京街头已经出现了"打倒邓演达""拥

① 邓演达在"第三党"中的任职名称，见中国农工民主党党史资料研究委员会著《中国农工民主党的奋斗历程》，载《中国各民主党派》，中国文史出版社 1987 年版。现从此说，而不取"中央干事会总干事"之名称。
② 《中国国民党临时行动委员会政治主张》，1930 年 8 月 9 日第一次全国干部会议通过，载《中国各民主党派》，中国文史出版社 1987 年版。

护蒋总司令"等标语。此时陈诚的思想和心情极为混乱和复杂。因为他对蒋、邓都很尊敬。从威望来说，蒋介石是黄埔军校的校长，又是北伐军总司令，其影响超过邓演达；从私交来说，陈诚与邓演达的接触以及对其了解，远超过蒋介石。陈诚在政治上，尚不能识别蒋之"清共"主张；但他又完全相信邓是一位坚定的革命者。这一系列矛盾的背景和现实，铸成了陈诚自相矛盾的行动。时任第二十一师副师长的陈诚，一面向蒋介石声明，绝对服从其领导；一面又向师长严重表示，愿把队伍带到武汉去，支持邓演达。严重在离开第二十一师前，曾告诉陈诚的下属宋瑞珂等人：到必要的时机，陈诚将把部队带到武汉去，你们可先去找教育长（指邓演达）。①

1930 年 5 月，邓演达由国外返回上海；8 月，正式建立了中国国民党临时行动委员会。10 月底，刚刚参加过中原大战、提升为第十八军军长的陈诚，在赴日参观秋操前，途经上海，住在法租界西爱威斯路他母亲的寓所中。在他逗留上海的四五天中，曾谒见邓演达并在其寓所与中国国民党临时行动委员会中央干部会成员、设计委员会主席黄琪翔等人，进行了较多的接触。陈诚向邓、黄表示支持其政治主张，愿从第十八军公积金项下，向邓提供活动经费；同时，还请邓选派人员到第十八军工作。

后来，陈诚参加了中国国民党临时行动委员会②。第十八军的一些师、旅、团长也参加了这一组织。经邓演达介绍到第十八军来的庄明远、丘新民、陈烈等，都得到了礼遇和妥善的安排。陈诚还让庄明远担任了第十八军南通残废军人工厂厂长，好就近与设在上海的中国国民党临时行动委员会保持联系。1931 年 6 月 22 日，邓演达写信给黄琪翔，明确告知："11D又 14D 的工作，现在大规模地进展，已派特派员去指导。"③

这年 8 月，中国国民党临时行动委员会决定实行武装起义，推翻南京

---

① 访问宋瑞珂记录，1987 年 7 月，上海。

② 陈诚是否从组织上参加了"第三党"，说法不一。此处从中国农工民主党党史资料研究委员会著《中国农工民主党的奋斗历程》说，见《中国各民主党派》，中国文史出版社 1987 年版，第 281 页。

③ 《邓演达一九三一年致黄琪翔的两封信》，载曾宪林等主编《邓演达历史资料》，华中理工大学出版社 1988 年版，第 284–285 页。

国民政府的专制统治。邓演达是这次起义的总指挥。他准备亲自带领几名得力的干部，去江西指挥陈诚的第十八军，在临川、清江一带起义，攻取南昌；同时，派出联络员，到武汉、陕西、四川、河南、山西、福建等所有建立了联系的部队，通知他们一起响应。[①]

不料，邓演达赴江西领导起义尚未成行，即于 8 月 17 日下午，在上海愚园路愚园坊 20 号对干部训练班学员作结业讲话时，因叛徒陈敬斋告密而被捕。陈诚闻讯，曾由江西"围剿"红军的前线，打电报给蒋介石，请求释放邓演达。[②]

11 月 29 日，邓演达被蒋介石秘密杀害于南京麒麟门外沙子岗。噩耗传来，陈诚十分震惊，泪流不止；既恸逝者，又恐蒋对他怀疑，顾虑重重，食不下咽，意志消沉。其部下肖乾、宋瑞珂都为此赶往吉安陈驻地相劝。[③]陈诚在十分复杂和矛盾的心情下，曾电蒋辞职，电文中有"上无以对总司令，下无以对恩友"等语。[④]而蒋介石对于反对他的人，一贯取分化瓦解的办法，对陈诚支持邓演达一事，并未深究。蒋电召陈诚往见，称其和邓的交往，纯系私谊，不涉及政治，并勉安心工作。[⑤]陈诚在彷徨之中，深感蒋介石之宽厚和不究既往。于是，在失去了邓演达的情况下，他与蒋介石的关系便愈加密切和亲近。不过，他对于"第三党"的成员，仍一如既往，予以保护。邓演达介绍的庄明远，长期跟随陈诚担任要职。因准备武装劫救邓演达而遭通缉的邓克敏，曾到吉安陈诚的身边避难，继又平安离去。

三 与谭祥喜结良缘

陈、吴之关系，自 1924 年 5 月吴自杀未遂后，已更为冷淡，其夫妻关

---

① 中国农工民主党党史资料研究委员会：《中国农工民主党的奋斗历程》，中国文史出版社 1987 年版，第 281—282 页。

② 访问宋瑞珂记录，1987 年 7 月，上海。

③ 访问宋瑞珂记录，1987 年 7 月，上海。

④ 原全国政协副主席、民革中央主席朱蕴山：《怀念亡友邓演达》，载《前进》1981 年第 12 期。

⑤ 访问宋瑞珂记录，1987 年 7 月，上海。

系名存而实亡。在陈、吴之间，对这一婚姻的存续，都已不抱任何幻想。
1932年元旦，陈诚身着戎装，与手捧玫瑰花束的谭祥，在上海沧州饭店举
行了隆重的婚礼。蒋介石、宋美龄亲临祝贺。他们双双在杭州西子湖畔，
度了蜜月。

　　就在陈诚"围剿"红军到处扑空和援救邓演达失败，军事上、政治上
尽皆失意的时候，在他的个人生活中，却完成了一件终身大事：1932年1
月1日，他与谭祥女士在上海结为夫妻，组织了一个对他来说堪称美满、
幸福的家庭。

　　谭祥，又名曼怡，乃清进士、湖南咨议局议长，国民革命军第二军军长，
南京国民政府主席、行政院长谭延闿之三女。她1905年二三月间生于长沙，
母方氏，兄名伯羽，大姐淑，二姐静。①谭氏品貌端庄，聪慧出众，曾就读
上海教会女校，并与宋美龄一起在美国留学。因其父谭延闿曾认宋美龄之
母为干娘，故谭祥虽仅比宋美龄小6岁，但认辈分，却是宋氏之干女。

　　陈诚与谭祥结合的介绍人是蒋介石与宋美龄夫妇。当年蒋、宋结为伉俪，
乃谭延闿为月老。谭生前曾嘱托蒋、宋，为其物色才识卓越的乘龙快婿。
中原大战后的陈诚，已是上将军衔的第十八军军长，且久为蒋介石所器重
和赏识。由蒋亲自为其择配佳偶，便成了蒋陈政治上紧密结合的一种凝聚力。

　　于是，在陈诚赴日本参观秋操回国后，蒋介石、宋美龄便正式向陈诚
提起了这件婚姻。

　　陈诚对谭祥，可称一见倾心，不仅为其落落大方的潇洒风度和知书达
理的内在素质所折服，而且更为蒋介石、宋美龄的亲自出马充当介绍人而
受宠若惊。他毫不犹豫地接受了蒋、宋的美意。谭祥对陈诚的翩翩风度和
军阶、战功亦极仰慕，可谓一见钟情。自此以后，陈诚便与谭祥书信往返，
电话不断。一次，陈诚由岳阳军部去长沙公干，特意命副官邱行湘，在长
沙选购了鹅绒织锦沙发椅垫、枕头、鹅绒被等10件高档用品，送至南京成

---

① 谭祥身世见《谭祖安先生年谱》，台湾中国国民党中央委员会党史委员会1977年版。

贤街谭公馆,交给谭祥。①后来,即使在江西"围剿"红军的前线,陈亦常命副官将写给谭祥的信带至后方邮寄。

可是,在陈诚与谭祥结合的道路上,还有一道障碍需要扫除。这就是陈诚乃有妇之夫,按时间算来,与青田吴氏结婚已十二三年,若不与其妻舜莲离异,谭祥嫁入陈家,就不能算作正娶。作为名门闺秀的谭祥,精于世理,在这一点上,当然不肯迁就。

陈、吴之关系,自1924年5月吴自杀未遂后,已更为冷淡,其夫妻关系,名存而实亡。在陈、吴之间,对这一婚姻的存续,都已不抱任何幻想。陈诚便托了同乡前辈、吴家祖上的亲族杜志远先生和吴氏的哥哥、自己的同学、下属吴子漪,出面予以劝导,促其同意办理离婚手续。淳朴、老实的吴舜莲,在各方劝说下,决心终身不再婚嫁,便提出了一个可怜的条件:"生不能同衾,死后必须同穴。"② 陈诚也顾不得去理会这身后的遥远问题,当予同意。然后,又由吴子漪代为写了一张离婚协议书,并注明:因舜莲不识字,故由子漪代为签名盖章,并愿承担一切责任。

1932年元旦,陈诚身着戎装,与手捧玫瑰花束的谭祥,在上海沧州饭店举行了隆重的婚礼。蒋介石、宋美龄亲临祝贺。接着,他们双

1932年元旦陈诚与谭祥结婚照

① 访问邱行湘记录,1987年9月,南京。
② 杜伟:《我所知道的陈诚》,《纵横》1985年第6期。

1932年1月1日陈诚与夫人谭祥结婚照

双到杭州西子湖畔，度了蜜月。

婚后，谭祥堪称为陈诚之贤内助，不过问政事，持家有方，尊敬婆婆；偶当陈诚在人事关系上遇到麻烦时，也出面到宋美龄面前予以周旋，使之化险为夷。谭氏计生4男2女，长子履安，次子履庆，三子履碚，四子履洁；长女幸，次女平。诸子女学业均佳，尤长子履安位至台湾"国家科学委员会主任委员""国防部长""监察院长"，并为国民党中央执行委员会常务委员。

在陈诚与谭祥喜结良缘的同时，其已离异的前妻吴舜莲仍住陈家，侍奉陈母如常，陈母亦极怜爱吴氏。而在吴氏内心中，却饱含痛苦与哀怨。她不怨别事，只怨陈诚的官升得太快，以致使自己不配做其夫人。

四　"土木系"实力大增

参加"围剿"红军的杂牌军很多，他们各有自己的政治背景，对蒋介石的态度反复无常。杂牌军的命运，往往是在战争中或被消灭，或因削弱而被改编。这一情况，为陈诚扩张自己的实力提供了一个极好的机会。陈诚在1930年8月任第十八军军长时只辖1个师，经过两年多一点的时间，至1932年10月，便已统率第十一、第十四、第五十二、第四十三、第五十九师共5个师、29个团的兵力。

1931年6月，陈诚率第十八军赴江西，参加对红军的第三次"围剿"，任左翼集团军下属之第二路进击军总指挥。当时，参加"围剿"红军的杂牌军很多，他们各有自己的政治背景，对蒋介石的态度反复无常；同时，这些部队的人事和经理大权，蒋介石并不能控制。杂牌军的命运，往往是在战争中或被消灭，或因削弱而被改编。这一情况，为陈诚扩张自己的实力提供了一个极好的机会。

是年9月15日，参加"围剿"红军的右翼第一军团所属之第五十二师韩德勤部，在兴国县的方石岭遭红军伏击，亡"旅、团长三员及营长六员"，"部队损失极重"①。该师除留在吉安的补充团外，其2个旅、4个团损失殆尽，韩本人化装成伙夫逃出，仅以身免。陈诚以驻军最高指挥官的名义召开团以上军官会议，当场宣布第五十二师驻吉安的补充团团长陈纯道违抗命令，图谋不轨，予以逮捕，听候法办。不料就在扣押陈纯道的当晚，吉安河东的县警备队被苏区地方武装围歼，枪声紧密，并有流弹飞到设在吉安中学的第十八军军部。陈诚疑为第五十二师残部兵变，急以军部为核心布置了巷战阵地，令第十四师驻吉安附近凤凰圩的独立旅来援，并召韩德勤来军部。后查明情况，知第五十二师余部并无异动，一场虚惊方告平息。②不过，这件事促使陈诚下决心，尽快解决这支杂牌军的残部。1932年春，陈诚奉蒋介石之命，接过第五十二师番号，以第十一师独立旅和第十一师攻城旅，编为第五十二师的主干部队。由第十一师副师长李明调任第五十二师副师长，旋即提为师长；以原第五十二师残部编为独立团，任王作华为团长。第十一师副师长的遗缺，由陈保荐原第六师旅长陈时骥担任。

陈诚在编并第五十二师的同时，还编并了第四十三师。该师原是军阀孙传芳的残部，中原大战后，由第四十七师扩编而成。第四十三师师长郭华宗，因反对上官云相任第九军军长，遂不听指挥，擅自移防，脱离了第九军建制。1931年冬，该师驻吉安以西潇水两岸。因郭克扣军饷，官兵对其不满。1932年春，陈诚奉命改编该部。郭华宗初不肯移交，陈诚遂以武

---

① 王多年总编著：《国民革命战史》第4部《反共"戡乱"》上篇第1卷，台北黎明文化事业股份有限公司1982年版，第238页。

② 访问邱行湘记录，1987年9月，南京。

力胁迫，派第十一、第十四、第五十二师各一部将郭师包围。郭甚为气愤，决心拼死一战，拒不缴枪，双方相持约2日。后由于郭师旅长孔令恂、团长韩锡侯经陈诚做工作，均同意接受改编，郭遂携巨款离开部队。陈诚以该师参谋长刘绍先接任师长，归入第十八军建制。鉴于该师官兵以直、鲁、豫诸省为多，若贸然安插南方军官进去，不易统率，故在若干年内，其中、下级干部很少更换。第四十三师编入第十八军后，其原有旧军阀部队的腐败恶劣作风有了一定改变；官兵能按月领到薪饷，因此，对陈诚都抱有一定好感，愿意执行他的命令，战斗力亦较前提高。

接着，陈诚又编并了第五十九师。该师系四川部队，师长张英。由于该师纪律废弛，官兵多吸食鸦片，扰害人民，蒋介石授意陈诚相机解决。1932年秋，适第四十三师刘绍先部在宜黄、乐安被红军包围，陈诚率第十一、第十四师东援刘师。旋包围宜黄、乐安的红军转移，陈诚令第十一、第十四和第四十三师等部将驻永丰之第五十九师突然包围，开展攻击。初，张英率师出川时，即担心部队被改编，在得何应钦担保"不被吃掉"后，方肯出发。至永丰被陈诚部包围后，张英即电告坐镇南昌指挥"剿匪"的总司令何应钦。何急电陈诚谓：如解决张英，西南部队，谁肯再听命中央！陈诚则一面电蒋介石备案，一面指挥各部继续按原计划行动。结果，张英师大部为第十八军所缴械；只李弥率一个步兵团远逃杭州，被熊式辉系之第五师周浑元部所收编。[1]事后，何应钦指责陈诚不该如此解决张英部队；陈诚则责怪何应钦、熊式辉不该将李弥团编入别部。因各有其背景，这场官司也只好不了了之。陈诚得第五十九师番号后，复抽调第十一师、第十四师的独立团为基干，重编该师序列，任陈时骥为第五十九师师长，杨德良、方靖为旅长。

这样，陈诚在1930年8月任第十八军军长时只辖1个师，经过两年多一点的时间，至1932年10月，便已统率第十一、第十四、第五十二、第

---

[1] 访问邱行湘记录，1987年9月，南京。

四十三、第五十九师共 5 个师、29 个团的兵力。[①]

五　与彭德怀赣州对垒

陈诚在后来回忆这一段情况时不无得意地说："我当时召集一个全体官长会议……后来这个会议反复讨论，决定先确保赣州；所以当时凭藉几天的粮，一鼓气便把赣州附近的'匪''肃清'了。"为了对付围攻赣州的红军，为蒋介石解除后顾之忧，他宁愿冒着只剩下几天粮食的危险，仍决计先赴赣州。陈诚派罗卓英率两师一旅之众，赶到赣州城外，对于困守赣州的国军来说，当然犹如雪中送炭，给他们拒城顽抗打了气。

1932 年 2 月初，红军主力第一、第三军团共约 2 万人，由彭德怀任前敌总指挥，开始对国民政府军坚固设防的赣州城实施围攻。时赣州由第三十四旅旅长马崑所辖第六十七、第六十八两团及一个独立连，共 3 000 余人驻防；此外，还有赣南 17 县的逃亡地主武装共 17 个大队约 5 000 人协助防御。驻赣国民政府军凭借三面环水、城墙高大的地形和深沟高垒的防御工事进行顽抗，致使战事成为僵局。

刚刚度过新婚蜜月的陈诚，作为驻赣南的最高军事长官，于 2 月 15 日致电蒋介石报告并提出了下一步的行动方案："如我积极'进剿'，恳另派队接替峡江、阜田、安福。并令廿八师固守万（安）遂（川）之线"；"我军驻防分散，若放弃安福、峡江、阜田，或万安、遂川之线，则有 a. 不能援赣。b. '匪区'扩大。c. 失民众同情"[②]。显然，陈诚的意图是，既积极"进剿"赣州附近红军，又不放弃安福、峡江、阜田及万安、遂川之线的防地。果然，

---

① 访问宋瑞珂记录，1987 年 7 月，上海。

② 《陈诚军长自吉安呈蒋委员长中正报告"共匪"围攻赣州并请示我军"进剿"办法电》，1932 年 2 月 15 日，《中华民国重要史料初编——对日抗战时期》绪编（二），台湾中国国民党中央委员会党史委员会 1981 年编印，第 381 页。

21 日，蒋介石复示："所见皆是。"①

陈诚跃跃欲试，准备率部南下对付围攻赣州红军的时候，也正是上海第十九路军，在"一·二八"之后英勇抗击日军进攻的关键时刻。为了顾及上海的战事。一部分驻赣的国民政府军已经奉调移驻浙江。不久，陈诚也接到了东调淞沪的命令。究竟是立刻东调，还是先解赣州之围？陈诚拿不定主意。于是，向蒋介石请示。得到的回答是"相机处理"。陈诚在后来回忆这一段情况时不无得意地说："照人情讲，当时多数官兵的心理，哪一个不愿到淞沪，既可做民族英雄，又可获得较好的给养，但如果一开拔，'共匪'要立刻进占赣州，江西'剿匪'形势立刻发生动摇，所以我当时召集一个全体官长会议，凡是校官以上阶级，一律参加，一切由会议决定进止。后来这个会议反复讨论，决定先确保赣州，所以当时凭藉几天的粮，一鼓气便把赣州附近的'匪''肃清'了。"②

当时，由于苏区群众实行坚壁清野，使"围剿"红军的国民政府军的粮食供应极其困难。陈诚因"各师伙食，自 1 月下旬至 2 月份，均未领到"，特致电蒋介石告急，并称"计各师彼此通融，只能支持至本月半"③。如果陈诚立即率师东进上海，粮饷供应当充足无虞；可是，为了对付围攻赣州的红军，为蒋介石解除后顾之忧，他宁愿冒着只剩下几天粮食的危险，仍决计先赴赣州。

此时，围攻赣州的红军，已经由坑道三次实施爆破攻城，并且发起强大的政治攻势，到处张贴着"夺取赣州，活捉马崐"，"只杀马崐，不杀守城官兵"等巨幅标语口号，使马崐如坐针毡，守城官兵也受到极大的震慑。

---

① 《陈诚军长自吉安呈蒋委员长中正报告"共匪"围攻赣州并请示我军"进剿"办法电》，1932 年 2 月 15 日，《中华民国重要史料初编——对日抗战时期》绪编（二），台湾中国国民党中央委员会党史委员会 1981 年编印，第 380—381 页。

② 《陈院长畅谈法治》，1951 年 10 月 31 日，载何定藩主编《陈诚先生传》，台北"反共出版社"1965 年版，第 246 页。

③ 《陈诚军长自吉安呈蒋委员长中正为各师伙食均未领到乞迅予设法维持电》，1932 年 2 月 11 日，《中华民国重要史料初编——对日抗战时期》绪编（一），台湾中国国民党中央委员会党史委员会 1981 年编印，第 453 页。书中日期为"民国二十年二月十一日"，根据上下排列内容，日期应为 1932 年 2 月 11 日。

第三十四旅旅长马崑，请求南京国民政府及各部队"迅催援军，星夜迈进"①。在这样的情况下，陈诚派罗卓英率两师一旅之众，赶到赣州城外，对于困守赣州的国民政府军来说，当然犹如雪中送炭，给他们据城顽抗打了气。

在罗部到达赣州城郊后，陈诚又立即发报给罗，要求他设法将守城部队接出，万一部队接不出来，也一定要把马崑营救出来。②3月2日前后，罗卓英命第十一师第三十三旅旅长黄维，率两个团及一个工兵营潜入城中，加强城中防御和土工作业力量；罗本人亦亲自潜入城中视察。6日深夜，赣州城内守军马旅、黄旅各一团，趁围城红军久战疲劳、意志松懈之时，分由城西、城南两处坑道出击，同时发起偷袭。红军因缺乏戒备，仓促应战，陷于被动，损失较大，红一师师长侯中英被俘。后经一天激战，红军虽将国民政府军压回城内，却付出了重大代价；于是，撤围赣州，退至赣县江口一带集结休整。赣州城自2月4日被红军包围，至3月7日红军被迫撤围，历时1个月零3天。从红军方面来说，从围到撤，在战略上犯了错误，故遭致重大损失；从国民政府军方面来说，从被围到解围，陈诚主动调部支援，当然起到了重要的作用。

六 抚河"进剿"

11月底，陈诚受命担任抚河方面"进剿军"前敌总指挥，共辖第十一、第十四、第五、第八、第二十三、第二十四、第二十七、第三十七、第九十师等9个师。陈诚认为，"随'匪'行踪为进退，争一地得失，牵动全局，究非根本之计，似非从新计划，将'进剿'、防守部队，于年内区别展开，则不足以言'进剿'也"。

陈诚解赣州之围后，淞沪战事亦因国联出面调停，暂趋沉寂，故原先

---

① 马崑等1932年2月24日通电，南京国民政府行政院档案，藏中国第二历史档案馆。
② 马崑：《蒋军赣州守城战役亲历记》，全国政协文史资料研究委员会编《文史资料选辑》第45辑，文史资料出版社1964年版。

关于东调陈诚部队入沪作战之议亦罢。

5月上旬，赣粤闽边区"剿匪"总司令何应钦，将所部43个师（旅），编为9路及1个直辖军（刘建绪之第三十八军）；陈诚仍指挥第二路军，负责"清剿"赣西南苏区。陈诚率第二路军于五六月间，先后与红军战于湘东之桂东、汝城和赣南之大庾、信丰，虽占领苏区县城数座，但并未寻得红军主力决战。

6月中旬，蒋介石到庐山牯岭召集河南、湖北、安徽、湖南、江西五省"剿匪"会议，陈诚与何应钦、何成浚、钱大钧、熊式辉等出席。会上确立了"三分军事，七分政治"的第四次"围剿"方针。

11月底，陈诚受命担任抚河方面"进剿军"前敌总指挥，共辖第十一、第十四、第五、第八、第二十三、第二十四、第二十七、第三十七、第九十师等9个师。鉴于此时红军主力集中于临川以东、闽赣交界处，陈诚即命各部"以迅速'追剿'，协同闽友军聚歼'匪'主力于赣闽边境之任务"[①]。同时，令吴奇伟率第十四师周至柔部和第九十师吴奇伟部于12月4日前攻取金溪；陈自率总指挥部于12月1日进驻临川。随后，陈部于12月5日前后，占领了金溪、资溪、硝石等地；但红军的第一、第三、第五军团等主力，仍灵活运动于闽、赣一带，不仅没有受到重创，而且还连续把国民政府军各个击破。陈诚遂电呈蒋介石，摆出了抚河方面"进剿军"所处的困境：第十一师罗卓英部尚在宜黄及其以南地区，第二十三师师长李云杰抱病南昌，第二十四师许克祥部损失未复，第八师陶峙岳部仅能固守南丰，第十四师周至柔部之两团正由吉安、吉水开拔中；赣江流域及其以西安福、永新一线，仅有第五十二师李明部和第五十九师陈时骥部，战守均感不足；能够机动进攻的部队，只有第十四师的4个团和第九十师吴奇伟部。他认为，"随'匪'行踪为进退，争一地得失，牵动全局，究非根本之计，似非从新计划，将'进剿'、防守部队，于年内区别展开，则

① 《关于赣东作战之经过情形》，国民政府军事机关档案，藏中国第二历史档案馆。

不足以言'进剿'也"①。鉴于上述对形势的分析,陈诚于12月21日,将所辖各部作了守势调整:第八、第二十四师回守南丰,第二十三、第十四师移防南城,第九十师移防临川以南的龙骨渡。②

蒋介石接受了陈诚关于"从新计划,将'进剿'、防守部队,于年内区别展开"的建议,正式确定了第四次"围剿"的指挥系统及其作战任务。12月30日蒋下达命令:由何应钦任赣粤闽湘边区"剿匪"总司令,贺国光任参谋长,下分中、左、右三路军。陈诚被任命为作为"进剿军"主力的中路军总指挥。如是,陈诚结束了单独从事抚河方面"进剿"的任务,而统率更多的部队,全力以赴,投入第四次对中央苏区和工农红军的"围剿"。

七 一败黄陂

第五十二、第五十九师部队,乃陈诚在1932年费了一年的心血,由杂牌部队编并过来,并在干部、装备等方面下了不少工夫;然而,黄陂一役,该二师却毁于一旦。为此,陈诚曾痛苦地抱头大哭。蒋介石在电报中称此二师之被歼,为"本军未有之惨事","无限之隐痛";陈诚接蒋电后,百感交集,黯然书曰,"诚虽不敏,独生为羞"。

陈诚受命为赣粤闽湘边区"剿匪"中路总指挥以后,便从1933年1月初开始,指挥3个纵队计12个师,以抚州为中心,采用外线作战、分进合击的战略原则,向苏区黎川、建宁、泰宁地区包围和截击。他出师不利,首于1月4日、5日,在黄狮渡遭红军袭击,损第五师第十三旅,旅长周士达"失踪";继于6日,其所率第二十七师和第九十师各一部,又在枫山铺被红军击溃;迄2月中旬,南丰被红军包围,附近各据点,咸被红军攻克。

陈诚以南丰地势冲要,为尔后"进剿"赣南之支撑点,遂于2月13日,"令

---

① 《关于赣东作战之经过情形》,国民政府军事机关档案,藏中国第二历史档案馆。
② 《关于赣东作战之经过情形》,国民政府军事机关档案,藏中国第二历史档案馆。

其各纵队向赣南挺进,尤其第一纵队速在宜黄地区集中,解救南丰之外围"①。其第一纵队指挥官罗卓英,则根据陈诚的部署,于14日向所属各部队下达攻击命令,"着第五十二师师长李明率该师经蛟湖向黄陂附近集中,第五十九师经霍源向河口附近集中,以备编入本纵队序列参加作战";"各部队于二十六日开始行动,限二十八日到达目的地,俟全纵队集中后,再行统一攻击部署"②。此时,红军认定陈诚所率第一纵队"是对我军最危险之一个纵队",决心"以主力西进,迅速击破敌主力之第一纵队三个师"③。其具体部署为"改强攻为佯攻与监视南丰之敌,准备消灭其增援队";"集结兵力于南丰城、里塔圩以西地域,背靠苏区,更积极佯攻南丰,引致敌仍依原定路线'进剿',以便我首先迎击与消灭其右翼(按:指第一纵队三个师)"④。

红军决心首先予以消灭的国民政府军中路第一纵队3个师,正是陈诚所部第十八军中的3个基干师。其第十一师,乃陈起家、发迹之师;第五十二师系于1932年春从韩德勤手中编并,旋委第十一师副师长李明任该师副师长、师长;第五十九师系于1932年秋从川军张英手中编并,旋委第五十二师副师长陈时骥任该师师长。后第五十二、第五十九师虽受命被编入第五军序列,由军长罗卓英节制,但仍为陈诚牢牢控制,属陈之嫡系部队。

2月25日,正值第五十二、第五十九师即将出发之际,担任第一纵队预备队的第四十三师,于乐安城东10公里处,获得一份红军乐(安)南军分区司令部致乐(安)北军分区司令部的文件,内称:"我工农红军正围攻南丰,且夕可下,惟乐安之两师白军,若向河口、黄陂前进,则我红军

---

① 王多年总编著:《国民革命战史》第4部《反共"戡乱"》上篇第3卷,台北黎明文化事业股份有限公司1982年版,第577页。

② 王多年总编著:《国民革命战史》第4部《反共"戡乱"》上篇第3卷,台北黎明文化事业股份有限公司1982年版,第604页。

③ 朱德:《黄陂东陂两次战役伟大胜利的经过与教训》,《朱德选集》,人民出版社1983年版,第8页。

④ 周恩来致中共中央和苏区中央局电,1933年2月15日,《周恩来选集》上卷,人民出版社1981年版,第65—66页。

不特无法攻下南丰，本身亦感至大危险。万望派人监视此两师敌人，果其南来，即迅速报告，予当率乐大两团竭力抵抗之。"①实际此乃红军设计的圈套，故意只提"两团兵力"，来麻痹第五十二师和第五十九师。该二师长坚信上项情报，认为当面确无红军主力，遂于 26 日拂晓，由李明统率，分为两个纵队，中隔大山，相距 5 公里余，直奔黄陂、河口。

红军主力早已于 2 月 23、24 两日由南丰附近，隐蔽转移到东陂、河口之线集中完毕，分作左、右两翼：右翼为第五军团和第二十二军，沿东陂一线进至黄陂，西向迎敌；左翼为第一、第三军团和第二十一军，沿金竹、王都、竹坪之线，隐蔽接敌。②

陈部第五十二师为此次行军之右纵队。该师冒蒙蒙细雨，在崎岖山路中以一路纵队行进一天。27 日黎明时，其第一五五旅超越第一五四旅，就前卫位置，并为缩短行军长径、相互掩护侧背，将 3 个团分为两个纵队前进。中午，该师在蛟湖遭预伏之红军主力左翼猛烈围攻，并被切为前卫第一五五、第一五四旅和师部、后卫第三○九团等数段。经激战一昼夜，总计"第五十二师全师人员损失下级干部三分之二、士兵约六千余名，武器损失步枪三千余支、自动步枪五十余支、机枪八十余挺、迫击炮十余门、无线电机七架"③。

第五十九师按照李明的统一部署，于 26 日拂晓，与第五十二师同时由乐安出发，为此次行军之左纵队。以霪雨连绵，道路泥泞，当日行程不多，至晚宿营于大罗排、杨家、罗山街附近地区。27 日晨 6 时许，全师继续前进。下午 3 时，该师进至西源西端隘路口，两侧均为高山，形势更加险要。师长陈时骥担心中伏，乃令前卫停止，俟将前方情况搜索清楚，再行前进。可是，时已晚矣。说时迟，那时快，埋伏于霍源附近摩罗峰东麓

---

① 王多年总编著：《国民革命战史》第 4 部《反共"戡乱"》上篇第 3 卷，台北黎明文化事业股份有限公司 1982 年版，第 605 页。

② 《聂荣臻回忆录》上册，战士出版社 1983 年版，第 169 页。

③ 王多年总编著：《国民革命战史》第 4 部《反共"戡乱"》上篇第 3 卷，台北黎明文化事业股份有限公司 1982 年版，第 611 页。

的红军主力右翼第五军团和第二十二军，居高临下，以步机枪，猛烈射击，将第五十九师杀伤甚众，并将该师各部分割包围。28 日，红军左翼第一、第三军团在解决了第五十二师主力之后，又抽出一部赶至右翼佛岭坳。右翼各支红军遂于清晨向第五十九师发起全面攻击。第五十九师第一七五旅旅长杨德良被击毙，第一七七旅旅长方靖受伤。师长陈时骥在穷途末路之时，尚寄希望于李明师，特写信派员送往大龙坪，信称："文献兄：弟无能，于本日午后一时失利，现部队已溃散，弟仅率士兵数十人在距蛟湖七八里许之山庄中，请迅速援助为盼，弟陈时骥。"①其实，此时第五十二师已被全歼，李明本人已被俘。此信后为红军缴获，登于《红色中华》，传为笑料。29 日晨，陈时骥率余部拟退回乐安，因迷失方向，路途莫辨，遂搜雇一农民为向导；不意此农民将其引至登仙桥附近，为大部红军就歼，陈本人被俘。②据红一军团政委聂荣臻回忆：在围歼国民政府军第五十九师主力后，"最后清查俘虏时，没有发现敌人的第五十九师师长。我们知道，第五十九师师长叫陈时骥，是个麻子。于是发动部队继续搜查。后来军团部电台班上山砍树回来架天线的同志告诉我，我们抓到了一个俘虏，是个当官的。我问脸上有没有麻子，说是有，就这样把他从俘虏中清查出来了"③。

陈诚在临川接获第五十二、第五十九师被红军截击的消息后，立命在宜黄的第十一师速往增援。第一纵队指挥官罗卓英急率第十一师由宜黄经杏坊而至河口，方悉第五十九师主力已被歼；复指挥第十一师赶往西源接应。该师来援，本是红军领导机关意料之中的事，并在原战略意图中，既定将第十一师一并解决。但"只因山地战各军联络与我指挥均不易达到，故在第二日消灭五十二师及五十九师大部后，各军位置不利于出击十一师增援队"④。朱德在总结黄陂一役经验教训时指出，"三月一日我方面军已解决

---

① 《红色中华》，1933 年 3 月 18 日，第 62 期。

② 王多年总编著：《国民革命战史》第 4 部《反共"戡乱"》上篇第 3 卷，台北黎明文化事业股份有限公司，第 613 页。

③ 《聂荣臻回忆录》上册，战士出版社 1983 年版，第 173 页。

④ 周恩来 1933 年 3 月 2 日致中共中央和苏区中央局电报，《周恩来选集》上卷，人民出版社 1981 年版，第 66 页。

敌之两个师，敌之十一师才赶到河口向霍源增援，正是消灭敌之十一师的好机会。但我主力军机断专行不足，不能将部队事先移到右翼，又因无线电传达三月一日十一时总攻十一师之命令至午后才到达，时机已错过，总攻未执行"；且"未将西源五十九师之一个团及无线电队、军需处等残敌消灭，即率队归还建制，因途中往返，亦错过此好机会"①。只是地理条件的不利和红军指挥的失误，才使陈诚的起家师第十一师未在此役一并被歼，并救出了第五十九师的后卫第三五一团及独立团。

　　总计此役，第五十九师除 2 团撤出外，其余 4 个团悉数被歼；武器弹药更损失殆尽，负责指挥红军围歼第五十九师的聂荣臻说，"许多新式自动武器和望远镜还未开箱就被我们缴来了。附近几个县，派了很多农民前来帮助红军打扫战场，搬运战利品，搬了一个星期才搬完"②。据国民党军事当局的记载，在是役中，"第五十九师主力方面连排长伤亡三分之二，战后仅收容官兵约一团，枪械三百余支"③。

　　第五十二、第五十九师部队，乃陈诚在 1932 年费了一年的心血，由杂牌部队编并过来，并在干部、装备等方面下了不少工夫；然而，黄陂一役，该二师却毁于一旦。为此，陈诚曾痛苦地抱头大哭。

　　蒋介石于 3 月 4 日给陈诚和各纵队指挥官暨全体参战官兵，发了"万急"电，称第五十二、第五十九师之被歼，为"本军未有之惨事"，"无限之隐痛"；并说他自己"接诵噩耗，悲愤填膺"④。字里行间，当亦包含了对陈诚、罗卓英的责备。陈诚接电后，百感交集，黯然书曰："诚虽不敏，独生为羞。"⑤

---

① 朱德：《黄陂东陂两次战役伟大胜利的经过与教训》，《朱德选集》，人民出版社 1983 年版，第 11 页。
② 《聂荣臻回忆录》上册，战士出版社 1983 年版，第 173 页。
③ 王多年总编著：《国民革命战史》第 4 部《反共"戡乱"》上篇第 3 卷，台北黎明文化事业股份有限公司 1982 年版，第 232 页。
④ 《蒋委员长致陈诚总指挥等为我第五十二与五十九两师在固冈、霍源遭"匪"暗袭壮烈牺牲勖勉各将士奋勇复仇电》，1933 年 3 月 4 日，《中华民国重要史料初编——对日抗战时期》绪编（二），台湾中国国民党中央委员会党史委员会 1981 年编印，第 390 页。
⑤ 《红色中华》，1933 年 4 月 20 日，第 71 期。

八　再败草台冈、东陂

经终日激战,国民党军第十一师大部被消灭,所剩不过 1 团人,师长肖乾、第三十二旅旅长莫与硕负伤,团长曾孝纯、孙嘉傅被击毙;第九师受创;第五十九师第一七五旅亦被消灭殆尽。红军总司令朱德在总结这一战役的报告中说,"结果打扫了一星期,拾得千余担的战利品,步枪、马枪、手枪、驳壳枪、机关枪、迫击炮均获大批的,子弹甚多,子弹壳不计其数"。

1933年2月19日,陈诚下达攻击命令,要旨为:"(一)第一纵队附第五、第九两师,由东陂、黄陂一带,以一部占领摩罗嶂高地,主力进占草台冈,相机向太平圩方面分途钳形推进,俟占领太平圩后,再向招携方面'进剿',逐步向广昌挺进。(二)第二纵队先控制于河口、霍源一带,俟第一纵队占领摩罗嶂时,即向跃龙坪方面推进,协同第一纵队向广昌方面'进剿'。(三)第三纵队(欠第五、第九两师)以第七十九师控置宜黄,以第六师守备临川地区,巩固后方。"①

第一纵队指挥官罗卓英在接获此令后,即部署第十一师为先头部队,于3月20日经东陂向草台冈南进;第五十九师第一七五旅在第十一师之后跟进;第九师先在东陂附近占领掩护阵地,俟第十一师确实占领草台冈后,再与第十一师协力向太平圩方面进剿;第五师在进占摩罗嶂后,向固冈方面推进。

是夜,第十一师师长肖乾指挥部队于草台冈就地露营。此时,罗卓英随第五十九师第一七五旅到达东陂以北之五里排。罗凭借以往同红军作战的经验,判断红军不断以小部队保持接触,似在等候主力部队的到来;而草台冈附近的地形对己不利,便电话同肖乾商量,是否连夜将全师撤回五里排,同时已将第十一师之辎重留在五里排待命。肖考虑到部队已与红军

---

① 王多年总编著:《国民革命战史》第 4 部《反共 "戡乱"》上篇第 3 卷,台北黎明文化事业股份有限公司 1982 年版,第 579 页。

接近，天雨夜黑，后撤会造成混乱，有损士气，故坚不后撤。而罗卓英亦未坚令其撤退，只是指示李延年第九师做好策应第十一师作战的准备，并掩护其后方。

红军抓住陈诚部队在此次作战行动中摆出一字长蛇阵的弱点，决定拦腰截击其嫡系主力第十一师。周恩来、朱德联名向参战的红军各部队发布命令："我军拟于二十一日拂晓，采取迅雷手段，干脆消灭草台冈、徐庄附近之十一师，再突击东陂、五里排之敌。"①

21日凌晨，位于草台冈附近的第十一和第五十九师第一七五旅，于大雾中遭红军左、右两路军的猛烈进攻。第十一师乃骄兵悍将，曾顽强挣扎，使围攻黄柏岭的红军遭到较大损失。据指挥这次战斗的红军将领聂荣臻回忆称，"敌人十一师居高临下，凭火力进行顽抗"；"因系仰攻，我军伤亡较大"②。经终日激战，国民政府军第十一师大部被消灭，所剩不过1团人，师长肖乾、第三十二旅旅长莫与硕负伤，团长曾孝纯、孙嘉傅被击毙；第九师受创；第五十九师第一七五旅亦被消灭殆尽。其武器、弹药的损失，更不计其数。红军各部队于战斗结束后的第二天，打扫了一天战场；第三天再派大批人员去打扫，还是打扫不完。红军总司令朱德在总结这一战役的报告中说，"结果打扫了一星期，拾得千余担的战利品，步枪、马枪、手枪、驳壳枪、机关枪、迫击炮均获大批的，子弹甚多，子弹壳不计其数"③。最为可笑的是，第十一师被俘的士兵，每人身上都带有一条绳索，原来都是战前发给他们捆绑红军，好回去领赏的。陈诚这支心腹嫡系部队之骄狂，于此可见。

在第十一师主力被歼后，对此役负有直接责任的第一纵队指挥官罗卓英和第十一师师长肖乾，垂头丧气，意志消沉。罗在致负伤住院的肖乾信中说，"昨今两日抚视负伤回来之官兵，每忍泪不敢外流者，恐伤部下之心，堕部下之气耳"；"英在今日已成党国之大罪人"④。而肖乾也自知，丢了

① 《三月二十日的电报》，《周恩来选集》上卷，人民出版社1981年版，第68-69页。
② 《聂荣臻回忆录》上册，战士出版社1983年版，第176页。
③ 朱德：《黄陂东陂两次战役伟大胜利的经过与教训》，《朱德选集》，人民出版社1983年版，第13页。
④ 《红色中华》，1933年4月20日，第71期。

第十一师，对上、下均不好交代，遂执意辞职。他在离职休息一段时间之后，便由陈诚保荐任福建省保安处处长去了。

九　蒋陈僵局

陈诚不主动前往谒蒋，蒋亦不便召见，蒋陈关系，一时竟成僵局。贺国光请陈夫人邀陈散步，就便去看望宋美龄，以便蒋陈见面。果然，宋与陈夫妇寒暄不久，蒋即出见，并与陈商讨新的"围剿"红军计划，表示了重用陈的决心。陈欣然受命，前嫌遂释。

陈诚在 1933 年的二三月间，连遭黄陂、东陂两次惨败，3 个精锐师被歼，其中被生俘者万余，枪支被缴万余支，又损新式机关枪 300 挺、大炮 40 门。①尤其是他赖以起家的第十一师，竟也未能逃脱被歼之命运，更使其丧魂失魄。当他一听到这一消息时，几乎昏厥倒地，数日中，伤心泪下，羞愧不已。

江西省主席熊式辉，素主发展保安团，充实地方实力，不满陈诚在赣总揽大权。在第五十二、第五十九、第十一师先后被歼后，熊于 4 月 1 日发特急电给国民政府主席林森、军事委员会委员长蒋介石和行政院长汪精卫，内称，"最近一月以来，有第五十九、第五十二、第十一各师之挫败，一切情形想已洞察，计师长死伤四员、旅长六员、团长十六员，步枪损失当以万计"。"现在'匪'势益张……务请中央速筹办法，加调得力部队，并立派大员来此'督剿'。现在各军士气已馁，若再敷衍，将全局崩溃，不可收拾矣"②。熊并向蒋建议，撤销被歼的几个师番号。陈诚闻此消息，悔恨交加，电蒋介石，辞本兼各职；并不待回电，即去南昌，住于家中，闭门谢客。③

此时蒋介石对陈诚在第四次"围剿"中的失败，虽有责备之意，但并

① 《中央革命根据地史》，人民出版社 1986 年版，第 385 页。
② 南京国民政府行政院档案，藏中国第二历史档案馆。
③ 访问宋瑞珂记录，1987 年 7 月，上海。

未对他失去信任，且权衡手下诸将领，觉将来"围剿"红军的前方指挥，似非陈莫属。但陈诚不主动前往谒蒋，蒋亦不便召见，蒋陈关系，一时竟成僵局。后来还是南昌行营参谋长贺国光从中斡旋，决取"夫人外交"的办法，以打开僵局。贺请陈夫人邀陈散步，就便去看望宋美龄，以便蒋陈见面。谭依计而行，于散步中提出访宋，陈当不便拒绝，遂随谭往谒。果然，宋与陈夫妇寒暄不久，蒋即出见，并与陈商讨新的"围剿"红军计划，表示了重用陈的决心。陈欣然受命，前嫌遂释。①

随后，陈诚便重回抚州，坐镇指挥。鉴于第十八军新创未愈，一时无法组织新的进攻，陈诚便一面整编部队，一面实行"分区清剿"。

重创之后，整编的任务很重，陈诚在这方面花了很大的功夫。罗卓英第五军军长职被免去，改任第十八军副军长，兼第十一师代师长；薛岳任第五军军长。第十八军所属第十一、第十四和第四十三师，各分编为两个师，每师辖3团。第十一师在抚州经大量补充后，分出3团编为第六十七师，师长由旅长傅仲芳充任；第十一师师长在肖乾去职后，由旅长黄维担任。第十四师分出3团编为第九十四师，师长由旅长李树森充任；第十四师师长仍由霍揆彰担任。第四十三师分出3团编为第九十七师，师长由旅长孔令恂充任；第四十三师师长仍由邹洪担任。第八十五军所辖之陈诚嫡系部队第五十二、第五十九师，以后陆续撤销原番号，分别改编为第九十八师（师长夏楚中）和第九十九师（师长郭思演）。

至于分区"清剿"，蒋介石于4月29日给陈诚和刘峙发去手令，内称："'匪军'主力即在面前，我军总要设法歼灭，不使此难得之机会逝去，故各将领应运用其智慧，振作其士气，不限时日，不定地区，觅'匪'之弱点或故示我之弱点，使'匪'自投陷阱，而不自觉，则幸矣。至诱'匪'陷匪之法，一面相机应变，因地制宜，固无成法可言，而一面则应在孙子、吴子②兵略询答中研究明澈，必有其道可得，曾胡③治兵语录亦多可采之处，

① 访问宋瑞珂记录，1987年7月，上海。
② 孙子，多认为系指春秋齐国之孙武，亦有认为系指孙武之孙孙膑；吴子，指战国兵家吴起。
③ 曾胡，系指清湘军将领曾国藩、胡林翼。

应加以勤训切教，沉机应变，处处应觅'匪'之弱点，时时不忘我之缺点，戒慎恐惧，悲愤哀戚，期其有成，希即转饬所属一体知照。"①蒋介石在这一手令中，被迫宣布对"剿匪""不限时日，不定地区"，并强调研究孙、吴、曾、胡治兵办法，实际上是承认了企图在黎川附近一举消灭红军的第四次"围剿"的失败。陈诚接蒋手令，心领神会，遂于"清剿"的同时，不断对部队进行整训，以期做好新的"围剿"准备。

十　洵口战败获奖闹剧

陈诚认为，战斗尚无结果，可暂不报蒋介石，故在电稿上批了"缓发"二字。翁团惨败经救出后，经第六师报告陈诚，陈才拍案叫好，对翁团在众寡悬殊的情况下，坚守数日直至援兵赶到一事，大加赞扬，并立即命随从参谋，拟电上报南昌行营及蒋介石。陈诚致蒋电，醉翁之意不在酒，名为褒扬翁国华团，实为树第三路军之威。

1933年10月初，国民党最高军事当局正式编制了对苏区和红军进行第五次"围剿"的战斗序列。在这一序列中，由蒋介石亲自任最高统帅，下辖由顾祝同任总司令的北路军、由何键任总司令的西路军和由陈济棠任总司令的南路军，共71个建制师（旅）及大批地方武装。陈诚在这个"围剿"红军的新的战斗序列中，占有极为重要的地位。他担任北路军中的第三路军总指挥，下辖3个纵队又1个守备队，其中包括：第五纵队陈诚（兼）、罗卓英所部5个师，第七纵队薛岳、吴奇伟所部5个师，第八纵队刘兴、周浑元所部4个师，守备队毛炳文所部4个师又1个旅。②陈诚的第三路军直接指挥19个师（旅），比北路军中第一路和第二路军所辖师（旅）的总和还要多；同时，也超过了西路军或南路军所辖师（旅）数。

---

① 王多年总编著：《国民革命战史》第4部《反共"戡乱"》第3卷，台北黎明文化事业股份有限公司1982年版，第587-588页。
② 《第三路军赣南"剿匪"作战经过概要》，国民政府军事机关档案，藏中国第二历史档案馆。

就在战斗序列刚刚编定、第五次"围剿"正式发动前夕,陈诚所辖第六师的部队,在洵口与红军发生了一次遭遇战。洵口战斗中,红军获胜,陈诚1个旅受到重创;但陈诚为了挽回第四次"围剿"中惨败的影响、振奋士气,竟一手导演了一幕得胜获奖的闹剧。

10月4日夜12时,第六师周喦所部第十八旅旅长葛钟山率第三十四、第三十一团及第五师第二十七团由黎川出发赴洵口游击。5日下午4时,周喦接葛电云,"得翁团(即第三十四团)报告,在飞鸢东山中忽发现'匪'五六百向我猛射,何团长(第三十一团团长)受伤,已令蒋团副代理……但'匪'主力仍未明了"①。周喦遂将上电报至第三路军陈诚总指挥处。陈却认为,战斗尚无结果,可暂不报蒋介石,故在电稿上批了"缓发"二字,同时命周喦迅即驰援翁团,又令霍揆彰率第十四师即向硝石方向推进,相机策应周师。

此后数日,战况恶化。7日,葛旅报告,"晨六时,'匪'发现于洵口西南各高地,现正与'匪'激战中,本旅决心固守洵口"②;旋葛旅及第三十四团与师部联系中断,葛钟山被俘;9日上午;周喦又得第三十四团排长吴占魁率两名士兵从洵口潜出送交之翁国华团长报告,云该团"现仍困守洵口东端村庄",其伤亡官兵"除在阵地不计外,在村内者,已达二百名左右","'匪军'包围甚紧,如奋勇冲出,则伤兵及械弹人员恐全失矣"③。上电经报至陈诚总指挥部后,陈仍不报蒋介石,只亲拟一电由周师转翁团,勉励该团继续坚持,固守待援。

周喦接翁国华报告及陈诚电后,即迅速组织"奋勇队",前往洵口救援翁团。直至10日下午4时,翁团方"偕奋勇队脱险回黎,惟受伤者未能

---

① 《第六师第十八旅洵口、飞鸢附近战斗详报》,1933年10月,国民政府军事机关档案,藏中国第二历史档案馆。
② 《第六师第十八旅洵口、飞鸢附近战斗详报》,1933年10月,国民政府军事机关档案,藏中国第二历史档案馆。
③ 《第六师第十八旅洵口、飞鸢附近战斗详报》,1933年10月,国民政府军事机关档案,藏中国第二历史档案馆。

救出，经派官兵乔装潜往，出重资雇土民陆续抬回数十"①。这一情况，经第六师报告陈诚后，陈才拍案叫好，对翁团在众寡悬殊的情况下，坚守数日直至援兵赶到一事，大加赞扬，并立即命随从参谋，拟电上报南昌行营及蒋介石。电文对翁团的表现，夸大其词，大发议论，邀功请赏。文曰："溯自'围剿'红军以来，因各级将领缺乏坚强意志，不能坚持最后五分钟战斗，以至每次战役率皆功败垂成，功亏一篑。兹翁团长国华，以一团之众，御十倍之敌，凭藉简易工事，坚持作战，卒挫强敌，全师而归，为'剿匪'以来所未有。此种忠勇精神，实堪嘉奖。"②他还报请，将团长翁国华晋升为旅长，补第十八旅旅长缺；营长以下官兵，分别论功行赏。陈诚致蒋电，醉翁之意不在酒，名为褒扬翁国华团，实为树第三路军之威。他曾对身边秘书说："翁国华是好样的，使敬之（何应钦）、天翼（熊式辉）知道，第三路军还有能打仗的人。"③此种心理，蒋介石又何尝不知！于是，第二天，蒋即复电，准翁国华晋升旅长。旬日之后，即由国民党中央监察委员张继率慰问团来到南城，由陈诚陪同，至第六师师部，授予第三十四团中央党部特颁的荣誉旗。④第三十四团营长以下各级官佐均有擢升，全团还领到奖金 5 000 元。

十一　在福建事变中

11 月 20 日，以第十九路军为骨干，联合第三党等势力，在福州隆重召开了中国人民临时代表大会，议决成立中华共和国人民革命政府，以李济深为主席兼军事委员会主席，蔡廷锴为人民革命军总司令兼第十九路军总

---

① 《第六师第十八旅洵口、飞鸢附近战斗详报》，1933 年 10 月，国民政府军事机关档案，藏中国第二历史档案馆。
② 陈振锐：《在陈诚所部参加第五次"围剿"见闻》，《福建文史资料选辑》第 2 辑，福建省政协文史资料研究委员会 1963 年编印。
③ 陈振锐：《在陈诚所部参加第五次"围剿"见闻》，《福建文史资料选辑》第 2 辑，福建省政协文史资料研究委员会 1963 年编印。
④ 授旗之义名和名称，见《第三路军赣南"剿匪"作战经过概要》，藏中国第二历史档案馆。

指挥；废除中华民国年号，定1933年为中华共和国元年，设首都于福州。陈诚实际上承担了既"围剿"红军，又割断红军与第十九路军之联系的任务，处在一个十分关键的位置上。1934年的一二月间，福建人民政府亦在蒋介石的政治瓦解与军事镇压之下，而归于失败。

陈诚率领的北路军第三路军，在对苏区和工农红军的第五次"围剿"中，同第四次"围剿"中的中路军一样，成为整个"进剿"军中的主攻部队。其主攻方向为广昌，并企图在此将红军主力围困。北路军第一路军顾祝同（兼）部和第二路军蒋鼎文（兼）部，负责构筑碉堡封锁线，维持交通，策应陈诚第三路军的作战。

陈诚对于蒋介石亲自主持制定的第五次"围剿"计划中的方针、政策、战略、战术，心领神会，忠实贯彻执行。他在第三路军的作战计划中，明确规定其作战方针为："本路军以消耗战之目的，本封锁'围剿'策略，先完成必须封锁地带（纵方向或横方向）之碉堡区，截断其赣东与赣南之联络线，本战术取守势，战略取攻势之原则，步步为营，处处筑堡，'匪'来我守，'匪'去我进。各纵队非万不得已，决避免决战，以免被'匪'各个击破，而达成预定计划，最后一举歼灭之胜利。"[①]在这一方针的指导下，遂有10月和11月硝石、资溪桥、浒湾等对红军作战的胜利。当然，这与红军本身所犯"左"倾冒险主义的错误也是分不开的。

正当陈诚因打了几个胜仗而踌躇满志、洋洋得意的时候，却遇到了一个不大不小的挫折。11月14日夜，红军第一、第五军团，突然从盱江西岸的神岗、党口地区，穿过了见贤桥由第三路军所属第九十七师守备的封锁线，向余家山、南源突进。自第五次"围剿"以来，蒋介石三令五申，要以密集的碉堡严密封锁，步步为营，稳扎稳打。在这样的情况下，被红军突破，陈诚实感不好交代。果然，蒋介石旋以手令指示各部队："对封

---

① 《北路军第三路军作战计划》，王多年总编著：《国民革命战史》第4部《反共"戡乱"》上篇第4卷，台北黎明文化事业股份有限公司1982年版，第670页。

锁碉堡楼区配备，应采取欧战（按：指第一次世界大战）末期战斗群式配备，增加碉堡个数。每个碉堡楼守备兵力减为一班，最大一排，星罗棋布，形成面式地带。"① 这既是对经验教训的总结，当然也包含了对陈诚及其部队的批评。

陈诚遵照蒋介石的命令，严令所属各部队，加强碉堡封锁线，碉堡群之间隔不得超过 1 公里，每碉堡群容兵 1 排，以 3 个碉堡群连锁，每个步兵团以 90 个班计，可守 20 公里之防线。

但是，就在陈诚率部筑碉，步步紧逼中央红军的时候，国民党当局内部发生了福建事变。

早在 10 月 26 日，国民党福建省政府及在福建参加"围剿"红军的第十九路军，即与中华苏维埃共和国临时中央政府及工农红军订立了反日反蒋的初步协定。11 月 20 日，以第十九路军为骨干，联合第三党等势力，在福州隆重召开了中国人民临时代表大会，议决成立中华共和国人民革命政府，以李济深为主席兼军事委员会主席，蔡廷锴为人民革命军总司令兼第十九路军总指挥；废除中华民国年号，定 1933 年为中华共和国元年，设首都于福州。27 日，刚刚成立的福建人民政府，又与苏维埃中央政府签订了《闽西边界及交通条约》，划定了一条不得驻军的边界"中立区"，并对双方之间的通商、交通等问题作了具体的规定。

蒋介石对福建事变的发生至为震惊，采取了严厉镇压的措施。他立即将参加第五次"围剿"的部队，兵分两路。一路由第二路军总指挥蒋鼎文统率，由第一、第二、第三、第四纵队及总预备队的 11 个师，组成"入闽军"，由赣浙边区分道入闽，"先攻破逆军之主力，并将其余逆部，由南北两方夹击，一举而歼灭之"②。另一路由北路军总司令顾祝同驻临川督办，以陈诚的第三路军为主力，"为求'剿匪'彻底，且制止'赤匪'向东蔓延起见"，

① 王多年总编著：《国民革命战史》第 4 部《反共"戡乱"》上篇第 4 卷，台北黎明文化事业股份有限公司 1982 年版，第 675 页。
② 《军事委员会委员长南昌行营讨伐闽逆作战计划》，载王多年总编著《国民革命战史》第 4 部《反共"戡乱"》上篇第 4 卷，台北黎明文化事业股份有限公司 1982 年版，第 683 页。

"加紧封锁"，"积极肃清封锁线内之'匪'"；"且掩护入闽军之进展，并取待机迎击态势，以堵截'匪'之窜扰"①。按照南昌行营制定的作战计划，陈诚之第三路军主力，需于 11 月 30 日集结于黎川附近，首先由黎川向东南得胜关、泰宁方向进展；待蒋鼎文部进至光泽、邵武后，即迅速构筑黎川至光泽间的封锁线，再取待机迎击的态势。这样，陈诚实际上承担了既"围剿"红军，又割断红军与第十九路军之联系的任务，处在一个十分关键的位置上。

陈诚力率第三路军，于 1934 年 1 月上旬，将抚河东西两岸地区纵横封锁线完成；稍后，又攻占德胜关、光泽等地，完成光泽至黎川间的封锁线。为了攻击建宁，他指挥第十一、第六十七、第十四、第九十四师，于 25 日分别将屏障建宁的横村、樟村二战略要地占领。就在同一天，蒋介石以"经战电"令，"以陈诚任前敌总指挥，兼第三路"②。这样，陈诚便由北路军之主力部队第三路军的指挥官，一跃而为整个北路军的前敌总指挥官。

26 日晚，陈诚突然接到蒋介石发来的急电，内称："据飞机侦察报告，沙县似有被'匪'挖掘地洞攻陷模样；如此，'匪'之主力尚在沙县附近，我主力军应即向建宁猛进，袭虚乘隙，更易为力"③。陈诚又获悉，红军第三、第七军团似欲进攻樟村、黎川；若继续以第十一、第十四、第六十七、第九十四、第七十九师五师的兵力向建宁推进，沿途筑碉警戒，则兵力分散，极易为红军所截断。于是，陈于 1 月 29 日和 2 月 2 日两次电呈蒋介石，提出攻击建宁的修正意见。蒋介石即于 2 月 3 日电复核准。2 月 9 日，陈诚指挥第三路军自樟村、横村向南丰构筑工事前进。途中，先后于鸡公山、司令岩与凤翔峰等地，遭红军居高临下之俯射，伤亡甚众。其所率第七十九师第四七〇团，"伤亡营长二员，第二营第六连，连排长伤亡殆尽，最后仅由军

---

① 《赣粤闽湘鄂"剿匪"军北路总司令部"剿匪"军事工作报告书》，南京国民政府军事机关档案，藏中国第二历史档案馆。
② 《赣粤闽湘鄂"剿匪"军北路总司令部"剿匪"军事工作报告书》，南京国民政府军事机关档案，藏中国第二历史档案馆。
③ 王多年总编著：《国民革命战史》第 4 部《反共"戡乱"》上篇第 4 卷，台北黎明文化事业股份有限公司 1982 年版，第 693 页。

士毛炳芳指挥"①。直至 2 月 23 日，第三路军方完成樟村至南丰封锁线的筑堡任务，其主力旋集结于南丰，陈诚暨总指挥部亦于 25 日进驻南丰城。

1934 年的一二月间，福建人民政府亦在蒋介石的政治瓦解与军事镇压之下，而归于失败。陈诚率第三路军，自黎川向东、西进击，完成了光泽—黎川—南丰的封锁线，割断了福建人民政府与红军之间一切可能的联系，策应了东路军蒋鼎文部的军事行动，起到了相当重要的作用。

十二　敲开中央苏区北大门

红军之丧师失地，主要是由自身错误的军事路线造成的，但这恰恰给指挥进攻广昌的陈诚提供了一个建立"功勋"和扩大影响的机会。中央苏区的北大门，正是经陈诚之手，给敲开了。陈诚对红军主力撤离中央苏区后，国民党当局所应采取的军事、政治措施的设计，也反映了他作为一名反共高级将领所具备的较高的能力和水平。

陈诚在巩固了光泽—黎川—南丰的防线之后，下一个目标就是向南推进到红军占据的战略要地广昌。广昌位于盱江西岸，四周为高山环绕，森林茂密，河流纵横，是中央苏区的北大门，筑有坚固工事，为红军竭力固守之要地。陈诚将攻取广昌的计划分为三个阶段：第一阶段攻取甘竹及其附近地区；第二阶段攻取饶家堡、长生桥、高洲墩；第三阶段攻取广昌城及其附近地区。②1934 年 4 月上旬，陈诚将沿盱江西岸向广昌进击的部队区分为河西、河东两个纵队，于 14 日占甘竹，17 日前后占其附近地区。接着，陈诚命该二纵队，一面修路、筑堡，一面沿盱江继续南进。河西罗卓英纵队于 21 日占长生桥；河东樊崧甫纵队于 21 日占饶家堡，经与红军反复争

① 王多年总编著：《国民革命战史》第 4 部《反共"戡乱"》上篇第 4 卷，台北黎明文化事业股份有限公司 1982 年版，第 694 页。
② 王多年总编著：《国民革命战史》第 4 部《反共"戡乱"》上篇第 4 卷，台北黎明文化事业股份有限公司 1982 年版，第 698 页。

夺后，复于 23 日攻占高洲墩。

27 日，陈诚以第五纵队由河西岸、第八纵队由河东岸、第三纵队为总预备队，向广昌城发起正式攻击。上午 9 时许，河西罗卓英指挥第十一、第九十八师攻占了巴掌形及其以南高山碉寨 10 余座；第十四、第六十七师攻占了清水塘及其以西地区碉寨 10 余座。正午以后，河东周浑元指挥第五、第九十七师先后攻下花家寨、姚排洲、藕塘下等地。此时，中共方面博古和李德等人错误地提出"把广昌变成马德里""像保卫马德里那样保卫广昌"等口号，集中了红军第一、第三、第五、第九军团共 9 个师的兵力，同国民政府军实行"以集中对集中，以主力对主力，以堡垒对堡垒"的阵地决战。[①]红军"以集团兵力""更番攻击"，"冲锋肉搏，状至惨烈"[②]。这日黄昏前后，红军又集中兵力，向河西罗卓英部之第十四、第六十七、第九十八师正面迭次发起猛烈冲击，但均未能成功，遂于当晚撤出广昌，向广昌以西、以南地区转移。28 日晨，河西之第六十七师和河东之第七十九师部队于倾盆大雨中首先进占广昌城。广昌附近各要点旋亦占领。由陈诚直接指挥的广昌战役，历时 20 天，第三路军各部队共"阵亡官兵六百余人，负伤官兵一千八百余人"[③]；而红军则伤亡 5 500 余人，占参战总兵力的 1/5。[④]红军之丧师失地，主要是由自身错误的军事路线造成的，但这恰恰给指挥进攻广昌的陈诚提供了一个建立"功勋"和扩大影响的机会。中央苏区的北大门，正是经陈诚之手，给敲开了。

陈诚在率部攻占广昌之后，便奉命配合东路军攻击建宁。建宁位于闽西泰宁与赣南广昌之间，多崇山峻岭，地势险要，为中央苏区东北面的重要基地。

早在 1 月底陈诚率军在樟村、横村一带作战时，就曾接蒋介石电，令

---

① 《中央革命根据地史》，人民出版社 1986 年版，第 503-504 页。

② 《赣粤闽湘鄂"剿匪"军北路总司令部"剿匪"军事工作报告书》，南京国民政府军事机关档案，藏中国第二历史档案馆。

③ 王多年总编著：《国民革命战史》第 4 部《反共"戡乱"》上篇第 4 卷，台北黎明文化事业股份有限公司 1982 年版，第 707 页。

④ 《中央革命根据地史》，人民出版社 1986 年版，第 504 页。

其速占建宁。旋因战场形势的变化，经陈诚提出建议，方获准第三路军先巩固樟村至南丰一线，同时编成由汤恩伯任指挥官的第十纵队，即向沙县、泰宁推进。此后，汤纵队于 3 月 19 日克泰宁；陈诚指挥第三路军于 4 月 28 日攻占广昌。这样，便形成了第三路军由广昌向西、汤纵队由泰宁向东会攻建宁的形势。此时，汤恩伯所率第十纵队，辖第四、第十、第八十八和第八十九师 4 个师。同时，蒋介石又命令从陈诚任前敌总指挥的北路军中，抽调第八纵队所辖第五、第九十六、第九十八师等师，暂归东路军第五路军总指挥卫立煌指挥，配合第十纵队攻击建宁。① 5 月 3 日，卫立煌向第八、第十两纵队下达进攻建宁命令；16 日，第八纵队占领建宁北门外的高山，第十纵队第八十八师则由城南攻入，红军主力向宁化方面退却。会攻建宁的任务，遂由北路军与东路军联合完成。

陈诚第三路军在配合东路军攻占建宁后，一面修筑广昌至建宁的公路、碉堡，一面由广昌继续南下石城。石城位于广昌与苏区政治中心瑞金之间，极具战略价值。蒋介石将攻取石城的任务，交给陈诚直接指挥的第三路军，并在第三路军原辖第三、第五纵队的基础上，又将汤恩伯所率第十纵队从东路中，拨归其所辖。②

此时，中央红军反"围剿"的形势已经非常严重；但在博古、李德控制下的中央军委不仅不采取有力措施，保存红军的有生力量，相反，却要求红军"用一切力量继续捍卫苏区来求得战役上大的胜利"③，实行六路分兵、全线抵御的战略。红军错误的军事路线，实际上帮助了陈诚的军事行动。

10 月初，陈诚指挥各纵队将石城附近各要点攻取。6 日，陈诚的嫡系部队第十一、第十四师主攻石城，与守城红军激战 3 小时，将李塔石一带高地占领，迫使守城红军自石城向西南撤退；中午 12 时左右，第十一、第

---

① 王多年总编著：《国民革命战史》第 4 部《反共"戡乱"》上篇第 4 卷，台北黎明文化事业股份有限公司 1982 年版，第 710 页。

② 王多年总编著：《国民革命战史》第 4 部《反共"戡乱"》上篇第 4 卷，台北黎明文化事业股份有限公司 1982 年版，第 715、717 页。

③ 《中央关于反对敌人五次"围剿"的总结决议（遵义会议）》，1935 年 1 月 8 日，《中共党史教学参考资料》（一），人民出版社 1957 年版，第 689 页。

十四师各一部及第六师侦察队,首先进入石城。①

至10月上旬,国民政府军已进抵兴国、古龙岗、宁都、石城、长汀、会昌一线;中央苏区根据地日益缩小,其作战也已完全陷于被动。因此,中央红军被迫于10月中下旬向西突围,开始进行举世闻名的长征。在陈诚部队攻占石城的次日,即10月7日,红军领导机关下令各军区地方部队,接替各线的防御任务,主力红军分向兴国、雩都、瑞金等地集结;21日,正式发起突围战役,根据地内的各县城、战略要地已无重兵防守。

但红军进行长征的准备工作,是在极其秘密的情况下进行的,即使在红军内部,广大的中层和基层干部,甚至师一级干部,也不知道下一步的行动计划。因此,这时负责包围中央苏区、向红军中央机关所在地瑞金进攻的陈诚,并不知道红军将要突围的意图。他指挥第三路军,在10月12日前,完成了从驿前到石城的碉堡封锁线,并从庐山军官训练团赶回驻地,综合各方情报,判断红军主力将在石城与宁都之间,企图阻止第三路军南进。21日以后,有关红军向西突围的报告不断传到陈诚的总指挥部;23日,飞机侦察报告,"胡岭嘴至宁都一带,未发现大股'匪'踪";不久,又接南路军第一军余汉谋军长电报,"'匪军'主力已西窜,赣南方面,仅留少数'匪军'担任掩护";26日,第六师在迁湖附近,接获第33号飞机投下通报,"宁都附近颇为沉寂,无大股'匪'踪"②。至此,陈诚及其所部方确认,进军宁都已不会受到什么抵抗。于是,第六、第六十七、第七十九师于26日向宁都进展,并于午后4时由第六师之一部将宁都确实占领③。

陈诚于27日进驻宁都。此时红军主力撤离中央苏区的形势已经明朗,陈诚根据这一情况,向蒋介石陈述了对于下一步"追剿"和"清剿"的意见。指出:"以现势观之,'匪'已西窜,如由'进剿'部队追击,不但鞭长莫及,

---

① 《赣粤闽湘鄂"剿匪"军北路总司令部"剿匪"军事工作报告书》,南京国民政府军事机关档案,藏中国第二历史档案馆。

② 王多年编著:《国民革命战史》第4部《反共"戡乱"》上篇第4卷,台北黎明文化事业股份有限公司1982年版,第725–726页。

③ 《赣粤闽湘鄂"剿匪"军北路总司令部"剿匪"军事工作报告书》,南京国民政府军事机关档案,藏中国第二历史档案馆。

且亦不可能。此时,对军队本身及环境观之,可令周浑元部就近准备追击外,其余实有整理并从速肃清散'匪'之必要。"最后,他还从政治的角度设计了对新占领之苏区的治理办法。他认为:"为摧毁赣南'匪'之根本计,应划赣南为特别区,派遣能员负责,注意小学教育,以期改善儿童心理,对无主土地,应给予平民,或补偿因修路损失之民众,再交通网亦应继续完成,庶为将来军事政治推进之基础。"①陈诚对红军向西突围形势的估计基本符合红军开始长征时的部署;他对红军主力撤离中央苏区后,国民党当局所应采取的军事、政治措施的设计,也反映了他作为一名反共高级将领所具备的较高的能力和水平。因而,其意见基本为蒋介石所采纳。蒋介石于 11 月 13 日,任命何键为"追剿军总司令",设总司令部于湖南衡阳;于 11 月 19 日以"皓巳电"令,"所有从前赣粤闽湘鄂五省'剿匪'东南西北各路军暨预备军等战斗序列,着即于十一月三十日取消,自十二月一日起另行划区绥靖"②;于 1935 年 1 月 14 日调周浑元、吴奇伟两纵队共 8个师,以及黔、桂、川军计 40 万人,对长征中的中央红军实行包围。陈诚的第十八军主干部队,基本没有参加追击红军;他自己被任命为驻赣绥靖预备军总指挥,指挥部队修路筑碉,并以宁都、雩都、兴国三角地带作为"清剿"重点。

十三　举办庐山军官训练团

陈诚于 1934 年 7 月,任"中国国民党赣粤闽湘鄂北路'剿匪'军官训练团"团长。训练团于 7 月 18 日开学,所训对象,均为北路军部队中的中下级军官。主要训练内容有:《"剿匪"手本》《"剿匪"训练要旨》《民众组织》《战时政治工作》等。此后,训练团升格为"军事委员会陆军军官训练团",

---

① 《陈总指挥具申追击及"清剿"意见》,引自王多年总编著《国民革命战史》第 4 部《反共"戡乱"》上篇第 4 卷,台北黎明文化事业股份有限公司 1982 年版,第 726–727 页。
② 《赣粤闽湘鄂"剿匪"军北路总司令部"剿匪"军事工作报告书》,南京国民政府军事机关档案,藏中国第二历史档案馆。

由蒋介石自兼团长，陈诚为副团长。陈诚对下级按总指挥的职务，尊称其为"总座"并不高兴；而对于按庐山军官训练团副团长的职务，称其为"副座""副团座"，却非常得意。

陈诚率部赴江西与红军作战，历时3年半。在此过程中，有一件事，与"围剿"红军及陈诚个人的戎马生涯关系极大。这就是，受蒋介石之命举办庐山军官训练团。该团着力于统一思想、提高军事指挥水平，对于进行第五次"围剿"和加强国民党军队的建设，发挥了相当大的作用。

1933年二三月间，陈诚第十八军的基干队伍第五十二、第五十九和第十一师，先后在第四次"围剿"中惨遭失败，几至全军覆没。这不仅使陈诚十分难堪，而且也使蒋介石非常被动。陈部乃国民政府军之精锐之师，今且一败涂地；其余各部的命运，当可想而知。这样的战场形势，使蒋下决心，对部队各级军官，有计划地进行轮训，以振奋精神，提高技能。首先被列入这一训练计划的，即是蒋的嫡系，在与红军作战中刚刚遭挫的陈诚所辖各部。

1933年6月，蒋介石对于首次举办军官训练团的设想已经明朗。他在一份电报中称，"在江西'剿匪'各师军官决自七月十五日起分班轮流训练，每班训练时期为十四日，每期约一千五百人，以三期训练完毕，其地点在牯岭之南山麓"[①]。这首批举办军官训练团的重任，则由蒋亲自交给陈诚负责。此时，国民政府军第五次"围剿"的战斗序列，尚未制定、颁发；但蒋已决定，由陈诚指挥的部队负责此次"围剿"的主攻任务。陈诚遂于7月，任"中国国民党赣粤闽湘鄂北路'剿匪'军官训练团"团长[②]。训练团于7月18日开学，所训对象，均为北路军部队中的中下级军官。主要训练内容有：《"剿匪"手本》《"剿匪"训练要旨》《民众组织》《战

① 《蒋委员长致朱培德总监指示江西"剿匪"各师军官分班轮流在庐山牯岭训练电》，1933年6月30日，《中华民国重要史料初编——对日抗战时期》绪编（二），台湾中国国民党中央委员会党史委员会1981年编印，第105页。

② 训练团的全称及陈诚之任职，见台湾《民国人物志·陈诚》与《陈辞修先生大事年表》，1965年3月6日台湾《中央日报》；大陆著述中，多将此团与1934年5月的庐山军官训练团相混，称陈诚任训练团副团长。

时政治工作》等。

蒋介石对军官训练团十分重视，不仅在事前规划了办团的宗旨和办法；而且在办学过程中，多次前来作报告、发表讲话。7月18日，他在开学典礼上说：这次举办庐山军官训练团，"一定要注意恢复并培养大家的自信力、信任力与信仰力"①。23日，他又在总理纪念周上以《现代军人须知》为题，宣称"目前最近最大的敌人，就是江西的'赤匪'"②。

陈诚要求每个学员在听到"蒋委员长"或"领袖"的称呼时，要迅速立正，以示尊敬。这一充满个人崇拜意识的做法，在国民政府军队中，竟自此一直流传了下去。他严格执行蒋介石关于"每天早晨一定要向国旗、党旗敬礼，唱代表党和国家的党歌，以养成敬爱国家和党的心理与习惯"的指示，③一丝不苟。

陈诚协助蒋介石，在这期军官训练团中，逐渐形成了对付红军的新的战略思想。他把在未来作战中将采用的碉堡政策、步步为营的战略，简括为"封锁围进，配合迫进，逐步稳进，乘虚突进"四句口号；同时，又把筑碉堡和修公路的措施编为"碉成民安""路到'匪'清"两句口号。④这些口号，通俗、易懂、易记，有助于广大轮训军官较好地掌握蒋介石"围剿"红军的新战略思想。不仅如此，陈诚每天都穿一双草鞋，早上从山上步行下山，晚上又从山下步行登山，比起过去一些重要官员都坐轿子上山，表现出了一种截然不同的格调。⑤

该训练团共办3期，历时两个多月，计调训学员3 000余人。在训练过程中，陈诚充分表现了自己整训部队、贯彻蒋介石各项指示的才能，深为蒋

---

① 《庐山训练之意义与革命前途》，张其昀主编《先"总统"蒋公全集》第1册，台北中国文化大学出版部1984年版，第705页。

② 《现代军人须知》，张其昀主编《先"总统"蒋公全集》第1册，台北中国文化大学出版部1984年版，第715页。

③ 《庐山训练之意义与革命前途》，张其昀主编《先"总统"蒋公全集》第1册，台北中国文化大学出版部1984年版，第701–702页。

④ 《革命人物志》第5集，台湾中国国民党中央委员会党史史料编纂委员会1970年编印，第218页。

⑤ 何定藩主编：《陈诚先生传》辑录资料，台北"反共出版社"1965年版，第361页。

介石所赏识。因此，以后各种、各期军官训练团，蒋介石亦多委托陈诚负实际领导的责任。另一方面，通过庐山训练，陈诚对自己的部下，尤其是平时接触较少的中下级军官，有了较多的接触和了解。这对于日后的指挥作战、使用干部，也颇多助益。北路军在总结第五次"围剿"获得成功的原因时认为，庐山军官训练团在使轮训军官"打破怕'匪'之心理，而养成不怕'匪'、找'匪'打、与'匪'拼之战斗精神"方面，进行了一次"心理建设"①。

1933年暑期的庐山军官训练团结束后，陈诚即于10月率北路军的第三路军投入了第五次"围剿"。此次"围剿"，由于红军本身军事路线的错误，以及庐山训练所取得的不同于以往的效果，使红军在战斗中出现了多处被动和败退的形势。

1934年4月底，陈诚率师攻占中央苏区北面的门户广昌之后，便奉蒋介石之命，前往庐山，再次筹办庐山军官训练团，而将北路军第三路军的日常军事交副总指挥罗卓英代理。陈诚一面以主要精力主持庐山军官训练团的日常事务，一面遥控北路军暨第三路军的各项重要战略决策。

此次庐山军官训练团的名义，由原"赣粤闽湘鄂北路'剿匪'军官训练团"升格为"军事委员会陆军军官训练团"；其轮训对象，也由原北路军的中下级军官，改变为全国各地陆军高级军官。该训练团，由蒋介石自兼团长，陈诚为副团长。陈诚对于这个"副"字，深感自豪。因为是做蒋介石的副手，所以他在担任庐山军官训练团副团长以后，对于下级按照他担任北路军前敌总指挥和第三路军总指挥的职务，尊称其为"总座"，并不高兴，而对于按照庐山军官训练团副团长的职务，称其为"副座"或"副团座"，却非常得意。②

军官训练团第1期于7月4日开学，每期时间较前增加一倍，达4周；学员的居住条件由原帐篷改为砖瓦平房。由于接受训练的军官军阶普遍

① 《赣粤闽湘鄂"剿匪"军北路总司令部"剿匪"军事工作报告书》，南京国民政府军事机关档案，藏中国第二历史档案馆。
② 吴忠亚：《记陈诚的两件事》，载《武汉文史资料》第9辑，武汉市政协文史资料研究委员会1982年编印。

较高，因此，一般以军长、总指挥担任营长，师长担任连长，副师长、旅长担任连副、排长。讲授内容，除与红军作战外，又增加了抗日战略战术的研究。蒋介石在《抵御外侮与复兴民族》的报告中，列举了"战术要取攻势防御""步步为营""固守不退"和"要注重游击战术"等抗日与"剿匪"相同的战术原则；同时，他还特别强调士兵的精神锻炼，要求"养成士兵独自作战之精神与能力，以及养成敌忾心，即使其官长死伤时，其士兵亦能独立应战"①。陈诚亦在 7 月 16 日，以"作战取胜必要条件"为题，向第 1 期学员提出"要理解战斗心理，从精神上来激励部下的敌忾心，造成不怕敌人的士气"；"被压迫国家的主要力量是从我们的智力和决心上表现出来"；"对外作战的准备工作，首先要有统一的政府与干练的统帅"②。字里行间，为蒋介石"攘外必先安内"的理论进行了辩护。

1934 年暑期的庐山军官训练团，共办了 3 期，于 9 月底结束。由陈诚实际主持的这 3 期军官训练团，实际上是国民政府军队的一次基本建设，对于巩固国民党政权的统治和未来的抗日战争，都有相当的影响。

十四　整理编练陆军

他主张"为避免世人注目，不特设整理机关，只在武汉总部、南昌行营或绥靖公署之下附设暂练处或编练处"。以武汉为第一编练处，编练豫鄂皖未参加"围剿"部队；以南昌为第二编练处，编练赣浙之部队。陈诚关于整理军队的构想，多为蒋介石所认可。

1935 年春，蒋介石决定分期整理全国陆军，于武昌行营设陆军整理处，调陈诚兼任处长。3 月 1 日，陆军整理处正式成立，并聘杨杰、周亚卫、俞

---

① 《抵御外侮与复兴民族》（中），张其昀主编《先"总统"蒋公全集》第 1 册，台北中国文化大学出版部 1984 年版，第 885、886 页。
② 吴相湘：《陈辞修生平大事》，载《民国政治人物》第 2 集，台北传记文学出版社 1982 年版，第 156 页。

大维、邹作华、卢致德、郑大章、冯庸等为研究委员。

陈诚早在兼任陆军整理处长之前，即在蒋介石授意下，草拟了《整理军事意见》《国防陆军整理方案》《陆军整理意见书之补充》《整理炮兵建设》等文件。他主张"为避免世人注目，不特设整理机关，只在武汉总部、南昌行营或绥靖公署之下附设暂练处或编练处"。以武汉为第一编练处，编练豫鄂皖未参加"围剿"部队；以南昌为第二编练处，编练赣浙之部队①。陈诚关于整理军队的构想，多为蒋介石所认可；但蒋认为需设专门机构开展这一工作，遂有陆军整理处之设立。陈诚于受命整理陆军后，将原任驻赣预备军总指挥一职交由罗卓英代理，首于3月18日赴北平，同军政部长、北平军分会代理委员长何应钦商定华北驻军的整理方案，并检阅了商震、万福麟部以及第二、第二十五师等部；接着，又于4月28日赴贵阳，向正在那里"督剿"长征红军的蒋介石报告华北驻军情况，请示整军方针。

陈诚经过一番调查了解到，当时全国除新疆、西藏、西康外，计有陆军180个师又94个旅、40余个独立团，有军官20万人左右，每年军费占财政总支出的70%以上。这支庞大的军队，"军事学术既日益落后，战争工具尤异常窳劣，方之列强，几隔一世纪"②。其内部情形，极为复杂：以派别言，有中央军和地方军之分，而地方军又包含东北军、晋军、旧直军、国民军、川军、滇军等；以编制言，每师有三四团者，有五六团者，有多至9团者；以教育言，各地方军队多各自为政，教育无重点，训练不切实，"以之内哄则有余，以之御侮则不足"；以经理言，又分"实费经理"与"委任经理"两种，所谓"委任经理"，即包办性质，流弊百出，纪律荡然；同时，人事各存门户之见，作战多怀保存实力之心。③陈诚面对这种纷繁复杂的情况，"心实惴惴"，只好表示"唯力是视"④。

---

① 《陈诚私人回忆资料》，藏中国第二历史档案馆。
② 《陈诚私人回忆资料》，藏中国第二历史档案馆。
③ 《陈诚私人回忆资料》，藏中国第二历史档案馆。
④ 《陈诚私人回忆资料》，藏中国第二历史档案馆。

陈诚亲自拟定了整军的9条原则：（1）依国防之目的，由中央确定编制；（2）就全国现有之陆军，以不妨绥靖任务，秉至公至诚之办法，分期抽送官兵，编成国防陆军；（3）选取之各级军官，均混合编成，以消灭派别系统之弊；（4）选取之士兵，分别籍贯，按照管区配置，以为实施征兵制之准备；（5）国防军薪饷之大部，就选取官兵原属部队之薪饷拨充之，以减轻政府负担；（6）所选干部，于未编国防军以前应先集中训练，以收精神团结、教育统一之效；（7）被编国防军之部队，其原有人员不裁汰一官，不遣散一兵；（8）原有之陆军，无论选编国防军与否，须以一部为基础，先行切实整理，以备缓急之用；（9）自颁布整理命令之日起，各部队之官佐士兵伏缺额，一律停止募补。[①]在此基础上，军政部又补充规定如下原则：（1）统一编制；（2）减少大单位，充实小单位；（3）增加部队战斗力；（4）经费不增加；（5）人事经理完全照法规办理。[②]陈诚计划，将全国陆军分期整理编练，在4年内完成60个师。1935年共准备编练6至10个师，其第1期先试编6个教导师，分由东北军中指定1个军编成1个师，驻浙闽部队中指定7个师编成5个师；1936年编练16至20个师；1937年编练20至30个师；1938年编练4或16个师。

6月9日，蒋介石又令全国骑兵、炮兵、工兵等特种兵，均归陈诚督导整理。当时，国民政府军共有骑兵9个师、10个旅，其炮兵共拥有567门炮，工兵则无独立的师、团建制。陈诚对特种兵的整编计划是：骑兵，分2期整理，第1期整理连、团、旅，第2期增加新式火器，编成骑兵师，并统一番号；炮兵，除过于陈旧的火炮110门未列入正式编制外，将现有堪用的457门炮，编成两团制的独立炮兵旅4个，独立团5个，独立营4个，以及第二十七师炮兵团的3个营；工兵，1935年度先成立3个工兵营，分配各教导师。[③]

由于1935年间，各支红军先后开始长征，国民党军事当局不得不将原来预定进行整编的部队用来追击红军，遂使陈诚的整军计划多不能按时完

① 《陈诚私人回忆资料》，藏中国第二历史档案馆。
② 《陈诚私人回忆资料》，藏中国第二历史档案馆。
③ 《陈诚私人回忆资料》，藏中国第二历史档案馆。

成。陈诚于这年 4 月，任庐山暑期训练团筹备主任，负责筹划 1935 年庐山训练团各项事宜；5 月，兼任陆军整理处军官教育团团长。8 月，陈奉派去四川峨眉山，任峨眉训练团教育长兼办公厅主任，负责训练川、滇、黔三省的军队少校以上军官、行政县长以上官员和教育界中学校长以上人员。该训练团共办 3 期，历经 8、9、10 三月；每期时间 3 周，学员有千人左右。10 月，武昌行营结束，改设宜昌行辕，陈诚被任为行辕参谋长；其时，陆军整理处改隶宜昌行辕，仍由陈诚兼任处长。

陈诚任宜昌行辕参谋长后，即率中央军及湘鄂两省的地方部队，对红军第二军团贺龙部和第六军团肖克部进行"围剿"。陈诚拟定的"进剿"计划是：第 1 期，巩固走马坪及鹤峰、来凤、龙山、永顺、大庸、慈利、石门各县间碉堡线；第 2 期，修筑沅陵、保靖、龙山间公路，并在恩施、来凤、宜都、渔洋关、慈利、永顺等处，屯足粮弹；第 3 期，派遣得力部队，分由走马坪、龙山、江垭，向桑植、洪家关筑碉前进，以期将红军一举歼灭。[①]这一计划，经蒋介石核准后，即自 10 月 10 日起实施。其第 1 期的筑碉计划，于 11 月 25 日前全部完成，陈诚本已命令各部队限于最短期内，施行第 2 期、第 3 期计划，但这一部署因红军第二、第六军团突围长征而未能实施。红军贺、肖部，于 11 月 19 日从桑植的刘家坪和轿子垭地区出发，在大庸和溪口之间渡过沣水，复由洞庭溪渡过沅江，攻陷溆浦、辰溪、新化各县，向贵州进发。陈诚只得一面派部追击，一面组织对留守桑植一带的红军进行"围剿"。

陈诚领导下的陆军整理活动，自 1935 年下半年开始，其第 1 期的整编数，在原计划试办 6 个师的基础上，调整为 10 个师。该项工作，延至 1936 年方告完成。经陈诚着力整顿，整编后的各师，基层战斗力得到了较大的充实，主要特点是：（1）步兵连采用 9 班混合制；（2）团属迫击炮连分属各营为排，以增强战术单位的火力；（3）原属各营的小炮排集中成连，直属团部，用

---

① 《陈诚私人回忆资料》，藏中国第二历史档案馆。

以防空及抵御战车。①

与此同时，陈诚督导各特种兵的整理工作，也全面展开。骑兵：首先对原属东北军的第五十七军何柱国骑兵军进行了整编，并自 8 月起，将各骑兵师的经费由法币 52 224 元，增加为 86 667 元②。炮兵：陈诚于 12 月 2 日在武昌召集炮兵各旅、团、营长开会，商讨整编事宜，决定了整理方案。除东北军炮兵由张学良按方案实施整理外，其余各独立炮兵，悉由南昌炮兵训练处负责整理。各受编炮兵部队，至 1936 年 3 月上旬，均整编完毕。工兵：将第五、第十八和第九十八师原有的工兵营缩编，腾出经费，另成立新的工兵营。12 月 9 日，成立工兵训练处及工兵第一、第二、第三营，集中南城训练，至 1936 年 3 月完毕。

1936 年 1 月底，陆军整理处与宜昌行辕合并，改组为军事委员会委员长行辕，不冠地名，移驻武昌南湖。其任务为"指挥湘鄂'剿匪'军事，指导各该省份地方善后及整理训练驻在湘鄂赣区各部队"③。陈诚仍被任为行辕参谋长，继续进行陆军整编工作，并指挥长江上游一带国民党军对红军的作战。

十五　赴晋对付陕北红军

陕北工农红军进行了著名的东征，打乱了蒋介石在陕、晋一带的军事部署，迫使其不得不将陈诚北调太原，指挥山西"剿共"战事。5 月初，东征红军为顾全大局，保存抗日力量，促进广泛的抗日民族统一战线的实现，主动决定回师陕北。阎向蒋介石要求，留陈诚在晋继续指挥军事。蒋在复电中称，"中正不可一日无辞修"。

---

① 《历年之整军纪要》，藏中国第二历史档案馆。
② 吴相湘：《陈辞修生平大事》，载《民国政治人物》第 2 集，台北传记文学出版社 1982 年版，第 157–158 页。
③ 湖北省政府密令保一字第 9655 号，1936 年 6 月 8 日，藏湖北省档案馆。

陈诚在 1935 年先后去庐山主持筹备了暑期训练团，去峨眉山创办了峨眉训练团；接着就于 1936 年 1 月底，在武昌就任了新组建的军事委员会委员长行辕参谋长，一面继续整军，一面主持湘鄂战事。

这时，陕北工农红军进行了著名的东征，打乱了蒋介石在陕、晋一带的军事部署，迫使其不得不将陈诚北调太原，指挥山西"剿共"战事。

经过二万五千里长征胜利到达陕北根据地的红军第一方面军及刚刚组建的红二十八军，为冲破国民政府军的封锁，实现抗日主张，在毛泽东、彭德怀等的指挥下，于 1936 年 2 月 20 日晚，一举突破山西阎锡山军的黄河防线，开始了东征作战。阎锡山军首在关上村被歼 1 个团，被击溃 1 个旅部及 1 个团；旋又于 3 月 10 日，在兑九峪地区被歼 2 个团。国民党报纸惊呼：红军"日前曾以全力向霍县猛扑，驻守军队略有损失，同蒲路已被切断，现由并①南下车仅通至灵石，北上车通赵城"②。时单靠晋军的力量，已无法抵御红军的进攻。阎锡山急电蒋介石，请求派中央军入晋援救。于是，蒋介石决定调陈诚率中央军赴晋作战。

3 月 19 日，陈诚在武昌，先后接到蒋介石和阎锡山的电报，要他迅速前往山西。陈遂于 25 日抵太原，在车站受到赵戴文、徐永昌、朱绶光、贾景德等晋省军政要人的迎接。当晚，陈诚即与阎锡山密商对红军作战事宜。28 日，阎锡山遵照蒋介石指示，以军事委员会副委员长名义，委任陈诚为第一路军总指挥，辖中央军的 3 个纵队，即第五纵队关麟征部、第六纵队吕济部和第七纵队汤恩伯部，以恢复同蒲路交通为其作战目标。③初，陈诚指挥之各部中央军，原拟由潼关北渡黄河入晋，就近在同蒲路南段作战。但因二三月间，晋军节节后退，无定河两岸苏区已连成一片，这就迫使陈诚不得不指挥部队绕道郑州、石家庄，乘火车集结榆次、太谷地区，逐步南压。④

---

① 并，太原简称。

② 天津《大公报》1936 年 3 月 22 日。

③ 吴相湘：《陈辞修生平大事》，载《民国政治人物》第 2 集，台北传记文学出版社 1982 年版，第 159 页。

④ 《彭德怀自述》，人民出版社 1981 年版，第 213 页。

1936 年陈诚与阎锡山合影

陈诚率部，首先向同蒲路南段的临汾、洪洞一带猛烈进攻，至月底，占领了南段的各主要据点；4 月 8 日，同蒲路南段被打通。

接着，陈诚又开始实施其"第二期作战计划"，即与第二路军晋军杨爱源部南北呼应，将东征红军压迫于黄河以东、军（渡）汾（阳）公路以南的狭小地区。4 月 13 日，陈飞晋南侯马视察，并会见该地各驻军将领。17 日，同蒲路全线打通；20 日，红军被迫退集汾河以西地区。陈诚复将在江西"围剿"红军时实行的"碉堡战术"运用于此，在一个月的时间内，完成了 250 余公里的碉堡封锁线，并派人指导第二路军晋军杨爱源部筑碉。27 日，汾河封锁线全部完成。在 4 月的战斗中，陈诚指挥下的第五纵队关麟征部，不断遭到红军的机动袭击，迭受损失；也有些战斗打得比较激烈，致红军第一军团第二师参谋长钟学高和第五团政委林龙发阵亡。①

---

① 《聂荣臻回忆录》（上），战士出版社 1983 年版，第 312 页。

　　在各部队全面投入筑碉工程后，陈诚为了保持一定数量的部队可供出击，便向蒋介石提议，再由陕西增调两师中央军入晋修筑碉堡，抽出关麟征、汤恩伯两部机动出击；待进击至第二道封锁线后，汤部再转为筑碉主力，如此反复变化，俾利战事。这一计划，迅速得到了蒋的批准。4 月 29 日，山西国民政府军开始了对红军作战的"第三期行动计划"，一面严密封锁，一面以关、汤二部进击，企图将东征红军消灭在黄河以东、汾河以西地区。为堵住红军西撤的退路，陈诚特电请蒋介石下令驻陕之张学良部队，严密封锁黄河西岸各渡口。但张学良及其所领导的东北军，以民族大义为重，在中共关于建立抗日民族统一战线主张的影响下，此时已逐步走上了联共抗日的道路。张先后于这年 3 月初和 4 月上旬，分别在洛川会见中共代表李克农，在肤施（延安）会见中共代表周恩来，达成了若干停止内战、共同抗日的协议，东北军与红军前线部队的敌对状态已基本结束。因此，陈诚关于由张学良部封锁黄河西岸渡口的建议，未得真正实施。5 月初，东征红军为顾全大局，保存抗日力量，促进广泛的抗日民族统一战线的实现，主动决定回师陕北。红军自 5 月 2 日起，分经清水关、铁罗关西渡黄河；5 日，全部返回陕北延长、延川、永平地区。陈诚围歼东征红军的计划，遭到了破产。

　　由于红军在东征过程中广泛开展了群众工作，扩大了中共抗日民族统一战线政策的影响，这使山西阎锡山至为恐慌。阎向蒋介石要求，留陈诚在晋继续指挥军事。蒋在复电中称，"中正不可一日无辞修"[1]。可见蒋对陈氏之倚重。5 月 26 日，南京国民政府行政院会议通过，"任陈诚为晋陕绥宁四省边区'剿匪'总指挥，统率中央各军，归军委会副委员长阎锡山节制"[2]。6 月 1 日，陈诚在太原就职，随即出发阳曲，指挥对西北红军的作战。

---

① 《陈诚与蒋"总统"》，载何定藩主编《陈诚先生传》辑录资料，台北"反共出版社"1965 年版。
② 天津《大公报》1936 年 5 月 27 日。

第五章　西安事变前后

一　以两手对付两广

5日，西南政执两委会议定，第一、第四集团军改称"中华民国国民革命抗日救国军"，以陈济棠为第一集团军总司令；李宗仁为第四集团军总司令，白崇禧副之。接着，陈、李遂指挥粤桂部队向湘南进发，拟一举入长沙而趋武汉。陈诚一面加紧调动部队，控制湘局；一面利用私人关系，在两广军队中大肆活动，多方争取。陈诚于斡旋两广事变之后，9月，任国民党中央军事政治学校广州分校主任，旋兼军事委员会委员长广州行营参谋长，处理两广之各项善后事宜。

6月1日，国民党西南执行部、西南政务委员会举行联席会议，吁请国民党中央和南京国民政府领导抗日；2日，发出"冬电"，将上述内容通电全国。4日，又由陈济棠、李宗仁领衔，以西南将领数十人名义，再发"支电"，誓率所部，"为国家雪频年屈辱之耻，为民族争一线生存之机"①。5日，西南政执两委会议定，第一、第四集团军改称"中华民国国民革命抗日救国军"，以陈济棠为第一集团军总司令；李宗仁为第四集团军总司令，白崇禧副之。②接着，陈、李遂指挥粤桂部队向湘南进发，拟一举入长沙而趋武汉。此即有名的"两广事变"。对此，蒋介石一面寻求政治的方法解决，一面调兵遣将，加强湖南的防御。

这时，陈诚正在山西阳曲部署对红军作战事宜，突奉蒋介石电召赴京。

---

① 《李宗仁回忆录》下册，广西人民出版社1980年版，第669页。
② 《盛京时报》1936年6月7日。

6月5日，适逢赵戴文就山西省主席职，陈于上午9时在太原代阎锡山参加赵之就职典礼，10时即乘机飞汉；翌日，复乘波音机由汉飞京。陈诚秉承蒋介石旨意，急将驻浏阳、武昌、黄陂等地的3个师南调衡阳，驻商丘、宜昌、恩施的3个师集结株洲。为确保中央军赶在桂军之前占据衡阳，他于8日由南京急飞武昌，以行辕参谋长身份指挥和调度军事，命令平汉、粤汉两线暂停客货运输，全力赶运部队南下；9日，又奉蒋介石之命，飞长沙坐镇督军。陈诚认定，衡阳之能否确保，乃大局成败的关键。他所持必须确保衡阳的理由是：（1）可使湘局安定；（2）可促广东陈济棠内部变化；（3）可掩护中央军主力集中，防止桂军东击。①陈诚的这一战略观点，得到了蒋介石的认可。时湖南省主席何键，本与广西多所联络，陈诚大军神速飞临，加之陈诚的政治攻势，方使何键明确表示服从南京。当陈诚所调部队抵衡阳时，由广西步行入湘的桂军，离衡阳还有15公里的路程。陈诚一面加紧调动部队，控制湘局；一面利用私人关系，在两广军队中大肆活动，多方争取。这样，本来剑拔弩张的紧张形势，暂时得到了缓解。

经过蒋介石、陈诚等人对陈济棠部下的分化收买，7月6日广东空军黄志刚等40多人驾机投蒋；第二军副军长李汉魂称病赴港；9日，第一军军长余汉谋通电拥蒋。这就为蒋介石解决两广问题创造了条件。18日，陈济棠手中的王牌广东空军，在黄光锐司令率领下，全体驾机投奔南京；陈在大势已去的情况下，于当日电蒋表示"遵命下野"②，当晚乘英舰"蛾"号去港。李宗仁亦于同日返回广西。

蒋介石在广东问题顺利解决后，复于7月25日任命李宗仁为军委会常委，白崇禧为浙江省主席，拟就此将李、白势力赶出广西。李、白拒不接受，两广形势复趋紧张。陈诚亲笔致函劝说李宗仁息兵；并在20多天内，作了一系列举动。由于当时蒋、桂双方都无意开战，再经陈诚及其他高级官员的斡旋，形势方趋缓和。6日，蒋介石收回成命，改任李宗仁为广西绥靖主任、

① 吴相湘：《陈辞修生平大事》，《民国政治人物》第2集，台北传记文学出版社1982年版，第160页。
② 《国闻周报》第13卷第29期。

白崇禧为军委会常委；16 日，李、白宣誓就职，并于就职前的和平通电中，明确表示服从"中央"，称"今后一切救国工作，自在中央整个策略领导之下，相与为一致之努力"①。

陈诚于斡旋两广事变之后，9 月，任国民党中央军事政治学校广州分校主任，旋兼军事委员会委员长广州行营参谋长，处理两广之各项善后事宜。追及 10 年前，陈氏在广东仅为国民革命军中一炮兵连长、营长；甫经 10 年，已恰似"两广总督"之职。此种飞跃晋升的经历，在国民政府军队中，亦属少见。

二　主持西北军事

由于"攘外必先安内"政策的姑息、纵容，日本指挥官督率伪蒙古军和伪大汉义军，于 11 月中旬向绥远发起大规模进攻。陈诚于 11 月 25 日偕樊崧甫军长等 10 余人由洛阳飞抵太原，同阎锡山商讨晋绥军事。他在 29 日招待新闻界时说："凡有危害我国家民族，希图破坏我国家土地之完整者，不论为'赤匪'、伪匪以及其他任何恶势力，本人以为皆当予以铲除，决不姑息。"

陈诚率部向两广用兵，并在广州兼任要职，实为蒋介石、陈诚始料所不及。此乃两广事变突然发生所引出的插曲。按蒋的意图，是将陈用于西北，重点为"进剿"经长征而达陕北的红军；同时，也表现出一种"攘外"的姿态。

鉴此，陈诚于 1936 年 6 月 1 日就职晋陕绥宁四省边区"剿匪"总指挥后，恐绥远有失，特命汤恩伯纵队换用晋绥军番号，以最机密的行动，避过日人耳目，北出雁门关，扼守平绥路要隘集宁等地。

两广事变发生后，陈诚不得已奉命南去 4 月，俟两广局势稍定，蒋、陈即又将活动的重点放到了北方。10 月下旬，蒋亲至西安，向张、杨宣布

① 南宁《民国日报》1936 年 9 月 16 日。

"剿共"计划，并在王曲军官训练团讲话时称，"我们最近的敌人是共产党，为害也最急"；对"不积极剿共而轻言抗日"者，"要予以制裁"①。由于"攘外必先安内"政策的姑息、纵容，日本指挥官督率伪蒙古军和伪大汉义军，于11月中旬向绥远发起大规模进攻。驻守在这里的傅作义部奋起抵抗，24日取得了百灵庙大捷，全国为之轰动。陈诚原部署在平绥线上的汤恩伯部，虽未直接参加收复百灵庙的战斗，但作为傅作义的后备力量，当然也发挥了一定的作用。

就在这种复杂纷繁的政治、军事局势下，陈诚于11月25日偕樊崧甫军长等10余人由洛阳飞抵太原，同阎锡山商讨晋绥军事。27日，陈、樊等乘汽车离太原赴绥垣，会傅作义。行前，陈对记者发表谈话时仍将红军和日伪军相提并论，均以敌人对待。他在29日招待新闻界时说："凡有危害我国家民族，希图破坏我国家土地之完整者，不论为'赤匪'、伪匪以及其他任何恶势力，本人以为皆当予以铲除，决不姑息。"②

蒋介石力主晋绥军继百灵庙大捷后，迅即向察北进击。他在11月25、26日两次电催阎锡山"迅速攻占商都、南壕堑二处匪巢，彻底摧毁其根据"③。但阎锡山顾虑较多，一怕惹起中日战争，二忌与宋哲元行动不一致，三忧补给不足，四惧金融危机。陈诚经与阎锡山协商后，除将阎的各项顾虑电报蒋、何外，还认为"出兵察北，恐须以中央军队为主体；对于晋、绥困难情形，中央亦须酌为协助"④。何应钦则与蒋、陈持不同意见。他于12月2日致电陈诚，坦率告以"此时进攻察北"，"不甚相宜"⑤。他认为从中国军队的教育训练、武器装备、兵员补充等方面来看，都须"再有半年之准备"；"此时若使中、日战争发动，不能予敌人一大打击"，"一旦

① 《西安事变资料》第1辑，人民出版社1980年版，第11页。
② 天津《大公报》1936年11月30日。
③ 《何应钦将军九五纪事长编》（上），台北黎明文化事业股份有限公司1984年版，第486页。
④ 《何应钦将军九五纪事长编》（上），台北黎明文化事业股份有限公司1984年版，第487页。
⑤ 何应钦致蒋介石电，1936年12月2日，《何应钦将军九五纪事长编》（上），台北黎明文化事业股份有限公司1984年版，第437页。

受挫，则数年之忍辱经营，岂不尽弃"①。可是，蒋介石在这个问题上，却拿定了主意。陈诚秉承蒋之意旨，与阎锡山、傅作义周密计划了攻取商都、张北事宜，决定了下一步方针。12月4日，陈诚携带全部方案飞西安，向蒋介石请示。蒋、陈等人，在西安不仅商讨了进袭察北日伪军的问题，而且还着重部署了对陕北红军发起新攻击的问题。12月9日，蒋介石召集全部参谋人员会议，决定在12日颁发第六次总攻红军的命令。不过，这一切筹划，均因突然发生西安事变而未能执行。陈诚则因滞留西安，而被卷入事变的旋涡。

三　身陷西安

12月12日，张学良、杨虎城在确认蒋介石的主张和决心，"用口头或当面的劝谏，是决不能改变的"情况下，毅然实行兵谏，拘押了蒋介石、陈诚、卫立煌等大员。陈诚被拘之初，自料凶多吉少，曾脱下手表，取出钢笔、小日记本等物，请张转交其妻谭祥；但张摇首不接，陈亦始知张不致加害。26日晨，在飞机由洛阳起飞前，蒋介石要求张学良致电西安，先让陈诚、卫立煌、陈调元、朱绍良4人离陕。27日晨，陈诚由杨虎城亲自陪同，乘车驰往机场；其他南京要员，亦分由东北军、西北军高级将领陪同。机场欢送陈诚等的场面，极其隆重。

陈诚与西安方面的关系，就近而言，要从1936年9月说起。那时，他刚刚竭尽全力解决了两广事变，随即，他便把目光放到了西北和张学良的身上。20日，他在一份向蒋介石转报张学良"不愿'剿匪'只愿抗日"的电报中，分析了张氏急欲实行抗日的原因，"一因部下对于'剿匪'苦而无功所激动，二因环境之责备而不能忍，三因中央除钧座外，均不见谅，

----

① 何应钦致蒋介石电，1936年12月2日，《何应钦将军九五纪事长编》（上），台北黎明文化事业
股份有限公司1984年版，第488页。

四尤其此次西安事件①为激成此举之主因"。21 日，陈诚复致电张学良，力陈"攘外必先安内"的思想，强调服从"中央"的统一领导。该电文有五点原则意见，归纳起来就是一要抗日，二要留实力，三要忍辱负重，四要先"剿匪"后抗日，五要事事请示蒋介石。最后，他劝告张学良，"为负重何妨忍辱，要求全自须委曲，古人所谓必有所忍，乃有所成"②。同日，陈诚唯恐前呈蒋介石之电文表述不清，进一步明确指出，张学良"此举名为抗日，实则脱离中央而走联俄投俄之途径"③。陈诚给张学良的电文，遭到了张氏及时的、有礼貌的驳斥。张学良于 9 月 22 日致电陈诚，光明磊落地阐明了自己的主张与理论，明白宣示抗日之主张："欲图救亡，必须抗日，欲谋抗日，必须统一。……统一全民力量，乃是坚固之武力。"④

　　入冬以来，张学良、杨虎城激于广大官兵日益高涨的抗日情绪，在中共抗日民族统一战线政策的影响之下，与蒋介石、陈诚等所奉行的"攘外必先安内"和坚持"剿共"等方针政策，愈加对立。12 月 4 日，蒋重赴西安，驻临潼华清池，逼迫张、杨与红军迅开战端，扬言将于一个月内完全消灭红军。与此同时，蒋介石对蒋鼎文、卫立煌和陈诚委以重要军职，以指挥西北军事，陈诚被任命为军政部常务次长。11 日，蒋将 9 日所写的一道手谕交陕西省政府主席邵力子，命其密嘱驻陕《大公报》记者发表如下消息："蒋鼎文、卫立煌先后皆到西安，闻蒋委员长已派蒋鼎文为西北'剿匪'军前敌总司令，卫立煌为晋陕绥宁四省边区总指挥。陈诚亦来陕谒蒋，闻将以军政部次长名义指挥绥东中央军各部队云。"⑤蒋并特别关照，此消息不必交中央社及其他记者，西安各报亦不必发表。这显然是为制造一种

---

① 指 8 月 29 日国民党陕西省党部特务在西安逮捕张学良秘书宋黎、副官关雨苍及东北大学学生代表马绍周；张闻讯派兵包围省党部，救出被捕人员，查抄省党部特务电台事。

② 《陈诚参谋长上蒋委员长转述致张学良电电》，1936 年 9 月 21 日，载罗家伦《革命文献》第 94 辑，台湾中国国民党中央委员会党史史料编纂委员会 1978 年编印，第 57—58 页。

③ 《陈诚参谋长申述冯庸所言非虚电》，1936 年 9 月 21 日，载罗家伦《革命文献》第 94 辑，台湾中国国民党中央委员会党史史料编纂委员会 1978 年编印，第 58 页。

④ 《陈诚参谋长上蒋委员长转述张学良养日电电》，1936 年 9 月 26 日，载罗家伦《革命文献》第 94 辑，台湾中国国民党中央委员会党史史料编纂委员会 1978 年编印，第 62—63 页。

⑤ 《西安事变资料》第 1 辑，人民出版社 1980 年版，第 12 页。

朦胧的舆论，暗示张、杨，如不从命，则将由蒋鼎文、卫立煌、陈诚来陕接替他们指挥战事。同日，陈诚曾得到张、杨将有动作的情报，遂于临潼见蒋时，向蒋报告了这一消息，力劝蒋与他同乘陇海路特别快车离开临潼；但蒋介石自信不会发生问题，没有答应，只嘱陈暂留西安，不要离开。是晚，陈诚在临潼出席蒋介石请张、杨之宴，作陪的还有陈继承、陈调元、卫立煌等中央军高级将领；杨虎城与邵力子则在张学良公馆邀宴到陕的南京国民政府其他军政大员。

1936 年，西安事变中，陈诚与中央要员合影。

12 月 12 日，张学良、杨虎城在确认蒋介石的主张和决心，"用口头或当面的劝谏，是决不能改变的"①情况下，毅然实行兵谏，拘押了蒋介石、陈诚、卫立煌等大员。上午 9 时许，张学良带着拟好的向全国通电的文稿，来到西京招待所，向除蒋外被拘之各中央大员宣读，并希望他们签名。陈诚及各大员，虽迫于无奈，然均逐一在通电后面签上了自己的名字。因此，带有讽刺意味的是，这篇举世闻名的指责蒋介石"受群小包围，弃绝民众，误国咎深"，宣告对蒋实行"最后之诤谏，保其安全，促其反省"的张、

① 见 1936 年 12 月 16 日张学良在西安市民大会上的讲话，《西安事变资料》第 1 辑，人民出版社 1980 年版，第 123 页。

杨通电，其发电者中竟包含了陈诚等中央大员共 19 人。

　　陈诚被拘之初，自料凶多吉少，出于对蒋介石之尽忠，他对张学良说："如果委员长遇害，你就早一点把我枪毙。"[1]他并曾脱下手表，取出钢笔、小日记本等物，请张转交其妻谭祥；但张摇首不接，陈亦始知张不致加害。此事日后常为谭祥所津津乐道。[2]12 日下午起，陈诚与诸大员均各回原卧室，只是房间已被搜查，个人衣物多不复存。被拘者的生活待遇，与事变前似有天壤之别。晚餐每人仅白饭一碗、菜一盘；夜间无暖气，每人仅一床毛毯；各房门均不许关闭，室外卫兵巡视、交班不息。13 日，张学良至拘押各室，访陈诚及其他诸员。陈乃力劝张，解决问题的唯一办法是即速送蒋回京，并特别叮咛"千万不能让共产党插手参与其事"[3]。自 14 日起，陈诚等人获得较大自由。用膳改西餐，并按居住条件，各分东、西两处自由结合共餐。陈诚地处东边，与蒋作宾、万耀煌夫妇等以卫立煌的房间为活动中心；西边蒋百里、陈调元、蒋鼎文、朱绍良和陈继承夫妇以陈继承房间为集会场所。陈诚戏称此东、西两边为东半球、西半球。15 日下午，陈诚等被命搬至张学良公馆附近的仁寿里一带原东北军高级将领宅邸，室内家具均由西京招待所搬来，各室陈设相同。每室有便衣 3 人监视，每院有武装士兵 10 名守卫，墙高数仞，水井封闭；院内可自由活动，每人分送《社会发展史》《辩证唯物论》等书各一册，每院送麻将一副，每室给银洋 200 元，以资消遣。自此以后的 10 天，陈诚均在此处度过。

　　中共中央对西安事变采取了和平解决的正确方针，中共中央在 12 月 21 日发给参加西安谈判的周恩来的电报中，明确表示，要"争取蒋介石、陈诚等，与之开诚谈判"[4]。

　　由于张、杨两将军的不懈努力，蒋介石终于被迫接受了联共抗日的条件，西安事变得以和平解决。25 日，蒋介石由张学良陪同，经洛阳飞南京。26

[1] 访问宋瑞珂记录，1987 年 7 月，上海。
[2] 刘少峰、叶秉枢：《陈诚一生简况》，藏青田县政协。
[3] 应德田：《张学良与西安事变》，中华书局 1980 年版，第 100 页。
[4] 《西安事变资料》第 1 辑，人民出版社 1980 年版，第 166 页。

日晨，在飞机由洛阳起飞前，蒋介石要求张学良致电西安，先让陈诚、卫立煌、陈调元、朱绍良4人离陕。张学良立即遵办，即刻急电杨虎城，嘱将留在西安的中央要员全部送回。杨虎城对此本有犹豫，但东北军王以哲、何柱国等力主按张嘱办理，遂亦同意。午间，杨即亲自来到仁寿里住宅区，向陈诚等要员宣布："张副司令电嘱送各位飞京。"当晚，陈诚等应邀出席杨虎城举行的饯行宴会，陈诚被拘押10余日，今始复为上宾，由东北军高级将领陪同，乘车出戒备森严的仁寿里街区，来到新城大楼宴会厅。

27日晨，陈诚由杨虎城亲自陪同，乘车驰往机场；其他南京要员亦分由东北军、西北军高级将领陪同。机场欢送陈诚等的场面，极其隆重。军乐大作，仪仗队一团列队致敬，东北军、第十七路军的军师长、总部处长以上将领及杨虎城夫人，均到机场欢送。陈诚与陈调元、卫立煌、陈继承夫妇等15人乘欧亚航空公司巨型机，于9时45分起飞，在西安上空低飞三周后东行；下午3时抵南京明故宫机场，受到在京的国民党中央执行委员会委员，南京国民政府各院、部、会首脑及各社会团体代表的欢迎。陈诚等于28日受到蒋介石的接见并遵蒋嘱，去鸡笼山宋子文公馆晤张学良；29日又奉召去蒋官邸照相。陈诚的西安事变经历，遂告结束。

1936年12月陈诚（右二）与国民党军政要员及其夫人在西安事变中

四　处理事变善后

这一时期，陈诚的一切军事指挥，都贯穿着对于刚刚发生的西安事变的对立和指责；对于张、杨部队和红军，则抱敌对态度。陈诚所部虽然没有和张、杨部及红军发生正面冲突，但在其软硬兼施的策划下，刚刚建立起来的红军与东北军、西北军这三支抗日力量的联合，却遭到了破坏。

1937 年 1 月 4 日，陈诚奉派为第四集团军总司令，并于当日离开南京，经汉口飞洛阳、潼关，指挥军事。

西安事变后，蒋介石将陪送他返回南京的张学良扣押，对张演出了一幕判刑、特赦和"严加管束"的闹剧，同时，调动大军压迫西北，分化、瓦解东北军和第十七路军。

陈诚到陕后，首先对从杨虎城部分化出来的冯钦哉部进行了改编。在蒋的批准下，陈诚将第四十二师扩编为两个丙种师，将旅长杨彦彪、武士敏提升为师长，以让冯兼任陕西省保安司令，发给特别费 5 万元及其他奖金等条件，[1]作为对冯背叛张、杨的酬劳，使其与第十七路军完全脱离了关系。

陈诚在判明冯钦哉真实意向，并着手进行改编的同时，还特别注意陕北红军的活动及其与杨虎城的关系。他先在 1 月 15 日下午 2 时左右，从山西阳曲发电，向军事委员会作了报告；4 个小时后，又从潼关向溪口蒋介石报告，惊呼"赤水以西各乡村已遍布'赤匪'"[2]。

这一时期，陈诚的一切军事指挥，都贯穿着对于刚刚发生的西安事变的对立和指责；对于张、杨部队和红军，则抱敌对态度。他举行记者招待会，回答记者提问时说："西北为整个国防所关，西安又为西北之重镇，绝不

---

① 《蒋委员长为扩编冯钦哉所部事致朱培德主任、何应钦部长电》，1937 年 1 月 13 日，溪口，载罗家伦《革命文献》第 95 辑，台湾中国国民党中央委员会党史史料编纂委员会 1978 年编印，第 137 页。
② 《陈诚总司令呈蒋委员长告共军移驻赤水三原一带电》，1937 年 1 月 15 日，载罗家伦《革命文献》第 95 辑，台湾中国国民党中央委员会党史史料编纂委员会 1978 年编印，第 175 页。

容其分裂，更不容坐视其沦为策动内乱赤化中国之根据地。"他还明确宣示了自己紧紧跟随蒋介石，唯其命而从的顽固态度，声称："至于个人，只知秉承中央意旨，服从上官命令，执行职务，他非所问。"①

此后，陈诚所部虽然没有和张、杨部及红军发生正面冲突，但在其软硬兼施的策划下，刚刚建立起来的红军与东北军、西北军这三支抗日力量的联合，却遭到了破坏。2月6日，杨虎城被迫撤往三原；8日，中央军第三十六师宋希濂部始进驻西安；与此同时，东北军一部投蒋，一部在陈诚部的监督下，准备东开移防。其间，又发生了2月2日东北军少壮派刺杀第六十七军军长、代理张学良主持东北军工作的王以哲的事件。王在蒋介石的逼迫下，已接受撤军、移防的方案；因此，南京方面对王被刺案特别重视和恼火。陈诚受命对此进行了详细的调查，并在14日密电向蒋介石、何应钦报告。认为"东北军对张汉卿已无信仰，自王以哲被戕后，尤其扫地无余，所谓要求放张回陕云云，不过少数老人面子"；此外，出于对蒋的忠心，又建议"对东北军之老人……以及前西北总部编余人员，须善为安置"，"对各军师长须酌予慰劳及传见，以安其心"②。

作为陈诚此次用兵西北的结束之举，是将其一个半月来的调查所得，对解决西北的善后问题，提出了自己系统的、完整的看法。他于2月15日自潼关向蒋介石、何应钦发了一份"极密"电。该电首先陈述了对东北军、西北军和红军这三部分力量的总的策略，即：一、对张、杨、红军三部分先后解决；二、对张、杨部分化瓦解；三、对红军要坚持原来的原则等。最后，陈诚把自己的上述意见，归结为三条：一为"已濒崩溃之封建集团（按指张、杨），不可曲予保全，而原不够封建领袖之资格者（按指中共），更无须予以扶植"；二为"行之有效之国策，断不可轻易动摇"；三为"所

---

① 《国闻周报》第14卷第7期。
② 《陈诚总司令呈蒋委员长报告东北军二月二日事变牵涉之人员等情电》，1937年2月14日，载罗家伦《革命文献》第94辑，台湾中国国民党中央委员会党史史料编纂委员会1978年编印，第188-190页。

谓西北问题，决非不能了之事"①。这一份长电所表述的意见和思想，孰重孰轻，孰先孰次，完全符合蒋介石既定的方策，当备受蒋之青睐。

五 与夫人荣归故里

陈诚于 1937 年 3 月，携其妻谭祥，从武汉出发，经丽水而返青田故里。陈诚一行抵丽水后，即由罗卓英派部队负责警卫，军警林立，巡车不断，凡半城戒严，其声势可谓壮观。他在校长李伯棠的陪同下，参观了母校高市小学，并向全体师生训话。他为高市小学亲定的校歌为：学校是我们的第二家庭，他指导我们做人的方针。莫忘了前辈缔造的艰苦，莫忘了父兄期望的精诚，尊师力学，日新又新，忠党爱国，努力前程，做一个健全的国民。

1935 年陈诚全家福

① 《陈诚总司令上蒋委员长陈述陕甘善后问题之意见电》，1937 年 2 月 15 日自潼关发，载罗家伦《革命文献》第 95 辑，台湾中国国民党中央委员会党史史料编纂委员会 1978 年编印，第 190 页。

在陈诚的戎马生涯中，回故乡青田的次数屈指可数。其中 1937 年春的衣锦还乡，则是较有影响的一次。

陈诚于 1937 年 3 月，携其妻谭祥，从武汉出发，经丽水而返青田故里。

其时，正值第十八军罗卓英部驻节丽水、浙南地区。陈诚一行抵丽水后，即由罗卓英派部队负责警卫，军警林立，巡车不断，几半城戒严，其声势可谓壮观。陈停留丽水的主要活动，是参观母校省立第十一中学，并在该校作"攘外必先安内，安内必先'剿'共"的即席讲演，历 3 小时。陈、罗曾出席该校校长赵仲苏举行的宴会；席间，各捐款 1 000 元，资助学校建设。

接着，陈诚一行便由丽水乘两辆轿车和一辆军用卡车，随带卫兵，来到高市。高市村舍与公路之间有瓯江横隔。其时，早已备好渡船接载来人；而江南岸，高市村民则扶老携幼，熙熙攘攘，均以尽早一睹当了大官的陈诚为快。

陈诚一行过江抵高市后，下榻于自己的公馆。该寓所为陈诚返乡前赶造，位于陈氏故居及高市小学之间，为二层木质现代楼房。楼上下共 6 间，有浴室、武器室和地下室。室内陈设虽属简单，但油漆地板、鲜花、地毯、红木坐椅、花瓶、茶几等中西结合的装饰和陈设，在青田、高市一带应算是相当高级的了。陈诚住进公馆后，即由第十八军护送的士兵在门口设置岗卫，许多前来欲与陈诚见面的戚族世交均被阻于门外。陈诚知道这一情况后，便下令撤岗，使亲朋好友得以自由进出。

陈夫人谭祥此行的主要目的，是处理好与陈母和陈的前妻吴舜莲的关系。因为她知道，自她与陈诚结婚后，吴氏仍与陈母共住一处，这终非长久之计。于是，谭祥在陈诚的介绍下，先后拜见了陈母，会见了吴氏。她亲切称陈母"妈妈"，称吴氏"姐姐"，并将带来的衣料、糕点、糖果等物，分赠她二人及诸亲友，一时间，颇得邻里好评。而吴舜莲在落落大方、彬彬有礼的谭祥面前，更加自愧不如，自叹命苦，其内心之酸楚，亟难言表。

正值陈寓宾客如云、热闹非凡的时候，突然发生了一件冲突。盖因电话兵为在江中架线，使陈诚与军中之联系不断，不慎使江水入船，浸湿了船工叶作巢的部分烟叶。陈诚初允照价赔偿；不料叶竟漫天要价，致陈恼怒，但又不便发作，复命副官将架线士兵先行禁闭，听候处分；此时叶作巢仍再三纠缠，高价索赔，陈诚气极，愤愤然命"将架线士兵拉出去枪毙，用性命来赔烟叶"[1]。还是陈母出面，并亲友劝阻，方使陈诚收回这一成命；叶作巢也因多得了一点赔偿费而不再取闹。

陈诚到高市的第二日上午，便在校长李伯棠的陪同下参观了高市小学，从教室、办公室，到学生宿舍、厨房和膳厅，都一一查看。接着，在全校教职员会上，他听取了李校长关于升学率和教学质量的汇报后指出：校舍的建筑，结构不符合要求，要重建；厨房卫生设备差，学生寝室欠整齐。下午，陈对高市小学全校师生讲话。时礼堂正中墙壁上，挂着孙中山的巨幅像及国民党党旗、国旗；稍左，挂有蒋介石戎装照片和国歌；偏旁，还挂有高市小学校歌和陈诚的照片镜框。提起高市小学的校歌，还有一段不平凡的经历。先是，1933 年秋，由李伯棠校长会同教师们作词谱曲，作成校歌；寄给陈诚审阅后，陈则另寄了一首校歌到校，其歌词为："学校是我们的第二家庭，他指导我们做人的方针。莫忘了前辈缔造的艰苦，莫忘了父兄期望的精诚，尊师力学，日新又新，忠党爱国，努力前程，做一个健全的国民。"[2]后来，它不仅成为高市小学的校歌，且亦被附近各小学用为校歌。陈诚对高市小学全体师生的训话，即以他亲定的校歌歌词为主体，作了阐释，并提出要求。

之后，陈诚夫妇与正修夫妇又前往村后黄山祭扫父墓，游览了石门洞。时青田县长郑迈，还于陈回乡前在石门洞赶建一草顶白墙别墅，四室一厅，后有花园，旁有围墙，起名为"亦桃源"。

在陈诚夫妇逗留高市期间，谭祥还力促陈诚将其母接往身边生活，为前妻吴氏在县城另建住房，使其离开陈家。后来，陈诚便在县城鹤城镇新寺巷盖起了一幢新式二层楼房，门楼高大，庭院幽雅，专供吴舜莲居住。

---

[1] 陈诚同乡陈旭烈回忆资料，藏青田县政协。
[2] 陈诚同乡陈旭烈回忆资料，藏青田县政协。

第六章　投身淞沪抗战

一　参与谋划决策

早在 1936 年 8 月举办庐山军官训练团时，陈诚即郑重指出，"今日不是同日本战与和的问题，也不是和日本开战以后，中国有没有胜算可操的问题；而是不和日本开战，中国还有没有存在的可能的问题"。陈诚对蒋介石说："敌如在华北得势，必将利用其快速装备沿平汉路南下直赴武汉，于我不利。不如扩大沪战事以牵制之。"蒋听后说："一定打。"陈说："若打，须向上海增兵。"

早在 1936 年 8 月举办庐山军官训练团时，陈诚即郑重指出，"今日不是同日本战与和的问题，也不是和日本开战以后，中国有没有胜算可操的问题；而是不和日本开战，中国还有没有存在的可能的问题"。"我们同日本打仗，时间上迟早虽不一定，性质上都绝对无可避免的。""如果说日本容易打，固属欺人之谈；但如果说完全不能打，那也是我们绝对不能相信的事。"[1]这些讲话，发扬了我国民族正气，鼓舞了受训人员的抗日斗志。但是，他在这一时期的讲话，仍未完全摆脱"攘外必先安内"的阴影。11 月 1 日，他在对中央军校洛阳分校的学生演讲时称：对日抗战的发动"愈迟愈有利"，"假使目前发动，一定处于被动的地位，如再迟一年，最低可以做到半主动地位，再迟两年，可以做到完全主动地位"[2]。

1937 年 2 月以后，陈诚以军政部常务次长的身份，督率部队训练，视

---

① 吴相湘：《陈辞修生平大事》，《民国政治人物》第 2 集，台北传记文学出版社 1982 年版，第 162 页。
② 吴相湘：《陈辞修生平大事》，《民国政治人物》第 2 集，台北传记文学出版社 1982 年版，第 162 页。

察国防工事。4 月 3 日，他在韶关、广州等地部队中详细报告了近年来国防建设的进展情况。他说：1936 年 1 年国防建设的成效，超过了 1932 年至 1935 年 4 年的总和；而 1932 年至 1935 年 4 年国防建设的成效，又相当于民国 20 年以来的总和。他宣告，"现在安内工作已告一段落，对日作战即将开始"；"必须一面时时刻刻抱着敌来即拼的决心，一面尽量的利用时间加紧准备，多一天准备就多一份力量"[1]。

　　陈诚自 4 月起，筹备 1937 年庐山的暑期训练团，为进行抗日战争做干部和思想上的准备。7 月 1 日，第 1 期开学，蒋介石亲任团长，陈诚任教育长，学员包括从事党务、军事、教育、县政、警政、军训、政训的各类工作人员，分为 2 个总队、5 个大队、20 个中队；总团设庐山海会寺，另以一部设牯岭[2]。开学不久，卢沟桥事变发生，形势骤变，全国人民抗日御侮的激情空前高涨。这种战争形势，也影响了本年庐山暑期训练团的内容和进程。虽然北平城外炮声激烈，但庐山训练团却照常上课。蒋介石对受训的党政军教学员说："全面战争一旦开始，我们必须随时准备牺牲，这次战争必将旷日持久，而时间拖得愈久，我们的牺牲也就愈大。"[3]此次庐山训练的内容，除军事、党务外，尚包括了管理法与办事效率、统计学、地方财务行政、田赋、土地制度、林垦矿务、蒸汽电气机器、储蓄、合作、总理实业计划等国民经济建设的课程。这些内容与坚持持久抗战，有直接的关系。7 月 31 日，陈诚在向受训人员讲解建立经济的、文化的、军事的综合国防时，指出："一般人误解国防建设是消费的，是与经济建设相对立的；甚至这一庐山谈话会[4]中有些学者也作如此见解。实则没有经济建设就没有国防建设；而国防建设又为经济建设的唯一保障，两者是

---

① 吴相湘：《陈辞修生平大事》，《民国政治人物》第 2 集，台北传记文学出版社 1982 年版，第 164 页。
② 见《二十六年庐山暑期训练团组织纲要》《庐山暑期训练组织系统表》，《中华民国重要史料初编——对日抗战时期》绪编（三），台湾中国国民党中央委员会党史委员会 1981 年编印，第 146 页、148 页。
③ 邱七七：《集忠诚勇拙于一身——陈诚传》，台北近代中国杂志社 1985 年版，第 97 页。
④ 庐山谈话会，指 1937 年 7 月蒋介石、汪精卫以国民党中央政治会议名义，在庐山召集各党派领导人和教育、学术、金融、经济界名流就抗战问题举行的谈话会。

相互为用并无冲突。"①

　　鉴于此次庐山训练团，举办在抗日战争全面爆发的特定时间，因此也就出现了特别令人激动的景况。随着对日战事的日益扩大，愈来愈多的地区和驻军卷入到神圣的抗战之中。差不多每天集合时，陈诚手中都拿着一张名单，点叫各有关将领；待这位将领应声出列以后，他便指令其即刻返回原部队指挥作战。有一次，蒋介石训话讲了几个小时，还未结束，陈诚为不误各将领离团返防的时间，竟绝无仅有地在讲台上打断蒋的讲话，请其缩短时间。此亦可见战事之紧迫，作风之雷厉。训练团本计划举办3期于8月31日结束；由于战事的影响，陈诚奉命只办了2期，提前至8月中旬结束。

　　8月13日，淞沪抗战开始，日本发动的侵华战争进一步扩大。15日，陈诚在牯岭接蒋介石及钱大钧等电话，奉召赴京，策定抗战计划与战斗序列。陈于17日离牯，18日抵京。当由蒋介石亲嘱三事："1. 赴华北向晋、陕将领说明中央之决心与应抗准备；2. 赴上海视察张文白部作战，并协助之；3. 速厘定战斗序列。"②陈当即提出：自己并未担任与抗战有直接关系的职务，究以何种名义去完成上述任务？又一身不能同时分赴二地。蒋问："以何种名义为宜？"陈答："如领袖对余欲机动的使用，可给一高参名义。"蒋对曰："仍以行辕为佳。"但行辕的任职并未发表；蒋乃于18日当天给参谋总长程潜发去一份"任命陈诚为第三战区前敌总指挥"的命令。③至所去地点，当以上海为先。18日晚，陈诚与副参谋总长白崇禧以及黄绍竑等会商战斗序列，由陈诚将各将领的历史、个性、能力逐一口述一遍，作为厘定时的参考。19日，陈诚与熊式辉同赴上海战场视察；20日返京。熊于途中问陈："返京后，对领袖报告是否彼此需要一致？"陈答："以分报告为宜，因如此领袖可多得一份参考资料也。"陈、熊遂分别就自己看法

① 吴相湘：《陈辞修生平大事》，《民国政治人物》第2集，台北传记文学出版社1982年版，第164-165页。
② 《陈诚私人回忆资料》，藏中国第二历史档案馆。
③ 蒋介石致程潜密电，1937年8月18日，国民政府战史会档案，藏中国第二历史档案馆。

和意见向蒋汇报。当蒋介石问到熊式辉视察上海情形时，熊说："不能打。"后蒋又问陈诚，陈答："非能打不能打问题，而是打不打的问题。"蒋进一步问其含义，陈续云："敌对南口，在所必攻，同时亦为我所必守，是则华北战事扩大已无可避免。敌如在华北得势，必将利用其快速装备沿平汉路南下直赴武汉，于我不利。不如扩大沪战事以牵制之。"蒋听后说："一定打。"陈则说："若打，须向上海增兵。"①陈诚的谋划，完全符合蒋介石的意图，从而帮助蒋下了决心，举行大规模的淞沪战役。

二　淞沪战场总指挥

陈诚在8月18日受命担任第三战区前敌总指挥，负责指挥淞沪战事全局。陈诚直接指挥的第十五集团军，在宝山、月浦、罗店、浏河一线，同登陆日军发生了激烈的战斗。陈诚直接指挥的左翼部队，在掩护右翼部队撤退后，方于11日晚撤离沪地。陈诚之嫡系部队第六十七师黄维部，在苏州河南八字桥、厅头镇等据点甫经惨烈血战，有的团已伤亡殆尽，复奉命至安亭车站掩护大军撤退，再遭巨大牺牲。这一做法，颇得各部淞沪守军的好评。

陈诚在8月18日受命担任第三战区前敌总指挥，负责指挥淞沪战事全局；20日，任第十五集团军总司令，副总司令为罗卓英，下辖第十八军罗卓英（兼）部和第五十四军霍揆彰部。②

陈诚对上海战事之指挥，自8月19日赴沪视察始。当时，在沪的日本海军陆战队约6 000人，已被第九集团军总司令张治中指挥的第八十七、第八十八师部队包围。陈诚发现我方兵力仍感不足，后方控制部队极少，遂向张建议，将第三十六、第九十八师加入攻击，并将攻击重点由公大纱

---

① 《陈诚私人回忆资料》，藏中国第二历史档案馆。
② 国民政府军令部战史会档案，藏中国第二历史档案馆。

厂改为汇山码头，争取由中央突破，将敌截为两段，再向两方分别扫荡①。张治中根据与陈诚会商的决定，令第三十六师和第九十八师之一旅由中央突破，其左翼向沪江大学、公大纱厂攻击。②可惜此次攻击开始过早，至第三十六师一部迫近汇山码头时，后续部队第九十八师尚未赶到，致使攻击一时受挫，反遭被动。对此，陈诚事后尖锐指出："我军以五师之众，对数千的敌陆战队实行攻击，竟未能奏功，实在是当时部署种种不当的缘故。"③

　　23 日凌晨，日军分别在川沙和吴淞登陆。此时，陈诚坐镇苏州，于当夜拟定作战部署，报蒋介石。

　　陈诚在对淞沪战场进行了几天的实地考察之后，感到步兵的配属力量太弱，以致影响了步兵战斗力的充分发挥。于是，他在 8 月 26 日向蒋介石建议：第一，鉴于前方部队对防空兵器至为缺乏，请派 3.7 厘米及 2 厘米机械化高炮各一连，迅速开赴前方；第二，由于各重要公路不断遭到敌机轰炸，请拨派工兵一部，随带桥梁架设材料，开前方，由他指挥，并暂控制于苏州、太仓、崑山附近；第三，请准将步兵学校最近成立的 81 厘米迫击炮 4 个连队，开赴前线，以充实步兵的重武器装备。④这些建议，提出的问题、解决的办法和应调的部队，都非常具体。它反映了陈诚对战场情况了解得比较清楚，对战区军队的实际状况也较为熟悉。陈诚直接指挥的第十五集团军，在宝山、月浦、罗店、浏河一线，同登陆日军发生了激烈的战斗。由于日军增援不绝，而陈部则无后续部队，致使敌登陆成功。9 月 6 日，宝山城陷，守备宝山城的第九十八师第五八三团第三营，在营长姚子青的率领下，与敌殊死拼搏的壮举，震动全国。陈诚特电呈蒋介石称"该营守城官兵奋力抗战，伤亡颇重"；"激战至鱼（6）日十时，卒以伤亡殆尽，无法支持，全营官兵自营长以下偕城作壮烈之牺牲"⑤。他并认识到："附近各县地方负责者，事

---

① 《陈诚私人回忆资料》，藏中国第二历史档案馆。
② 《张治中回忆录》（上），文史资料出版社 1985 年版，第 125 页。
③ 《陈诚私人回忆资料》，藏中国第二历史档案馆。
④ 陈诚致蒋介石电，1937 年 8 月 26 日，国民政府军令部战史会档案，藏中国第二历史档案馆。
⑤ 陈诚致蒋介石等密电，1937 年 9 月 7 日，国民政府军令部战史会档案，藏中国第二历史档案馆。

先不组织民众，训练民众，事后不知动员抵抗，这也是我们作战中极大的缺点。"①

21 日，第三战区划分为右、中、左三个作战军，陈诚被任命为左翼作战军总司令。经 9 月下旬鏖战，陈诚指挥的左翼作战军伤亡甚大，阵地不断被敌突破。30 日，他向蒋介石报告，刘行阵地已不能再守，如无生力军加入，应即转移阵地，调整部队，继续抵抗。经蒋批准，陈遂于 10 月 1 日将主力由刘行后撤至杨家宅、蕴藻浜南岸、罗店西南两侧至施相公庙、双草墩一线。这时，陈诚的攻击计划是"以在庙行唐桥站间进击之部队为主，以期截断宝（山）刘（行）公路，痛攻敌之侧背"②；此时，淞沪战场左翼部队迅速增加，陈诚将各部队区分为：右地区、中央地区和左地区，共指挥 10 个师（旅）。③

10 月 8 日，敌之一部占领桥头堡阵地，兵锋直指大场。为确保大场安全，击退南渡蕴藻浜之敌，陈诚将其所部编为三路；命其他第一线正面各师，编成数个有力突击队，向敌阵地要点突击，策应各路攻击军之战斗。④20 日晚，各路攻击军同时开始总攻击。经 3 日激战，陈诚部因部分部队未能如期集中，而以飞机与步兵协同作战之敌攻势又十分猛烈，故其攻势顿遭挫折，大场亦于 25 日失陷。

正当淞沪守军在苏州河沿线与日军苦战之际，11 月 5 日拂晓，日军第十军之第六、第十八师团及国崎支队，于强大炮火的配合下，由杭州湾之全公亭、金山卫、漕泾等处登陆成功，并分路直扑松江，致使淞沪守军腹背受敌。连日来，中国守军未能阻挡住日军的凶猛攻势，战局急转直下。至 8 日，中国守军的退路几被全部切断；是晚，左右两翼作战军奉命撤退。惜时已晚，部队混乱，道途堵塞，终成溃退。陈诚直接指挥的左翼部队，在掩护右翼部队撤退后，方于 11 日晚撤离沪地。陈诚之嫡系部队第六十七

① 陈诚：《沪战的经过与教训》，见《陈诚私人回忆资料》，藏中国第二历史档案馆。
② 陈诚致蒋介石电，1937 年 10 月 4 日，国民政府军令部战史会档案，藏中国第二历史档案馆。
③ 陈诚致蒋介石、何应钦电，1937 年 10 月 8 日，国民政府军令部战史会档案，藏中国第二历史档案馆。
④ 陈诚致蒋介石、何应钦电，1937 年 10 月 19 日，国民政府军令部战史会档案，藏中国第二历史档案馆。

师黄维部，在苏州河南八字桥、厅头镇等据点甫经惨烈血战，有的团已伤
亡殆尽，复奉命至安亭车站掩护大军撤退，再遭巨大牺牲。[①]这一做法，颇
得各部淞沪守军的好评。

三　同张治中的误会

陈诚与张治中，同为淞沪战场上的高级指挥官。他们的战斗友谊，也
曾蒙上过不快的阴影。张治中毫不知情，原由自己指挥的第十八军已划归
陈诚指挥。将军感到困惑和委屈。张治中的委屈情绪可以理解；而陈诚对
此并不负有什么责任，对他的防区及序列的划定，并不应当由他自己向别
人发出通知。

在硝烟弥漫的淞沪前线，还发生了一段陈诚与张治中将军的误会。
陈诚与张治中，同为淞沪战场上的高级指挥官。张治中，字文白，1890
年生，安徽巢县人，保定军校第三期步兵科毕业生，又是黄浦军校的早
期军官，曾于一·二八和八一三两度率军参加淞沪抗战。八一三淞沪抗
战的最初阶段，他是战场的最高指挥官。陈张两人同为保定、黄埔军校
的校友，又同时活跃在淞沪战火之中。但是，他们的战斗友谊，也曾蒙
上过不快的阴影。

8月19日，这是张治中将军率领第八十七、第八十八师部队，与敌浴
血奋战的第7天。这一天，陈诚以军政部常务次长和第三战区前敌总指挥
的名义，来到上海进行战地视察。

此时，在上海的日军总共只有海军陆战队6000人。中国方面，仅张治
中指挥的第九集团军两个师，兵力已在2万人以上；加之，驻扎上海附近
的中国军队，均可灵活调动，随时加入战斗。因此，就人数而言，中国军
队处于优势。但现代战争中武器装备以及部队的训练程度所起的作用愈来

---

① 访问宋瑞珂记录，1987 年 7 月，上海。

愈大。据军事专家估计，当时中日双方由于武器装备等方面的悬殊，在人数上需 3 比 1 才能使战斗力相等。

陈诚前来视察上海战场，实际上就是视察张治中的部队及其防地。他们驱车闸北、江湾，先后察看了第八十八师和第八十七师的防地，最后来到江湾叶家花园第八十七师的司令部。

部分第八十七师的部队，已经突入杨树浦日本租界地。激烈的枪声不时传到叶家花园。中日双方的飞机不断在头顶上盘旋。猛烈的爆炸声震天动地。这是陈诚经历过的最现代化的战争。

"文白兄，敌军阵地虽已被贵集团军所包围，但因他们战斗力极强，若要全歼该敌，我方后备兵力仍感不足。"究竟是旁观者清。陈诚坦率地指出了兵力配置上的问题。

"辞修兄，依君之见，在我们即将发起的攻势中，应作怎样的调整或充实呢？"张治中抓住陈诚的话题，顺水推舟，向陈诚求教。

"余意可将最近由西安刚调来的三十六师和作为后续部队的九十八师，加入攻击行动。"陈诚边说，边走到作战地图旁，拿起指示棍，指着黄浦江北段说："我们攻击的重点，应当从左翼的公大纱厂改为汇山码头，争取由中央突破，将敌人的阵地截为两段，然后再向两个方面分别扫荡。"

张治中很同意陈诚的部署，心中暗暗佩服这位年轻将领的精明和才干。在送别陈诚后，他发布了如下命令：

1. 令第三十六师即夜加入沙泾港到保定路间的正面，向汇山码头江边突破攻击。

2. 在日俱乐部正面的九十八师之一旅，受三十六师指挥。

3. 令九十八师二九四旅归八十七师指挥，加入该师左翼，向沪江大学、公大纱厂攻击。①

命令按照陈诚的意见，改变了攻击重点，并且突出地使用了第三十六

---

① 张治中：《张治中回忆录》（上册），文史资料出版社 1985 年版，第 125 页。

师和第九十八师。

20 日，陈诚返回南京复命。张治中率领他的部队，向敌军阵地发起了连续不断的进攻。日军的工事是用钢筋水泥修筑的。工事中发射出猛烈的小炮和机枪火力。日军的舰艇控制了黄浦江。从舰艇上不断有密集的炮弹射向中国军队的阵地。中国军队英勇无畏，前仆后继。他们夺回的每一寸土地都是用鲜血和生命换来的。几辆破旧的坦克艰难地冲向敌方。但是他们敌不过日军的炮火，人和车都永远地停止了运动。

宋希濂的第三十六师，不顾严重的伤亡，已经逼近汇山码头。他们倾尽全力，开辟了前进的通道；靠他们，已经没有力量再去最后地夺取汇山码头阵地。这个任务，该由配属他们的后续部队第九十八师来完成了。但是，第三十六师的攻击开始过早，第九十八师没有能赶上。

功亏一篑。不仅敌人的阵地夺不下来，而且，已经前进到敌阵前的部队也进退两难。张治中的心情比躺着的坦克还要沉重。陈诚不能容忍这种失算。他说："我军以五师之众，对数千的敌陆战队实行攻击，竟未能奏功，实在是当时部署种种不当的缘故。"这种批评，对于张治中来说，犹如雪上加霜。

就在张治中指挥他的有限部队，一次又一次，一波又一波，冲击黄浦江边的日军阵地的同时，陈诚在 300 公里之外的南京，向蒋介石作完了视察上海战场的报告，并被任命为新组成的第十五集团军司令。两支陈诚的嫡系部队——由罗卓英担任军长的第十八军和霍揆彰担任军长的第五十四军，被划入第十五集团军的序列。

令人惊讶的是，最高军事当局并没有把这个内部编制的最新战斗序列通知张治中。他是上海战场原有的、唯一的集团军总司令。所有陆续调来的部队，包括第十八军和第五十四军的部队都是来支援他的，都曾被通知受他的节制。

任何大规模的战争，都需要有权威的前线最高指挥官。张治中在八一三战斗打响后，就是中国方面这样的指挥官。尽管一批受他指挥的部队已经悄悄地不再接受他的直接指挥；但他的心中，还像往日一样，在考虑着这些部队的使用和安危。他不知道已经发生的变化。

8月23日深夜。在硝烟中奋战了10个日日夜夜的张治中，两眼腥红，喉咙嘶哑。警卫员给他送来一碗粥作为夜餐。将军吃完夜餐后，便靠在椅子上，闭目养神。夜已经很深了。张治中知道，他没有睡觉的权利，只能临时打个盹。将军疲倦极了。远处零星的枪炮声，已经引不起他任何的反应。此刻萦绕在他心中的，是由千军万马组成的一盘棋。他要安放好每一颗棋子，走好每一步棋。

略过片刻，张治中揉揉眼睛，又打起精神，向作战参谋口授了向蒋介石、何应钦、冯玉祥报告当日战况的急电。电中特地报告："拟即赴太仓或嘉定，与罗军长卓英一晤。"张治中连夜驱车，从安亭驶往太仓。那里是第三十九军军长刘和鼎的司令部所在地。车抵刘军司令部处，已经是次日拂晓。他不敢停留过久，又匆匆赶往嘉定。

一轮红日，已经高高升起。远处的枪声，随着黑夜的结束，逐渐猛烈。一群敌机飞临第十八军驻地上空。炸弹像雨点般从飞机上落下。烟雾弥漫，气浪滚滚，尘土飞扬。张治中在警卫员的陪护下，一边躲避炸弹，一边寻找军长罗卓英。终于，在一处简易的防空洞里，找到了罗卓英。罗卓英见到张治中竟在枪林弹雨中赶来，十分惊奇。"张总司令为什么会跑到我们这里来？"罗卓英脱口而出。

部队的建制是严格的。一般情况下，指挥官不能跨越系统指挥部队。张治中久务军界，怎能听不出罗卓英的口气？忙问："罗军长，难道部队的建制有什么变化？"

"张总司令，三天前第十八军就已划到第十五集团军，由陈总司令指挥了。"罗卓英以实言相告。张治中对罗卓英当然不好发作。他的情绪显然因处境的尴尬而有一些激动。他在返回总司令部的路上陷入了沉思：这么大的变动为什么不通知我？已经不属于我的棋子，我竟还在举着它考虑怎么走！辞修，你也不能和我打个招呼吗……将军感到困惑和委屈。

祸不单行。张治中因得知第三战区副司令长官顾祝同到了苏州，便赶到苏州去见顾。不料在顾处与蒋介石通话时，连遭呵责。"两天找你不到，跑到后方来了！"电话中传来蒋介石的责备声。"报告委座，罗卓英原来归我指挥，我不能不去看看。我不知道他已划归第十五集团军陈辞修指挥了！"张治中竭力辩解。①

"为什么到苏州？为什么到苏州？"电话那边的口气咄咄逼人。张治中没有再说什么。他只是狠狠地把话筒放下了。

一连串的不快，难免使张治中迁怒于陈诚这位刚刚接去自己部分防区和部队的司令官。外界关于陈张之间发生矛盾的传说，不胫而走。如果这件事真的在他们两人中间造成了什么不愉快的话，那其实是一场误会。因为张治中的委屈情绪可以理解；而陈诚对此并不负有什么责任，对他的防区及序列的划定，并不应当由他自己向别人发出通知。

陈诚与张治中并未因此次误会而影响对战斗的指挥。8月25日，陈诚奉蒋介石之命去张治中司令部，商讨张部的部署时，向张的作战科长当面口授要领，起草命令，最后由张治中签发。他们之间的合作，一如既往。

发生在淞沪战场上的这一小小插曲，究竟是怎么造成的？一直是个谜。也许是插曲的声调过低，被震耳欲聋的枪声炮盖过了。

四 撤退皖南

11月12日，陈诚受命为第三战区前敌总司令，旋去皖南，指挥本战区部队的转进和整顿。陈诚连日来所作一系列指挥、部署，其目的均为阻敌西进，并掩护第三、第七战区部队之转进。他的一位部下回忆说："有一天敌机炸中了我们的司令部，辞公除照顾伤患，安抚民众以外，还是奔驰上前线，不知危险为何物。"

11月12日，陈诚受命为第三战区前敌总司令，旋去皖南，指挥本战区

---

① 张治中：《张治中回忆录》（上册），文史资料出版社1985年版，第132页。

部队的转进和整顿。

11 月 20 日，在第三战区副司令长官顾祝同拟定的一份命令中，赋予了前敌总司令陈诚以指挥作战的广泛权力。该命令规定：

"前敌总司令部本长官司令部所定之作战宣传、指导要领及基础之兵团配置，策定关于各时期之会战计划，并负指导战斗实行之责"；各集团军以上之总司令部及直属各部，"请示作战行动事项，由前敌总司令批复之"；除必要的战略预备队外，"其他各部队之作战行动，概指示前敌总司令命令行之"①。

在陈诚就任第三战区前敌总司令后不数日，蒋介石又决定将原第三战区中的一部分部队，加上川军，组成第七战区，任命刘湘为司令长官，陈诚副之。这一任命，不仅使陈诚提升为战区的副司令长官，而且由于刘湘所率川军乃属杂牌军，因此陈在战区司令长官部的地位当更举足轻重。

11 月下旬，日军第十军第十八师团一部和国崎支队，均已在湖州以东向广德攻击前进。广德是苏、浙、皖三省交界地区的交通枢纽，亦为由湖州、长兴通往芜湖的要冲。为了防止日军从芜湖截断东战场与大后方的联系，陈诚除督饬川军坚守广德正面外，又于 25 日电令第十六军团军团长罗卓英"担任广德附近工事之构筑"。28 日，陈诚又指挥第十六军团罗卓英部，将主力置于方边村、汪家桥、王龙山、花鼓塘、誓节渡之线并调第五十五师至郎溪以东构筑工事，归罗卓英指挥。②陈诚连日来所作一系列指挥、部署，其目的均为阻敌西进，并掩护第三、第七战区部队之转进。

第二十五军团潘文华部于 30 日失广德。12 月 1 日，陈诚又与刘湘分令第二十三集团军所属之第一四五、第一四六、第一四八师反攻广德。2 日，陈诚与刘湘电令第二十三集团军向宁国转进。第十八军防守之誓节渡，旋亦不守，日第十八师团于 7 日占宣城。第十八军在皖南与日军对峙至 12 月末，

① 顾祝同致蒋介石电，1937 年 11 月 20 日，国民政府军令部战史会档案，藏中国第二历史档案馆。
② 陈诚致罗卓英电，1937 年 11 月 28 日，国民政府军令部战史会档案，藏中国第二历史档案馆。

方奉命西调。

　　陈诚在皖南指挥期间，其司令部设于宣城。他在敌人的炮火轰炸下，坚持指挥。他的一位部下回忆说："有一天敌机炸中了我们的司令部，辞公除照顾伤患，安抚民众以外，还是奔驰上前线，不知危险为何物。"①宣城失陷后，七战区部队向浙皖边境转进，陈诚的指挥地点亦先后移至淳安、遂安。

　　日军占杭州后不久，陈诚即率部向武汉地区集中。

---

① 谢然之：《辞公精神永生》，载何定藩主编《陈诚先生传》辑录资料，台北"反共出版社"1965 年版，第 382 页。

第七章　保卫大武汉

一　构筑城防工事

蒋介石对由陈诚负责实施的武汉国防工事特别重视，并寄予厚望。其2月4日发出的手令为："陈总司令辞修：武汉附近阵地野战工事，应照新式野战筑城构筑，限期完成，以资各部队官长参观摹仿为要。中正。"可是这些工事，由于构筑仓促，施工马虎，大多只有数量，没有质量。陈诚还负责武汉地区的战时动员工作。他拟定的战时动员方针是，"使一切能利用以抗战者，虽必全体动员，任何牺牲在所不惜；而同时不应牺牲者，以及足资敌利用者，虽一草一木，亦不轻易委弃之"。

自南京失陷以后，武汉已成为中国继续抗战的军事、政治、经济中心。为巩固这一战略政略要地，蒋介石于1938年1月1日，特令组织武汉卫戍总司令部，任命陈诚为总司令。①

陈诚于1月11日在就任武汉卫戍总司令后，于26日专门召集各军师参谋长、工兵人员及德籍顾问，举行工事构筑会议，商讨了武汉地区国防工事构筑计划。

蒋介石对由陈诚负责实施的武汉国防工事特别重视，并寄予厚望。1月29日，仅距武汉工事构筑会议召开3天，蒋即致电陈诚，催要"武汉附近全部阵地之设计、配备，与防御工事计划，及其工事完成（可分第一、二、三期）日期"之详细报告。②紧接着，他又对武汉的野战工事提出了新的要

---

① 《革命人物志》第5集，台湾中国国民党中央委员会党史史料编纂委员会1970年编印，第224页。
② 蒋介石致陈诚电，1937年1月29日，《中华民国重要史料初编——对日抗战时期》第2编，台湾中国国民党中央委员会党史委员会1981年编印，第294页。

求。其 2 月 4 日发出的手令为："陈总司令辞修：武汉附近阵地野战工事，应照新式野战筑城构筑，限期完成，以资各部队官长参观摹仿为要。中正。"①

陈诚接令后，于 2 月 20 日正式颁定武汉附近防御工事构筑计划，将国防永久工事分作 10 区兴工，规定每一工兵连每天需完成一个工事。德籍顾问曾提出，工事不可在战前过早完成，否则易暴露目标，遭敌机轰炸，且有浸水之危险。可是，陈诚因有蒋介石催办之电令为据，并未采纳德籍顾问的建议，仍坚持按原定期限完成。经过一段时间的紧张施工，终于在春季基本告成。这样，在武汉周围的大弧形线上及其以内地区，均以永久工事为骨干，并增筑若干野战工事及副防御物、交通壕等，构成了一个以武汉为核心的大纵深防御阵地。同时，陈诚还设置了要塞、水陆道路网及交通工事等等。可是这些工事，由于构筑仓促，施工马虎，大多只有数量，没有质量。所谓的"永久工事"，并不"永久"，要塞工事仅面对江面而设，而对来自陆上的进攻，则缺乏防御能力。

除了兴办各项国防工程外，陈诚还负责武汉地区的战时动员工作。他拟定的动员方针是"使一切能利用以抗战者，虽必全体动员，任何牺牲在所不惜；而同时不应牺牲者，以及足资敌利用者，虽一草一木，亦不轻易委弃之"②。在部队方面，陈诚谨遵蒋介石的命令，大量使用德籍顾问。在民众方面，蒋介石特授权由陈诚执掌之武汉卫戍总司令部，对卫戍区内所有民众团体及动员机构，加以指导监督。陈诚在工商界、农村和青年学生中组织各种自卫团，以及民众宣传队、慰劳队、救护队、消防队、输送队、侦探队、技术队、征募队、工程队、向导队等。不过，这些民众组织在以后的武汉保卫战中，只是部分地配合正规部队，发挥了一定的作用，有些则完全流于形式。

---

① 蒋介石致陈诚电，1937 年 1 月 29 日，《中华民国重要史料初编——对日抗战时期》第 2 编，台湾中国国民党中央委员会党史委员会 1981 年编印，第 294 页。
② 《陈诚私人回忆资料》，藏中国第二历史档案馆。

二　执掌政治部

由于政治部是特定历史时期中的特殊产物，在其领导成员中，包括了担任副部长的中共要人周恩来、担任第三厅厅长的著名民主人士郭沫若；因此，陈诚面临着如何与中国共产党人打交道的问题。在中国共产党人的积极参与和倡导下，以陈诚为首的军事委员会政治部，在战时动员和宣传教育方面，还是做了不少有利于抗日救国的工作的。

1938年春天，抗日战争的硝烟，把陈诚推上一个又一个高级领导职位。2月6日，国民政府军事委员会政治部成立，陈诚任部长，周恩来、黄琪翔任副部长。《国民政府军事委员会政治部组织条例》规定，该部有下列主要职责："一、关于陆海空军之政治训练事项；二、关于国民军训、民众组训及战地服务事项；三、关于宣传及政治情报事项。"同时，政治部对于各地党政机关执行该部主管的事务，有指导监督之责；就其所主管事务，对于各地方党政机关的命令或处分，认为有违背法令或逾越权限者，可以在呈准后予以停止或撤销。可见，陈诚实际上掌握了全国政治训练、群众团体和宣传舆论等方面的大权。他根据政治部组织条例的精神，把政治部的主要任务归纳为5项，即：（1）军队政训；（2）民众组训；（3）青年训练；（4）宣导民意；（5）文化宣传。①陈诚在就任政治部长新职之后，随即于3月在武昌召集了全国政工会议，进一步强调了当前政治工作的路线与任务是：（1）提高军队的战斗精神，达到国家建军目的；（2）组织训练全国民众，集中全国力量；（3）运用宣传力量，统一全国舆论，粉碎日军战意与野心。②由于政治部是特定历史时期中的特殊产物，在其领导成员中，包括了担任副部长的中共要人周恩来、担任第三厅厅长的著名民主

---

① 陈诚：《政治部之使命与职权》，1938年2月15日，国民政府军事委员会政治部编《陈部长最近言论选集》，藏湖北省图书馆。

② 吴相湘：《陈辞修生平大事》，《民国政治人物》第2集，台北传记文学出版社1982年版，第167页。

人士郭沫若；因此，陈诚面临着如何与中国共产党人打交道的问题。

陈诚对周、郭二人，熟悉已久。早在他于黄埔军校及其校军中任职基层干部时，周恩来就已经是黄埔军校政治部副主任、校军政治部主任；后来，陈诚担任了北伐军中的团长，郭沫若则为国民革命军总政治部副主任。陈诚在同周恩来等中国共产党人于战场上交锋了若干年后，又在抗日民族统一战线的旗帜下，重新坐到了一起。此时此刻，陈诚同中国共产党人的政治主张有同有异。同者，都要驱逐日本帝国主义，争取抗战的胜利；异者，各自仍有不同的政治信仰与奋斗目标。这就形成了陈诚与周恩来、郭沫若等人之间的极其微妙而复杂的关系。

在人事安排上，陈诚在政治部的重要领导成员中，除了迫于形势，不得不任用周恩来、郭沫若等深孚众望的政治家外，一律任用"忠实的"国民党人。台湾著名史学家吴相湘氏在陈诚传记中称，"政治部中除第三厅以外，其余各单位主管及工作人员以及各部队的政治工作人员绝大多数为国民党忠实党员"；对于政治部中不多的共产党人，"用国民党党团组织足以监视其活动"①。对此，中共方面据理力争。政治部的第一厅管理军队中的党务，由贺衷寒任厅长；第二厅管民众组织，由康泽任厅长。贺、康二人，均为著名反共人士，在他们手下，当无共产党人插足的余地。中共方面，为第三厅的人选进行了坚决的斗争。陈诚原欲将曾任力行社书记长的刘健群安排为第三厅副厅长，掌握实权。中共方面当然不能接受。郭沫若曾直言不讳地对陈诚说："刘健群是一位干才，就让他做厅长好了，何必要把我的名字加上去呢？"陈诚只好尴尬地说："你的大名是连借用一下都不允许的吗？"②2月6日，陈诚宴请政治部除周恩来以外的全体厅长以上人员，并宣布此即为政治部第一次部务会议。其时，有争议的刘健群亦在座。陈诚请郭沫若讲话。郭沫若挖苦说："首先要告罪，我自己实在太冒昧。我事前并不知道，今天这会是部务会议，而我竟冒昧地参加了。

① 吴相湘：《陈辞修生平大事》，《民国政治人物》第2集，台北传记文学出版社1982年版，第167页。
② 郭沫若：《洪波曲》，人民文学出版社1979年版，第21页。

我自信，我自己还没有充当第三厅厅长的资格的。"①为了不使刘健群的任职成为既成事实，郭甚至以出走长沙表示抗议。中共驻武汉代表坚决支持郭的行动。陈诚被迫让步，同意撤走刘健群。郭沫若从长沙回汉后，复向陈诚提出就职的三个条件，即三厅的计划、人事安排、预算，必须由他提出；并提交了三厅副厅长、主任秘书、秘书及各科干部的名单。陈诚并未再行刁难，对郭沫若提出的就职条件，以及由周、郭提交的三厅人事安排、工作方针和计划，基本予以接受。

在政治部成立初期的各项工作中，陈诚基本上保持了与中国共产党人合作共事的局面。政治部成立不久，陈诚曾以政治部的名义将当面斥责国民党当局腐败无能的著名民主人士李公朴扣押；中共方面多方营救，陈拒不放人。为此，周恩来向陈诚慷慨陈词："你不能用政治部的名义扣留李公朴，因为我是参加了政治部的，我是副部长！"陈迫于各方压力，在将李扣押一个月之后，终予释放。②"七七"周年之际，政治部三厅发起开展献金活动。起初，陈诚对开展这一活动表示怀疑和反对。说："我们找有钱人来摊派，那是行的，但你要大家自动来献，谁肯来呢？你们一定会大失败。"③后来，由于三厅的态度坚决，陈诚还是同意了开展献金活动，并以湖北省主席的身份，亲率省府的重要职员到武昌司门口献金台，献出了1万元；由他主持的军事委员会政治部和武汉卫戍总司令部亦各献金1万元。

在中国共产党人的积极参与和倡导下，以陈诚为首的军事委员会政治部，在战时动员和宣传教育方面，还是做了不少有利于抗日救国的工作的。尤其是第三厅，利用文化艺术，宣传抗日，鼓舞士气，对于坚持抗战发挥了重大的作用。应当说，陈诚对于三厅的工作，有不少是赞同和支持的，有些也是默认了的。但是，由于政治立场及所奉行路线的局限性，陈诚对中共方面的戒备和疑虑甚多，因此，也作出了一些不利于抗日宣传和压制群众抗日的决定。台儿庄会战胜利后，三厅编了个《抗战将军李宗仁》的

---

① 郭沫若：《洪波曲》，人民文学出版社1979年版，第23页。
② 郭沫若：《洪波曲》，人民文学出版社1979年版，第71页。
③ 郭沫若：《洪波曲》，人民文学出版社1979年版，第86页。

小册子，陈诚命令不准散发，并发出训令说："近查三厅所印行各种宣传文件中，每有'人民''祖国''岗位'等字样，此等文字殊不妥帖。'人民'应一律改用'国民'，'祖国'改用'国家'，'岗位'改用'职分'。以后凡有对外文件须经呈部核准之后，再行印发。"郭沫若针锋相对责问："查中山先生生前文字已屡见'人民'与'祖国'等字样，是否亦应一律改用'国民'与'国家'？"①郭沫若机智的驳斥，使陈诚碰了个软钉子；但是对其原发训令，仍然未作改动。1938 年 3 月，全国 18 个工界团体在武汉发起成立"中国工人抗敌总会"，并首先组织了筹备会。该会宗旨为"统一工人组织，集中工人力量，在政府领导及三民主义原则之下，参加抗战"②。但是，在陈诚主持下的政治部却批示"备案各节暂从缓议"。其借口为：筹备会的 18 个发起团体中，有"代表未到尚未签名盖章者"，有"因地区沦陷工会欠健全，代表产生之手续欠完备者"，有"无实际会员者"，因此，"不足以代表各部分多数工人之意见"③。该筹备会于 5 月 2 日被迫宣告结束。一个生气勃勃的工人抗日组织，遂被扼杀于酝酿之中。此外，在陈诚的直接参与或间接影响下，7 月底，国民政府公布了《修正抗战期间图书杂志审查标准》和《修正战时图书杂志原稿审查办法》两项法令，致使许多宣传抗日的进步书刊遭到厄运；8 月 20 日，又以武汉卫戍总部政治部的名义，下令宣布解散民族解放先锋队、青年救国团和蚁社三个进步团体。

陈诚在就任军事委员会政治部长后，又因工作关系，陆续兼任了其他多项重要职务。2 月 26 日陈接蒋介石亲笔条示："军官训练团应速着手，筹备人员全部设计及预算，望速详报，并限四月一日开学。中正。"④自此，陈诚遂于武昌珞珈山国立武汉大学原址，在战时将校研究班的基础上，抓紧筹办军官训练团。4 月 1 日，训练团正式开学，蒋介石兼任团长，陈诚与万耀煌分别任正、副教育长。6 月 14 日，蒋介石下令编组第九战区，陈诚

---

① 郭沫若：《洪波曲》，人民文学出版社 1979 年版，第 60 页。
② 毛磊等著：《武汉抗战史要》，湖北人民出版社 1985 年版，第 360–361 页。
③ 毛磊等著：《武汉抗战史要》，湖北人民出版社 1985 年版，第 361 页。
④ 《先"总统"蒋公抗战方策手稿汇辑》，台北《近代中国》第 20 期。

任司令长官，仍兼辖武汉卫戍总司令部；次日，陈诚复兼任湖北省主席。至是，陈一身兼任三项重要职务。为便利工作，遂设立军事委员会政治部长、第九战区司令长官、湖北省政府主席联合办公厅。蒋介石将这一系列重要职务，加在陈诚身上，对其信任与重视的程度，不言而喻。就连当时日本发行的《最新支那要人传》中也推测，陈诚将是蒋的后继者。迄于11月中，武汉会战结束，陈诚将第九战区军事交薛岳代理，亲赴重庆见蒋，报告："以兼职过多，不仅招致物议，抑且有误事公。请就可能，畀以专职，或可无大遗误。"蒋答："以办理政治部事宜为主，鄂省主席则令严立三兼代。"①可见这一时期，蒋介石仍希望陈诚置其主要精力于抗战中的政治工作。

三　出任三青团书记长

陈诚把三青团的作用提到了相当的高度，甚至认为它是国民党的"新生命"。陈诚以书记长的身份，亲临重庆支团第二次入团宣誓仪式，并作训词，指出"党与团服膺同一个主义，拥戴同一个领袖，实行同一个政纲"。

1938年春夏之交，在陈诚官运亨通的日子里，蒋介石又交给了他一项十分重要的任务——主持由国民党一手组建起来的全国性青年组织三民主义青年团。

3月底在武昌召开的中国国民党临时全国代表大会作出决定，"为健全党的组织，巩固党的基础，将预备党员制取消，设立青年团，在统一的组织之下，训练全国青年，使人人信仰三民主义"②。接着召开的国民党五届四中全会通过了由陈诚和陈布雷、康泽三人起草的《三民主义青年团组织要旨》，内称："为谋全国青年意志之统一，能力之集中，以充实国民革命之力量起见"，"设立三民主义青年团"；并规定，由国民党总裁兼任

① 《陈诚私人回忆资料》，藏中国第二历史档案馆。
② 《中国国民党临时全国代表大会记事》，载《湖北省政府公报》第357期，藏湖北省图书馆。

团长，由团长指派团的干部。①蒋介石令陈诚负责筹组三青团。7月9日，三青团中央团部在武汉正式成立，陈诚任书记长。这一天，陈诚率中央临时干事会的全体干事、各处正副处长、各处工作人员和第一批入团者，由团长蒋介石亲自监誓，进行了宣誓。

　　尽管陈诚在党、政、军的工作中，对蒋介石极为忠顺，但在他就任三青团中央临时干事会书记长之始，也有两件具体的人事处理，未能令蒋满意。一是7月下旬成立的武汉团支部筹备处主任人选问题。陈诚让组织处代处长康泽签派自己的嫡系郭忏担任，经康报告蒋后，蒋当即下手令，改派康泽为主任。二是8月中旬起举办的第一期三青团骨干训练班主任人选。陈诚未向蒋报告，即派定桂永清担任。蒋得悉后，便决定在该班原有的训育组之上另设训育委员会，派中华全国基督教协进会总干事陈文渊任主任委员，以加强控制。

　　陈诚自主管三青团以后，对青年工作比较重视。甚至为三青团的制服都作出了原则的规定："第一，要以中山服为标准式样；第二，颜色要以冬青夏白为原则；此外，并以'领'与'袖'的不同的构造来代表党、军、政、学及普通民众区别的标志。"②

　　陈诚把三青团的作用提到了相当的高度，甚至认为它是国民党的"新生命"。

　　1938年3月5日，陈诚以书记长的身份，亲临重庆支团第二次入团宣誓仪式，并作训词，指出"党与团服膺同一个主义，拥戴同一个领袖，实行同一个政纲"③。

　　9月1日，在中央团部改组的基础上，中央临时干事会结束工作，成立了正式的中央干事会，并将团章作了修改。陈诚还决定对团务实行整顿，

---

① 《中国国民党历次代表大会及中央全会资料》（下），光明日报出版社1985年版，第516—517页。
② 陈诚：《社会服务与干部训练》，1938年9月27日，载国民政府军事委员会政治部编《陈部长最近言论选集》，藏湖北省图书馆。
③ 陈诚：《三民主义青年团应有的认识与修养》，1939年3月5日，载国民政府军事委员会政治部编《陈部长最近言论选集》，藏湖北省图书馆。

其整顿办法并呈经蒋介石批准，即：第一，着重服务，选拔青年；第二，避免病象，积极领导；第三，确认目标，发展抱负；第四，确立制度，建树法纪；第五，切实考核各地团务。[①]不过，这种整顿三青团团务的试验，由于特定的战争环境和国民党、三青团组织本身的弊病，并没有很好实现。

对于刚刚组建的三民主义青年团，中共方面是予以肯定的，曾主张国共双方"共同参加，发展青年运动"；但是国民党方面不同意，"要拿三青团把一切青年组织都取消，统一到他那里，不许有别的党派在里面活动"[②]。后来，三青团终于完全成了监督和迫害进步青年的反动组织。

在三青团的实际工作中，陈诚所兼中央临时干事会书记长一职，随着保卫武汉战事的紧张，早于1938年9月，即由国民党中央秘书长朱家骅代理。自此，除三青团的重大活动外，团内具体事务，概由朱负责处理。至1940年9月，陈诚正式辞去三青团中央干事会书记长一职，专任第六战区司令长官和湖北省政府主席。

四　崇拜蒋介石

蒋介石欣赏陈诚的干练、简朴和踏实，尤其赏识其对自己的忠诚和服从；陈诚对蒋介石的才能和作风有许多崇拜的地方，尤其感激蒋对自己的信任和重用。他说："最近十年来，从革命斗争的过程中，我国产生了一位伟大的领袖，就是蒋委员长。他是全国最高的统帅，中国国民党的总裁，也是全民族所一致敬仰、一致服从的领袖。"作为对蒋介石个人崇拜的延伸，便是对宋美龄的赞颂和崇拜。陈诚认为，宋美龄是全国妇女当然的领导者。

在长期复杂的军事、政治、派系斗争中，陈诚与蒋介石逐渐结成了一种互相依存的关系。蒋介石欣赏陈诚的干练、简朴和踏实，尤其赏识其对

---

① 《湖北省政府公报》第392期，藏湖北省图书馆。
② 《周恩来选集》上卷，人民出版社1981年版，第198页。

自己的忠诚和服从；陈诚对蒋介石的才能和作风有许多崇拜的地方，尤其感激蒋对自己的信任和重用。蒋无陈则缺乏基础和基本的力量；陈无蒋则失去后台和靠山。正因为如此，陈与蒋的关系，不断处于良性的循环之中。自抗战爆发以来，蒋先后将重要战场、战区的军事指挥，高级军官训练团的组训和三青团的领导大权，交给陈诚。而陈诚则以到处宣传蒋介石之"伟大""英明"等，作为报答。在 1938 年和 1939 年间，随着陈诚地位的不断提高，他对蒋介石的个人崇拜也更加理论化和系统化。

　　1938 年 7 月 7 日七七事变一周年时，陈诚发表了题为《服从领袖的真谛》的讲话。这篇讲话可以看作是他对蒋介石个人崇拜形成过程中的一个里程碑。他说："最近十年来，从革命斗争的过程中，我国产生了一位伟大的领袖，就是蒋委员长。他是全国最高的统帅，中国国民党的总裁，也是全民族所一致敬仰、一致服从的领袖。"①以后，他又进一步把蒋介石说成是"三民主义"的化身，说："其实我们之所以要服从总裁，最主要的意义，也可以说便为着要实行主义。因为总裁是代表主义的，我们要实行主义，只有在总裁领导下去努力，主义才能顺利的实行。"②

　　陈诚竭力为蒋介石歌功颂德。1939 年 8 月，他为了向蒋介石敬献忠心，在对军事政治教官研究班讲课时，特别强调了蒋介石的个人作用，即："1.有领袖，主义才能发扬光大；2.有领袖，革命才有固定的重心；3.有领袖，中国才能真正的完成统一；4.有领袖，抗战建国才能达到必胜必成。"③在以后的讲话中，他又说："当民族生命绝续存亡之际，整个民族的前途几尽系于领袖一人的举措。""我们今天则有一个千古罕见的英明睿智的领袖——蒋先生。在他的领导之下整个国家乃由统一而步上抗战，更由抗战求得整个民族的复兴。"④"任何力量都得有一个中心……领袖是我们的太阳，

① 国民政府军事委员会政治部编《陈部长最近言论选集》，藏湖北省图书馆。
② 陈诚：《培养革命的新生命与复兴民族》，1942 年 7 月 7 日，《湖北省政府公报》第 459 期。
③ 陈诚：《领袖言行的体系讲授大纲初稿》，国民政府军事委员会政治部 1939 年 12 月印，藏湖北省图书馆。
④ 陈诚：《认识时代——一个民族复兴的时代》，1942 年 6 月 1 日，《湖北省政府公报》第 457 期。

服从领袖的意旨，执行领袖的命令，这是全民应有的天职。"①

陈诚在多种场合，向蒋介石宣誓效忠，并且从理论上去说明对蒋介石"怎样才算真诚的服从"。对于这个问题，他提出了四个方面的标准：第一，"要认定服从领袖为革命党员当然之天职，不能附带任何条件，或任何企图"。第二，"要认清服从领袖之真谛所在"。第三，"要明白尊敬与信仰领袖的道理"。第四，"要牺牲个人的自由平等来服从领袖"。他的结论是："如果大家愿意牺牲个人的一切，来求国家和民族的独立，自由平等，则唯有一心一德服从领袖，即一切属于领袖，一切听命于领袖。"②

在这一切服从蒋介石的说教中，陈诚要求人们把自己的精神、智慧、自由和生命，都贡献给蒋介石。为了说明这一点，他不惜使自己的理论披上宗教的色彩，使得对于蒋介石的服从和崇拜更加神秘化和偶像化。他说："我们还要抱着一种圣洁的胸襟，像欧洲殉教徒一样的衷肠来服从领袖。使领袖的伟大精神如太阳光辉，如明珠宝鉴那样普照于天下。"③

陈诚不仅大肆宣传对蒋介石的个人崇拜，而且在现实生活中，在行动上，也故意制造出一个"崇拜领袖"的气氛。在抗战的初期和中期，蒋介石一直担任国民政府军事委员会委员长。陈诚在作报告时，一提到"委员长"三字，总要肃然立正，将那特制的高底深筒、带有铜扣的皮靴碰得非常响亮；台上立正，台下听报告者均得跟着立正。往往在一场报告中，他要多次提到"委员长"，这样台上、台下也就会不断地发出整齐的皮鞋碰撞声。每当他带人进入自己办公室时，一见到蒋介石像，也总要立即行"注目礼"。不仅如此，他在接电话时，也养成了这一习惯。只要是蒋介石来的电话，他听出蒋的声音后，总是马上肃立恭听。因此，人们经常从他立正听电话的皮鞋响声中，即可判断，是在与蒋通话。

① 陈诚1938年2月5日对政治部工作人员的讲话，载国民政府军事委员会政治部编《陈部长最近言论选集》，藏湖北省图书馆。
② 陈诚：《服从领袖的真谛》，1938年7月7日，载国民政府军事委员会政治部编《陈部长最近言论选集》，藏湖北省图书馆。
③ 陈诚：《服从领袖的真谛》，1938年7月7日，载国民政府军事委员会政治部编《陈部长最近言论选集》，藏湖北省图书馆。

作为对蒋介石个人崇拜的延伸，便是对宋美龄的赞颂和崇拜。陈诚认为，宋美龄是全国妇女当然的领导者。正如他曾为蒋介石归纳过四个方面的"伟大"一样，他给宋美龄也总结了三种"伟大的精神"，竭力加以颂扬。他说"夫人第一种伟大的精神，就是正直"；"夫人第二种伟大的精神，就是仁慈"；"夫人第三种伟大的精神，就是服务"①。他在 1939 年 5 月 31 日对战干第一团女生第二大队学生的训词中说："你们自今而后务须养成一种绝对的服从精神，就是凡夫人所要我们做的都是对的，凡夫人所教导我们的都是革命救世的道理，谁亦不容丝毫怀疑。这种精神，便是革命的精神，有了这种革命精神，然后革命才能达到目的。"②

陈诚以其系统而密集地宣扬对蒋介石的个人崇拜而闻名。这方面，他在国民党的高级官员中，也算是比较突出的一个。

五　浴血武汉

他于 7 月 4 日专门招待了外国记者，指出："目前保卫大武汉之战，将成为我们的对敌决战的开始，我们在这次大会战中，要愈加消耗敌人的力量，要击破敌人的主力。"9 日，薛岳组织数百名敢死队，向敌奋勇发起攻击，当晚将万家岭占领，并连夜肃清残敌，取得了这一战斗的胜利。此后，蒋介石虽一再电令陈诚组织江南部队，坚守前沿，主动出击，然因守卫部队经此数月拼搏，亦已疲惫不堪，陈诚只能勉为其难，尽量拖延。10 月中下旬，日军已形成从北、东、南三面对武汉的包围；21 日，广州失陷，武汉更形孤立。蒋介石于 24 日下令自武汉撤退，25 日武汉失陷。

尽管陈诚自 1938 年春夏以来，陆续担任了军队和三青团方面的全局性

---

① 陈诚：《抗战建国与妇女的责任》，载国民政府军事委员会政治部编《陈部长最近言论选集》，藏湖北省图书馆。
② 陈诚：《抗战建国与妇女的责任》，载国民政府军事委员会政治部编《陈部长最近言论选集》，藏湖北省图书馆。

领导工作，但此时其主要精力还是集中于以武汉为中心的军事指挥。

陈诚于 6 月 14 日奉派为第九战区司令长官；21 日，将武汉卫戍总司令部改组，正式成立第九战区司令长官司令部①。在马垱要塞失守后规定"如有作战不力、畏缩不前者，即以军法从事"②。马垱既失，湖口紧张。陈诚复令第四十三军军长郭汝栋为湖口守备军司令官，第二十六师刘雨卿部即赴湖口，接替第七十七师防务。但因日军攻击于两师交接防之际，第二十六师新兵数量多，重武器少，虽经全师官兵奋力厮杀，终于 7 月 4 日丢失湖口。

正当武汉会战的序幕已经揭开，日军兵锋直指武汉的态势已经明朗的时候，武汉军民和全国人民迎来了"七七"抗战一周年。陈诚利用这个机会，不断发表讲话和文章，表明了保卫武汉、抗战到底的决心和夺取抗战最后胜利的信念。他于 7 月 4 日专门招待了外国记者，向他们报告了半周来的战况，接着指出："目前的大武汉，政府要用绝对的力量来加以保卫，上自我们的蒋委员长，下至我们的一般民众，都是具有最大的决心的，已经屡次声明过，目前保卫大武汉之战，将成为我们的对敌决战的开始，我们在这次大会战中，要愈加消耗敌人的力量，要击破敌人的主力。"③陈诚还以"以全力保卫大武汉"为题，撰文纪念抗战爆发一周年。文中指出，"实际上，我是愈战愈强，敌人却是愈战愈弱了，因为我采取的是持久战略，就以空间换取时间达到消耗的目的，从长期的消耗战中来争取最后的胜利"④。陈诚特别强调，"无论在消耗敌人，或是打击与歼灭敌人的意义上，这次大会战对于整个的战局，都有重大的决定的作用"。他慷慨激昂地鼓动军民："今日全国民众，尤其是在武汉的每个军民，应当激发最大的同仇敌忾心，人人都下誓与武汉共存亡的决心，来守住这个重大的国防的堡垒，

① 《第九战区司令长官司令部历史概要》，国民政府军令部战史会档案，藏中国第二历史档案馆。
② 陈诚致蒋介石电，1938 年 6 月 27 日，国民政府军令部战史会档案，藏中国第二历史档案馆。
③ 《武汉日报》1938 年 7 月 5 日。
④ 《武汉日报》1938 年 7 月 7 日。

必能给予敌人以致命的打击，造成将来决战中极有利的形势。"①

与此同时，武汉外围的战事正在激烈进行。自马垱、湖口失守以后，陈诚即调集第六十四军李汉魂部、第八军李玉堂部、第七十军李觉部和第二十五军王敬久部等，配置于星子、九江及南浔线的沿江沿湖一带。他注意到在日军攻占九江后，自己所率集中于九江附近的20余师部队，"均注意于沿江沿湖之守备，处处薄弱，敌仍可随时随地强行登陆；又因防广无法控置机动部队，对情况变化每感应付之困难"②。鉴此，遂向蒋介石报告，拟集中兵力给日军一次打击。蒋迅速复电陈诚："决在德安、瑞昌一带与敌决战。"③

陈诚根据这一指示，于8月5日拟定了第九战区关于武汉会战的作战计划。其作战方针为："以保卫武汉要枢，达成长期抗战，争取最后胜利之目的，应以一部配置沿江各要地及南浔路线，尤须固守田家镇要塞；以主力控置于德安、瑞昌以西及南昌附近地区，侧击深入之敌，将其击破而歼灭之。"④

8月6日，陈诚综合各方敌情判断："日军主力置于江南，尤侧重于阳新至汀泗桥与大冶至贺胜桥之攻略，亟谋速战速决；作攻南昌犯长沙与由永修犯蒲圻、岳阳之大迂回行动之公算甚少，但仍必绕截粤汉铁路以达不战而取武汉之目的。"⑤遂本其判断作持久抵抗之部署。下旬，敌分两路向南浔线进击。9月初，武汉会战已经进行到十分紧张、激烈的程度。陈诚于"九一八"七周年之际，著文号召全国军民"冲破最后的难关"。为了号召大家坚持到最后一刻，他特别强调："目前我们的责任，是咬紧牙关，坚持到最后五分钟，坚持到敌人再不能坚持了，那时我们才算渡过了难关。"⑥

9月20日，蒋介石将武汉卫戍总司令部改归军事委员会直辖，命罗卓

① 《武汉日报》1938年7月7日。
② 陈诚致蒋介石电，1938年7月25日，国民政府军令部战史会档案，藏中国第二历史档案馆。
③ 蒋介石致陈诚电，1938年7月26日，国民政府军令部战史会档案，藏中国第二历史档案馆。
④ 国民政府军令部战史会档案，藏中国第二历史档案馆。
⑤ 吴相湘：《陈辞修生平大事》，载《民国政治人物》第2集，台北传记文学出版社1982年版，第168页。
⑥ 陈诚：《冲破最后的难关——为"九一八"七周年纪念作》，载《武汉日报》1938年9月18日。

英为总司令；陈诚则专任第九战区司令长官，悉心指挥江南战事。10月初，日军第一〇一、第一〇六师团各一部迂回至德安西南的万家岭，企图从侧背攻击德安的中国守军。陈诚指挥薛岳之第一兵团，抽调第四、第六十六和第七十四军3个军的兵力，将敌军围困于万家岭，并以犒赏5万元，激励将士拼命。9日，薛岳组织数百名敢死队，向敌奋勇发起攻击，当晚将万家岭占领，并连夜肃清残敌，取得了这一战斗的胜利。陈诚获此消息后，忙于10日中午，以"限一小时到"之急电，飞报汉口蒋介石。蒋介石接到报捷电后，立即于下午4时致电前线各部队长官，称"查此次万家岭之役，各军大举反攻，歼敌逾万，足证各级指挥官指导有方，全体将士忠勇奋斗，曷胜嘉慰"；并宣布，"除陈长官当赏五万元，本委员长另赏五万元，以资鼓励"①。是为武汉会战中著名的万家岭大捷。但是，从作战的结果来看，也不尽理想。薛岳曾致电蒋介石，承认"此次敌迂回作战之企图虽遭挫折，但我集中围攻，未将该敌悉数歼灭，至为痛惜"②。

此后，蒋介石虽一再电令陈诚组织江南部队，坚守前沿，主动出击，然因守卫部队经此数月拼搏，亦已疲惫不堪，陈诚只能勉为其难，尽量拖延。10月12日，蒋介石电令陈诚、薛岳，17日，蒋介石再令陈诚，一再改变自武汉撤退的时间。陈诚对此寄希望于德国大使陶德曼的调停，不无怨慨。他在事后总结武汉会战之教训时指出："武汉撤退时机，最初决定11月底，后改为九一八，又改为九月底、双十节，直至十月二十日，领袖尚在武汉。于是转战数月之残破部队，不能不在金牛、保安线上竭力苦撑，以致以后转移未能按计划实施，陷于溃退。"③

10月中下旬，日军已形成从北、东、东南三面对武汉的包围；21日，广州失陷，武汉更形孤立。蒋介石于24日下令自武汉撤退，25日武汉失陷。28日，继失德安。陈诚率第九战区部队，撤至江西、湖南两省的永修、幕阜山、岳阳以南一线。

---

① 蒋介石致薛岳等密电稿，1938年10月10日，国民政府军令部战史会档案，藏中国第二历史档案馆。
② 薛岳致蒋介石电，1938年10月12日，国民政府军令部战史会档案，藏中国第二历史档案馆。
③ 《陈诚私人回忆资料》，藏中国第二历史档案馆。

31 日，陈诚于江西桂口张发奎总部，召开了第二兵团高级将领会议，决定今后方针为：以迅速培养第二期整个作战力量，准备转移攻势之目的，应于修河、武宁及通山、小岭、官塘驿以南地区施行持久抵抗，消耗敌人。①陈旋移驻湖南平江。11 月中旬，长沙大火案发生，陈诚前往处理，并移第九战区司令长官司令部于长沙。是月下旬，国民政府军令部于湖南南岳召开军事会议。会后，陈诚向蒋介石请辞各项兼职；12 月初，随带第九战区司令长官司令部一部人员赴渝办公，将司令长官职务交副司令长官兼第一兵团总司令薛岳代理。

对于已经结束的武汉会战，尤其是最后的撤退阶段，蒋介石不满意，特给陈诚等第九战区指挥官发了一份措辞严厉的电报。电称："敌人广播称：此次我军退出新店镇、崇阳时，不特枪弹遗弃，即碗筷亦多失落，种种狼狈情形，资为笑谈……不仅无耻，无以对年余抗战中牺牲诸先烈，且完全丧失革命军之精神。"②该电名为申斥有关方面之部队，实际上也包含了对作为第九战区最高指挥官陈诚的婉转责备和批评。陈诚则根据这一电报的精神，结合整个会战情况，向蒋介石提出了一批赏罚的名单，并报告了已进行处罚的情况：将在瑞昌方面作战不力的第三集团军孙桐萱部调驻第五战区；将在岷山、小阳铺作战不力的第七十四军分别处分；将在九江作战不力的预十一师及第十二师编并，其主官予以拿办；将守备富池口作战不力的第十八师师长李芳彬调撤。③陈诚以一长串的赏罚名单，就指挥武汉会战中的江南战事以及蒋介石的批评作出了较有分寸的交代。

① 吴相湘：《陈辞修生平大事》，载《民国政治人物》第 2 集，台北传记文学出版社 1982 年版，第 169–170 页。
② 蒋介石致陈诚等密电，1938 年 11 月 9 日，国民政府军令部战史会档案，藏中国第二历史档案馆。
③ 陈诚致蒋介石密电，1938 年 12 月 11 日，国民政府军令部战史会档案，藏中国第二历史档案馆。

第八章 两任六战区司令长官

一 指挥长沙、南昌附近战事

薛岳或曰敌无进攻南昌企图，或曰战区准备不及，一再拖延时日，终至南昌于 1939 年 3 月 27 日失陷。南昌既陷，长沙战事当不可免。陈诚首先按照诱敌伏击的原则，将所有第一、第二线部队分为抗击部队与伏击部队两种。他又将担负阻敌任务的部队，分为钳制部队与突击部队两种。他认为在实行反攻战斗时，其部署应分为诱敌、埋伏、破坏及突击四种部队。上述内容，既是陈诚对可能进行的长沙战役的部署，又是他多年戎马生涯的经验总结。由于南昌方面战局的紧张，日军并未实施对长沙的攻击，因此，历史未能在此时给陈诚的精密部署作出评判。

武汉陷落后，陈诚在名义上虽仍兼第九战区司令长官，但其实际工作，已由代司令长官薛岳处理。当时，中国军事当局预见到日军下一步的攻击目标将是南昌或长沙。国民政府军事委员会曾多次电令薛岳发动先发制人的攻击，摧破敌人的攻略企图。但薛岳或曰敌无进攻南昌企图，或曰战区准备不及，一再拖延时日，终致南昌于 1939 年 3 月 27 日失陷。

南昌既陷，长沙战事当不可免。蒋介石于 4 月 15 日一个晚上，连发两条手令给陈诚、薛岳。傍晚六七点钟的第一条手令云："……待敌初入长沙，立足未定之时，即起而予其致命打击之反攻。计划如能布置精密，运用得当，必可取得最大之胜利。"[①] 仅隔 4 小时，复于深夜再发一手令，内称"……应沿途注重布置伏兵……最要在长沙市内亦准备零星散伏，但须极端隐蔽，

---

① 蒋介石致陈诚、薛岳电，1939 年 4 月 15 日，国民政府军令部战史会档案，藏中国第二历史档案馆。

以便内外响应……埋伏部队与抵抗部队,其任务应分明规定,不可混杂,更不可使我下级官兵明知我军所用之策略,且可扬言我军统帅撤退长沙"①。18日,蒋介石再电在南岳指挥军事的陈诚,嘱反攻部队必须为未受作战损失之生力军两个师,控制在长沙附近相当地点,"且须隐蔽其位置,方能实施奏效"。

陈诚本已到渝,致力于军事委员会政治部的工作;但随着湘赣战局的发展,复奉命亲赴前线指挥。

他首先按照诱敌伏击的原则,将所有第一、第二线部队分为抗击部队与伏击部队两种。他认为:"抗击部队须少,以有节制之部队担任,要能拼命抵抗,诱敌深入,必要时更扬言撤退长沙,故意遗弃辎重,以速(按:应为促)敌轻入,便于我伏击;伏击部队,须以坚强机动之部队担任(注意不可用前线撤回之部队;须预先部署),选择便于隐遮之地形,层层配备,以距离敌进道路两侧半天行程为有利,以便能及时赶到,节节截断,与消灭敌人。"

他又将担负阻敌任务的部队,分为钳制部队与突击部队两种。认为"钳制部队要能坚强,以不大于全部队三分之一为限,兵力在预定地区,坚决扼阻敌人,以便我突击部队之侧击;突击部队要轻装机动,依据地形条件,或控置于预备阵地之侧后,或运动于敌进攻部队之侧翼,寻求敌之弱点,向敌之展开部队,或其增援与后续部队,猛烈侧击"。

他认为在实行反攻战斗时,其部署应分为诱敌、埋伏、破坏及突击四种部队。"诱敌部队,应伪装撤退与散敌情况,以诱敌深入;埋伏队应化装为市民或难民乞丐,及乡民男女,散伏长沙城周内外,以便策应;破坏队应伪装伪军预伏,于敌攻长沙之后,乘敌进攻时,黑夜放火,以扰乱敌军;突击队则以主力任之,隐遮于我侧后,及敌进攻道路翼侧,待敌深入、混乱之际,实施有力反攻,以图歼灭敌人。"

他还论述了打伏击战的要点:抗击部队,除最高级指挥官外,应不使其予闻伏击企图,并应扬言撤退,其最高级指挥官,应适时诱敌深入或猛

---

① 蒋介石致陈诚、薛岳电,1939年4月15日,国民政府军令部战史会档案,藏中国第二历史档案馆。

进穷追；伏击部队应选好地形，后移本该地区内一切可疑分子，其待机位置以半天行程为宜，攻击出发点应行两侧埋伏；伏击如失时机，可乘敌进入宿营地、立足未稳之际，改从敌后施行袭击；应交权于最高指挥官，一切命令禁用有线、无线电信、电话及书面传达，改为面授机宜等。①

上述内容，既是陈诚对可能进行的长沙战役的部署，又是他多年戎马生涯的经验总结。可惜，由于南昌方面战局的紧张，日军并未实施对长沙的攻击，因此，历史未能在此时给陈诚的精密部署作出评判。

中国军事当局，在筹划长沙战役的同时，也在筹划着对南昌的反攻。4月17日，蒋介石电令陈诚、薛岳等，"先以主力进攻南浔沿线之敌，确实断敌联络，再以一部直取南昌"②。5月1日，蒋介石下令攻城部队必须于5日前攻占南昌。经数日激战，终未有重大进展。薛岳始感到5日攻占南昌的目标不易实现，但又不敢直接对蒋介石讲，只好请陈诚"婉为陈明"此意。3日，薛岳电陈；陈诚于5日将薛电转报蒋。7日，陈复得悉第二十九军军长陈宝安牺牲，第二十六师师长刘雨卿身负重伤，知南昌已不可得，遂电蒋自责："查此次进攻南昌，各级均能遵照钧座意旨，奋不顾身，实可告慰，而陈军长求仁得仁，当自瞑目。惟职明知其不可再攻，仅以电话请文白③兄转报钧座，而不能补救此失，实无以对所部、无以慰钧座也。"④

5月9日，蒋介石下达了停止攻击南昌的命令，日军也未再行反攻，是役遂告结束。

二　长沙弃守之争

由于薛岳之坚决守卫长沙与陈诚之当机立断同意其坚守、反攻，使中

---

① 陈诚致蒋介石电，1939年4月19日，国民政府军令部战史会档案，藏中国第二历史档案馆。
② 蒋介石致白崇禧、陈诚、薛岳、顾祝同电，1939年4月17日，国民政府军令部战史会档案，藏中国第二历史档案馆。
③ 文白，即张治中。
④ 陈诚致蒋介石电，1939年5月7日，国民政府军令部战史会档案，藏中国第二历史档案馆。

国军队在长沙战场熬过了最艰难的一段时期。陈诚精神亢奋，宣告日军"与其说是撤退，不如说是败退，或狼狈逃窜"；"因为当敌寇败退时，其后方已处处被我截断，苟不自量，将被我整个歼灭"。他称此为"轰动一时之湘北第一次大胜利"。

　　1939 年春中国军事当局对日军可能进攻长沙的估计，到了 9 月中旬，终于成为事实。日军第十一军司令官冈村宁次指挥陆海军及特种兵部队共 10 万余人，以鄂南、赣北方向为助攻，以湘北方向为主攻，三路会攻长沙。

　　对日军此次战因，议论颇多，陈诚有自己独到的看法。他认为，"敌助汪逆登台，确系其最近政治上之重大阴谋，但吾人可断言，日寇绝非为汪逆想当傀儡头子而打仗"；"至于掠夺濒湖米粮，依据敌人一贯之海盗行为，似亦有此企图，不过濒湖米粮，经我政府与军民抢运之后敌已无从掠夺矣"。"此次敌寇犯湘北，主要动机，实因武汉会战以来，敌经济涸竭，政治动摇，而尤以军事上一年来毫无进展，以至其国内纷纷反战，内阁迭经改组，而国际上亦早已丧失地位，阿部内阁为掩盖其丑恶弱点，乃多方进行对华政治阴谋与军事投机，适欧战于此时爆发，敌利用各国无力东顾时机，遂图投机取巧趁火打劫。"[1]

　　此时陈诚的主要任职为军事委员会政治部长，常驻重庆；薛岳代理第九战区司令长官，负责筹划对日军进攻长沙的反击。不数日，由于日军向长沙猛烈突进，战局危急，蒋介石复又打出了自己的"王牌"，派陈诚赴长沙督战。行前，陈向蒋介石提出"守"与"不守"两个方案，蒋批准"不守"一案。[2] 29 日，陈诚偕副总长白崇禧由重庆飞抵渌口。此时日军已迫近长沙。陈、白一到渌口，便将蒋介石关于"不守"的意旨告薛岳。薛不以为然，并谓："长沙不守，军人之职责何在？"白曰："长期抗战，须保持实力。"薛

---

[1]　1939 年 10 月 8 日陈诚在前线对中央社记者的谈话，载国民政府军事委员会政治部编《陈部长最近言论选集》，藏湖北省图书馆。
[2]　《陈诚私人回忆资料》，藏中国第二历史档案馆。

仍不听，且决心益坚。故一夜之间，陈、白命薛退出长沙的电话达9次之多，但薛终决心死守长沙。陈诚恐在战斗激烈之际彼此争论，有碍战事之进行，遂不再坚令撤退，而改问其部队状况如何。薛答："除少数部队失却联系外，余均英勇作战，士气极旺。"①陈见薛对保守长沙如此有把握，乃一面与白商讨，命薛反攻；一面将薛的决心及当时情况报告蒋介石。由于薛岳之坚决守卫长沙与陈诚之当机立断同意其坚守、反攻，使中国军队在长沙战场熬过了最艰难的一段时期。

10月1日，蒋介石电令，将原第九战区划分为两个战区：湘江以东为第九战区，原代司令长官薛岳实任司令长官，其司令部仍驻长沙；湘江以西为第六战区，陈诚任司令长官，于衡阳设立司令部。②

与此同时，攻至长沙外围的日军，因后方道路遭到破坏，粮弹输送不济，无力组织新的进攻，开始后撤。长沙守军关麟征部发觉敌之后撤迹象后，立即改防守为追击。薛岳亦向各部队发出命令，要求"湘北正面各部队以现在态势立向当面之敌猛烈追击，务于崇阳、岳阳以南地区捕捉之"③。敌于4日退过汨罗江。5日，敌酋冈村宁次复以飞机空投命令："本军为避免不利态势，应速向原阵地转进"④。8日，中国军队追至新墙河南岸，并派一部渡河搜索；10日左右，双方恢复至9月14日以前之态势。是役，中方损失4万余人，而估计日方损失为3万余人。⑤据陈诚宣布：仅鄂南桃树港附近，敌"被我击毙之遗尸，由我军代为掩埋者，计三千余具，而其负伤者倍之"；湘北方面，"敌之伤亡，至少在一万五千以上"⑥。从持久抗战的观点来看，这一结局显然对中国是有利的。唯其如此，陈诚精神亢奋，宣告日军"与其说是撤退，不如说是败退，或狼狈逃窜"；"因为当敌寇

① 《陈诚私人回忆资料》，藏中国第二历史档案馆。
② 《第九战区司令长官司令部历史概要》，藏中国第二历史档案馆。
③ 《第一次长沙会战战斗详报》，国民政府军令部战史会档案，藏中国第二历史档案馆。
④ 第九战区司令长官司令部编纂组编印《长沙会战纪实》，藏中国第二历史档案馆。
⑤ 《第一次长沙会战战斗详报》，国民政府军令部战史会档案，藏中国第二历史档案馆。
⑥ 1939年10月8日，陈诚在前线对中央社记者的谈话，载国民政府军事委员会政治部编《陈部长最近言论选集》，藏湖北省图书馆。

败退时，其后方已处处被我截断，苟不自量，将被我整个歼灭"①。他称此为"轰动一时之湘北第一次大胜利"。

当时，中国报纸广为宣传了长沙的胜利，全国不少地方开了庆祝会。第九战区受到的犒赏及慰问款项有 34 万余元。何应钦于 9 日和 12 日两次给陈诚发来贺电。陈诚于 13 日复何电称："湘北聚歼顽寇，全赖委座德威，将士用命，辱荷奖饬，感愧交深。"②

陈诚认为，之所以能取得长沙一役"大胜利"，其原因：一为，我军之作战精神，始终处主动地位；二为，我对道路破坏彻底；三为，我军战斗战术的进步。而此胜利的价值，"固不仅在长沙之安危，而在给予日寇军事上一个严重打击，同时给予寇酋西尾板垣与汪逆之政治阴谋以当头一棒"③。

10 月 8 日，陈诚在接见中央社记者时，就长沙之役的胜利，进一步阐明了其战略观点："我军战略始终为持久战消耗战，吾人作战要诀，厥在立于主动地位，利用有利地形，有利时机，针对敌人之弱点，予以致命打击，使其损失奇重，陷于惨败。故我与敌所争者，不在点与线，而在面，我之所以制敌者，变敌后为前方，积小胜为大胜，而决不断断于一城一地之得失，作违反战略之牺牲。"④这一讲话，设计得十分巧妙。它既可证明陈氏最后批准薛岳坚守长沙组织反攻、予敌以致命打击之决心的正确，又婉转地批评了薛氏当初一味主张死守长沙、争一城一地得失之不妥。

三 援军似从天降

陈诚利用早已准备好的列车将预留祁阳之第五十四军开到翁源，给予

---

① 1939 年 10 月 8 日，陈诚在前线对中央社记者的谈话，载国民政府军事委员会政治部编《陈部长最近言论选集》，藏湖北省图书馆。

② 陈诚致何应钦电，1939 年 10 月 13 日，国民政府军令部战史会档案，藏中国第二历史档案馆。

③ 1939 年 10 月 8 日，陈诚在前线对中央社记者的谈话，载国民政府军事委员会政治部编《陈部长最近言论选集》，藏湖北省图书馆。

④ 1939 年 10 月 8 日，陈诚在前线对中央社记者的谈话，载国民政府军事委员会政治部编《陈部长最近言论选集》，藏湖北省图书馆。

进袭日军以迎头痛击，取得了预想的效果。陈诚在后来忆及这一情节时，颇带欣赏的口吻说："此乃粤北战事转败为胜之最大关键，而且含有一段神秘的意味在内。"陈诚在1940年《元旦献词》中说："所谓'和'一定要以'平'做基础，能平才能和，我们不要问和不和，先须问平不平。"他义正词严地驳斥了汉奸们高喊"和平"的卖国谬论。

长沙战役甫告结束，1939年10月中旬，日本陆海军又达成了执行新的作战命令的协定。11月15日，日军第二十一军司令官安藤利吉指挥4个师团和部分海军陆战队、航空队在钦州湾强行登陆；24日，占南宁；12月4日，复占南宁北面的重镇昆仑关。此后，中国军队由桂林行营主任白崇禧指挥，为夺取昆仑关同日军展开激战。

正当桂南战事紧张进行之际，刚刚兼任第六战区司令长官的陈诚奉蒋介石之命，于12月16日由广东韶关抵桂；17日至迁江，晤白崇禧；在此前后又分晤叶肇、徐庭瑶、夏威等将领。陈向他们一一传达了蒋介石的作战意图，并指出作战应注意事项。陈诚还立即参与白崇禧、张发奎、李济深等人一起研究作战部署。据陈自己后来回忆说，他当时已看出，"多数意见均只注意昆仑关正面，而忽略左右两翼"；认为这种做法，"实甚危险"，"但不便说出，于是彼等主张遂成定案"[1]。于是，白崇禧率部于17日起，向占据昆仑关的日军发起反攻。陈诚在桂南前线经3天考察，于20日发电向蒋介石、何应钦报告了这里的战况。他认为：该战区"一般士气旺盛"；主要阵地的地形对我不利，"昆仑关现以敌阵所处地势较我为高，敌炮兵观测便利，射击准确，而我们则以地势低下，且多山隘，炮兵阵地选择困难"；"综观两日来之攻击，敌寇颇为顽强，我各部准备不周，致未能按预定计划进展"[2]。在陈诚的襄助下，白部遂调整部署，充实第一线兵力，复经10日苦战，方于31日夺回昆仑关。

---

[1] 《陈诚私人回忆资料》，藏中国第二历史档案馆。
[2] 陈诚致蒋介石、何应钦电，1939年12月20日，国民政府军令部战史会档案，藏中国第二历史档案馆。

差不多与桂南战役发动的同时，粤北日军为策应桂南的行动，于广州以北的银盏坳附近秘密集结部队。先是，日军于12月中旬在银盏坳北犯失败后，陈诚尚在韶关协助指挥军事。他估计敌必卷土重来，而粤北部队几尽配置于第一线上，绝少控制部队，非常危险，"乃秘与铁道运输司令蒋锄欧商，令在长沙准备一个军使用之车辆，将九战区驻常德之第五十四军开至长沙，乘车至祁阳集结待命，并在祁阳控置一部列车备用"①。及至12月20日，日军集中几个联队的兵力，由银盏坳分三路北犯，节节进逼，粤北守军亟待增援而又无法抽调时，陈诚利用早已准备好的列车将预留祁阳之第五十四军开到翁源，给予进袭日军以迎头痛击。取得了预想的效果。陈诚在后来忆及这一情节时，颇带欣赏的口吻说："此乃粤北战事转败为胜之最大关键，而且含有一段神秘的意味在内。"②

在桂南、粤北的硝烟中，1940年元旦来临。是日，陈诚作为军事委员会政治部长和第六战区司令长官，发表了《元旦献词》，就全国人民关心的抗战前途问题，尤其是"和"与"战"的问题，表示了自己明朗的态度。他说："所谓'和'一定要以'平'做基础，能平才能和，我们不要问和不和，先须问平不平。拿事实来讲，日本军阀侵占我领土，屠杀我同胞，要使我们遭受亡国灭种的惨祸，在这种情形之下，除非我们甘心愿意子子孙孙给人当奴隶牛马，不然试问怎样来接受这亡国灭种的假和平。"他还义正词严地驳斥了汉奸们高喊"和平"的卖国谬论。他强调指出："一般汉奸单拿'和平'二字来自欺欺人，他始终不敢进一步分析'和'的内容，就是灭亡；战的内容，就是生存。他们完全以投降为合作，以亡国作和平，这并（不）是讲和平，是纯粹的卖身卖国，更谈不上主张，完全是敌人之应声虫罢了。"③

陈诚对于汉奸高喊"和平"言论的驳斥和对抗战前途的分析，对于两

---

① 《陈诚私人回忆资料》，藏中国第二历史档案馆。
② 《陈诚私人回忆资料》，藏中国第二历史档案馆。
③ 陈诚：《我国抗战前途之展望》，1940年元旦献词，载国民政府军事委员会政治部编《陈部长最近言论选集》，藏湖北省图书馆。

广战区的军民，当然发生了鼓舞和振奋的作用。粤北战场，由于陈诚使用了第五十四军这一"秘密武器"，从 1940 年 1 月 1 日起，日军即由翁源、大镇、河头一线分头南窜。中国军队的左路，至 9 日，光复了增城以北各地，右路于 5 日收复英德，10 日前后将连江口、琶江口、银盏坳等地光复，16 日克花县；中路扫荡了良口、吕田之敌，11 日克从化。至是，粤北战场完全恢复到 1939 年 11 月 20 日前的原有态势。

桂南方面，自 1939 年 12 月 31 日中国军队夺回昆仑关后，日军立即调集部队，企图既守南宁外围，又伺机袭取昆仑关。旬日以来，敌我双方都在调兵遣将，准备大战。陈诚综观战场形势，于 1940 年 1 月 12 日将自己的作战指导意见报给蒋介石。他估计日军此刻的动向可能有三种情况：一是，无兵可增，但为顾全体面，又不得不保守南宁，因此消极固守，以求幸存；二是，利用地形工事，消耗、吸引中国军队的兵力，而求于其他战场乘虚进犯；三是，固守待援，而图反攻。基于这样的敌情判断，他认为，"无论敌采取任何企图，我军当仍应立于主动继续攻击，以求歼灭该敌，克复南宁为指导之方针"[①]。对于此次作战的指导要领，陈诚设想了三种方案：甲案，着重于战略，以断敌之后方联络及截击敌之部队为主；对于南宁等固守之敌，则包围监视，使其孤立无援，待机一举攻略。乙案，着重于战术，以直接强攻敌之据点为主；只以一部兵力，对敌后方兵力实行袭扰破坏。丙案，战略战术并重，既在战略上以强大兵力断敌后方，同时又对敌固守各据点实行包围、强攻。他认为：实行甲案，可减少因强攻带来的重大牺牲，又能主动选择有利战场，但有牵延时日之不利；实行乙案，可迅速歼灭敌人，但如我炮火不能绝对压倒摧破敌阵地，制空权不能获得，则不易成功；实行丙案，可兼收甲、乙两案之利，但需有强大兵力，且能同时加入作战，才易收效。后来，由于日军转移攻击方向，掌握了战场的主动权，遂使中国军队只能忙于应付。

1 月 28 日，国民政府军事委员会授命第四战区司令长官张发奎指挥桂

[①] 陈诚致蒋介石电，1940 年 1 月 12 日，国民政府军令部战史会档案，藏中国第二历史档案馆。

南作战；而令陈诚"不居名义，在此协助张长官指挥作战"①。

2月初，桂南战局的重心已移至甘棠。日军第十八师团和近卫混成旅团于2日攻占宾阳，3日再次陷昆仑关。此时，白崇禧部方感觉左翼力量之薄弱。白以电话问陈诚如何处置。陈即告以早经发现的左右两翼之疏漏，"令速变更部署，并占领左侧要点"②。陈诚拟定之作战指导方针为，"军应先以阻止敌之北进或扩张战局，并一面迅速调整部署、整顿态势，待后续兵团到达，再相机转移攻势"；"各部队应于本月蒸日（10日）以前调整完毕"③。后来，由于日军自己感到战线过长，补给困难，自9日起开始南撤。中国军队虽跟踪南进，但动作迟缓，反应不灵。日军于13日的长篇通告中，对中国军队的这种表现，措辞轻蔑。蒋介石闻之十分恼火，即电白崇禧、张发奎，指出："查此次战役，真（11日）夜敌即广播放弃宾阳，而当日我前方部队似未发觉，至元日（13日）方有我军一部进入宾阳之报告，足证该地区部队未能确实与敌保持接触，战场搜索亦极忽略，殊属非是，亟应查明告诚，并转饬尔后严加纠正为要。"④

蒋介石对桂南一役中，南宁长期失陷，昆仑关数度反复，前方部署失当等项，甚为不满。他于2月21日由重庆飞抵桂林，当晚乘火车至柳州，亲自主持了为期5天的桂南会战检讨会。陈诚与白崇禧、张发奎、李济深以及商震、薛岳、余汉谋、李汉魂等都参加了会议。会上，蒋介石对包括陈诚在内指挥是役的高级将领，作了十分严厉的批评。蒋怒气冲冲地说："上级将领无决心，无战斗意志，非亡国不可。"他还列举了在这次战役中暴露出来的"最大毛病"：（1）疏忽，不肯研究。（2）骄傲，对民众、对敌人、对上官、对部下，目无全牛，目空一切。（3）欺诈，不特欺骗部下与长官，且欺骗自己。（4）犹豫，因犹豫而疑虑，因疑虑遂无决心，甚至疑友军。蒋训诫曰："各人均在四十岁以上，正是做人立业基础。四十

---

① 《桂南会战文电》，国民政府军令部战史会档案，藏中国第二历史档案馆。
② 《陈诚私人回忆资料》，藏中国第二历史档案馆。
③ 陈诚致蒋介石电，1940年2月5日，国民政府军令部战史会档案，藏中国第二历史档案馆。
④ 蒋介石致白崇禧、张发奎电，1940年2月15日，国民政府军令部战史会档案，藏中国第二历史档案馆。

岁以下，一切经验不足，尚可原谅。四十岁以上，须有为人信仰。不问人之信不信，先问我自己欺骗与否，如不欺骗自己，即成功做人立业基础。"①当然，蒋迭次训话的主要矛头，仍是对着白崇禧的。在会议总结发言时，陈诚指名批评白崇禧，没有在宾阳、甘棠一带配置足够的兵力，以致为敌所乘，使昆仑关正面守军陷于被动。蒋对此表示了明确的支持。他说："此次宾阳部署亦不对。""自己无本事，而又看轻敌人，焉得不失败？尤其最高级将领。"②陈诚、白崇禧在张治中的劝导下，向蒋介石自请降级处分，同时送上一批奖惩名单。25 日，在检讨会结束前，蒋介石宣读了一长串的奖惩名单，位于名单之首者为"桂林行营主任白崇禧督率不力降级；政治部长陈诚指导无方降级"③。

四　宜昌的意外反复

日军第十一军按照总部关于考虑"兵力问题"的意见，担心中国方面发动新的攻势，而趋向不确保宜昌。陈诚十分兴奋地向蒋介石拍发了报捷电，内称"当面之敌昨日以来开始退却，宜昌于本日午前三时完全克复"；"兵团即向襄河西岸追击敌人，捕捉歼灭之"。可是，就在中日双方军队于宜昌城交替进出的时候，日本最高军事当局考虑到宜昌作为海空部队中转基地的价值，又重新作出了短期确保宜昌的决定。……经连日激战，终无法挽回战局，至 24 日，城郊尽失，陈部转进到宜昌西北的山区。蒋介石当然也深知是役之艰难，因对陈曰，"因为没有办法才叫你去"。陈诚却因在一年多的时间里，连失武昌、南昌、宜昌，而委屈地被人讥称为"三昌将军"。

① 蒋介石在柳州会议上的训词，1940 年 2 月 24 日，《抗日战争正面战场》，江苏古籍出版社 1987 年版，第 908 页。
② 蒋介石在柳州会议上的训词，1940 年 2 月 24 日，《抗日战争正面战场》，江苏古籍出版社 1987 年版，第 908 页。
③ 程思远：《政坛回忆》，广西人民出版社 1983 年版，第 136 页。

1940年5月，日军在遭襄东顿挫之后，复于月底由宜城附近突过襄河西岸，兵锋直逼宜昌。宜昌位于三峡东口北岸，素有"川鄂咽喉"之称；自武汉沦陷后，这里已成为中国军队第一、第五、第六、第九各战区后勤补给的交通枢纽。

蒋介石为阻止日军对襄、樊、宜昌等地的进击，于6月1日决定将第五战区分为左、右两个兵团，由李宗仁、陈诚分别兼任兵团长；陈诚所率之右兵团下辖第三十三集团军冯治安部、第二十九集团军王缵绪部和江防军郭忏部等。①陈诚奉命后，迅即随带少数参谋人员由渝东下，2日抵万县，3日匆匆赶至宜昌，设指挥所于南津关三游洞。他对本兵团的部署为："以确保宜昌，并相机歼灭已渡河之敌之目的，以一部利用襄河及既设阵地，逐次消耗敌军，最后固守董市、当阳、远安一带主阵地，同时以有力部队，滞阻由宜城、武安堰方面南下之敌，以主力保持于当阳、远安间地区，相机求敌而歼灭之"②。陈诚首先将由汉水、沙洋一线退回的第二十六军肖之楚部和第九十四军李及兰部，组织于当阳以东的南北构筑工事，以为宜昌之屏障。同时，他又急调自己的嫡系部队第十八军参加宜昌的防守。第十八军军长彭善，时辖第十一、第十八和第一九九师3个师。第十一师师长方靖，前已调驻当阳；第十八师师长罗广文，率部由重庆直驶宜昌，9日夜各团到齐，进入城防阵地；第一九九师由新任师长宋瑞珂统率，由万县东下，配置于小溪塔以西地区，警戒当阳、远安之敌。

陈诚赴宜指挥右兵团作战后，对于面临的战局诸多感慨，深觉困难重重，真乃明知不可为而为之。

其一，为宜昌附近不利防守的地形。他在事后回忆这一战役时写道，"宜昌以东地形平夷，有利敌之快速部队，我除预筑之野战工事以外，几无险可守"；"及至第十八军先后到达南洋（津）关附近登陆时，敌已迫近宜昌近郊"③。

---

① 蒋介石致李宗仁、陈诚等电，1940年6月1日，国民政府军令部战史会档案，藏中国第二历史档案馆。
② 陈诚致蒋介石电，1940年6月5日，国民政府军令部战史会档案，藏中国第二历史档案馆。
③ 《陈诚私人回忆资料》，藏中国第二历史档案馆。

其二，为物资保障之困难及准备之不足。因川江流急滩险，普通船只均难上驶，而夜间行船又绝不可能，白天运输须虑及空袭，致使由内地运送粮弹至宜昌前线极为不易。陈诚深叹："自武汉撤（退）以来将近两年，各主管机关（迁建委员会、军政部及各地方机关）如能积极办理，当可早已运馨，何至于情况紧急之时始藉口江防部统制船只，以为其敷衍、诿过、报销之根据耶？"①

其三，为主力部队之远调。第九十四军李及兰部乃江防军之主力，但前此襄樊危急时，竟将该部远调河南桐柏，致使江防空虚。陈氏愤愤曰："敌攻襄樊，即专对襄樊方面打算，以为其他方面无问题也，故不惜剜肉补疮，以有用为无用。举棋即错，宜昌那（哪）得不失？"②

其四，为友军抵抗力之差。日军于5月31日由宜城附近过襄河，6月1日陷襄阳，3日陷宜城、南漳，6日陷荆门。陈氏诘曰："总计六日之间，往返数百里，陷城池数处，真可谓'如入无人之境'。不知各该地友军是如何的英勇抵抗？"③

以上各点，均使陈诚痛感局势之严重；然已受命，后退无路，只好勉为其难了。

10日，日军第十一军向其所属第三、第十三、第三十九师团下达了攻击宜昌的命令："军决定攻占敌军具有战略意义的长江南北联络要冲宜昌。"④此时负责城防的第十八军，虽为陈诚之嫡系，但因久经恶战，干部变动大，新兵补充多，部队素质已今非昔比。11日，日军第三师团首先突破外围阵地，冲进城之东北角，与第十八师发生激战。当晚，陈诚与湖北省政府代主席严重乘轮船西上，至太平溪设指挥所。12日，宜昌不守，日军第十三、第三十九师团相继拥进城内，至下午4时左右，完全失陷。

① 《陈诚私人回忆资料》，藏中国第二历史档案馆。
② 《陈诚私人回忆资料》，藏中国第二历史档案馆。
③ 《陈诚私人回忆资料》，藏中国第二历史档案馆。
④ 日本防卫厅防卫研究所战史室：《中国事变陆军作战史》，《中华民国史资料丛稿·译稿》第3卷第2分册，中华书局1983年版，第18页。

宜昌既失，蒋介石即命陈诚奋力反攻。13 日，蒋发出电令，"右兵团应占领三游洞及以北三合岩、两河口阵地，迅速收容各部，并掌握有力部队，参加汤恩伯部反攻宜昌"；"各部应不顾一切，猛力进攻，不可失机"；"为协同动作，着汤总司令与陈兵团长取得联络后，各该部即归陈兵团长统一指挥"①。15 日，蒋再次重申，所有参加反攻宜昌的李延年、郭忏、周喦、汤恩伯各部，悉归陈诚统一指挥，并在电文中，逐字加重点予以强调，"担任宜昌攻击各部，应确实协同联系，准备周到，以整然态势攻击敌人"②。

正当陈诚遵照蒋介石的命令，统率各部展开于宜昌外围，准备奋力攻取时，日军内部发生了有利于中国军队实现这一计划的情况。日军第十一军按照总部关于考虑"兵力问题"的意见，担心中国方面发动新的攻势，而趋向不确保宜昌。于是，在日军开始攻进宜昌城时，其军司令部即命令：攻入宜昌后，"必将敌人的军事设施迅速毁掉"；其"驻留时间"，"预定为一周以内"③。进城的日军，差不多每天都用卡车、马车、人力车等各种运输工具把抢来的物资运走。陈诚根据这一迹象，于 14 日向蒋介石报告，"襄河以西之敌，其主力有向当阳附近集中模样"；已令李延年指挥的第二军和第十八军为攻击军，"如敌向东撤退时"，"即迅由当阳以南向东前进，与汤集团协同歼敌"④。15 日晚，日军第十一军司令部从应城发出指令，命各师团按第三、第三十九、第十三师团次序撤退，第十三师团应于"17日零时撤出宜昌"⑤。第十三师团在将无法带走的缴获之大批燃料、弹药、汽车销毁后，于 17 日凌晨 1 时，沿汉宜公路最后撤出宜昌，集结于土门垭一带。陈诚随即指挥第十八军跟进宜昌，并命第十八师占领宜昌外围阵地，

---

① 蒋介石致李宗仁、陈诚等密电，1940 年 6 月 13 日，国民政府军令部战史会档案，藏中国第二历史档案馆。
② 蒋介石致李宗仁、陈诚等密电，1940 年 6 月 15 日，国民政府军令部战史会档案，藏中国第二历史档案馆。
③ 日本防卫厅防卫研究所战史室：《中国事变陆军作战史》，《中华民国史资料丛稿·译稿》第 3 卷第 2 分册，中华书局 1983 年版，第 20 页。
④ 陈诚致蒋介石电，1940 年 6 月 14 日，国民政府军令部战史会档案，藏中国第二历史档案馆。
⑤ 日本防卫厅防卫研究所战史室：《中国事变陆军作战史》，《中华民国史资料丛稿·译稿》第 3 卷第 2 分册，中华书局 1983 年版，第 24 页。

第一九九师向土门垭、鸦雀岭追击，荣一师向龙泉铺、双莲寺及其东南追击。是日上午，他十分兴奋地向蒋介石拍发了报捷电，内称"当面之敌昨日以来开始退却，宜昌于本日午前三时完全克复"；"兵团即向襄河西岸追击敌人，捕捉歼灭之"①。

可是，就在中日双方军队于宜昌城交替进出的时候，日本最高军事当局考虑到宜昌作为海空部队中转基地的价值，又重新作出了短期确保宜昌的决定。16日下午4时，日本派遣军接到参谋本部关于"应占领并暂时确保宜昌"的命令。派遣军司令部当即转达第十一军。第十一军司令部于当晚10点45分接奉要重新占领宜昌的电令，但已错过了与第三、第十三师团进行无线电例行联络的时间，只好用电话记下命令要点，通过骑兵第三联队依次传达给第三和第十三师团。就在这不断传递命令的过程中，前线的部队早已依原计划撤出了宜昌城，中国军队亦已同时跟进恢复占领。

日军第三师团接到重新占领宜昌的命令后，连夜派两个小队乘汽车驶往宜昌东面的前沿阵地传达命令；第十三师团长田中静壹直到17日上午7时才在土门垭接获新的命令。在陈诚指挥下进驻宜昌城的第十八军和第九十四军部队，随即和调转头来的日军第三、第十三师团部队展开了激战。由于中国军队对于这突如其来的反扑缺乏思想准备，且在时间上也来不及构筑防御工事，遂于当日下午重新退出宜昌城。此时，陈诚仍试图利用宜昌郊外的高地，指挥部队拼死固守，伺机再行反攻。但经连日激战，终无法挽回战局，至24日，城郊尽失，陈部转进到宜昌西北的山区。同日，蒋介石向李宗仁、陈诚下达了停止对宜昌攻击的命令，历时将近一月的宜昌战役遂告结束。

宜昌战役中，陈诚又一次奉命于危难之际。陈临离开重庆赴宜昌时，张治中曾对他说："你太老实，这是任何人都不愿去的。"②及至宜昌失陷，陈即于13日向蒋介石自请处分，其电曰："职奉职无状，甫临前敌，连失

---

① 陈诚致蒋介石电，1940年6月17日，国民政府军令部战史会档案，藏中国第二历史档案馆。
② 《陈诚私人回忆资料》，藏中国第二历史档案馆。

四城，敬乞明令严予惩处。"①还是军令部长徐永昌，为他在蒋介石和何应钦的面前说了好话。徐在 6 月 21 日的签呈中写道："查敌自宜城以北渡过襄河以后，陈部长始兼任第五战区右兵团长，于六月一日夜离渝下驶宜昌，为时短促。并当敌重点所指向方面，虽尽指挥上之能事，未能固守宜昌，但目下仍在努力反攻之中。所报自请处分一节，似应免予置议，并复慰勉。"②蒋介石当然也深知是役之艰难，因对陈曰，"因为没有办法才叫你去"③。不过，陈诚却因在一年多的时间里，连失武昌、南昌、宜昌，而委屈地被人讥称为"三昌将军"。

五　重新执掌六战区

1940 年 7 月 8 日，陈诚再次被任命为第六战区司令长官。蒋介石有"军事第一""第六战区第一"的口号，可见对陈诚的信任和重视。陈诚重任第六战区司令长官不久，即借宜昌战役后的整顿之机，调整各部队长官。陈诚在军队的调遣部署上，进行得也不顺利。接着，陈诚 10 月份在战区战斗序列的拟定和决战地区的选择上，又与军令部发生过一些矛盾。在战区后勤建设方面，陈诚在 1941 年年初，经过努力，使运输力量得到了加强。

6 月下旬，宜昌失守。7 月 1 日，重设第六战区。8 日，陈诚再次被任命为第六战区司令长官，驻节恩施。此时，该战区辖鄂西、鄂南、湘北及湘西、川东等地。这一地域，位湘、鄂、川三省边境，山峦起伏，形势险要，既是反攻宜昌、武汉的基地，又是拱卫重庆的屏障，故蒋介石时有"军事第一""第六战区第一"的口号，④可见对陈诚的信任和重视。

---

① 徐永昌致蒋介石、何应钦签呈，1940 年 6 月 21 日，国民政府军令部战史会档案，藏中国第二历史档案馆。
② 徐永昌致蒋介石、何应钦签呈，1940 年 6 月 21 日，国民政府军令部战史会档案，藏中国第二历史档案馆。
③ 《陈诚私人回忆资料》，藏中国第二历史档案馆。
④ 《革命人物志》第 5 集，台湾中国国民党中央委员会党史史料编纂委员会 1970 年编印，第 227 页。

　　这时，身为第六战区司令长官和湖北省主席的陈诚，虽在指挥作战和军政工作中要求严格，不徇私情，但对于部属的批评和意见，一般尚能接受。如他爱作长篇讲话，往往让大家在灼热的太阳下站上一两个小时。有人利用他的名和字（辞修），作了个幽默的对联：上联为"陈腔滥调"，下联为"诚者斯言"，横批为"辞不多修"。陈诚知道后，并未生气，只是说："很好，以后我少说两句就是了。"①

　　陈诚重任第六战区司令长官不久，即借宜昌战役后的整顿之机，调整各部队长官。他在1940年8月22日致蒋介石的代电中，以第四十一师师长丁治磐"满腹牢骚，老（恼）羞成怒，性情暴躁"为由，转报了江防军司令郭忏请求将其调为军事参议院参议或军委会高参的电报。可是，经军令部核查丁之上峰、第二十六军军长萧之楚，所得结论却与陈、郭之言截然相反。萧称丁"为人忠直，向即埋头苦干，现在战后整理，该师长每日亲自督训，努力非常，并未闻有怨言"。于是，军令部代拟蒋介石电文，复陈诚："转报丁治磐性情暴躁等情，经查与事实不符，所请调职一节，应毋庸议。"何应钦在军令部的签呈上批示"如拟"②。这件事使陈诚碰了个软钉子。实际上，这也是国民政府军队中错综复杂派系关系的一个缩影。

　　陈诚在军队的调遣部署上，进行得也不顺利。是年夏秋，他考虑到"敌有打通长江，进占常（德）澧（县），以便其补给及继续西犯之可能"，拟将现驻军常德、澧县之第八十七军周祥初部推进至澧县、公安间，再以军事委员会直接控制的第十军李玉堂部由官庄以西推进至常德、桃园、临澧一带，接替第八十七军之驻防。此议未获蒋介石批准。陈于9月30日又电蒋，蒋坚持不批，不稍姑息。③陈诚无奈，只有在接受蒋介石命令的基础上，再陈以利害，说明第十军如不能调动，则只有第八十七军的1个师部署于

---

①　冯世欣：《陈辞修与尹仲容》，台北《传记文学》1987年4月号，第50卷第4期。

②　陈诚、萧之楚、蒋介石电文及何应钦批文，见军令部1940年9月6日签呈，国民政府军令部战史会档案，藏中国第二历史档案馆。

③　陈诚、蒋介石的往来电文及军令部意见，均见军令部1940年10月6日签呈，国民政府军令部战史会档案，藏中国第二历史档案馆。

公（安）、澧（县）、松（滋）、宜（都）沿江湖各要点，"万一敌来进犯，似难确保，更难予以打击，只有放弃"①。这说明，陈诚在战区内部队的部署上，对蒋介石的战略意图并未完全吃透；且对于直属军事委员会掌握的部队随便调动，也不为蒋所容。

接着，陈诚10月份在战区战斗序列的拟定和决战地区的选择上，又与军令部发生过一些矛盾。

军令部对陈诚第六战区报来的战果、敌情等，常有讹误，很有意见。1940年11月25日，军令部代拟蒋介石致陈诚电称，陈所报敌军10月伤亡总数，与前电及逐次所报战果"前后不符"，令"再查明具报"②。1941年11月14日，军令部再次代拟蒋介石致陈诚电，指出第六战区"近来各部所报敌情彼此矛盾，无从判断，此后希饬所属注意综合整理具报"③。这类问题，对于一个战区指挥官来说，虽只为瑕疵，且多为机关部门工作粗糙所致，但屡次被指出，并责令重报，当然也是一件不愉快的事情。

在战区后勤建设方面，陈诚在1941年年初，经过努力，使运输力量得到了加强。他在1月24日致电蒋介石，呼吁"鄂西为战区重点所在，交通不便，物资缺乏，运输力弱"，"运到者不足五成，地方粮食搜买殆尽，官兵仍仅日食一餐，似此影响士气与战斗力极大"。他特申请在原拟每师设兵站运输中队4个的基础上，予以增加运输力量。蒋介石于2月6日将陈诚来电内容转达后勤部部长俞飞鹏，并批示："查报紧要，特电遵照办理为要。"④俞飞鹏随将第六战区联运站经费增加至每月20万元；并增拨战区兵站铁肩队2个中队；使达一个总队之数。⑤

陈诚对战区的外事工作，亦极重视。1941年秋季，一批英美军官将分

---

① 陈诚致蒋介石电，1940年10月12日，国民政府军令部战史会档案，藏中国第二历史档案馆。
② 蒋介石致陈诚电，1940年11月25日，国民政府军令部战史会档案，藏中国第二历史档案馆。
③ 蒋介石致陈诚电，1941年11月14日，国民政府军令部战史会档案，藏中国第二历史档案馆。
④ 陈诚、蒋介石电文，见蒋介石致俞飞鹏电，1941年2月6日，国民政府军令部战史会档案，藏中国第二历史档案馆。
⑤ 俞飞鹏致军令部转蒋介石电，1941年2月22日，国民政府军令部战史会档案，藏中国第二历史档案馆。

别参观中国各战区。其中第六战区之江防军将接待英国军官的参观。军事委员会为此拟具了若干注意事项。陈诚经过认真思考提出了若干修正意见。他认为，"英国民族最势利，如将我军种种低劣情形向其表示，不仅为人所轻视，且有使英帝国改变政策，向倭屈服之可能"。他在 10 月 28 日致蒋介石的急电中指出："3 项应说明我军精神旺盛，能补装备之劣势，此次宜昌战役，我军仅凭刺枪及手榴弹，攻克敌据点多处，可为例证。如我装备能改进，则胜利更可早日达到。5 项应说明我军利用石洞工事，异常坚固，又比石灰所筑之工事亦甚有效。6 项应强调我国内部团结，在沦陷区内只有敌人（倭寇）与少数汉奸存在。10 项应说明我国军队医药卫生均有显著进步，病兵日趋减少。13 项强调说明敌单（军）仅占领点线，此外均为我军控制，不必说明有游击队之存在也。"[①] 平心而论，陈诚主张向外国宣传中国军民的坚强斗志和内部团结，以及后勤方面的进步，这本无可非议。但军令部认为，"原指示用意主要在使英美明白我国如物资充足定可早日击溃敌人，以争取英美对我物资之援助，而陈长官所请修改者，似与原意相左"；同时，原指示系供各战区接待英美军官之用，"如六战区修改，恐有为英美发现我见解不一致之弊"。军令部意见，令陈仍按原指示办理，仅 5 项可照陈说明，"但须声明仅少数地区，非处处有石洞可以利用"[②]。因此，在 31 日蒋介石致陈诚的复电中称："第（5）项可照所陈说明，但仍须声明仅系少数地区可如此，余仍照原指示办理可也。"[③]

六　两次用兵宜昌

崔可夫称赞担任第六战区司令长官的陈诚，"是国民党最优秀将领之一"；其主持拟定的反攻宜昌计划，"是一个完全可以接受的、几乎是完

---

① 陈诚致蒋介石电，1941 年 10 月 28 日，国民政府军令部战史会档案，藏中国第二历史档案馆。
②《对陈诚修改英军官参观时注意事项的审核意见》，1941 年 10 月 30 日，国民政府军令部战史会档案，藏中国第二历史档案馆。
③ 蒋介石致陈诚电，1941 年 10 月 31 日，国民政府军令部战史会档案，藏中国第二历史档案馆。

善无缺的作战计划"。自 9 月 30 日起，陈诚指挥第二军李延年部、第八军郑洞国部、第三十二军宋肯堂部和第九十四军李及兰部共 4 个军，并配备轻重火炮140 门，分江南、江北两路，同时向宜昌发起进攻。陈诚在总结这一战役时，承认"此次襄西战役，就时机、态势、兵力而论，较敌为有利，然结果由奇袭而分别包围强攻，虽攻取大小据点六十余处，而主要之宜昌未下"；"以时机关系，虽使敌已濒于绝境，而不能不主动转移，至功亏一篑，殊为遗憾"。

陈诚自 1940 年 7 月重新担任第六战区司令长官以后，在军事上，一直将反攻宜昌作为一项奋斗目标。1941 年 7 月 19 日，他向蒋介石电呈了反攻宜（昌）沙（市）的意见，内称"本战区以收复宜沙、歼灭襄河以西敌人之目的，即以江防军主力先行攻略宜昌西岸及宜昌北侧南津关三一〇高地南天山等处敌据点，并乘机扩张战果"；攻击开始日期预定为 8 月 15 日。① 这一计划，曾与担任蒋介石军事总顾问的苏联将领崔可夫研商、修订。崔可夫称赞担任第六战区司令长官的陈诚，"是国民党最优秀将领之一"；其主持拟定的反攻宜昌计划，"是一个完全可以接受的、几乎是完善无缺的作战计划"②。28 日，陈电告蒋："战区将继续完成攻势准备，依状况并提前实施之。"③但因此时，中国军事当局对日方的作战意图尚未判明，又考虑到国际因素，故军令部立即为蒋介石代拟了"艳酉令一元电"发给陈诚，内称"就全般状况判断，国军以诱敌参与国际战争，以利尔后攻势之目的，不宜过早向敌发动攻势"；第六战区"应以能而示之不能，用而示之不用之精神，原定宜沙会战计划秘密准备，不可暴露我军攻势企图"；"其部队移动，应暂停止"④。

9 月，日军第十一军开始了代号为"加号作战"的长沙作战计划，企图

① 陈诚致蒋介石电，1941 年 7 月 19 日，国民政府军令部战史会档案，藏中国第二历史档案馆。
② ［苏］崔可夫：《在华使命》，新华出版社 1980 年版，第 128、130 页。
③ 陈诚致蒋介石电，1941 年 7 月 28 日，国民政府军令部战史会档案，藏中国第二历史档案馆。
④ 蒋介石致陈诚电，1941 年 7 月 29 日，国民政府军令部战史会档案，藏中国第二历史档案馆。

在长沙以北歼灭中国第九战区主力。20 日，军事委员会命令第三、第六、第五战区，各以有力一部出击，策应第九战区的作战，其中规定第六战区应向荆门、宜昌敌人积极袭扰，相机收复宜昌。22 日，军事委员会向陈诚下达命令，"敌人有攻占长沙之企图，第六战区立即攻克宜昌"①。26 日，蒋介石又给第三、第五、第六战区分别规定了开始攻击的时间，陈诚之第六战区被规定于 9 月 30 日始行攻击。可是，至 9 月底，陈诚所部第六战区部队向宜昌日军发起攻击时，敌在长沙方面的战略目的已达，并自行撤退。因此，这时第六战区反攻宜昌，已不具有原定策应第九战区作战的作用；倒是第九战区还需在精疲力竭的情况下，以迟滞敌军转移的办法，来支援陈诚的军事行动。

陈诚为了组织攻击宜昌的力量，甚至使用了蒋介石不准动用的第二军李延年部。先是，陈诚在反攻部署中即拟使用第二军，且已令该部按作战部署开进，但蒋介石坚决不同意，批示"第二军不准使用"。陈接奉这一批示后，十分着急，火速于 9 月 27 日电蒋，称"第二军如不参加，则主攻方面无法形成重点"；"该军已就开进配置，倘再抽回，恐影响士气，并牵动整个计划"。军令部长徐永昌为此签署审核意见，称"所请尚属实情，拟请准予备案"。参谋总长何应钦复核时，亦未阻拦，只批"请委座核示"②。在这样的情况下，蒋介石才同意陈诚使用第二军。

自 9 月 30 日起，陈诚指挥第二军李延年部、第八军郑洞国部、第三十二军宋肯堂部和第九十四军李及兰部共 4 个军，并配备轻重火炮 140 门，分江南、江北两路，同时向宜昌发起进攻。陈诚向各参战部队颁发了 5 条必须遵守的事项：（1）彻底奉行命令，如因情况变化，应即发挥找敌打、与敌拼之独断专行精神，以达成任务。（2）不准谎报战况、夸张敌情，以求明了真实情况。（3）各级指挥官间应确实保持联络，随时报告情况。（4）友军间亲爱勉诚，协同互助。"如友军危急时，应不

---

① 蒋纬国总编著：《国民革命战史》第 3 部，《抗日御侮》第 7 卷，台北黎明文化事业股份有限公司 1978 年版，第 171 页。

② 军令部 1941 年 10 月 1 日签呈，国民政府军令部战史会档案，藏中国第二历史档案馆。

受地境限制，自动赴援。帮助友军即帮助自己，友军之胜利即自己之胜利。"（5）不准有保存实力之观念，而将兵员武器留置后方。"打了胜仗，自有补充。"①

10月2日，陈诚接蒋介石电令："六战区应不顾任何牺牲，务于三日内克服宜昌。"②他即命第二军第九师于5日晚"乘隙突入宜昌城，确实占领"；第二军主力乘其第九师突入时，"猛力攻击，前后呼应，夹击敌人而歼灭之"③。为了激励官兵奋勇进攻，陈诚特规定了攻克据点和要地的赏格：夺敌一分队之据点1000元，一小队之据点5000元，一中队之据点1万元，一大队之据点5万元，一联队之据点20万元；克服宜昌，并确实占领者，50万元；克服当阳、荆门、沙洋、沙市、江陵，并确实占领者，各30万元；首先占领各要地城镇的部队，应得其赏洋的1/2④。

各部队在陈诚督率下，奋力作战，攻克了一些宜昌外围的据点，予敌以很大打击，破坏了不少公路和敌军车辆。孤守宜昌的日军第十三师团深感情况危急，除紧急求援外，已将全部后勤、卫生人员组织起来，参加战斗。在日军的顽强固守下，主攻宜昌的第九师，到10日为止，除有少数官兵渗入宜昌城内，大部仍在城外。在此过程中，陈诚见部队久攻不克，特电示各部队攻敌据点的要领10项，对兵力运用、攻击重点、构筑工事、步炮协同等，均有详细指导。要领特别强调，"用于第一线攻击之兵力，以适合需要为限，不必过大，以免徒增损耗"；"攻击重点，应由据点之弱点，如火力薄弱或间隙部，或死角，或容易接近之方面突入"；对"被围之敌，应不分昼夜，分组轮替攻击，使敌疲困，或乘敌之懈怠而解决之"⑤。

这时，日军第十一军主力已从湘北顺利北撤，集结于宜昌方向，企图发起新的攻势，予第六战区以打击。中国方面，国民政府军事委员会审时

---

① 陈诚致蒋介石电，1941年10月1日，国民政府军令部战史会档案，藏中国第二历史档案馆。
② 陈诚致蒋介石电，1941年10月3日，国民政府军令部战史会档案，藏中国第二历史档案馆。
③ 陈诚致蒋介石电，1941年10月6日，国民政府军令部战史会档案，藏中国第二历史档案馆。
④ 陈诚致蒋介石电，1941年10月3日，国民政府军令部战史会档案，藏中国第二历史档案馆。
⑤ 陈诚致蒋介石电，1941年10月6日，国民政府军令部战史会档案，藏中国第二历史档案馆。

度势，为避免意外损失，于 9、10 日间，始命令陈诚在 10 日夜停止攻击，复又将停止攻击的时间由 10 日夜延至 11 日夜。其电称："限于十一日前，尽最大努力猛烈攻击，完成任务。"[①]

为攻克宜昌，陈诚采取多种措施，加强部署，抓紧攻击。其所属第五十五师和第一九五师各组织了五六十人的别动队一队，于 10 月 7 日晚从水道乘木船密驶宜昌附近，登陆袭扰敌人；并在出发前先发给官 300 元、兵 100 元、船夫 300 元，宣布在奏功后从优发给奖赏及伤亡抚恤。[②] 10 日夜，陈诚紧急致电何应钦，请求派船至万县巫山输送其嫡系部队第十八军开赴石牌、三斗坪，"凡能行驶川江轮船，迅予下运"，以增援宜昌方面作战。经何应钦批准，军令部长徐永昌急令军政部交通司"星夜办理"[③]。10 日晨 3 时 10 分，第九师 3 个突击营冲入宜昌市街；该师第二十七团亦随后跑步冲入，与敌发生巷战。[④]但入城部队遭到敌机轰炸及毒气袭击，伤亡严重，致被迫撤至城外。11 日，陈诚本拟利用停止攻击前的最后时刻，再次向宜昌城发动大规模攻击；但因大雨，未能实施。鉴于日军后援部队已迫近宜昌，而蒋介石前令停止攻击的期限亦到，陈诚只好指挥部队，借阴雨天气向后撤退。

宜昌战役历时 10 余日，动员 10 余师部队，最终未能拿下宜昌，战果当然不理想。陈诚在总结这一战役时，承认"此次襄西战役，就时机、态势、兵力而论，较敌为有利，然结果由奇袭而分别包围强攻，虽攻取大小据点六十余处，而主要之宜昌未下"；"以时机关系，虽使敌已濒于绝境，而不能不主动转移，至功亏一篑，殊为遗憾"。他认为，造成这种结局的原因：一是攻击兵力变动大。原预定与第二军会攻宜昌的第八军，临时转用沙市、沙洋方面，致使宜昌附近只集中了第二、第三十二和第九十四军共 3 个军、8 个师。二是部队素质低落。抗战初期的运动战中，我之优良 1 师，可勉强

---

① 蒋纬国：《国民革命战史》第 3 部，《抗日御侮》第 7 卷，台北黎明文化事业股份有限公司 1978 年版，第 189 页。

② 陈诚致蒋介石电，1941 年 10 月 10 日，国民政府军令部战史会档案，藏中国第二历史档案馆。

③ 陈诚致何应钦电，1941 年 10 月 10 日，国民政府军令部战史会档案，藏中国第二历史档案馆。

④ 陈诚致蒋介石电，1941 年 10 月 10 日，国民政府军令部战史会档案，藏中国第二历史档案馆。

对敌 1 个联队（相当团），而现在竟有 1 个军始能对付敌 1 个联队者。三是炮火不力。火炮数量虽多，但多系临时配合，协同较差，且用于前线者，均为山炮、迫击炮，破坏力不够。四是战斗兵不足，部队缺额较多。按编制每师或军人员甚多，但实际用于作战者不及 1/3，每师不过 4 000 人，因此 1 师伤亡 1 000 人即失去战斗力；攻击前，每军缺员在万名以上，即每团缺员 1 000 名。五是攻击动作未能依照典范令确实施行。①但是，陈诚同时认为，这一战役的成绩仍不容忽视，其一味否定者，乃别有用心。据陈诚统计，是役共歼敌 3 677 名，毁敌机 14 架、舰船 14 艘、汽车 107 辆、装甲车 2 辆；加之，曾一度攻入宜昌城内，迫敌由湘北撤退。他颇为自信地说："在策应友军作战中，可谓前无其匹，故领袖颇多加慰之。然同时亦有因此心怀嫉妒者，真不知是何居心也。"②

七　重视军队政治工作

陈诚根据国民党五届五中全会的精神，召集高级政工会议，提出了政治工作的六项原则。他将原有的政工纪律增加了一条原则，即"以民心之向背，定政工之成绩"。陈诚在政治部长任内，还抓了军事委员会战时工作干部训练团（简称战干团）。1939 年春以后，第一战干团中部分青年学生组成忠诚剧团。该剧团因被密告宣传共产主义并有共产党员参加，经陈诚同意，遂遭大肆搜捕，刑讯逼供，许多青年遇害。是为著名的綦江战干团惨案。

陈诚在转战湘、鄂、桂、粤战场，督率千军万马，指挥攻略的同时，还肩负着另一个重担——军事委员会政治部长。在武汉会战的过程中，他出任了这一重要职务，从组织和人事等方面，初步打开了局面。但是，对

---

① 陈诚致蒋介石电，1941 年 10 月 17 日、24 日，国民政府军令部战史会档案，藏中国第二历史档案馆。
② 《陈诚私人回忆资料》，藏中国第二历史档案馆。

于陈诚来说，大量的军队政治工作还是在武汉沦陷后一段时间里进行的。

1938年10月武汉失守后，中国的抗战进入相持阶段，用陈诚及国民党军事当局的话来说，是进入了抗日战争的"第二期"，即"转守为攻、转败为胜的时期"。陈诚认为：在这一时期，中国方面的战略，一方面是要更加扩大全面抗战，使日军完全陷于被动；另一方面还要准备未来的决战。因此，"必须加强政治工作，使政治力量普遍发展到日军占领区"；"全面抗战之真义乃在动员全国民众直接间接参加战争，而由我第一线起以至日军全部占领区均为我之战场，到处皆为袭击之目标"①。

1939年1月下旬，国民党五届五中全会上，确定了"溶共、防共、限共、反共"的方针，并印发了《限制异党活动办法》等秘密文件。2月，陈诚根据这一会议的精神，召集高级政工会议，提出了政治工作的六项原则：（1）政治工作应以国民党为基础。（2）政治工作应以士兵与民众为中心。（3）政治工作之与国民党各级党部，应秉承中央党部的指示，努力政治训练。（4）政治工作之与地方行政，不可越俎代谋，但应坦白相助。（5）政治工作之与民众团体，应领导运用，监督考核。（6）政治工作之对军事长官，应增高其威信，贯彻其命令，并维持部队纪律。②在这个会议上，陈诚还指出了过去政治工作的缺点，拟定了今后改进的计划。他将原有的政工纪律增加了一条原则，即"以民心之向背，定政工之成绩"。这个政工会议，对于加强国民党战时的政治工作，当有一定作用；但由于强调"以国民党为基础"进行政治工作，排斥在人民群众中有深厚基础的中国共产党，又使其作用受到了很大的限制。

陈诚作为主管国民政府战时政治工作的政治部长，就其工作作风来说，要比一般国民党高级官员踏实。也许他认为，这种深入下层的工作作风本身就是一种政治工作。1939年春天，他到四川綦江的杜市去视察中央训练团军训教官训练班。杜市本是一个小镇，而训练班又设在离镇数里以外的

① 吴相湘：《陈辞修生平大事》，载《民国政治人物》第2集，台北传记文学出版社1982年版，第170–171页。

② 吴相湘：《陈辞修生平大事》，载《民国政治人物》第2集，台北传记文学出版社1982年版，第171页。

一个祠堂内，那里一共只有几户人家，因而设备简陋，生活艰苦。陈诚在这个训练班一共住了5天，每天领着学员们升旗，并利用升旗的时间发表讲话；晚间和学员们举行座谈会或个别交谈，听取他们的意见。当时有些学员担心，毕业后到学校去搞军训，学生不好领导。陈诚幽默地说："有人讲当兵的是丘八，学生是丘九，丘九比丘八更难带。你们如果能在学校里把学生带好，做一个好教官，将来一定可以到部队里把士兵带好，做一个好将领。"他还以自己的经历为例，要求学员们不要把名位看得过重。他说：他初到黄埔军校服务时，被任命为上尉特别官佐，可是他在粤军第一师已经担任过独立连的少校连长了。在离开杜市训练班时，陈诚亲笔为学员们题词："为负重何妨忍辱；要求全必须委曲。""任劳任怨，无愧我心；为毁为誉，听之于人。"①

陈诚对于政工人员的行为举止，要求十分严格，尤其对于在他身边的政治部工作人员，更是如此。1939年夏的一天，他突然发现政治部内务秩序乱七八糟，很不整洁，不胜恼火，立即集合政治部机关全体职员训话。整队后，他首先要各人解开自己的上衣，看是否按照军人着装的规定，穿了外衣、衬衣、汗衫3件衣服，纽扣是否整齐。连在队列前面站着的政治部秘书长贺衷寒和三厅厅长郭沫若，也不例外。

1939年10月，紧接第一次长沙会战之后，陈诚再次在南岳召集江南各行营、战区及学校政治部主任，各省国民军训处长等举行政治工作会议，主要就改革各级政工组织问题进行了研讨；为配合这一变革，同时对政治工作的范围、原则及方法，作出了新的决定。

为了适应加强政治工作的需要，扩大政工人员的职权范围，陈诚于1940年5月经军事委员会批准，特将正在施行的《政训令》予以修正，重新公布。修正以后的政训令规定，各级政工人员，为了执行任务，经派驻部队、学校、军医院等单位，得行使下列职权：（1）对于命令、报告，得参加意见，并应报告其上级政治主官；（2）审核并调阅经理有关之簿

---

① 台北《传记文学》第6卷第4期，第29页。

记及案卷（但须会同主官执行之）；（3）得被派列席军法会审；（4）督促军民合作[①]。

作为政治部的一项具体工作，陈诚在政治部长任内，还抓了军事委员会战时工作干部训练团（简称战干团）。战干团形式上是军事委员会直辖的训练机构，但其具体工作实际属政治部。团长由蒋介石自兼，副团长由陈诚兼任；陈诚有权处理重大事务。后来，蒋介石下令西北、东南分别举办战干团，则原战干团遂改称"第一战干团"。第一战干团由武汉而綦江，先后共举办6期，受训的青年学生2万余人。陈诚特别指示，要防止"异党"分子混入团内。1939年春以后，第一战干团中部分青年学生组成忠诚剧团。该剧团因被密告宣传共产主义并有共产党员参加，经陈诚同意，遂遭大肆搜捕，刑讯逼供，许多青年遇害。遇害者，有的被活埋，有的被捆石沉江、裹尸灭迹，其状之惨，令人发指。是为著名的綦江战干团惨案。陈诚在这一惨案中，负有直接的责任。这是他执行国民党"防共""反共"方针的必然结果。

陈诚于1940年9月卸任政治部长，改由张治中接任。

八　与中共的摩擦

陈诚甚至将与中共有联系的进步分子诬称为"特种汉奸"，将其抗日宣传诬称为"反动宣传"。他从重庆蒋介石的侍从室了解到新四军损失严重、叶挺被扣时，说："蒋委员长看问题是看得很远的，皖南离首都很近，如果现在不把它干了，等到抗战胜利后，共产党军队就威胁南京，后患无穷。"陈诚在制定反攻宜沙的作战方案时，甚至提出了以其所部冒充新四军，既袭扰敌人，又破坏新四军声誉的方案。

---

① 吴相湘：《陈辞修生平大事》，载《民国政治人物》第2集，台北传记文学出版社1982年版，第171–172页。

陈诚作为鄂省的军政首脑，对于中共的地方秘密组织，不遗余力地加以"清除"和镇压。他甚至将与中共有联系的进步分子诬称为"特种汉奸"，将其抗日宣传诬称为"反动宣传"。据其给蒋介石、孔祥熙的报告称：1938 年曾由董必武介绍"特种汉奸"至应城汤池农村干部训练所，该所所长李范一将经过训练毕业之学员，集合于谷城之茨河盛家镇生产合作社，"发展组织，扩大部队，肆行反动宣传，毫无忌惮"①。陈遂于 1940 年 12 月电令当地县长，将该社全部封闭，并将有"重大嫌疑"者侦拿解省。陈电称："该特种汉奸等，假借中央名义与资金以为掩护，遂其阴谋，毒险至极，应请中央严防，免为所蔽。"②

陈诚还利用其在湖北省一统天下的特殊地位，将该地区的国民党军统、中统等特务组织，以及保安、警察、情报部门和三青团等单位，联合组成一个进行反共的决策和行动机构"高干会"。该机构由陈诚直接掌握指挥，省府民政厅长朱怀冰协助，以军统军事谍报流动组组长刘培初为主任干事。紧接皖南事变之后，陈诚通过其所控制的特务组织，于 1941 年 1 月 20 日将中共鄂西特委书记何功伟秘密逮捕，破坏了中共鄂西特委组织。陈诚为了软化何功伟，特命挟持其父前往探监，组织名士、达官充当说客；但何功伟终不为所动。同年 11 月，何功伟被秘密杀害。

在陈诚主管的第六战区和湖北省范围内，鄂东、鄂北、鄂中一带，正处中共领导的新四军开展敌后游击战争地区。自武汉沦陷以后，日本帝国主义改变了对国民党当局以军事打击为主的政策，逐渐加强了对解放区战场的压力；这时，国民党当局也逐渐加强了与中共领导的武装力量之间的摩擦。1939 年 1 月举行的国民党五届五中全会确定了"防共、限共、溶共"的方针，这标志着国民党奉行政策的重大改变。陈诚对共产党和新四军的态度，当然也随之而发生变化。

1940 年秋冬，这时新四军还列于国民政府军事委员会编制的正式战斗

---

① 陈诚 1941 年 1 月 22 日致蒋介石、孔祥熙电，国民政府军令部战史会档案，藏中国第二历史档案馆。
② 陈诚 1941 年 1 月 22 日致蒋介石、孔祥熙电，国民政府军令部战史会档案，藏中国第二历史档案馆。

序列之中，属第三战区。由李先念任司令员的新四军鄂豫挺进纵队，活动于湖北省敌后。此时，陈诚随时搜集李先念部的动态，冠以"匪情"，直接报告蒋介石、何应钦；并指挥鄂境国民政府游击部队对其进行"围剿"。1940 年 9 月 1 日，陈诚向蒋介石转报了鄂东游击总指挥程汝怀关于"鄂东匪情"及"剿办经过"的报告，电称：鄂东新四军一部由李先念率领移至安陆、云梦、应城，约枪二千；一部由张体学率领，活动于黄冈地区的张渡湖周围，枪三千。"惟'匪'行甚速，一日能窜一二百里，各处分遣便衣，除散布谣言，使我不易察悉，我各部极缺通讯材料，指挥联络均感困难，刻正严督穷'剿'，务予根绝。"①11 月 19 日，陈诚向蒋报告了鄂东行署对新四军张体学部采取的各种措施："1. 各县均需完成自己工事（土碉）；2. 规定鄂东各县'剿匪'时期清乡暂行办法；3. 各县地方分设监防哨网，制'匪'活动；4. 积极宣传'匪'之罪恶与政府'剿办'决心及'匪'末路；5. 规定民众获'匪'、获枪及携械投诚给奖奉。"②

在 1941 年年初发生的举国震惊的皖南事变前后，陈诚也在自己的防区内采取措施，配合了这一反共行动。先是，1940 年 10 月 19 日，何应钦、白崇禧以国民政府军事委员会正、副参谋总长的名义，向八路军总司令朱德、副总司令彭德怀和新四军军长叶挺、副军长项英发出"皓电"，强令新四军于一个月内，全部撤至黄河以北。12 月 9 日，蒋介石又重新规定期限，命令"凡在长江以南的新四军，全部限本年十二月三十一日开到长江以北地区，明年一月三十一日以前开到黄河以北地区"③。陈诚根据何应钦内部下达的命令，即将限令新四军撤至黄河以北的决定，通知所属各部。他在 1941 年 1 月 6 日报告何应钦："新四军在鄂北、鄂中部队仍无开动模样，发出反动口号标语，并赶筑工事，屯积粮食，以防我军'进剿'，作负隅抗拒准备。"④1 月上中旬，当新四军军部在转移途中遭到国民政府军的包

---

① 陈诚致蒋介石电，1940 年 9 月 1 日，国民政府军令部战史会档案，藏中国第二历史档案馆。
② 陈诚致蒋介石电，1940 年 11 月 19 日，国民政府军令部战史会档案，藏中国第二历史档案馆。
③ 《皖事南变资料选》，上海人民出版社 1983 年版，第 71 页。
④ 陈诚致何应钦电，1941 年 1 月 6 日，国民政府军令部战史会档案，藏中国第二历史档案馆。

围和袭击时，陈诚密切注意时局的发展，并对新四军加以攻击。他曾对其下属说："我们担负着抗战的重任，共产党就利用这个机会在日本人占领的沦陷区发展它的势力，现在已经发展到几十万人。"①当他在长途电话里，从重庆蒋介石的侍从室了解到新四军损失严重、叶挺被扣时，又对身边的人说："蒋委员长看问题是看得很远的，皖南离首都很近，如果现在不把它干了，等到抗战胜利后，共产党军队就威胁南京，后患无穷。"②陈诚对皖南事变的结果，显然感到高兴，庆幸国民政府军对新四军阴谋袭击的成功，他说："在没有发动以前，我们很担心，我们把共产党在皖南的军事力量估计得过高，以为是不容易把他们打垮的，没有想到这样轻而易举地解决问题了。"③

皖南事变发生后，蒋介石于1月17日以国民政府军事委员会的名义，宣布新四军为"叛军"，取消新四军番号，密电"各战区应防范当面之'匪'，相机袭击"④。此后，陈诚更严令鄂境各国民政府游击部队加紧"围剿"新四军。2月20日，陈诚向蒋介石报告，荆门、江陵、潜江三县游击指挥官王伯高与新四军一部在柴家集一带激战两昼夜，王部不支而退；已令该地区游击总指挥部"派队专任搜剿"、"扑灭"，并"分电各部堵击"⑤。月底，陈诚获悉"新四军有兵力约三团，近由襄河迤东进至荆（门）当（阳）间及河溶迤南地区，大肆活动，改变行政机构及实行夺取民众工作"，即命该地区之国民政府游击队，将其"彻底铲除"⑥。6月初，陈诚得到情报，驻鄂中之第一二八师王劲哉部因担心被中央军并吞，擅与新四军第五师达成协议，第一二八师向潜江南直络河及潜江西南龙湾等地推进，新四军第

---

① 《陈诚谈皖南事变》，《江苏文史资料选集》第10辑，江苏省政协文史资料研究委员会1982年编印，第103页。

② 《陈诚谈皖南事变》，《江苏文史资料选集》第10辑，江苏省政协文史资料研究委员会1982年编印，第104页。

③ 《陈诚谈皖南南变》，《江苏文史资料选集》第10辑，江苏省政协文史资料研究委员会1982年编印，第104页。

④ 国民政府军事机关档案，藏中国第二历史档案馆。

⑤ 陈诚致蒋介石电，1941年2月20日，国民政府军令部战史会档案，藏中国第二历史档案馆。

⑥ 陈诚致蒋介石电，1941年2月28日，国民政府军令部战史会档案，藏中国第二历史档案馆。

五师则在江陵地区活动。他即将此情况向参谋总长何应钦作了报告，并据此判断，"'匪军'有向江汉间发展，拟夺占洪湖、白鹭湖一带，以作根据地模样"①。接着，陈诚又以急电报蒋介石：第一二八师"驻沿湖（天门东南）部队闻与新四军'匪'部有互不侵犯之勾结"②。

6月中旬，陈诚遵照蒋介石7日下达的命令，出动正规部队配合出击的各游击部队，对活动于鄂中地区的新四军，进行了一次较大规模的"清剿"。这些部队，在接获陈诚的命令后，随即迅速调集"围剿"部队。陈诚此举，虽大动干戈，涉及各部队，但因新四军依靠群众，机动灵活，当无法"肃清"。攻击行动开始半月后，鄂中地区新四军却更为活跃。陈诚在7月初向蒋介石、何应钦的报告中惊呼：新四军在荆门、宜昌地区动员地方青年加入中共，并在各地设有招待所，罗致国民政府军情报人员；在钟祥西南石牌地区四出宣传，吸收青年入党；将江口黄学会党徒2 000余人，枪数百支收编，开往半月山、草埠、问安寺一带。③

7月中旬，陈诚在制定反攻宜沙的作战方案时，甚至提出了以其所部冒充新四军，既袭扰敌人，又破坏新四军声誉的方案。岂知蒋比陈更为老谋深算，迅予制止。因此，在后来实施反攻宜昌作战时，这一冒充新四军的拙劣表演才未登台。

陈诚指挥、调动地方游击队和正规军，对坚持敌后抗战的新四军迭加围攻、镇压，这是对抗日民族统一战线的公然破坏，所行实使亲痛仇快。然陈诚所作所为，乃由国民党中央对中共的一系列方针、政策所决定，非他一人所能抗拒。他对新四军的围攻和镇压，主要还只是依靠国民政府地方游击队，对于正规部队的动用，亦仅至少数营、团；这同陕西、山西、安徽、江苏等地发生的大规模反共摩擦，在程度上和后果上都有所区别。

---

① 陈诚致何应钦电，1941年6月2日，国民政府军令部战史会档案，藏中国第二历史档案馆。
② 陈诚致蒋介石电，1941年6月4日，国民政府军令部战史会档案，藏中国第二历史档案馆。
③ 陈诚致蒋介石、何应钦电，1941年7月3日，国民政府军令部战史会档案，藏中国第二历史档案馆。

第九章　战时湖北省主席

一　就任省主席之初

7月7日，适为全面抗战爆发一周年，陈诚暨新任省府委员于省府中正堂行就职典礼。陈诚在典礼上，简致答词，曰："临危受命，责任綦重，今后谨当确遵总理遗教、领袖训示、政府法令、长官命令，尽忠职守，以期不负中枢倚畀与民众期望。"他规定："嗣后各机关职员，除奉公不力者，应即撤职，及有重大过失应予严惩外，其余一律不准辞职，如有托词临难苟免者，定即从严拿办，决不姑宽。"

抗日战争的特定历史条件，把陈诚这名驰骋疆场的武将，推上了政府官员的岗位。国民政府为了把战时各省的军政领导统一起来，特规定由驻节各地的部队最高长官担任省主席。于是，陈诚于1938年6月14日，同时被任命为第九战区司令长官兼湖北省主席。在此之前，湖北省主席一职长期由何成浚担任。

6月21日，陈诚偕新任省政府秘书长柳克述先行到府视事。陈诚发表演说："本人向在军事方面，勉负一部分之责任，此次奉命兼主鄂政，原不敢承，惟当此国家危急存亡之秋，鄂省适为南北枢纽，武汉复为抗战要区，义之所在，不容规避，只有凛遵领袖之意旨，体察民众之渴望，秉承何前主席之成规，誓以最大之努力，使中央与地方关系密切，政治与军事连系确实，政府与人民共同一致，以争取抗战之最后胜利。"①

7月7日，适为全面抗战爆发一周年，陈诚暨新任省府委员张难先、石瑛、

---

① 《武汉日报》1938年6月22日。

严重、杨绵仲、郑家俊、陈剑修、柳克述等，以及各厅长，于省府中正堂行就职典礼。蒋介石亲自到场。监誓人有：国民党中央党部秘书长朱家骅、国民政府委员叶楚伧、行政院副院长张群、军事委员会办公厅主任贺耀祖。参谋总长何应钦、前省政府主席、军委会军法执行总监何成浚等作为重要来宾出席。典礼于 7 时整开始。首由蒋介石训话。蒋对"自省主席以至各专员、县长"，提出了"战时为政应有之要件"："第一，应激发责任心，凡事贵能自动负责，劳怨不辞，各专员、县长应有通权达变之能力，以尽忠其本职；第二，应彻底实行'文官不贪财，武官不怕死'两句格言，造成廉洁而有效能之政治，以适合抗战之需要。"①陈诚在典礼上，简致答词，曰："临危受命，责任綦重，今后谨当确遵总理遗教、领袖训示、政府法令、长官命令，尽忠职守，以期不负中枢倚畀与民众期望。"②

陈诚就职湖北省主席之时，乃武汉会战前哨战已经进行之际，形势十分严峻。他以军人作风治政，对各级公务人员提出了严格的要求。他认为，凡公务人员，均须忠于职守，尽责尽职。他规定："嗣后各机关职员，除奉公不力者，应即撤职，及有重大过失者应予严惩外，其余一律不准辞职；如有托词自便临难苟免者，定即从严拿办，决不姑宽。"③

随着武汉战事的紧迫，疏散人口的工作刻不容缓。这中间，陈诚为湖北省的教育事业，做了一件好事。他将鄂东、鄂南及武汉地区的中学，分别迁到鄂北、鄂西等地继续上课；全省的所有中学均合并为一所省立联合中学，陈诚亲自兼任校长，以便适应战时环境，统一指挥调度。陈诚于 9 月下旬公开发表了《敬告本省中等学校学生家长书》，说明了举办省联中的目的和措施。他说："我们惟一的目的，就是要竭力维持战时教育，使我们的子女在安全环境中继续求学，不致流离失所，荒废学业，同时积极的施以抗战建国的教育与训练。"他还恳切地劝导各学生家长："诚深深的感到，诸位的子女即是我的子女，我对青年的关切，正如你们对自己的

---

① 《武汉日报》1938 年 7 月 8 日。
② 《武汉日报》1938 年 7 月 8 日。
③ 《武汉日报》1938 年 8 月 11 日。

儿女一样。为着他们青年的幸福，与我们国家未来建国的基础，我们必须
把学校变为家庭，学校的学生犹如家庭的子女，学校的教师犹如家庭的父兄，
所以，诸位可以绝对的放心，把你们的子女赶快送到学校里来，政府一定
完全负责，给予他们免费教育——免除所有的学费、膳费、宿费及制服费，
并施以严格的管教，使真正造成为国家的人才。"①省政府在汉口、襄阳、
宜昌三地分设中学生登记处，以便全省1万多名中学生有秩序地迁移并编
排到鄂西北的几十所省联中分校中去。在当时的战争环境下，学生的生活
费用，如不由政府供给，学生本身是无法解决的。但是，全部由政府包下来，
也引起了社会上一部分人的担心和疑虑。陈诚指出："这一万多青年真正
是我们湖北的精华，最重要的资产。我们一定要把他们视为自己的子女，
负责抢救出来，好好教育他们。"②他还表示，如果经费发生困难，宁可把
本省的保安团队裁撤一两团。陈诚此举，对于提高鄂西北落后地区的文化
水平，保存湖北省文化知识界的后备力量，发挥了重要的作用。

二　施政恩施

　　武汉沦陷前后，省府迁至宜昌；11月，再迁恩施。在行政工作中，陈
诚实施了"新县制"，并进行了公文改革。他以民政厅长朱怀冰搞出的一
套行政公文程式为蓝本，制成了一套省府通用的公文程式，将每篇公文基
本分为3段，第1段是行文动机，第2段是自己的意见、办法或办理经过，
第3段是希望受文机关知道或办理。陈诚对于战时的城市建设十分重视。《新
湖北城市建设计划大纲》要求做到"都市乡村化，乡村都市化，以免人口
趋集都市，影响卫生及地价，并使乡村近代化，促进农村建设"。陈诚对
文化教育事业很关注，他聘请了许多有名望的教育家和有建树的专家来鄂
主持教育工作。

---

① 《武汉日报》1938年9月25日。
② 台湾《传记文学》第6卷第4期，第19页。

陈诚自 1938 年 6 月兼任湖北省政府主席后，由于战事紧张，其主要精力还是集中于战场指挥；省政事宜，除掌握大政方针外，概交他的老上级、时任省政府委员兼民政厅长严重负责。武汉沦陷前后，省府迁至宜昌；11 月，再迁恩施。1939 年 1 月 31 日，经行政院决定，湖北省政府主席由严重代理。1940 年 7 月，陈诚再次被任命为第六战区司令长官，驻节恩施；9 月 1 日，回任湖北省政府主席，于恩施亲理省政。是时，陈辞去军事委员会政治部长和三民主义青年团中央干事会书记长之职，致力于第六战区和省政府的工作。时湖北省共辖 71 县市，除沦陷者外，鄂西、鄂北地区尚存 31 县。陈诚之所以坚辞中央工作，除了战区和鄂省军政工作之需要外，亦因当时中央政权中人事关系紧张、复杂所致。他在追忆前段任职中央的教训时表示，"不仅对此深有感慨，亦且极为恐惧"①。他在写给侍从室第一处主任张治中的一封信中伤感地说："弟自问一无所长，惟于主义与领袖，窃慕古人所谓忠义耿耿、公诚自矢之议，不避嫌怨，不计毁誉，知无不言，言无不尽，因此开罪各方，负咎多矣！"②

陈诚早于回任省政府主席前夕，即已手订《湖北省政府施政要旨》10 条，③尽述对于治理战时湖北的总体和分类设想。《要旨》首先肯定了严重代理省政府主席以来之政要，称"本府自二十七年改组以来，严、张、石诸公④对于施政纲要，业已具有规模；今后精神仍属一贯，方针亦无庸变更"。接着，便分析了当前省内的形势，并确定总的方针。《要旨》指出，"当下社会人心，充分表现悲观、衰颓、老残、破落之现象；省府同仁，移风易俗，立己立人，责无旁贷"。"现百废待举，吾人处此，首当别其轻重缓急，始不致于忙乱寡要，顾小遗大。其各种事业，如确实需要，又为力所能及者，则需争取时间，迅速施行；如限于人力物力，则暂缓兴办；至当前不急之

①《张治中回忆录》（上），文史资料出版社 1985 年版，第 306 页。
②《张治中回忆录》（上），文史资料出版社 1985 年版，第 306 页。
③《湖北省政府施政要旨》，1940 年 5 月，载《陈主席教育言论选集》，湖北省政府教育厅 1940 年 10 月印，藏湖北省图书馆。
④ 严即严重，字立三，时任湖北省政府代主席兼建设厅长；张即张难先，时任湖北省政府委员兼民政厅长；石即石瑛，时任湖北省临时参议会议长。

务，虽有余力，亦决不为。"《要旨》对于施政的各个方面，均有原则规定。关于政务，《要旨》称，"中央既经设厅分处，自足纵横综理，不应另设骈枝机关，误时糜财，兹除特别规定者外，应一律归并，或裁撤之"。关于治安，规定"汉奸、伪军、贪官、污吏、土豪、劣绅、地痞、流氓、反动分子等，均需彻底铲除之"。关于财政，规定"今后一面应顾及财源民力，以为适当之支配；一面需注意事业之进展，以应时代之需要，与财源之开发"。"今后关于核发之手续，节余之缴库，预算之编造，报销之核实，均需依法改善，而重计政。"关于教育，强调"整饬学规，砥砺志节，深植革命之基础；尤应普及国民教育，与实施各种专门人才之训练，以为百年大计之造端"。关于实业，《要旨》阐明："改进农业，开发矿产，兴办水利，培植森林，创设水电，以及推广合作事业与振兴轻工业等，均为本省建设之急务，应即厘订计划，积极推行。"关于民政，规定"赈济灾黎，清理监犯，各级负责同志，务本'己饥己溺'之心，'疴瘝在抱'之情，切实施行，勿稍怠忽"。陈诚要求各厅处、全体政府工作人员，"守法务严以律己，用法则勿拘勿泥"，各本此要旨，"以期完成抗战之使命，树立建国之基础"。

陈诚回任省政府主席一年后，复于 1941 年 6 月，主持制定了《新湖北建设计划大纲》①。他在《大纲》"前言"中说：自奉命返鄂，主持鄂政以来，"戎马倥偬，愧未能与全省父老，朝夕相从，共济时艰"，"今争取抗战胜利之日愈近，有赖于吾人奋发努力之处益多"，特草拟大纲，"揭其要领，立定目标，期共遵循"。《大纲》首先指出，建设新湖北的要义有三："一为在本省建设中彻底奉行吾人所信仰之三民主义，以为一切工作之准绳；二为严格遵照中央所定之国策与命令，使湖北在神圣之抗战建国大业中，完成其省区所应肩负之职责；三为依据全省实际需要，拟定方案，逐步实施，务期各项之建设，皆能本一贯之计划，而次第推行。"《大纲》以"建设三民主义的新湖北"为其总目标、总方向。新湖北建设中的主要任务有

---

① 《新湖北建设计划大纲》，1941 年 6 月，载《湖北省政府公报》第 432 期。

三个方面：一是开发资源，增进生产，以提高全省人民经济生活之水准；二是加强训政，推行自治，以提高全省人民政治生活之水准；三是普及教育，倡导学术，以提高全省人民文化生活之水准。建设计划以 5 年为第一期，各级各部门都要根据实际需要，先定出此 5 年中所必须达到的标准。经费的分配是：工业 40%，农业 30%，矿业 10%，交通 10%，文化 10%。经费以用于建设计划内的新兴事业为原则。《大纲》规定"经济建设的最高原则，为民生主义，即由发达国家资本，节制私人资本，平均地权，以达到民生主义之目的"；"政治建设之最高原则为民权主义，即由实施训政，完成地方自治，开始宪政，以达到民权主义之目的"；"文化建设之最高原则为心理建设，其目的在创造三民主义的文化教育，并按本省之实际需要，培植建设新湖北之人才"。计划在 5 年内，举办冶金、电气、机械、化学、粮食、被服、居室、行动、印刷等各类工厂 100 所；扩大稻米、麦类、杂粮、油料、甘蔗、棉、麻、茶、桑等作物种植面积 170 万亩，推广稻、麦、麻、糖、烟草、棉花良种种植面积 1 196 万亩；新建铁路 1 678 公里、各类公路 19 250 公里；新设小学 41 763 所、中学 215 所、大学 5 所。陈诚在战争条件下，主持拟定出这样一个庞大的建设计划，其雄心壮志固然可嘉，对振奋人民精神也有一定作用；但有不少内容是根本不可能实现的，故亦带有相当的盲目性。

在行政工作中，陈诚实施了"新县制"，并进行了公文改革。对于武昌等 68 县，省府于 1942 年 6 月下令，废除原第 1、第 2、第 3 科，成立民政、财政、建设、教育、军事、地政、社会 7 科；限令于 1942 年 8 月至 12 月，撤销联保办公署，裁撤 173 个区署，成立乡、镇公所；限于 1942 年 9 月底前召开保民大会，10 月前召开乡、镇民大会，12 月前成立县参议会。"新县制"强化了县以下各级行政机构，提高了它们的工作效能。与此相适应，连机关通行的公文格式也进行了改革。陈诚主政后所见到的机关公文，前已经国民政府加以改革，变整版式为分段式，并加以新式标点；但陈因看惯了简洁了当的军用公文，对现行的政府公文仍不满意。他以民政厅长朱怀冰搞出的一套行政公文程式为蓝本，制成了一套省府通用的公文程式，将每篇公文基本分为 3 段，第 1 段是行文动机，第 2 段是自己的意见、办法或办理经过，第 3 段是希望受文机关知道或办理。新的公文程式一经省府委员会例行通过，即印制成册，通令全省执行，并上报国民政府，下达各县。这种公文程式的改革，体现了战时节省时间、提高效率的方针，对于扫除公文冗长拖沓的旧习气，当有效果；但过分机械地套用军事文电的格式，也造成了一些不伦不类的现象。陈诚竭力宣示其所实现的新县制，"是一种革命的组织"，"是用来与反革命斗争的唯一机构"；"强调新县制与旧县制相比，绝不仅仅是添多几科几室而已"①。陈诚对于战时的城市建设十分重视。他于 1940 年 8 月亲自签批将《新湖北城市建设计划大纲》提交省府委员会讨论，复经第 372 次会议"议决原则通过"。陈诚于 8 月 10 日发出省政府训令，将大纲"交有关厅处拟具""详细办法"。该大纲凡 29 条，包括城市建设计划实施的范围、目的、原则和要点。《大纲》规定，该计划实施的目的为"建设民生主义都市"，"促进市县建设合理化、科学化及艺术化"；以民生主义为其基本原则，即"注重全民利益，以避免资本主义国家与社会主义国家都市建设偏重之弊"；要求做到"都市乡村化，乡村都市化，以免人口趋集都市，影响卫生及地价，并使乡村近代化，促进农村建设"②。根据这一精神，结合鄂省战局，陈诚于 11 月 12 日发出省政府训令，"疏散城市不必要部队、机关、学校、医院、难民眷属等，以就粮于乡"，决定恩施城市机关、学校、医院等疏散由各主管机关负责；其他县份城市疏散，由各县政府负责；部队疏散，由第六战区司令长官部负责。③在陈诚主持制定的全省城市建设计划中，除与战备有直接关系的项目外，鉴于战时的环境限制，多不能兑现，至于市县建设的"艺术化"和"乡村都市化"等目标，则更具浪漫色彩，在战时条件下，谈何容易。就中最为陈诚夸耀的，要算是战时省会恩施的建设了。1940 年冬，陈诚移驻恩施

---

① 陈诚：《奋斗、创造、前进、建设新湖北》，《前卫月刊》创刊号，1942 年 1 月 15 日，藏中国第二历史档案馆。
② 《据秘书处签呈拟具新湖北城市建设计划大纲请讨论案》，藏湖北省档案馆。
③ 关于疏散部队、机关、学校等的训令，藏湖北省档案馆。

办公不久，就决心修马路、建大桥。他亲自主持制定恩施的城市设计，令兵工冒严寒施工，对于需要拆除的民房，指到哪里拆到那里。经3个月苦干，在恩施老城修起了一条宽9米、长2公里贯穿城区南北的马路；随之出现的，就是马路两边的各类商店，增添了繁荣的景象。陈诚还调拨整团部队进山砍伐木材，在恩施城东的清江水面上，兴建了一座长120米、宽6米、水泥桥墩、木质结构的清江大桥。1943年元旦大桥正式通车时，陈诚亲自主持通车典礼，并兴致勃勃地率文武官员，分乘数十辆汽车，驶过清江大桥，绕行市区一周。

陈诚虽为一武将，但对文化教育事业却很关注。他聘请了许多有名望的教育家和有建树的专家来鄂主持教育工作。如选任留美的教育学博士张伯瑾、陈友松分任教育厅长和省立师范学院院长，农学博士管泽良为省立农学院院长，在德国享有盛誉的医学博士、外科专家朱裕璧为省立医学院院长，所有中学，则一直实行公费教育。陈诚还从国防的观点去倡导体育锻炼。他认为，"一个人体格的健全与否，对于国家民族的关系是很密切的"。他说："纵令我们与敌人大家都抛开武器，以赤手空拳去相见于战场，恐怕打败的还是我们。"他号召"赶快培养大批健全的优秀的体育干部，去担任中等以下各级学校的教职，去改进过去的弊病，去转移社会不良的风气，去建造我们今日所需的革命的体育"[1]。

陈诚在主持鄂政期间，也曾被一些人事关系的矛盾所缠绕。1941年夏，为了互争对鄂东游击部队的指挥权，他与第五战区司令长官李宗仁都想控制这一部队，以加强自己的地位。李宗仁于6月23日命令"鄂东游击总指挥部着即撤销，即改为鄂东游击指挥部，以48A副军长陈树芬兼任指挥官，原兼总指挥程汝怀应免兼职"。但是，陈诚认为：由于程组织游击队，方使"敌匪"不敢深入鄂东，鄂东行政得以保持完整；近该游击队又兴办学校、设立工厂；且其遵嘱在军事上服从第五战区领导，与国军密切合作。因此，

---

① 陈诚：《体育之目的与我国体育的改进》，1942年3月23日，湖北省政府教育厅编印，藏湖北省图书馆。

他决定"委程汝怀兼二区行政专员兼保安司令,将原有游击队改为保安团队";并请求蒋介石"仍令程汝怀负责整编鄂东地方部队"。这个官司一直打到军令部、何应钦、蒋介石那里。军令部曾列出了个处理方案,报参谋总长何应钦选择。何深知陈、李矛盾之不易处置,遂于7月19日作了个含糊其辞的批示。至12月,方由蒋介石以"高超"的手段,折中处理了这件棘手的公案。陈诚接电后,不服,于9日再电蒋介石,请稍修正。可是,蒋很快就直截了当地作复,"为使人事协调、政治协力军事起见,希仍照原令办理"①。

三　实施经济新政策

在陈诚主持鄂政期间,最为集中、最为见效的事业,乃为战时经济。他认为,"所谓战时民生经济,就是根据总理民生主义的原则,对于战时物资,从生产到分配,都加以合理的管制","就是增加生产,征购实物,物物交换,凭证分配"。陈诚在农村中实施的一条重要的经济政策,即为"二五减租"。陈氏推行"二五减租"的具体做法是:在租种土地的农民的总收获量中先提二成五归自己所有,其余的七成五再与地主对分,即将正产物的总收获量的375‰用来交租。

在陈诚主持鄂政期间,最为集中、最为见效的事业,乃为战时经济。他习惯称之为"战时民生经济"。他认为,"所谓战时民生经济,就是根据总理民生主义的原则,对于战时物资,从生产到分配,都加以合理的管制","就是增加生产,征购实物,物物交换,凭证分配"②。陈诚宣称,他处理战时经济的指导思想是"自力更生"。他曾慷慨激昂地演说:"我们中国自逊清遗留下来的一种媚外的劣根性,有一部分人终没有铲

① 蒋介石致陈诚电,1941年12月13日,国民政府军令部战史会档案,藏中国第二历史档案馆。
② 《陈主席辞修三十一年元旦出席湖北省党政军新年团拜演词》,藏湖北省图书馆。

除。因为媚外的结果，就养成了一种不可原恕奴隶性……这种亡国奴隶的劣根性，抗战以来虽有了不少的改变，但仍旧没有彻底铲除。由今天起，事实告诉我们：无气节依赖他人是靠不住的，最可靠的还是自己。同时事实又告诉我们：要挽救中国危亡，除了自力更生的一途外，别无其他更好的办法。"①

陈诚十分强调增加生产。他指出："任何战争延续至最后关头，经济上所最感困难者，即是由物品的贵贱问题，逐步演成为物品的有无问题。故增加各种必需品之生产，使各种物品都能自给自足，乃为解救战时经济困迫的根本法则。"②他认为，当前所谓增加生产的问题，最主要的是增加粮食的生产，其次才是其他各种生活必需品。他说："只要吃饭问题解决了，经济问题自然亦解决了大半。"③因此，在他于1941年6月主持制定的《新湖北建设计划大纲》中，将粮食生产的增产措施列于农业计划之首。《大纲》规定：在5年内，要将双季稻和再生稻的栽种面积扩大50万亩，推广良种水稻和陆稻430万亩；将小麦的栽种面积扩大100万亩，推广良种小麦300万亩；扩大冬、夏季杂粮栽种面积500万亩。此外，在5年内，还要扩大棉花种植面积150万亩，推广良种400万亩；开辟新茶园10万亩；新建纺纱厂4所，拥有纱锭20万枚；以及新建五金、日用化工、食品加工、水泥、造纸等工厂一批。④陈诚把"注意节约"看成是增加生产的一项不可分割的内容。他在1942年元旦的一篇演讲中，曾经似懂非懂地讲述过俄国十月革命的历史，以之证明节约的重要。他说：过去苏俄在沙皇时代，前方作战的士兵与后方劳动的群众都饿得连饭都没有吃，而皇室、资本家与大地主却仍过着糜烂的奢侈生活。结果列宁登高一呼，提出"和平、土地、面包"的口号，终于将沙皇制度推翻，造成了无产阶级的革命。皇室、贵族等糜烂生活所引起民族的愤慨与不满，是这次革命爆发及其成功的主要原因之

① 《陈主席辞修三十一年元旦出席湖北省党政军新年团拜演词》，藏湖北省图书馆。
② 《陈主席辞修三十一年元旦出席湖北省党政军新年团拜演词》，藏湖北省图书馆。
③ 《陈主席辞修三十一年元旦出席湖北省党政军新年团拜演词》，藏湖北省图书馆。
④ 《新湖北建设计划大纲》，1941年6月，藏鄂西土家族苗族自治州政协文史资料研究委员会。

一。①陈诚并不真正懂得马列主义理论，在论述十月社会主义革命时，不无显得笨拙；但这段话的本身，对十月革命亦无恶意，而且把节约与奢侈，同政权的兴亡联系起来，倒也有一番苦心。后来，由于战事的频繁和风气的败坏，陈诚增加生产的计划多不能兑现；而一般达官贵人纸醉金迷的生活，更成为对陈诚"注意节约"号召的一种讽刺。

关于物资的流通和分配，陈诚系通过征购实物、物物交换和凭证分配（即平价供应）三个环节来解决。

农村的田赋，国民政府已于1941年6月的第三次全国财政会议上决定，自是年下半年起，各省田赋战时一律征收实物。按惯例，田赋实物一般以谷、麦充之；陈诚在湖北省将田赋征实扩大至米和杂粮。除田赋征实外，为避免"藏于己"和"囤积居奇"的弊病，陈诚又决定，"其他民间生产所剩之必需品如棉、油、麻、柴、茶等等都将由政府征购之，然后再由政府作有计划的公平的分配，以免糜费"②。为此，陈诚特规定了征购实物的计价办法：首先按战前与战后物价的比例订定盐、油、柴、棉、麻等物资的价格；然后再以盐、油、柴、肥料、种子、农具等物资之价格订定关系国计民生的粮食的价格。他向湖北民众保证，征购实物决不用按户摊派的方法，而是采取从大户、富户开始，以求做到公平分担。

除实行征购实物外，陈诚还允许农民等小生产者，以货易货，实行物物交换。农民挑来一担柴或几匹土布，可以从合作社换点盐巴或其他物资回去，不通过货币作媒介，直接进行一部分生活必需品的交易。国民政府对此非常欣赏，曾将此作为样板在全国推广。陈诚认为，实行物物交换，"可以减少法币的使用，法币当可节省；同时亦即减少因金钱而产生的种种罪恶。例如现时全国人民所痛恨的囤积居奇，操纵物价，发国难财等等，便都可消除了"③。他还回答了关于实行物物交换是不是"开倒车"的疑问。他指出：今天的物物交换与历史上曾经出现过的这种现象不同，是有计划的交换，

① 《陈主席辞修三十一年元旦出席湖北省党政军新年团拜演词》，藏湖北省图书馆。

② 《陈主席辞修三十一年元旦出席湖北省党政军新年团拜演词》，藏湖北省图书馆。

③ 《陈主席辞修三十一年元旦出席湖北省党政军新年团拜演词》，藏湖北省图书馆。

即有计划的生产与分配联成了一气，因此非但不是落伍，而且是战时经济上最需要的自力更生的办法。

在战时民生经济中，陈诚动脑筋最多、最津津乐道的，要算是凭证分配、平价供应了。他对于消费品的凭证分配制度下了一个定义，即："对于一个人所必需的各项生活消费品，在一定限度内，都可凭证向政府所办的商店（或合作社）购买，而此所谓一定限度的数量，则须以足够维持每一人生活为准，超此限度即为浪费，政府当限制之。"陈诚认为实行这种办法有两个好处：一是可以节约消费，无异增加生产；二是可以减少法币的流通，避免通货膨胀。他对平价的范围作了周密的考虑和规定①：以人而言，第一步先解决恩施党政军各界公务员及其家属，以及全省学生、警察、团队的问题；第二步再解决全省党政军公务人员及其家属的问题；第三步解决全省人民的粮食问题。以物而言，第一步先掌握主要物品，即对日常必需的柴、米、油、盐加以严格的统制，进而统制其他物品；第二步对一切不必要的奢侈品与消耗品（如烟、酒等）加重税额，减少无谓的消耗，并节省物资；第三步找最大的奸商予以严惩，将最贵的东西予以平价。以地区而言，第一步先从省会恩施做起，第二步逐渐推广到第七行政区所属各县，第三步普及全省。计划虽是如此庞大而周密，但因战事连年，鄂西又为贫瘠之地，实行起来，颇属不易。仅以恩施一地而论，原仅有城镇人口 5 000 人；武汉撤退后，省会迁此，公教人员（不包括军队）及其家属，一下子陡增数万人。故陈诚的平价供应计划，始终只在省级机关、学校、企业的公教人员及其直系亲属、未成年的弟妹中进行。计供应每人每月粮食 18.75 公斤（大米七成，包谷三成），食油 0.625 公斤，食盐 375 克，木柴 15 公斤，煤炭 25 公斤，土布 1 米；每季棉花 0.5 公斤等②。

为了组织平价供应的物资，并按定量进行分配，陈诚特责成省银行组

①《湖北省政府委员会议陈主席指示备忘录汇编》，湖北省政府秘书处 1942 年 4 月编印，藏湖北省图书馆。
②董明藏：《我对湖北省平价物品供应处的几点回忆》，载《湖北文史资料》第 14 辑，湖北省政协文史资料研究委员会 1986 年印。

织"湖北平价物品供应处",由省银行行长周苍柏兼任经理,动用省银行资金,甚至提取库存金银,进行大规模的生产和收购。平价物品供应处下设粮食部、棉花部、食盐部、油料部、民享服务部、运输部和合作总社;此外,还直接经营织布、碾米、制茶、猪鬃、陶瓷、建筑、机械等工厂。省银行与供应处形式上为两个各自独立的机构,各有其董事会、监事会,但实质上却是两位一体。供应处的银钱收付,在省银行里可凭转账传票分割;其在外县的分支机构,亦多由各县分行经理。

陈诚花了很大的力气,来解决粮食和食盐这两样生活必需品的平价供应。他利用对第九战区节制的权力,以及与第九战区司令长官兼湖南省主席薛岳之间特殊的私人关系,将湖南的军粮拨至鄂西,以供民食。陈诚特于湘西设立两个运粮机构,将湖南的粮食经咸丰运往恩施。他还将省内食盐的运销从中央的盐务机构手中拿过来,由供应处的食盐部掌握。其办法是由湖北省政府向中央财政部购买足够鄂西、鄂北地区所需的全部食盐;然后再依财政部所订产地盐价实行配售。这种由地方经营盐务的做法,在中国的盐务史上尚属罕见。此外,陈诚还在各地举办了"民享社",实即招待所和食堂,接待当地或过往公务人员。

陈诚的物资供应政策和办法,在战时环境下,对于保障部分人民的生活、稳定城镇经济,发挥了一定的作用。就其所采用的方法而言,亦不无创造性的一面。但其弊端亦多:不仅享受平价的对象受到了极大的限制,一般仅在恩施的公务人员及其家属之中;而且由于国民党内风气的腐败,在实行过程中,不少人从中贪污、中饱,流弊丛生,以致群众将"民享社"讥之为"民哼社"。

陈诚在农村中实施的一条重要的经济政策,即为"二五减租"。他在1941年4月颁布了《湖北省减租实施办法》,决定分区实施"二五减租"。当时,中共在敌后解放区也普遍实行"二五减租"的政策,即减去原租额的25%。陈氏之"二五减租",有其独特的理论和做法。他认为:减租"为平均地权的第一步","是民生主义实现的第一步,也是目前安定人民生活,增加农业生产的主要方法";通过减租政策的执行,"要逐渐达到'耕者有其田'的目的"①。陈氏推行"二五减租"的具体做法是：在租种土地的农民的总收获量中先提二成五归自己所有，其余的七成五再与地主对分，即将正产物总收获量的375‰用来交租；凡原定佃租超过375‰者，应减为375‰，原定佃租不及375‰者，仍照其原约所定。为了防止地主的巧取豪夺，保护农民的利益，陈诚又规定4项限制性的措施：（1）正产物总收获量，如因佃农改良土地与耕作而有增加时，仍依承租时总收获量缴纳。（2）农民因不可抗拒的原因致正产歉收时，仍依当地习惯协调减租；但正产物之总收获量不及三成者，概免纳租。（3）实施减租后，地主不得因减租而退佃。（4）地主如有用压迫或欺骗手段，诱使佃农于减租额外，另行私立租额者，一经察觉或被人告发，得由政府将原租土地免租3年，仍发交原佃农耕种。其情节重大者，并将依惩治土豪劣绅条例惩治之。②陈诚号召各级官员，以"大智大仁大勇的革命精神"来推行减租政策，他并对佃农和地主分别提出要求。佃农需明了减租之于自己有利，"一致的遵行政府的法令"；地主"应激发其仁慈的德性，以不事生产为可耻，以不劳而获为不义"③。他坚决否认，其所实行的"二五减租"，与中共之土地政策有任何共同之处。他说："有些人以为本省实行减租，是共产党的办法，这不仅是绝大的错误，而且可以说根本不明了本党的主义。"这里，陈诚故意避开了中共在抗战期间实行的"二五减租"政策，而是将抗战前实行的土地政策加以歪曲，大张挞伐。他宣称：中共的土地政策是"把所有的地主，不论大小，一概杀死，然后再把田地瓜分"，而且"地主杀死以后，所有的田地并不见得真正分配给贫苦的农民"；而他主持推行的"二五减租"，则可以使土地问题得到"合理解决"，"根本消灭共产党推行暴虐手段的口实，使地主佃农，两受其益"④。事实上，陈诚推行的"二五减租"，在实行过程中，

---

① 《湖北省政府会议陈主席指示备忘录汇编》，1942年4月。
② 《革命人物志》第5集，台湾中国国民党中央委员会党史史料编纂委员会1970编印，第237–238页。
③ 《湖北省政府会议陈主席指示备忘录汇编》，1942年4月。
④ 《湖北省政府会议陈主席指示备忘录汇编》，1942年4月。

弊端丛生。有的地主暗使佃户增加田亩数或正产物的常年收获量；有的地主不论年成丰歉，均迫令佃户缴足法定租额；有的佃户则在地主淫威之下，租额不敢有所短少。农民所得之实惠是有限的。后来，由于陈诚调离湖北省，该省的"二五减租"也就随之而烟消云散。

四　雷厉风行的作风

陈诚主政湖北期间，作风十分严厉，每年照例都要举行省党政军年终检讨会，动辄长达一月。会议期间，实行军事管理，到会官员不论官职大小均编成中队、大队，按时点名。弄得出席者都不敢马虎，开会的铃声一响，纷纷争先恐后对号入座。主鄂政后，他声称对贪污行为要予以严办。凡贪污者，碰上陈诚的刀口，多无活命。

陈诚主政湖北期间，作风十分严厉，第一，这是由于其出身寒微，办事比较认真和踏实；第二，又因他是一名久经沙场的军人，在行政工作中也掺进了军队严格的纪律和命令；第三，则因他一身集中了过大的权力，使其威严的作风能够得以贯彻；第四，战时的环境，往往也促使他采用过于严厉的手段。

陈诚每年照例都要举行省党政军年终检讨会，动辄长达一月。会议期间，实行军事管理，到会官员不论官职大小均编成中队、大队。在会议进行过程中，他本人只要不因公外出，每天上、下午从不迟到、早退或缺席，按时点名。弄得出席者都不敢马虎，开会的铃声一响，纷纷争先恐后对号入座。各厅处长、行署主任、行政专员、县长，按规定都要在会上作工作报告。报告时间为半小时，不得超过。发言者无不提心吊胆、惶恐不安。陈诚不时插话，或在笔记本上记下什么。这更增加了会场的紧张气氛。这样的报告，往往成了对报告者升降的一种"口试"。公安县县长方扩军，原来是有名的"不倒翁"。可是，一次在年终检讨会上，当结束的铃声响起的时候，讲稿才念了一半。陈诚当即不耐烦地斥责："你在公安干了这多年，就是一本经，也该念熟了。"不久，这位"不倒翁"终于倒下了，他的县长职位由新人接替。[①]正因为如此，在会议期间举行的一些临时性座谈会上，往往陈诚再三启示，一些县级官员仍是不敢发言，害怕祸从口出。

平时，每逢星期一上午举行机关"总理纪念周"时，也总是陈诚一人站在台上，各厅处职员，按单位分别集合成若干纵队，列队于场中。各厅处长肃然立于本单位纵队前列，接受陈诚训话。在陈诚作报告需要参阅文件时，省府秘书长咸以立正姿势，手捧文件，侍立其身边。

陈诚早年治军，即有"经济公开"之举策，以其"账目清楚"而胜过其他高级军官一筹。主鄂政后，他声称对贪污行为要予以严办。凡贪污者，碰上陈诚的刀口，多无活命。陈诚把贪官污吏同土豪劣绅联系起来加以考察。他说："土豪劣绅、地痞流氓与贪官污吏是相依为命、相辅相成的。惟其政府中有贪官污吏，所以社会上才有土豪劣绅、地痞流氓，亦惟其社会上有土豪劣绅、地痞流氓，所以政府才能发生贪官污吏。""今天我们要打倒土豪劣绅、地痞流氓，就须先行肃清贪官污吏。"[②]1940年5月，宜昌县长武长青因变相接受贿赂，虽曾得专员之默许，仍被陈诚处死。武长青经济问题的数额和情节，都不是最重的，但由于是陈诚亲自决定的，虽武于临刑前连呼"冤枉"，也未能免其一死。监利县长黄向荣，私索款项，放行走私物资，被陈诚抓获在押。后陈诚因赴云南出任远征军司令长官，使此案暂搁。经半年，待陈诚再至恩施时，办案者为了结此案，有心成全黄不死，将所拟判徒刑12年的意见送陈审阅。不料陈勃然大怒，坚处死刑，遂使黄即毙命。[③]

陈诚还惩办过一些恶霸。长阳县的头号恶霸覃瑞三，霸占土地、民女，又阻挠"新县制"的推行。此事告发到陈诚处后，陈便命该县政府派警员将其解押至省。覃闻讯投奔巴东大恶霸邓品三。邓有后台背景，又有武装。

① 吴先铭、吴自强：《我们所知道的陈诚》，藏武汉市政协文史办。
② 陈诚：《奋斗、创造、前进、建设新湖北》，1941年12月21日，载《前卫月刊》创刊号，藏中国第二历史档案馆。
③ 匡侯：《以杀风而逞威风》，藏鄂西土家族苗族自治州政协文史资料研究委员会。

陈诚一不做二不休，立命第二十六集团军总司令周嵒派兵将邓、覃二人拘捕来省。邓、覃得悉，不敢再抗，束手就擒。后覃被枪决，邓亦被囚。[1]

　　陈诚的"三禁"政策，更曾在鄂西风靡一时。"三禁"即禁烟（鸦片）、禁赌、禁娼。在国民政府辖区政治腐败、经济畸形的情况下，烟、赌、娼已成为普遍的社会现象。凡有烟馆的地方，亦必有娼、赌，似成"三位一体"。在国民政府公务人员中，吸烟、聚赌、宿娼，已经司空见惯，不足为奇。陈诚自1940年夏任鄂省主席后，曾誓除"三害"。省府秘书长刘千俊亲笔写信给各县，声称凡省府禁烟、禁赌、禁娼的命令，均根据陈诚的手令办理，希各严予执行。其中尤以禁烟一项，更是抓得有声有色。是年10月27日，陈以省府主席的名义，发出"酉感保民代电"，令各县自1941年1月1日起，凡种、运、吸、售、藏烟者，不论情节轻重，一律处以死刑。[2]陈诚多次颁发门板大的布告，奖励民众密告烟毒踪迹；还以第六战区司令长官的名义，命令战区驻军，封锁敌伪运输毒品，对于毒品和毒犯，得随时截获扭杀。1941年秋冬，国民党中央通讯社恩施分社社长徐怨宇，在恩施城里见一绑赴刑场的死刑犯，长得白白胖胖，所插标帜为"吸烟犯"。徐忙去问县长刘先云：此人身体健康，又白又胖，因何以吸烟罪诛杀？刘答：关了半年，烟瘾已戒，长好了。徐复问：既已彻底戒除烟瘾，为什么还要杀？刘表示：徐可以去向陈诚讲，他不敢讲。后来，徐又以此问题问省民政厅长朱怀冰，朱答亦与刘县长相同。由此可见，陈诚在"三禁"方面，还是下了决心的，不容下级有些许干扰。

　　陈诚惩治贪污腐化的行为，力除"三害"，这本是兴国利民的好事，尤其在抗战进入相持阶段的艰难时期，更有此必要。他的指导思想是"除弊重于兴利"。他说"在积弊没有除去之先，利政是不能兴起的；腐烂的肉不割掉，好的肉是永远长不出来（的）"。"中国今天之大患，不在民利未兴，而在民害未除，害除而利自生"；否则"利未兴而民愈扰"，"以

① 马毓英：《陈诚在湖北》，藏湖北省政协文史办。
② 朱茂凡：《陈诚的"新湖北建设计划"实施之我见》，藏鄂西土家族苗族自治州政协文史资料研究委员会。

利民之政酿成害民之果"①。综观陈诚各项除弊之举,确实取得了一定的成果。

五 与叶挺的交往

1941 年初,发生了震惊国内外的皖南事变,叶挺军长被扣。1942 年底,陈诚又作了一次努力。他再次请求蒋介石,让叶挺住到恩施来,以便由他就近规劝。陈诚让叶挺长期住在自己身边,固然有劝降的用意,但在恩施的境遇,毕竟比关在其他地方要好。时代的烙印,使陈诚与叶挺的关系,微妙而复杂。历史记录下了这值得玩味的一页。

北伐军与新四军的名将叶挺,与陈诚是保定军校的校友。只是叶挺大陈诚两岁,也比陈诚早两年入保定军校。他们在保定军校并未见过面。叶挺在 1918 年,因家境困难中断学业,返回家乡;而这年秋天,陈诚方被保定军校录取,并先到北京南苑的陆军第九师入伍锻炼。

北伐战争中,叶挺先后担任第四军独立团团长、第二十五师副师长和第二十四师师长。恰好,陈诚也有相似的经历,先后担任第六十三团团长、第二十一师副师长和第二十一师师长。他们的地位相当。不过,就对北伐战争的贡献和社会影响来说,陈诚尚不能与在"铁军"中指挥作战的叶挺相比。

抗日战争爆发后,陈诚与叶挺在武汉同时聚集在抗日民族统一战线的旗帜下。这时,他们的地位已发生了较大的变化。叶挺被任命为国民革命军新编第四军军长;陈诚则是统领 4 个军又 7 个师的武汉卫戍总司令。

1938 年初,叶挺住汉口太和街 26 号新四军办事处。陈诚常来看望叶挺,同时也可以前往相距不远的八路军办事处。

时代的烙印,使陈诚与叶挺的关系,微妙而复杂。1941 年初,发生了

---

① 陈诚出席省会各界国民月会及湖北省建议会议闭幕典礼讲话,1942 年 9 月 1 日,《湖北省政府公报》第 462 期。

震惊世界的皖南事变，叶挺军长被扣。陈诚对事变的结果感到高兴、庆幸。他在恩施从长途电话中了解到事变的结果时，情不自禁地对身边的人员说："蒋委员长看问题是看得很远的，皖南离首都很近，如果现在不把它（新四军）干了，等到抗战胜利后，共产党军队就威胁南京，后患无穷。"但是，他对叶挺军长又十分敬重，向蒋介石请求不要杀害叶挺，由他担保。

1942年春夏，叶挺被囚于重庆林森路望龙门22号。这位叱咤风云的将军，因为抗日，已经被国民党囚禁了一年多。他为了抗议这种不公平的待遇，发不剪，须不修。一次，担任第六战区司令长官和湖北省政府主席的陈诚决定前来看望叶挺。军统头子戴笠命处长沈醉前去劝说叶挺整修面容。"军长，重庆是有名的火盆，天气太热了，您是否把头发理短些？"沈醉说。"谢谢你的好意。我早已说过，不获无条件释放，我是不会去理发的！"叶挺坚决地说。"如果最近有人来见您，您也不能修整一下面容吗？"沈醉仍想婉转地规劝。"我决不会为见我所不愿见的任何人而修剪须发！"回答斩钉截铁。

两三天后，陈诚来到叶挺的住处。一个是满面春风的将军。一个是须长发乱的囚徒。"希夷兄，何必把自己折磨成这个样子呢？"陈诚关心地说。"一个囚徒，还有什么好样子？"叶挺答。"我已经在蒋委员长面前保了你，随我到六战区去屈就副司令长官吧。"陈诚的话，确有几分诚意。"我除了仍旧任新四军军长外，别的什么职务也不会担任。"叶挺倔强地说。"你这样固执对自己是没有好处的。"陈诚的话，又是劝解，又是批评。"我知道对自己没有好处。但是，你们袭击抗日的新四军，这对国家和民族又有什么好处呢？"叶挺的语言十分犀利。水火不容。陈诚只好悻悻离去。

第二天，陈诚再次来访。他要继续昨天没有完成的任务。"希夷兄，你有什么话对蒋委员长说吗？"陈诚终于抛出了谈话的主题。"没有。"一个坚定而顽强的声音。"如果他想见你呢？"陈诚进一步挑开说。

叶挺开始沉思。从蒋介石对新四军和自己的残害来看，没有什么见面的必要；但是，自己的行为是光明正大的，见见面，去碰他一下也未尝不可。于是，叶挺坦然地答复陈诚："好吧，尊君旨意。"陈诚喜出望外，突然又补充了一句："兄既同意见委员长，还是把面容和衣服整理一下吧！"语调已近乎恳求。"就按我本来的面目去见他，何必改装修容？"叶挺仍坚持原来的打算。"希夷兄，像你现在这个样子，我如何敢领你上委员长那里！"陈诚再作进一步恳求。"既然如此，那就服从吧！"叶挺不想再为难陈诚，同意了他的要求。①

在叶挺整装、修容后，他们一道登车来到蒋介石住处。他们在客厅里坐不多久，即听卫兵大声呼唤："委员长到！"陈诚立正报告。叶挺亦离开座位，略行礼仪。"你知道错吗？"蒋介石坐下以后，即大声对着叶挺说。"我没有错。"叶挺坚定地回答。"共产党目无政府，目无领袖，不服从军令，以致才会有今天这样的惨祸。"蒋介石继续说，"当然，新四军的问题在共产党身上，你是被共产党利用的，与你无关。"蒋介石稍稍停顿了下，接着说，"你是一名将才，现在抗日，是需要人才的时候。我准备派你到六十二军去当军长，或者到新编二十二军去也可以。"

"委员长，请不要忘记，现在我还没有自由，囚徒怎么能去当军长呢？"叶挺冷静地挖苦说。蒋介石遇到这突然的一击，十分尴尬。陈诚赶忙起立立正，大声说："报告委员长，我们回去研究委员长的指示，改天再来复命。"说完，陈诚便拉叶挺离开客厅，把他送回住处②。

这以后，军统便把叶挺从望龙门 22 号移到"中美合作所"的白公馆中囚禁。一切优待都被取消了。

1942 年底陈诚又作了一次努力。他再次向蒋介石请求，让叶挺住到恩施来，以便由他就近"规劝"。叶挺来到恩施后，各方面条件都有所改善。陈诚让他在省政府里挂名"高参"。他可以到办公室看报、喝茶、下棋，也可以回寝室休息。叶夫人和女儿扬眉被从桂林接来，同叶挺住在一起。每逢演出节目，还让叶挺夫妇坐在前排中座。陈诚告诉叶挺："现在是抗战最困难的时期，物资供应十分紧张。我已关照民享社，在生活上和物质

---

① 谭冬菁：《叶挺面斥蒋介石》，恩施自治州政协文史资料委员会编《鄂面文史资料》1995 年第 1 期。
② 谭冬菁：《叶挺面斥蒋介石》，恩施自治州政协文史资料委员会编《鄂西文史资料》1995 年第 1 期。

上给你以特殊照顾。""谢谢，不需要。你们的省银行行长周苍柏是我的老朋友。我请他负责我的生活费用，日后如数归还。"叶挺表明了自己的志节。好在周苍柏正好被陈诚委任为兼"物资供应处"经理。叶挺所住民享社东门招待所亦在他的辖下。叶挺的生活费用，究竟是由周苍柏私人垫付，还是由陈诚指示在民享社中报销了，不得而知。看来，叶挺的志节和陈诚的关照都是事实。

　　1943 年 6 月下旬，《新华日报》记者陆诒趁参加鄂西慰问团之机，奉周恩来的指示，去恩施看望叶挺，向他通报国内外形势及有关中共营救他的情况。这时，叶挺与夫人、女儿已经移住恩施西郊朱家河。陆诒将一封周恩来的亲笔信面交陈诚。陈诚阅信后，爽快地说："希夷兄一家住在恩施西郊，你要去访问他，这不成问题，我会派人带你去。你将来回重庆时，望代为转达周公，希夷兄由我就近照顾，安全和生活决无问题，请他宽心。"

　　谈完话，陈诚即派副官陪陆诒驱车赴恩施西郊与叶挺会面。当叶挺留陆诒吃饭时，副官告辞离去。这说明，陈诚对叶挺的监视还是较宽松的。

　　叶挺从 1942 年底移住恩施，直至抗战胜利，中间除了有几个月又被押往桂林外，一直住在这里。

　　陈诚让叶挺长期住在自己身边，固然有劝降的用意，但在恩施的境遇，毕竟比关在其他地方要好。历史记录下了这两位政治观点截然不同的将军，在清江岸边微妙而复杂的一页。

第十章　征战滇鄂

一　就任远征军司令长官

陈诚于 1943 年 2 月 11 日奉派为远征军司令长官，仍兼第六战区司令长官及湖北省主席。盟军中国战区参谋长史迪威认为，陈诚是中国诸将军中一位"最强有力和最令人感兴趣"的人物。陈诚在制定并实施远征军作战部队整备计划的同时，又主持制定了远征军反攻缅甸作战计划。10 月中旬，陈诚胃疾复发，剧痛咯血，曾致昏迷。11 月 23 日，蒋介石任原第一战区司令长官卫立煌为远征军代理司令长官；陈诚仍保持远征军司令长官的名义，于 11 月底赴重庆休养。

就在陈诚悉心指挥第六战区军事和主持湖北省政的时候，1942 年春，中国援缅远征军第一路军，由于指挥失误，步调不一，在缅甸作战损兵折将，牺牲惨重。经是役，日军侵入云南，且将我国西南唯一的国际通道滇缅公路切断。为了打通陆上与盟国的通道，编练新军，准备反攻，中国最高军事当局于 1943 年年初，决定设立远征军司令长官司令部，拟任陈诚为司令长官。初，陈氏请辞，曰：第一，远征军之行动关系国际信誉极大，其责任远非其他战区可比；第二，各方对此多有怀疑，而一般意见亦难期一致；第三，本人能力有限，不能胜任 ①。蒋介石因不愿使这一关系到今后国民政府军队命运的重要职位落入别人之手，当然非陈诚莫属。况陈先此早已介入与美国盟军合作的活动之中。1 月份，他与外交部长宋子文一起，同中国战区参谋长、美国驻华军事代表史迪威，就重新编练 30 个师中国军队的问

---

① 《陈诚私人回忆资料》，藏中国第二历史档案馆。

题进行了讨论。后来美国陆军部在编写中印缅战区战史时曾指出，史迪威和宋子文、陈诚之间的讨论与合作，是史奉命东来的高潮之一。史迪威认为陈诚是中国诸将军中的一位"最强有力和最令人感兴趣的"人物。[1]美国人对陈诚的估计是"在蒋介石的儿子具备条件之前，他会被看成临时继承人"[2]。1月28日，史迪威综合美军参谋总长马歇尔的指示以及和宋子文、陈诚讨论的结果，将编练计划报请蒋介石批准。他在这个文件中特别强调，"应请加速集中军队，陈诚将军应摆脱其他一切职务"[3]。蒋介石同意了史迪威的条陈。陈诚遂于2月11日奉派为远征军司令长官，仍兼第六战区司令长官及湖北省政府主席。按照中美双方的协议，陈诚对远征军具有完整的指挥权，美国人只负责训练和供应租借武器、物资的责任。

3月10日，陈诚与史迪威在重庆举行会谈，商定首先调集8 000至9 000名中国军队在昆明训练基地分批训练，然后再空运到印度兰伽训练营去，进一步熟悉新武器的性能和使用方法。陈诚主张：将特种兵科的干部，更多地送往印度去加强技术训练；而对高级干部，则以精神训练为主。陈诚还提醒史迪威注意：把中国军队原来1个军辖3个师的编制改为辖2个师，还要根据滇西的地形再详细加以研究；同时，在个别作战时，还应考虑到中国军队在营以下没有通讯队伍的实际状况。

陈诚受命为远征军司令长官后，即命陆军第五师副师长兼政治部主任、跟随自己多年的助手邱行湘兼任远征军司令长官司令部的副官处处长。邱即衔命随副司令长官黄琪翔先赴昆明设营。经与云南省政府主席兼昆明行营主任龙云几度设商，确定在楚雄之弥渡设营。弥渡虽位于滇缅边境，但这里曾是负责修建滇缅国际公路的曾养甫设督办公署之地，有宽敞的办公地点和电报局；与重庆之间的双铜电话线可以排除干扰、畅通无阻，1 000瓦的载波机也可以游动安排。

3月12日，陈诚偕史迪威，由美国第十四航空队少将司令陈纳德亲自

① ［美］巴巴拉·塔奇曼：《史迪威与美国在华经验》下册，商务印书馆1984年版，第452页。
② ［美］巴巴拉·塔奇曼：《史迪威与美国在华经验》下册，商务印书馆1984年版，第452—453页。
③ 吴相湘：《第二次中日战争史》下册，台湾综合月刊社1974年版，第873页。

驾机护送，自重庆飞抵昆明。为了解前方部队的实际状况，陈诚由昆明抵楚雄后，即赴滇西、滇南视察。在视察中，他深深感到云南前线的部队存在着很大的危机。他的印象是：第一，就精神言，因滇境物价极高，官兵所受物质压迫自较其他驻地之部队为大，而各部队间之联系亦较松弛。第二，就纪律言，若干部队对于走私、运烟、聚赌、盗卖军械等败坏纪律行为，亦较其他驻地之部队为多。第三，就战力言，一因各军之师管区远隔，兵员补充不易，而天候特殊，死亡特多；二因工价高涨，环境引诱，士兵潜逃颇多，遂使各部队战斗兵有每连仅30余名者，战力之（差）可想而知。①

面对如此严峻的情况，陈诚给自己规定了"四干"和"三不"的要求，即：苦干、强干、硬干、快干；不耻过、不敷衍、不贪小便宜。②他认为，要组织有效的反攻，打通国际通道，首要的任务是加强远征军的战斗力。于是，他迅速策定了"远征军作战部队整备计划"，摘其要者如下：1. 编制：采用美方建议，拟定了远征军1943年的暂行编制。2. 装备：依照新编制配备武器。3. 对象：第一次加强装备计划，经军政部核定有滇西11个师，滇南6个师，昆明3个师，拱卫陪都部队3个师，第六战区4个师等，共30个师。4. 训练：特设军委会驻滇干部训练团，内分步、炮、工、通信、电信、军医、兽医等9科，及将校班、防空班、后勤队、泰越缅语班、军需班等。5. 人马补充：缺额限于8月底前补充完毕。6. 经费：共需经费13.4亿元，经蒋介石核定为10亿元，已准先拨7亿元，其余3亿元视今后实际情况再行核定。③

军事委员会驻滇干部训练团由蒋介石亲自兼任团长，龙云和陈诚兼任副团长；陈诚在团内负实际责任。

陈诚在制定并实施远征军作战部队整备计划的同时，又主持制定了远征军反攻缅甸作战计划。4月初，蒋介石特电嘱陈诚和军令部长徐永昌，令其详细研究反攻缅甸的路线。蒋在电报中提示陈、徐，"以其正面甚难进攻，

---

① 《陈诚私人回忆资料》，藏中国第二历史档案馆。

② 《陈诚私人回忆资料》，藏中国第二历史档案馆。

③ 《陈诚私人回忆资料》，藏中国第二历史档案馆。

似宜由南北二面研究，预定侧攻道路与方向"；要求他们就进出路线的选定、修路、渡河与各种有关材料之准备，以及指定部队与实习课目等，研拟具体实施计划呈报。①5月初，陈诚根据蒋介石上电指示精神，初步拟定出反攻作战计划，预定在8月底完成一切整备后，就以恢复中印缅水陆交通及协助英印盟军收复缅甸为目的，与英美盟军同时发动攻势。他从弥渡向蒋介石报告了这一计划的拟定情况。电称：共拟具在反攻准备期间的守势作战和实行反攻时之攻势作战两种计划方案；对于进出路线之选定、修路与渡河计划、各种有关材料之准备等项，均已有详细打算；但是，对于指定部队及其实习课目等内容，因各预想进出方面之地形、敌情，各有不同，需待现计划获得批准后，方可作进一步的规划。②反攻作战计划实行的时间，由于鄂西会战的发生和盟军作战部署的调整，复向后移。

五六月间，进行了鄂西会战。陈诚亲赴恩施指挥这一会战，并于事后主持各项祝捷活动。恩施的行动结束后，陈诚迅返楚雄，进一步规划反攻作战事宜。8月上旬，他统一了远征军所属各军、师的编制。在编制问题上，史迪威与陈诚的看法有所不同：史主张每军两师制；而陈则认为远征军现行的每军3师制比较符合作战要求。为了协调彼此间认识上的分歧，陈诚巧妙地决定：各军一律按照1943年远征军编制改编为每军3师；目前每军按编制仅先补充装备两个师。③8月12日，陈诚复向最高军事当局提出将滇西、滇南部队统一在一个战斗序列之下的建议。陈诚指出："滇西滇南，唇齿相依，无论攻守，均须指挥统一"，期以全滇兵力，统筹运用。④陈诚的这一意见，迅速得到了蒋介石的认可。

---

① 蒋介石致徐永昌、陈诚电，1943年4月6日，载《中华民国重要史料初编——对日抗战时期》第二编"作战经过"（五），台湾中国国民党中央委员会党史委员会1981年编印，第373页。

② 陈诚致蒋介石电，1943年5月7日，载《中华民国重要史料初编——对日抗战时期》第二编"作战经过"（五），台湾中国国民党中央委员会党史委员会1981年编印。第373页。

③ 陈诚致蒋介石、何应钦电，1943年8月18日，载《中华民国重要史料初编——对日抗战时期》第二编"作战经过"（五），台湾中国国民党中央委员会党史委员会1981年编印，第382页。

④ 《第六战区司令长官陈诚自昆明呈反攻前准备意见电》，1943年8月12日，载《中华民国重要史料初编——对日抗战时期》第二编"作战经过"（五），台湾中国国民党中央委员会党史委员会1981年编印，第381–382页。

9 月，关于陈诚所辖部队的编练与范围，史迪威又迭向蒋介石提出新的建议。6 月，史迪威报告蒋介石，练兵 30 师的计划有了改变，拟将陈诚所属云南地区的编练部队视为第一批 30 师中的一部分，优先训练和装备。16 日，史迪威又建议蒋介石授权陈诚指挥云南、广西境内的所有部队，将滇、桂打成一片；但此议未获蒋的批准，蒋坚持广西部队仍由军事委员会直接指挥。

10 月 12 日，陈诚在楚雄司令部再次拟定反攻计划。其要旨为：在英美联军对缅甸发动攻势的同时，中国远征军以主力分别攻取腾冲、龙陵，进出八莫、九谷，然后进攻腊戌，与盟军会师曼德勒。预定在 12 月完成作战准备，1944 年春季实施。

可是，就在 10 月中旬，陈诚胃疾复发，剧痛咯血，曾致昏迷。幸夫人谭祥时住楚雄，当予精心护理，使之勉强度过危机；但已不能坚持正常工作。

10 月 26 日，蒋介石亲拟电稿，对陈诚病发表示慰问，并对反攻缅甸作战事，予以指示。蒋询陈"最近体力如何"，表示"无任悬系"。又关照反攻缅甸之准备工作所应注意之点：其一，为潞江各渡口必为敌寇严密封锁，正面恐不易突破，关于此点必须另筹方略，或增强攻击工具,期其有成; 其二，届时空军对于敌军各种工事与阵地之侦察以及俯冲轰炸之熟悉与各种之准备，尤其炮兵与空军协同动作之实习，更应从速着手熟练不可，请约陈纳德将军拟定具体计划，切实进行，是为至要；其三，对于景东方面，应增加兵力，且派有能力之指挥官，以及加强运输机构，部队无论正面进展如何，而该方面必须有相当把握之准备，期达任务，则全缅战局，必可改观。蒋复特别指出："以运输给养所能及之程度，应尽力加强兵力。如能修筑临时飞机场，再使空军能作相当之掩护，则其效必更大。至于经费自当照发，可以不虑也。"①

陈诚对蒋介石的各项指示、命令，从来都是忠顺执行的。这一次，由

---

① 蒋介石致陈诚电手迹，1943 年 10 月 26 日，《中华民国重要史料初编——对日抗战时期》第二编"作战经过"（三），台湾中国国民党中央委员会党史委员会 1981 年编印，第 182-191 页。

于身体的原因，却没有能够善始善终地将其一一办理完毕。11月23日，蒋介石任原第一战区司令长官卫立煌为远征军代理司令长官；陈诚仍保持远征军司令长官的名义，于11月底赴重庆休养。

陈诚实任远征军司令长官约10个月。在此期间，为编练新军、制定反攻作战计划，做了大量的工作。他不断巡视滇西、滇南部队；还和白崇禧将军一起飞赴缅甸中国驻军的营地视察。可惜，由于健康的原因，没有能按照自己精心拟订的作战计划去指挥远征军的反攻作战。这对于陈氏来说，乃是深感遗憾的一件事。

二 蒋陈再陷僵局

蒋介石声言："现在除向你三跪九叩首之外，再无其他礼节可以表示敬意。""你的命令、你的意旨，无论上官与政府非绝对服从无条件接受不可，这种行动态度究竟为何种行动态度，我想已往军阀亦绝不致出此。"在委员长震怒，用语极端的情况下，陈诚忙于9月7日速呈一函，痛陈远征军中之各种问题，阐明此次辞职的真实原因。他又于10月10日附呈《贞观政要读后摘要》10条，征引唐太宗与魏征、孔颖达等语，影射、比附蒋在用人纳谏方面应行之道。

正当陈诚一身兼任第六战区司令长官、中国远征军司令长官和湖北省政府主席三要职，刚刚取得"鄂西大捷"，倍受蒋介石宠信之时，却因远征军内部的种种问题，与蒋介石之间发生了一场"暗战"，使蒋陈关系再度陷入僵局。新近出版的《陈诚回忆录》一书中，有关陈诚言行纪要及其与蒋介石之间信函往返的资料部分，向公众揭示了这一场"暗战"的大致情况。

"暗战"的爆发，始于1943年9月6日陈诚向蒋请辞远征军司令长官职的一份辞呈。《言行纪要》中，9月5日记称："委员长召谈并便餐。"寥寥数字，语焉不详。对召谈的内容并未涉及。实际上，在陈诚呈上辞呈的前一天，即有机会单独见蒋，辞职一事当会成为谈话的重要内容，也可能此次召见之由，正在于此。不过，可以肯定的是，这呈递辞呈前夕的"召谈"，并未能使矛盾得到解决，故辞者照辞，拒者仍拒。

9月6日，陈诚正式向蒋介石请辞远征军司令长官一职，全文为：

> 窃查职自奉命兼任远征军司令长官职务以来，时已半载，因能力薄弱，毫无建树，瞻念前途，陨越堪虞，为免贻误战机，重视责任起见，谨恳钧座赐准解除远征军司令长官职务，另行派员接充，不胜感激待命之至。谨呈委员长蒋。职陈诚呈。①

上文中，既未提及后来由卫立煌代职的身体原因，其"能力薄弱，毫无建树"等语，亦显示推托虚词，非真实原因。

蒋介石于9月14日接到陈的辞呈，15日即给陈诚发去一封措辞十分严峻的手谕，对陈之辞职提出严厉批评，其用语之尖刻、锐利已至无以复加的地步。蒋首先狠狠地说："你九月六日辞呈，我昨日方才接到，不胜感慨。关于远征军事，凡你所要求者无不遂你意旨照办；于我个人，无论公私，我以为已到至极地步。此外，再无其他办法可以服从，你要不去就可不去，你要如何就可如何，我绝不再来恳求。"话讲至此，蒋仍觉意犹未尽，接着更将气势抬至极顶，声言："现在除向你三跪九叩首之外，再无其他礼节可以表示敬意。"查蒋一生中的文字，对下级用语至此极端者，尚未见过。接下来，蒋即改变了嘲讽的语气，直截了当地严批陈诚之自以来是，不遵命令等诸端错误，其语锋极为犀利，甚至以过去"军阀"相类比。蒋写道：

> 你今日之态度言行或不自知，你的观念思想或未自反，我不得不对你作最后之规谏，须知你此种态度，国家政府命令纪律已

① 陈诚：《陈诚回忆录——抗日战争》，东方出版社2009年版，第475页。

废弃,世界只有你一个人的意旨命令来行施一切。就是说你的命令、你的意旨,无论上官与政府非绝对服从无条件接受不可,这种行动态度究竟为何种行动态度,我想已往军阀亦绝不致出此。这种跋扈恣睢之形态,除非政府已到国家将亡,纪律纲维荡然无存时,乃始有此。然而如此军阀,岂复我军人所有之人格乎!如果国家果有此军人,即令其战胜一切,则国亦等于灭矣,吾实不忍见现在军人发生此现象也。

行文至此,蒋介石笔锋一转,又以其对陈的一片良苦用心用以怀柔。蒋说:"我派你往远征军,乃是要希望你立业成名,而绝非陷你于死地,我以为一切公私道义都可弃之不谈,然而军人对于革命作战命令,即使赴汤蹈火亦不能推辞,此乃军人之本分。"蒋于最后对陈说:"希望你再加深思一番。是乎,否乎?从此余亦绝不再有所言矣。"①

蒋介石的这份手谕,对陈诚欲辞职远征军司令长官一事,讥讽之辛辣,批评之严厉,用语之绝对,在蒋陈一生的交往中,可谓绝无仅有。若换一人,与蒋闹到这步田地,即使不招来杀身之祸,恐亦躲不过撤职查办之灾。这说明,由于陈诚坚辞远征军司令长官一职,已将蒋陈关系闹僵,且已到了下不了台的地步。

在委员长震怒,用语极端的情况下,陈诚忙于9月17日速呈一函,痛陈远征军中之各种问题,阐明此次辞职真实原因。陈诚首先说明:"此次辞职,实因自奉命返滇,迄今月余,虽尽力之所及,从事各种准备,但环顾现状,矛盾实多,非职之能力所能解决。"接着,陈诚摆出了远征军中存在的四个方面的问题:一是,中央高层看法不统一,对蒋的指示阳奉阴违。他说:"关于远征军事,中枢意见,始终未能一致。除钧座本身外,其他多数不能重视与积极。在钧座当面指示时,默无异议。但一至其他场合,则意见歧出不已。"二是,从中央到地方,均难以集中力量,统一意志。他说:中枢"凡

①陈诚:《陈诚回忆录——抗日战争》,东方出版社2009年版,第378页。

事推不动与办不通"，地方"各有主张，各有根据"，"除钧座本身指挥外，殆无任何机关，任何个人，可有办法，使之力量集中，与意志统一。"三是，错误的观念，"始终认为敌人绝不会来攻我，同时我亦绝无力量反攻。"四是，部队纪律废弛，战力消失。他形容当前远征军的实际状况是，"苟且偷安，走私牟利，士气消沉，缺额日多"。基于上述四个方面的问题，陈诚认为，"今日部队实际情况，确属难言反攻，非但难言反攻，纵令走到缅甸，亦不可能。再进一步言，无论防御或反攻，均暂不计。单论部队本身，长此以往，能否维持下去，实属疑问"。因此，陈诚得出的总的结论是，"对于远征军有关各种问题，再三自问，决无法解决"。既然无法解决军中之种种问题，当然这支远征军部队也就统率不了了。这便是他坚辞远征军司令长官职的终极缘由。最后，陈诚在呈文中还对日前蒋批评他的"跋扈恣睢"等语，略予回应，表明自己非"应付敷衍""谄媚逢迎"之辈，乃"忠诚直言""任劳任怨"之将。他在呈文中写道："以钧座之贤明，当不以忠诚直言，为骄矜恣肆；以任劳任怨，为跋扈专擅；以应付敷衍，为有修养；以谄媚逢迎，为能服从也。"①不难看出，此种陈述中，当然也婉转地包含了对蒋反批评的意思。意即如将忠诚直言视为骄矜恣肆，将任劳任怨视为跋扈专擅，将应付敷衍视为有修养，将谄媚逢迎视为能服从，这样的领袖也就不是贤明之君了。

陈诚9月17日回呈蒋介石之后，为表白自己忠诚直言的赤子之心，希望蒋能虚心听取，复于10月10日蒋就任国民政府主席之期，于贺函之后，又附呈《贞观政要读后摘要》10条，征引唐太宗与魏征、孔颖达等语，影射、比附蒋在用人纳谏方面应行之道。其10条摘要，大致内容为：

1. 关于国君须自觉纳谏。魏征曾对太宗云："陛下初年，惟恐人不谏，常导之使言；中间遇有人谏，尚能悦而从之；近数年来，则不悦人谏，虽勉强从之，意终不平，常有难色也。"太宗曰："人苦不自觉耳！公未道及时，朕自谓今昔所行，未有改变；得闻公论说，始知过失堪惊。公今后

① 陈诚：《陈诚回忆录——抗日战争》，东方出版社2009年版，第475—476页。

但时存此心，朕始终不违公语也。"

2.关于国君对臣子须有温和的辞色。魏征曰："臣观有司日常奏事常思之数日之久，及至陛下前，三分不能道一；况进谏者，多拂意触忌之事，非陛下假之辞色，岂敢尽其情哉！"

"太宗悟，由是接群臣辞色甚温。"

3.关于大臣不可因国君刚愎自用，而阿谀顺从。太宗曾对公卿曰："苟其君愎谏自贤，其臣阿谀顺旨，君既失国，臣岂能独全，如隋炀帝、虞世基①者，其故可知也。公辈宜以此为戒，事无大小，动关得失，无惜尽言也。"

4.关于国君不可炫耀自己的聪明，文过饰非。学士孔颖达为太宗释《论语》称："若位居极尊，炫耀聪明，以才凌人，饰非拒谏，则下情不通，取亡之道也。"

5.关于臣谏不可因事小而废。太宗曾对群臣曰："朕比来决事，或不能皆如律令，公辈以为事小，遂不复进谏，夫事无不由小以致大，此乃危亡之端也。"

6.关于国君应有谦虚待人，不自以为是的修养。太宗问群臣："朕观炀帝，文辞奥博，亦知是尧舜而非桀纣，然行事何其相反也。"魏征答："人君虽圣哲，犹当虚己以受人，故智者献其谋，勇者竭其力；炀帝恃其俊才，骄矜自用，故口诵尧舜之言，而身为桀纣之行，曾不自知，遂至覆亡也。"太宗说："前事不远，吾属之师也。"

7.关于国君须谨慎行事，不可稍有懈怠。太宗曾对群臣说："人主惟有一心，而攻之者甚众；或以勇力，或以辩口，或以谄谀，或以奸诈，或以嗜欲，辐凑攻之，各求自售，以取宠禄，人主少懈而受其一，则危亡随之，此其所以难也。"

8.关于为官者须慎重用人。太宗对魏征说："为官择人，不可造次，用一君子，则君子皆至；用一小人，则小人竞进。"

---

① 隋朝大臣，炀帝时官内史侍郎，阿谀谄媚，瞒上欺下，卖官鬻爵，聚敛钱财，于大业十四年（618年）炀帝卫队暴动中被杀。

9. 关于国君应分清主流与枝节、始终信用有才德的人。魏征谏太宗曰："人主之待君子也，敬而疏……疏则情不上通。""夫虽君子，不能无小过，苟不害于正道，斯亦可矣。陛下诚能慎选君子，始终以礼待之，以信用之，何忧不治；不然，危亡之期，未可保也。"

10. 关于臣子敢于直谏，是因为国君开明之故。太宗曾因魏征屡次直谏而盛怒，扬言欲杀之。皇后闻之向其道贺曰："妾闻主明则臣直，今魏征直，由陛下之明故也，妾敢不贺？""太宗大悦。"[1]

上述 10 条摘要，乃由陈诚精心选编，其意甚明，实为将蒋、陈关系比作唐太宗与魏征等君臣关系，希望蒋介石对待自己能像唐太宗对待魏征那样，从谏如流，虚怀若谷，明鉴忠奸，谨慎行事。联系到 9 月因陈诚坚辞远征军司令长官一职，而引起蒋大发雷霆、冷嘲热讽、上纲上线、绝不宽容，可以认为，条条摘要剑锋均直指蒋之要害。换言之，要么蒋承认陈对蒋的忠诚，接受陈的辞呈与意见；要么蒋就要戴上不是"明君"的帽子。纵观蒋的诸嫡系部属，尚无多人有如此之胆量与勇气来挑战最高当局。

其实，查阅蒋陈之间近 20 年的交往，其口水仗打到如此程度者，亦属罕见。可见彼此关系之僵持，实达到了相当严重的程度。

但是，蒋陈之间的意见分歧，是在其基本政治理念、个人利害、地域派系一致基础上发生的；蒋对陈的信任，陈对蒋的忠诚，均属不可动摇。因此，他们之间的僵持不会闹到不可收拾的地步。恰好，在陈诚呈上《贞观政要读后摘要》两天后，他即因胃疾复发，而不能正常工作。据《陈诚言行纪要》载："10 月 12 日，先生宿疾大发，呕血一盂，神志顿成昏迷状态。"在爱将卧病的情况下，纵有千般过错、万般震怒，蒋也不好发作了。同时，身体的病况，给陈诚"辞职"一事，注进了一个"合理合法"的理由；给蒋介石批准其请求，提供了一个下楼台阶。于是，蒋顺水推舟，于 11 月下旬，任命卫立煌为远征军代理司令长官，并再三函电陈诚慰问，令陈返渝休养。此次因陈诚辞军职一事所引发的矛盾、龃龉，就此也画上了一个圆满的句号。

---

[1] 陈诚：《陈诚回忆录——抗日战争》，东方出版社 2009 年版，第 476—477 页。

三　鄂西大捷

1943 年 4 月下旬，日军调集其精锐部队 7 个师团，约 10 万之众，并飞机百余架，由第十一军司令官横山勇指挥，向鄂西发起进攻。陈诚奉命于 5 月15 日自云南飞赴重庆，17 日由渝飞恩施，亲临鄂西前线指挥。他策定：各部队以坚强抵抗不断消耗敌人，将敌诱于渔洋关至石牌要塞间，转移攻势，以求聚歼敌人于大江之西。日军连遭江防军痛击，攻石牌既不能克，迂回三斗坪又未得逞，伤亡惨重，攻势顿挫，不得不收缩兵力。从 5 月 31 日日本军队主动撤退开始，重庆当局就大肆搜集、宣传"鄂西大捷"的战绩。陈诚本人因指挥鄂西会战有功，于 1943 年 10 月 9 日，荣获国民政府授予的青天白日勋章。

在陈诚实任远征军司令长官 10 个月中，还发生了一段返回恩施指挥鄂西战事的插曲。

陈诚在就任远征军司令长官新职时，虽史迪威曾建议蒋介石使其"摆脱其他一切职务"，但蒋考虑到当时第六战区和鄂省对于拱卫重庆的重要地位，仍令陈诚继续兼任第六战区司令长官和湖北省政府主席之职，只是命第二集团军总司令孙连仲代理第六战区司令长官。

1943 年 4 月下旬，日军为击破鄂西守军，打通长江上游航线，抢夺洞庭湖畔之粮食，并摧破陪都门户，乃调集其精锐部队 7 个师团，约 10 万之众，并飞机百余架，由第十一军司令官横山勇指挥，向鄂西发起进攻。中国方面则由第六战区代司令长官孙连仲、参谋长郭忏和长江上游江防军总司令吴奇伟等，指挥 7 个军约 15 万人据守。对于敌军即将发起的进攻，代司令长官孙连仲多次召集幕僚会议，权衡保卫南洞庭湖区谷仓及江防重点之间的利害得失，亟难决断。时陈诚虽远在云南楚雄之远征军总部，仍十分关注第六战区的战局。他曾迭电恩施，指出江防重点之不可失，否则将祸及陪都重庆。陈并于 5 月初指示：第一线部队及挺进军严密戒备，痛击来犯之敌，并按轮袭计划，不断派遣部队向指定区域积极轮番攻袭破坏，并详侦敌情具报；第二线部队即日完成战备，务能随时参加战斗。[①]

5月中旬，日军在经过频繁的调动之后，大举西犯。中国守军第八十七军、第九十四军、第八十六军等部，在进行了英勇、激烈的抵抗之后，丢失公安、枝江等县城。值此紧张而关键的时刻，陈诚奉命于5月15日自云南飞赴重庆，17日由渝飞恩施，亲临鄂西前线指挥。他策定：各部队以坚强抵抗不断消耗敌人，将敌诱于渔洋关至石牌要塞间，转移攻势，以求聚歼敌人于大江之西。[②]

自5月22日起，中日双方部队，在鄂西重要战略据点渔洋关，展开了激烈的争夺。竟日激战，敌我伤亡均重；卒以众寡悬殊，该地于23日陷日。此时，恩施城内，已经人心惶惶，惊恐不安。陈诚为稳定人心，遂在省府屋后，召集第六战区司令长官司令部和省府机关官员开会，以比较自然、安详的神态，向大家作时事报告。他号召大家，一定要精诚团结，沉着镇定，以不变应万变。

25日以后，敌集中兵力向战略要地石牌攻击的趋向已十分明显。时日方用于清江两岸及攻击石牌的部队达6万人之多。而中国方面在这一地区仅有江防军6个师；第十集团军的部队经连日苦战，尚待收容整理，无法与敌决战。陈诚遂决心按照1940年预定"待敌深入至山岳地带后，再行截击敌之归路而求歼灭"之腹案[③]，重新拟定了战区的作战指导方针。陈令第十八军第十一师胡琏部固守石牌，待各援军到达后，即在清江两岸地区，南北夹击日敌而歼灭之；预定决战的日期在5月31日至6月2日。第十一师遂与敌进行惨烈血战，拼死固守。在战斗紧张进行之际，陈诚打电话给胡琏，问其有无把握守住阵地。胡坚定地回答："成功虽无把握，成仁确有决心。"胡并写好遗书，连同遗物托人转交家属，以表示与阵地共存亡的决心。这时，第五师、第十八师也与第十一师密切配合，在石牌附近的各主要阵地，与敌展开了英勇的战斗。

---

① 《中华民国重要史料初编——对日抗战时期》第二编"作战经过"（二），台湾中国国民党中央委员会党史委员会1981年编印，第594页。
② 访问宋瑞珂记录，1987年7月，上海。
③ 《陈诚私人回忆资料》，藏中国第二历史档案馆。

5月29日，日军猛攻石牌要塞未克，即行改向西进；江防军总部遂由三斗坪南移至太平溪，并认为三斗坪附近的战况难于支持，急电陈诚请求变换阵地。陈诚于是晚经慎重考虑，权衡得失，"决心仍照原计划实施，纵三斗坪失守，石牌孤立，亦所不顾；因电令江防军竭力守备现阵地，各军按预定计划反攻"①。陈诚的这一决定，本带有一定的冒险性。因为此时中国方面预定参加决战的兵力尚未完全集中，第六战区本身的部队已全部使用于前线，无预备兵力可资调遣；从江防至恩施、重庆这一广大纵深地带，异常空虚。在这千钧一发之际，第七十九军夏楚中部和第六十六军方靖部及时赶到，以及日军的疲惫后撤，使得陈诚顺利地度过了这一"青黄不接"的危机。

30日，战火纷飞的前线，突然一片沉寂。随之，由重庆军事委员会和前沿部队，不断传来敌军将撤退的情报。原来日军连遭江防军痛击，攻石牌既不能克，迂回三斗坪又未得逞，伤亡惨重，攻势顿挫，不得不收缩兵力。陈诚捕捉有利战机，立即下令全线追击。6月2日，中国空军和美国第十四航空队又出动大批飞机，猛轰宜昌附近日军。6月3日，江防正面恢复战前态势；8日，第一二一师克宜都；9日，第一二一师与第一八五师同时进入枝江城；14日晚，第七十四军攻占公安；20日，长江以南及滨湖地区的敌军，均被肃清，全线恢复到5月4日之前的态势。据官方统计，鄂西一役，共毙伤敌官兵25 718名，马1 384头，毁灭飞机45架、汽车75辆、艇舶122只、仓库5所。②

当时国际上对鄂西会战的战果，多存怀疑。中国外交部长宋子文于6月6日致电陈诚称："美军部及史迪威等，根本不信敌有进攻陪都之企图，以为敌决不致远道轻入深山狭谷，冒第五、九两区夹击之险，违反兵法原则，且中国士兵营养不足，军械窳陋，决无歼灭多数敌人之可能性。"为此，宋子文不客气地向陈诚索要下列情况：甲、敌寇此次大举侵犯之目标；乙、敌兵力总数及番号，使用之武器，如飞机、坦克车及重炮；丙、第六

① 吴相湘：《陈辞修生平大事》，《民国政治人物》第2集，台北传记文学出版社1982年版，第177—178页。
② 《陈诚私人回忆资料》，藏中国第二历史档案馆。

战区之兵力及五、九两区之兵力；丁、战斗经过及敌我损失；戊、我方之目标，例如恢复去年原阵地，或光复、夺获等等。[①]对此，陈诚依据战役的实况，一一予以答复。

在鄂西会战中，陈诚指挥战区部队，进行了英勇激烈的战斗，打击了日本侵略军嚣张的气焰，振奋了全国人民的精神，这是历史事实。从5月31日日本军队主动撤退开始，重庆当局就大肆搜集、宣传"鄂西大捷"的战绩。当天，蒋介石即指示第十八军军长方天，将捷报电稿直接报军令部；6月2日，国民党中央通讯社发布了《关于鄂西会战的公报》。报纸上赫然刊印着"庆祝鄂西大捷要信赖陈司令长官"的标语口号。重庆国民政府特地组织了由国民党元老张继、孔庚分任正、副团长的全国慰问团，前往恩施，慰劳鄂西将士。6月7日，恰巧是中国人民传统的端午节，有5 000余人参加了湖北省会各界"庆祝鄂西大捷暨端午节劳军大会"。会上，陈诚发表讲话说："此次敌寇大举西犯，企图突破我陪都门户，其兵力之众，用计之毒，为近年来所罕睹。"他认为，会战的胜利，是由于蒋介石的正确指挥和广大官兵的勇敢战斗。他指出："幸赖我最高统帅蒋委员长伟大英明之机断，与周详适切之指示，得以转危为安，转败为胜，使敌寇整个阴谋完全粉碎；而前线各级官兵之坚苦卓绝，奋勇牺牲，冒死决斗，乃能以寡敌众，以劣胜优，亦属难能可贵。"在这次讲话中，陈诚还从军事上总结了一条重要的教训，即："溯之鄂西会战以前，一般人士，均认为敌百分之九十九无西犯之企图，在精神上亦不无弛忽之感，然劲敌果来，吾之所恃以不败者，实由于有百分之一之戒备也。"接着，他强调指出："此次鄂西之役，不可视为胜利而妄自骄傲，只能视为血的教训，以期互相警惕。"[②]应当说，这种从胜利中吸取教训的态度，还是比较求实和冷静的。

在省会各界举行的祝捷大会以后，全国慰问团又到恩施土坝桥第六战

① 《第六战区司令长官陈诚呈作战情形电》，1943年6月15日，载《中华民国重要史料初编——对日抗战时期》第二编"作战经过"（三），台湾中国国民党中央委员会党史委员会1981年编印，第595-596页。

② 《武汉日报》1943年6月8日。

区司令长官司令部，进行慰劳。在慰劳仪式上，陈诚虽然没有出席，但不仅张继、孔庚在讲话中又把他盛赞了一番，而且在会上还散发了以陈诚署名的《鄂西会战应有的认识》小册子。

同蒋介石在重庆组织全国慰问团来恩施祝捷一样，陈诚在恩施也指示湖北省各界组织了一个"鄂西大捷慰劳团"，由国民党湖北省党部书记长吴大宇担任团长，辛亥革命元老、国民参政员江炳灵任副团长，到川、湘、鄂等地慰劳第六战区的各参战部队，历时月余。

7月初，蒋介石亲飞恩施。为了接驾，陈诚特别选择在风景优美的龙洞飞瀑旁边，修建了一座玲珑雅致的别墅，供蒋居住。蒋介石在国民政府成立纪念周、中正堂落成纪念大会和六战区军事检讨会议等场合，均对石牌之战和战役最高指挥官陈诚予以夸赞。

陈诚本人因指挥鄂西会战有功，于1943年10月9日，荣获国民政府授予的青天白日勋章。这是他自1930年元旦获得第一枚勋章以来，14年中所获得的第六枚勋章。还有一批将领，因陈诚的褒贬，而受到赏罚。早在石牌攻守战激烈进行的时候，陈诚便向蒋介石电话报告了3位将领的战功：第六战区副司令长官兼江防总司令吴奇伟，坚持在三斗坪总部指挥作战，不肯后撤；第十八军军长方天，坚守石牌，寸土未失；航空委员会负责人周至柔，亲自指挥空军作战，与陆军配合有功。蒋介石于次日即通令嘉奖该三员。在陈诚的举荐下，第六战区副司令长官孙连仲、参谋长郭忏，以及方天、胡琏等人，也得到了"青天白日勋章"。此外，陈诚还于6月22日为调整职务呈报了对一批将领的评价，其中包括：方天，"平时训练有方，战时指挥得力，为一极有希望之将领"；胡琏，"统御有力，作战得力，资历亦深"；第十三师师长曹金轮，"偏宕要点，过早失陷"；第五十五师师长吴光朝，"能力薄弱，掌握不确，致损失过大"。他并对上述人员提出了升降的具体意见。①

---

① 《第六战区司令长官陈诚等呈鄂西会战应行奖惩电》，1943年6月22日，载《中华民国重要史料初编——对日抗战时期》第二编"作战经过"（二），台湾中国国民党中央委员会党史委员会1981年编印，第598页。

第十一章　抗战胜利前后

一　同时主持两个战区

7 月 6 日，陈诚受命接替蒋鼎文，担任第一战区司令长官兼冀察战区总司令；15 日就任。为适应战争的需要，陈诚事实上掌握了第一战区及冀察战区所辖范围内的党政军大权。第一战区和冀察战区时辖河南、陕西、河北、察哈尔、山东及江苏北部的广大地区。陈诚宣称：其军事部署，"不仅对'敌'，亦以防'奸'，此与其他战区特殊者也"。在陈诚的作战记录中，其所称"奸匪"，包括了新四军、八路军陈毅、彭雪枫、杨勇、王秉章等部。

1944 年春，日军拟定并开始实施了以打通大陆交通线为目的的"一号作战"计划。其作战方针规定：于 1944 年春夏季节，先后由华北、武汉、华南地区发动进攻，将黄河以南平汉铁路南部及湘桂、粤汉铁路沿线各要地，分别予以占领并确保。日军动员了 50 万部队，来实施这一庞大的作战计划。中国第一战区蒋鼎文部首当其冲，但防御力量非常薄弱。中国军队在进行了英勇的抵抗之后，被迫后撤。日军自 4 月 18 日渡过黄河，20 日占郑州，21 日陷新郑，5 月 1 日下许昌，9 日开始向洛阳城郊攻击。

就在中日双方在洛阳展开殊死搏斗的时刻，5 月 12 日，陈诚奉命结束休养，赶赴豫西前线指挥作战。这时，他的军职仍是远征军司令长官。21 日，陈奉蒋介石"辰马午令一元甲"电，指挥第五战区之第五十五军、第五十九军及洛河以南之第一战区部队，协同李宗仁、蒋鼎文所指挥的部队，准备向敌反攻。未几，洛阳守军在进行了 18 天的艰苦奋战后，终于弃守。

陈诚在豫西前线，不断接奉蒋介石的电令。26 日，蒋介石致电陈诚称，"西窜之敌现停止于大大营、长水镇、旧县之线，以一部向嵩县、鲁山以南地区窜扰中。国军决于辰俭（5月28日）开始向当面之敌反攻"①。次日，陈又接蒋"辰艳巳令一元成"电：着第六十八军、第五十五军以一部守备鲁山，而以主力准备对付鲁山以南之敌；着第五十九军即在内乡以西附近选定有利地形，构筑据点工事。②陈诚当即指挥所属部队，努力奋战，致敌西侵之企图顿挫。

6月间，陈诚奉命赴西安，整顿西北政务、军务。是时，他对西北地区所辖军队及军事委员会所辖各单位，均有权指挥、整顿；而对各党政机构，为使配合军事起见，亦有督导之权。

7月6日，陈诚受命接替蒋鼎文，担任第一战区司令长官兼冀察战区总司令；15日就任。其原任远征军司令长官一职同时解除，而由卫立煌实任。这时，卫立煌正依据陈诚拟定的反攻作战计划，率左、右二集团猛攻滇西之龙陵、腾冲。

陈诚就任第一战区司令长官以后，便分别在豫西和西安，召集所属部队师长、政治部主任等高级将领，举行业务检讨会；并召集党政干部研讨豫中战役之得失。为适应战争的需要，陈诚事实上掌握了第一战区及冀察战区所辖范围内的党政军大权。第一战区和冀察战区时辖河南、陕西、河北、察哈尔、山东及江苏北部的广大地区。陈氏统辖之部队共有9个集团军、23个军。

在军事方面，陈氏重新调整了第一战区的部署，拟定了《作战指导纲要》《增筑国防工事》《兵站补给计划》及《粮弹屯备计划》等军事文件，决定改善后方交通、通信设施。陈诚宣称：这些军事部署，"不仅对'敌'，亦以防'奸'，此与其他战区特殊者也"③。在陈诚的作战记录中，其所称"奸匪"，包括了新四军、八路军陈毅、彭雪枫、杨勇、王秉章等部。8月，陈诚对第一战区"当面之敌情"判断为："1. 战区当面之敌，刻正在积极完成交通与加强工作中，随时有进犯我西北之可能。2. 陕北陇东'奸匪'，

① 《诚陈私人回忆资料》，藏中国第二历史档案馆。
② 《陈诚私人回忆资料》，藏中国第二历史档案馆。
③ 《陈诚私人回忆资料》，藏中国第二历史档案馆。

仍在积极加强兵力，完成战备，作待机随时向我进扰之备。"①为此，他为第一战区拟定的作战方针为："本战区以巩固抗战基地，准备规复中原，并防止'奸匪'随时进扰之目的，以一部广领前方要地，行持久战，主力固守白河、安康间，西坪、商南间，卢氏、洛南间各要隘，及虢函要点、豫陕河防、陕北陇东封锁线。另挺进必要兵力于沦陷区，树立反攻基础。并控制有力部队于各要地，加紧整训，完成攻守两势作战准备。"②综上可见，陈诚在第一战区司令长官任内，除积极筹划抗日战事外，确将八路军、新四军视如敌人，严予防范，并予攻击。这对于抗日民族统一战线的巩固和中国人民的抗日救国大业，都是有害的。

在行政方面，陈诚把在湖北省推行的公费教育和农村贷款等办法移用于西北。他向该地区各界人士强调，"公诚负责为做人做事第一道德"，"推诿拖混则为革命最大罪恶"。"今日之事必须争取时间，不可等待时间；当前大势必须解决问题，不可等待问题。"③陈氏的这些施政措施和思想，虽然也取得了一定的成果，但由于积弊殊深，实难回天。

二 出掌军政部

蒋介石要何应钦保举3名军政部长的人选，何即举顾祝同、刘峙、薛岳3人；蒋搁置不批。待何催问时，蒋批示四字："辞修如何？"11月21日，国民党中常会作出决定，任陈诚为军政部长。陈氏于接任军政部长后，就接任新职与工作计划发表谈话，军政部今后的工作计划为：第一，充实部队。第二，改善官兵生活。第三，与盟军确实配合，共同作战。他对于1945年度的军政工作，雄心勃勃。

陈诚担任第一战区司令长官兼冀察战区总司令约半年，至1944年冬，

① 《陈诚私人回忆资料》，藏中国第二历史档案馆。
② 《陈诚私人回忆资料》，藏中国第二历史档案馆。
③ 吴相湘：《陈辞修生平大事》，载《民国政治人物》第2集，台北传记文学出版社1982年版，第180页。

又一个更为重要的军职——军政部长，在等候着他去接任。

军政部长一职，长期以来，由参谋总长何应钦兼任。由于在持久抗战中物资匮乏，军队生活困苦，部队中贪污走私之风盛行，军纪败坏，军政部遭批评、攻击甚多。何氏在转任陆军总司令之际，亦无意再兼军政部长。蒋介石要何保举3名军政部长的人选，何即举顾祝同、刘峙、薛岳3人；蒋搁置不批。待何催问时，蒋批示四字："辞修如何？"①11月21日，国民党中常会作出决定，任陈诚为军政部长。12月1日，陈正式就任。9日，陈氏于接任军政部长后，首次接见外国记者，就接任新职与工作计划发表谈话，称"这次的接收情形甚好，因为军政部基础已很巩固，所以并不以新旧交替致使工作停顿"。军政部今后的工作计划为：第一，充实部队。"其原则以战斗要求为主，而予以充实。因为如充实与战斗不相干的部队，实无异于帮助敌人。"第二，改善官兵生活。"所谓改善，并非徒增加金钱所能解决，必须改发实物。"第三，与盟军确实配合，共同作战。"本人此次来到中央，与魏（德迈）将军接触机会较多，益感彼此意见的相同。这种情形，正是我们共同胜利的基础。"②

1945年1月9日，国民政府行政院决定，将后方勤务部改组为后勤总司令部，隶属于军政部，由军政部长陈诚兼任后勤总司令，并制订了《陆军补给系统调整方案》，将补给系统分为三级：第一级是军政部，负责生产、筹办及储备、包装军品；第二级是后勤总司令部，负责运输军品；第三级是各部队，负责分配军品。还规定：各战略单位军或师，其指挥系统与补给系统绝对划分，军、师、团长只负作战指挥与训练责任；补给业务一律由副主管负责。③在陈诚的主持下，军政部决定自2月1日起，将各部官兵原有的副食费标准予以提高。其具体办法是：将、校官较去年增加1倍，尉官增加2倍，士兵增加6倍。④不过，在实行过程中，已整编部队与未整

① 方耀：《陈诚其人其事》，藏杭州市政协文史办。
② 重庆《大公报》1944年12月10日。
③ 吴相湘：《第二次中日战争史》（下），台北综合月刊社1974年版，第1105页。
④ 《陈辞修部长报告最近军政设施》，重庆《大公报》1945年3月1日。

编部队存在着较大的差别。凡已整编者，按驻地物价增加副食费，至 5 月份，云南地区部队每人每月副食费已高达 7 000 元，最低者亦有 3 600 元；但未整编部队士兵的副食费，最低每人每月仅 300 元。①陈氏认为，要改善部队官兵的生活，提高现金给予，仍旧只是"治标"的做法，这样无法彻底革除中饱、吃空缺等积弊；只有实行实物补给，才是"治本"的办法，但是这样做又有着许多的困难，如实物的品质、保管、储藏、运输以及如何减少层层剥削、克扣等问题。尽管如此，陈诚还是下了决心，在所有部队中推行实物补给制度。他决定先从宪兵和部分战区做起。4 月 25 日，他对江北宪兵学校训话时指出："我们今天要整理，实在困难太多，但如不加整理则危险更大；不仅抗战不能胜利，即使盟军协助打败了敌人，我们自己也不能维持下去，总会有一天要整个崩溃的！"如今将实物补给制从宪兵开始实行，宪兵应先"认真彻底树立模范"，以便将来普遍实行时，负责监督"实物是否都发到士兵身上，中间有没有弊病"②。为了解决实物来源，陈诚设想了 4 种办法：征收，即按田赋征实办法向民间征用；购买，向内地或国外价购；调换，即按各地比价实行物物交换；生产，利用现有之国营、民营农场、工厂生产或加工。③

陈诚对于 1945 年度的军政工作，雄心勃勃。这年 2 月 28 日，他向各报社、通讯社报告了军政部的施政原则和中心工作。④他指出，军政部在本年度内的两大施政原则是：配合反攻要求，配合国家预算。他说："一方面要充实部队作战力量，一方面要顾及国家财力物力。以军事第一、胜利第一之原则而言，对于财力物力似不应多所顾虑；但若超过了国家可能负担的限度，则一切计划仍将等于空谈。"根据这两条施政原则，他又拟定了当前的 4 项中心工作，其中，除前述改善官兵生活一项外，尚有充实反攻主力、调整军事机构和安置编余人员三项。关于充实反攻主力，陈诚强调："凡

① 重庆《大公报》1945 年 5 月 24 日。
② 吴相湘：《陈辞修生平大事》，载《民国政治人物》第 2 集，台北传记文学出版社 1982 年版，第 181 页。
③ 《陈诚部长报告最近军政设施》，重庆《大公报》1945 年 3 月 1 日。
④ 《陈诚部长报告最近军政设施》，重庆《大公报》1945 年 3 月 1 日。

在作战上时间、地点所急切需要以及听命令、守纪律、肯打仗、能打仗之部队，决尽先充实其兵员与装备，其数字以反攻需要之最少限度与国家财力、物力可能担负之最大限度为准。"关于调整军事机构：其目的为，充实作战力量，提高工作效能，减少单位，充实员额，指挥灵活，运用便利。其原则为，相同者编并，不急者暂停，庞大者紧缩，无效者撤销。当有记者问及，为何在军政部裁员的同时，兵役部却在征兵 50 万人时，陈诚答称：军政部所裁者，都是与作战无关的机关与非战斗人员。所有编余人员，以之补充缺额（老弱除外），仍感不够，故尚需继续征兵。①关于安置编余人员：其根本原则是，凡年富力强者，予以深造，作为建军干部；凡志愿转业者，则授以专门技能，使其由抗战干部转变为建国干部；少数老弱残疾者，因曾效力党国，应优予待遇，以安定其生活。其步骤为，第一步集中编队，第二步按派用、深造、转业、退役四途统筹安置。这位就任不久的军政部长，对于实施当前各项军务，不无感叹地说："今天去做，困难固多，但如再不去做，则国家前途极为危险。故不能不忍痛下最大决心，贯彻既定方针。"

　　5 月，陈诚以国民党第五届中央执行委员的身份，出席了国民党第六次全国代表大会。在 5 日上午预备会议上，经蒋介石提名并获通过，陈诚当选为由 36 人组成的大会主席团成员。18 日下午，陈以军政部长身份，就各代表对军政部门所提质询，作口头答复。21 日，大会选举产生了 222 名第六届中央执行委员，陈诚继续当选。31 日，陈复于六届一中全会上，以 207 票当选为中央执行委员会常务委员。其所得票数，在当选的 25 名中常委中，位居第 6 名，比得票最多的国民党元老于右任仅差 6 票，而比得票最少的陈济棠要多 96 票。

　　6 月上旬，陈诚在一次外国记者招待会上，着重就中国与盟军的合作，尤其是中美军事合作问题发表了讲话。他说："军政部及各有关之军事机关，与魏德迈将军及其所属，都能密切合作。"他指出，"盟军全体所加于敌人之压力大小"，决定着"敌人在中国战区缩小区域的程度"；同时，

① 重庆《大公报》1945 年 4 月 26 日。

从现在起，"中国军队所加于敌人的压力，必将一天一天的加大"。但是，在讲到用美械装备部队问题时，陈诚却公然宣称，亦将使用此种武器，来对付中共部队。他说："本人可以向盟邦切实保证的，凡租借法案所得到的武器，无论一枪一弹，均用以装备打击敌人的部队，但如中央部队遭受不友好之部队袭击时，若望中央部队不用其所有之武器自卫，亦为不近人情之事。"①

在 7 月上、中旬举行的第四届国民参政会第一次大会上，陈诚到会作了军事报告，并答复参政员所提的质询。从这届起，国民参政会已经逐渐变成国民党实行独裁统治的御用工具，中共参政员已拒绝出席，一些民主党派参政员在会上处境艰难。陈诚的军事报告，首先估计了抗日战争的总形势，指出："在我国境内之敌寇当在一百六十万人以上。由其布置而言，显为垂死前之挣扎。故我国充实反攻部队，准备予以打击，必使其无条件投降而后已。"接着，他报告了改善官兵生活、调整军事机构以及整饬军纪的情况，宣布自调整机构工作开始以来，已裁减 1 500 余个单位和 132 万人，但同时又根据需要新增了 100 个单位和 29 万人。最后，陈氏客气地说："军政部由于单位多，公事慢，手续繁复，误事甚多，故已注意内部整理工作。吾人缺点甚多，不容讳言，今日据实举出报告，不是请求原谅，乃特请各单位参政员多加指示。"②在陈诚作军事报告之后，各参政员共提出书面质询 87 件，口头质询多件，其内容包括士兵待遇、整军、部队医药、抗属优待等方面。陈于 13 日对上述质询，作口头答复 1 小时。

陈诚在向国民参政会作报告并答复质询后，即于 7 月 20 日离渝赴前方视察，历经滇、黔、湘、桂、粤、闽、浙、皖 8 省，费时 3 周，至 8 月 10 日返回。就在陈诚结束视察、飞返重庆的这一天，从东京国际广播中，已经传出了日本侵略者乞降的消息。而日本投降这一重大历史事件，给国民政府军事委员会军政部长带来的工作，将是大量、复杂和微妙的。

① 《陈部长报告军事》，重庆《大公报》1945 年 6 月 7 日。
② 重庆《大公报》1945 年 7 月 8 日。

三　繁忙的战后军政

作为军政部长的陈诚，在日本投降、抗战胜利结束的情况下，其工作范围涉及国民党部队、中共部队及投降的日伪军。据陈诚宣布，至 1946 年 6 月底，已遣送日俘、日侨 195 万人回国。10 月 11 日，毛泽东主席离渝返延，陈诚作为蒋介石的代表，到重庆九龙坡机场送行，留下了多帧与毛泽东合影的历史性镜头。与此同时，陈诚又积极参与抢占战略要地、包围解放区的军事行动。

8 月 15 日，日本正式宣布无条件投降；9 月 9 日，中国战区的受降签字仪式在南京中央军校礼堂举行。至此，中国的抗日战争，历经 8 年艰苦奋战，胜利结束。

作为军政部长的陈诚，在日本投降、抗战胜利结束的情况下，其工作范围涉及国民政府部队、中共部队及投降的日伪军。

抗战胜利后，陈诚立即下令将伪军及收复区的国民政府游击部队解散。其方式是，先集中于各指定地点，然后向前来接收的中央军接洽，听候处置。时任北平行营主任的李宗仁对他说："辞修兄，你这种干法是替共产党凑本钱啊！"

陈答："他们要到共产党那里去，我求之不得，正可一锅煮掉！"

李又问："我们战前'剿共''剿'了那么多年，还没'剿'掉，现在怎能一锅煮掉呢？"

陈答："那时是因为我们空军无力量！"①

日俘、日侨的供给和遣返问题，也是战后一个十分棘手的问题。10 月 25 日，中美双方在上海举行联席会议，决定了遣送计划与相应的各项措施，自 11 月 15 日起，开始输送。将近 200 万日俘、日侨所需的粮食和遣送工

---

① 《李宗仁回忆录》下册，广西人民出版社 1980 年版，第 850 页。

具，是一个相当庞大的数字。无论从军政部长还是后勤总司令这两个职务中的哪一个职务来说，对这些遣俘中的问题，陈诚都责无旁贷。11 月底，陈诚向国民政府军事委员会报告：拟先按集中前日方总联络部表列日军人数 130.9 万人、日侨人数 48.9 万人，预筹 3 个月食粮，共需米 128.2 万大包，合款 102.574 3 亿元；并拟先从军政部购粮专款 200 亿元中划拨 30 亿元，从粮食部筹购军粮专款 260 亿元中划拨 70 亿元，共 100 亿元，作为筹办此项粮食之用。[①]此报告于获蒋介石批准后，即予实行。根据陈诚的统计，共有 2 129 826 名日俘、日侨需要军政部安排遣送。这些日俘、日侨分别集中于中国大陆及台湾、海南岛、越北等地，分由塘沽、青岛、连云港、上海、汕头、广州、海口、三亚、海防、基隆、高雄等 12 个港口遣送出境；其内运由中国承担，海运则由美国提供登陆艇 85 艘、自由轮 1 艘担任运输。[②]作为后勤总司令的陈诚，特于各遣返日俘、日侨港口设立运输司令部，负责上船时的检查。规定每个日侨平民可携带日币 1 000 元，军官 500 元，士兵 200 元，以及衣服与个人用具；若超过规定，及有违禁物品者，则予没收，由中国政府保存，作为将来赔偿战费之一部。据陈诚宣布，至 1946 年 6 月底，已遣送日俘、日侨 195 万人回国。[③]

　　抗战既胜，国民党当局一面邀中共中央主席毛泽东至重庆谈判，筹备召开政治协商会议；一面又抢占战略要地，包围解放区。陈诚曾作为国民党要人，活跃于迎送中共代表团的社交场合。8 月 28 日，即中共代表团抵渝的当天，陈诚出席了蒋介石欢迎毛泽东的宴会；9 月 4 日，他又出席了美国大使赫尔利举行的欢迎会，并同毛泽东、周恩来、赫尔利合影。10 月 11 日，毛泽东主席离渝返延，陈诚作为蒋介石的代表，到重庆九龙坡机场送行，留下了多帧与毛泽东合影的历史性镜头。与此同时，陈诚又积极参与

———————————

① 《军事委员会军政部部长陈诚呈请拨发一百亿元元备日俘日侨三月食粮电》，1945 年 11 月 29 日，载《中华民国重要史料初编——对日抗战时期》第二编"作战经过"（六），台湾中国国民党中央委员会党史委员会 1981 年编印，第 738 页。

② 陈诚：《八年抗战经过概要》，南京国民政府国防部 1946 年编印。

③ 《陈总长告全国官兵》，天津《大公报》1946 年 7 月 3 日。

1945 年陈诚（右）在重庆机场与毛泽东（中）、张治中（左）合影

抢占战略要地、包围解放区的军事行动。他密切注视中共部队和苏军动向，随时向蒋介石报告。12 月下旬，陈诚向蒋介石报告了中共在东北接收的情况：自山东乘帆船渡海，在安东省庄河县登陆者万余人；自河北、热河进入辽宁者万余人；自延安徒步抵辽宁者 2 万余人；在辽吉二省招募及"强拉伪满警察宪兵、失业工人、土匪流氓、失业分子"，及中条山作战被俘国军约 15 万人；其武器、被服、运输、通信器材，均系苏军供给；一切行动有苏军政工人员指导；特种兵系由苏军中之华人派遣充任。同时，他还报告了"苏军政工人员到处宣倡东北人民应自组'东北人民自治政府'，苏联愿予协助"；"东北各地之机器、银行、仓库材料，被苏军拉运一空"等情况。①

　　1946 年春，在陈诚主持的军政部议事日程上，又排进了一项面广而量大的青年远征军复员工作。青年远征军系 1944 年 10 月组建于重庆；12 月初，编成 9 个师，番号自第二〇一师至第二〇九师，各师师长均由陈诚、胡宗南等蒋介石嫡系将领推荐；自 1945 年年初至日本投降，该军一直在接受军

---

① 《军政部部长陈诚上蒋委员长报告共军由山东河北进犯东北及苏军暴行呈》，1945 年 12 月 21 日，载《中华民国重要史料初编——对日抗战时期》第七编"战后中国"（三），台湾中国国民党中央委员会党史委员会 1981 年编印，第 322 页。

事训练和思想教育；10月中旬，青年军的9个师分别改隶于第六军、第九军、第三十一军和新六军。1946年4月，成立青年军复员管理处，以陈诚为处长，蒋经国、彭位仁、邓文仪为副处长。陈诚忠实执行蒋介石关于"使青年军成为国军后备兵员的精英"，"在社会上成为一股新兴的革命力量"①的指示，在青年军复员前，对他们进行3个月的预备军官教育，加强反共宣传，组织集体加入三青团。

3月下旬，陈诚以军政部部长的身份，第二次向国民参政会作军事报告并答复质询。3月22日，他在第四届国民参政会第二次大会上，就军事政策、军事复员、整军建军及军队生活等问题，作了简要说明。仍如上次出席国民参政会一样，陈氏报告时，"态度谦和，表示军事方面缺点甚多，盼各参政员随时指教"②。报告毕，各参政员提出书面及口头询问39起。其内容，有关于军纪、接收、购粮等方面的问题，也有对中共的攻击侮蔑。陈答："所询关于军政部范围者，将依各位所言，努力改进；如有军纪不佳情事，盼各参政员指出地点、时间，当予处办。"③他在简要答复了一些具体问题之后，表示其他问题，当以书面答复。

陈诚亦曾一度插手与中共方面的谈判，不过为时极短。4月3日，陈继张治中之后，任军事三人小组中国民政府方面的代表。8日，陈诚代表国民政府，在重庆怡园出席军事三人小组第七次会议；美方代表为吉伦将军，中共代表为周恩来。会上，吉伦提出，要求中共部队在东北停止调动，并全部撤退到距铁路线1日行军路程的地方。中共方面当然不能接受。9日，举行第八次会议。吉伦要求对他提出的方案，详加讨论，明确办法；中共代表周恩来坚持先将各地冲突停止，再定如何接收主权。陈诚则认为："中共阻止政府军接收主权，与攻击政府已经接收之地区，故须中共让开道路，俾政府军接收苏军撤退地区，且限制中共不危害政府接收人员，方能避免冲突。"吉伦复提出折中方案，建议规定"政府军队有权自由进至长春"。

① 蔡省三、曹云霞：《蒋经国系史话》，香港七十年代杂志社1979年版，第138页。
② 天津《大公报》1946年3月23日。
③ 天津《大公报》1946年3月23日。

陈诚当即表示："对吉伦将军建议，政府当诚意接受。惟接受此项建议，不影响政府履行中苏协定接收其他苏军撤退地区，如吉林、哈尔滨、齐齐哈尔等之权利及责任。"①陈诚的这些意见，均旨在排斥中共及东北人民武装力量对东北接收的正当权利。由于中共方面的坚决抵制，吉伦、陈诚的意见未能成立。陈诚在军事三人小组中，共参加工作 20 天，24 日即由军令部长徐永昌接任国民政府代表。

陈诚对中共及其武装部队的敌视，还表现在坚决反对并且阻止装备中共部队的问题上。4 月，美国总统特使马歇尔曾提议装备、训练中共部队 10 个师；25 日，蒋介石以"卯有府军爱字 2271 号"代电，批交陈诚和军令部长徐永昌"会同研拟办法具报"。陈、徐于 5 月 2 日，将拟办的 5 点意见呈报蒋介石："1. 训练共军干部与装备共军问题似应分别办理，不宜混为一谈。2. 训练共军，可先开始，张家口学校，似可赞成。3. 学校所需训练用之装备，拟准以必需之限度，供给参加统编部队之干部。4. 装备共军部队，须俟统编后能统一指挥，方可开始，否则，危险性大，我方拟坚持此项原则。5. 前魏德迈将军备忘录所列数字②，除作训练用所需一小部分外，其余应交由我方（因系租借法案内物资）保管。"③实际上，此时蒋介石早已撕毁了政协决议，调集 100 万大军，将各解放区包围，意欲"在三至六个月的时间里消灭中国的所有共军"，④哪里还会允许装备、训练中共部队？陈、徐所拟可先"训练共军"，只不过是拒绝装备中共部队的托词；顽固坚持中共部队必须接受国民党军事当局"统编"及"统一指挥"，这才是问题的实质。他们的呈报，当然正中蒋介石下怀，蒋迅即亲批"如拟"，予以批准。

---

① 《中国现代史专题研究报告》（四），台湾"中华民国史料研究中心"1974 年编印，第 186 页。
② 魏德迈备忘录中所述装备，计为 10 个步兵营、1 个步兵连、11 个 75 山炮连、1 个战防炮排、1 个步兵 81 迫炮排、1 个步兵机枪排，及约 185 部车辆，共约为 1 个加强师的装备。
③ 《军令部部长徐永昌军政部部长陈诚上蒋委员长有关装备训练共军十师案拟办意见呈》，载《中华民国重要史料初编——对日抗战时期》第七编"战后中国"（三），台湾中国国民党中央委员会党史委员会 1981 年编印，第 120 页。
④ 《马歇尔使华》，中华书局 1981 年版，第 198 页。

四　军队整编

国民党当局，为了巩固自己在战后的统治地位，遂集中力量进行军队的整编，欲将中共军队亦纳入其掌握与控制之下，并作为发动新内战的准备。后来，在陈诚的军事报告中宣布，在陇海路沿线及西北的国民政府军，实际整编了27个军、67个师，在长江流域及其以南的国民政府军，实际整编了29个军、80个师。陈诚的起家部队第十八军被整编为第十一师，师长胡琏。

陈诚任职军政部长的时期，正值中国抗战胜利前后这一政治、军事形势发生重大变化的关口。国民党当局，为了适应这一形势的变化，巩固自己在战后的统治地位，遂集中力量进行军队的整编，欲将中共军队亦纳入其掌握与控制之下，并作为发动新内战的准备。这一整编全国军队的任务，当然主要又落到了军政部部长陈诚的身上。

据陈诚宣布，国民政府军在1944年时共有120个军，354个师，31个独立旅，112个独立团和15个独立营；抗战胜利后，即开始整编，至1945年年底，已经裁减为89个步兵军，2个骑兵军，253个步兵师，其编余的旅、团、营，均充实步兵师中。[①]11月25日，他在一次公开演讲中指出：在整编同时，各部队的装备也在更换。其中，36个美械师，已经完成配备78%；58个用国产武器配备的整编师，轻兵器配备已达成70%，重兵器仅达成34%。[②]

12月，陈诚奉派担任中央军事机构改组委员会主任委员，以美国军事系统、军事组织作为改组中央军事机构的原则。蒋介石令其"以国家利益依目前及将来需要，彻底调整之"，并需于次年5月底改组完成。

1946年一二月间，由重庆国民政府代表张治中、中共代表周恩来和顾

① 陈诚：《八年抗战经过概要》，南京国民政府国防部1946年编印。
② 吴相湘：《陈辞修生平大事》，《民国政治人物》第2集，台北传记文学出版社1982年版，第182页。

问马歇尔组成的三人军事小组，经反复协商，达成了《关于军队整编及统编中共部队为国军之基本方案》的协议。这一协议，给陈诚主持的整编军队工作提出了新的目标。《基本方案》规定，"至十二个月终了，全国陆军应为一零八师，每师不得超过一万四千人，在此数内，由中共部队编成者计十八个师"；"在上述十二个月之时期完毕后之六个月内，政府军应更缩编为五十师，中共军应更缩编为十师，合计六十师，编为二十军"。《基本方案》中还拟定了国共双方部队统编的方法，即在第一期12个月内，统编为4个集团军，每一集团军由国共各1军编成；在第二期6个月内，统编为6个军，每军皆由国共双方部队联合编成。①

根据上述精神，国民政府军应在从1946年3月至1947年2月的12个月内，将现有部队整编为30个军、90个师又10个骑兵旅。为了达到这一目标，陈诚拟定了两个步骤。第一步，先将各军裁减1/3，即原3师9团之军，缩编为3旅6团之师；原2师6团之军缩编为2旅4团之师；各独立师一律改编为2团制的独立旅。第二步，再按照《基本方案》的规定，整编为90个师，并逐次编为30个军，每军辖3师。每师为2旅4团，共1.4万人；每军直属部队约6300人。上述第一步骤，又分为三期实施。第一期，3月至4月，将陇海路沿线及西北部队（新疆、河西除外）共27个军、66个师整编；第二期，5月至6月，将长江流域及长江以南部队共32个军、92个师整编；第三期，自7月1日起，将东北、华北、新疆部队约30个军、95个师整编。②陈诚决定，将第一批与中共部队编为集团军的部队，放在华北地区。于是，他特别要求，华北方面的国民政府军，需于9月1日前先按照规定编制成1个军，以便在9月份与中共部队1个军，合编为集团军；其余3个集团军的统编，稍后亦应在该区编成。③

后来，在陈诚的军事报告中宣布，在陇海路沿线及西北的国民政府军，实际整编了27个军、67个师，在长江流域及其以南的国民政府军，实际整

① 《中美关系资料汇编》第1辑，世界知识出版社1967年版，第641-643页。
② 《陈总长告全国官兵》，1946年7月1日，载天津《大公报》1946年7月3日。
③ 《陈总长告全国官兵》，1946年7月1日，载天津《大公报》1946年7月3日。

编了 29 个军、80 个师。①至于东北、华北及新疆的国民政府军，"嗣因中共部队并未按照停战协定，到处发动攻势，造成国内混乱，致事实上无法实施"②。实际上，自 6 月下旬国民政府军向中原解放区发动进攻起，已经挑起了全面内战，其原订的整编计划当然不能如期完成；至于和中共部队统编集团军事，则更加无法实现。

在整编中，陈诚的起家部队第十八军被整编为第十一师，师长胡琏；其原辖第十一、第十八和第一一八师，被整编为旅，分由杨伯涛、覃道善、高魁元任旅长。

① 陈诚：《八年抗战经过概要》，南京国民政府国防部 1946 年编印。
② 陈诚：《八年抗战经过概要》，南京国民政府国防部 1946 年编印。

第十二章　指挥内战

一　出任参谋总长

国民党当局，为了巩固自己在战后的统治地位，遂集中力量进行军队的整编，欲将中共军队亦纳入其掌握与控制之下，并作为发动新内战的准备。后来，在陈诚的军事报告中宣布，在陇海路沿线及西北的国民政府军实际整编了27个军、67个师，在长江流域及其以南的国民政府军，实际整编了29个军、80个师。陈诚的起家部队第十八军被整编为第十一师，师长胡琏。

1946年5月9日陈诚（中）在南京机场迎接美国陆军参谋长艾森豪威尔（左二）

1946年5月，南京国民政府接受美国军事顾问团的建议，对军事机构的设置实行调整，决定撤销军事委员会及其所属军令部、军政部、陆军总司令部，设立国防部。15日，国民党中常会、国防会议分别通过，白崇禧任国防部长，陈诚任参谋总长兼海军总司令。这样，陈诚便掌握了全国军事大权，可以直接秉承国民政府主席的命令，统帅陆海空军。

鉴于国防部的设立，原何应钦所长陆军总部和陈诚所长军政部，均于 5 月 31 日结束业务。陈诚与白崇禧则分别以参谋总长和国防部长的名义，于 6 月 1 日，先行到国防部视事。陈诚说："此次军事机构之调整，在树立一个百年制度。""国防部长有权，参谋总长有能。如无国防部之动员令及预算，参谋总长不能指挥一个兵、动用一文钱。"①

7 月 1 日，陈诚宣誓就参谋总长职，特发表《告全国官兵书》。其中，披露了蒋介石对于此次军事机构改组的三点指示：（1）希望各级将领皆能以国家利益为前提。依国家目前及将来需要，实非调整军事机构不可。（2）军事机构之改组，完全以美国之军事系统与组织为原则。（3）限于本年 5 月底前改组完毕。陈诚称赞国防部的成立，"完成了中国划时代的军事制度的大改革"，"不仅展开中国历史上的新页，尤足象征中国国防前途的光明"。他认为，国防部立案的精神共有四点：其一，以政治军。其二，还军于国。其三，陆海空军之统一指挥。其四，平战两时之适用。为了使新旧两种军事机构得以顺利过渡，陈诚还拟定：第一步，原有机构的业务未经完成者，仍由原机构负责继续处理；第二步，按照新机构编制，重新切实编并；第三步，正式展开新机构的业务。②

陈诚在就职之初，给国防部，也是给自己的工作，规划了五个方面的任务：一是继续完成复员、整军，要搞好复员官兵、伤残官兵的安置，完成勋奖、抚恤业务，开展军事行政的复员；二是继续抓好建军工作，要奠定与加强国防机构，整理陆军，建设海军、空军；三是改革军事制度，包括教育、人事、兵役和补给制度；四是注意发挥军政联系的效能，强调以国防政策为基础，密切与行政各部门的合作，以及制定总动员的有关事项；五是提倡和加强国防科学，要加强国防科学研究机构，支援国防科学的研究和发展，确立指导国防科学的政策。③

① 天津《大公报》1946 年 6 月 2 日。
② 《陈总长告全国官兵》，天津《大公报》1946 年 7 月 2 日。
③ 《陈总长告全国官兵》，天津《大公报》1946 年 7 月 3 日、4 日。

　　陈诚特别强调打破各种旧的观念，其中包括拘泥现实，不求进步；注意表面，不顾实际；感情用事，不问是非等。陈诚还蓄意把矛头指向中共，对所谓的"反动分子"大张挞伐。他说："反动分子阴谋即在破坏政府的威信，离间政府与人民的感情，譬如他们深知主席求治心切，即不惜到处制造混乱，使之无法施治。他们深知国军如果建设成功，一切便可步入轨道，即不惜到处发动军事冲突，意图阻挠。"①

　　从10月下旬起，由于三人小组中国民政府代表徐永昌生病，陈诚再次充当国民政府在该小组中的代表。11月11日上午，三人小组自6月谈判中断以来第一次集会，举行了一次非正式会议，陈诚、周恩来、马歇尔等出席了这次会议。这时，国民党挑动的内战已经在全国范围内展开，国民政府军并于10月11日占领解放区重镇张家口。国民党方面，为了替即将召开的国民大会创造有利条件，并向中共方面施加压力，宣布从11月11日起单方面停止战斗。中共代表周恩来在会议上一针见血地戳穿了国民党方面将发布停战令作为掩护，以便组织更大规模进攻的阴谋。陈诚按照国民党当局的既定方策，煞有介事地提出了"对停止冲突具体措施的想法"。其要旨为："首先，就地停战，并派去执行小组以进行必要的调整；然后，在执行小组到达之后，设法把敌对双方的部队分隔开，并安排必要的部队调动；第三，为解决执行小组内和军事调处执行部内的意见分歧而拟定某种办法。"马歇尔插话说："如果我们能够找到一条立即结束冲突的途径，这就一定会使总的局势得到改善；对于所有各方都是越快越好。"周恩来沉着地表示：他对此还不能作出具体的答复，因为他毫无准备；但是他仍然愿意作出一切努力，并愿听取陈诚就自己的建议所作的详细说明，然后，他才会有可能向延安提出报告，并由他自己加以研究。陈诚遂对其建议作出如下进一步的说明："1.直接接触或实际交战的双方部队司令官立即宣布停火，并在执行小组到达以前，和对方司令官取得联系，以谋求当地停战的实现；2.执行小组在必要时可要求对彼此接触或处于交战状态的双方部队位置进行调整，可依情况要求一方

① 《陈总长告全国官兵》，天津《大公报》1946年7月4日。

或双方后撤一定距离；3. 如果在执行小组成员之间、在长春前进指挥所或军事调处执行部内发生了意见分歧，应遵循六月所作的规定加以解决；4. 军队的整编和配置将由三人小组尽早进一步讨论解决。"周恩来敏锐地发现，陈诚的方案，同三人小组 6 月谈判中形成的文件草案相比，并没有什么新的东西；相反，对于停止冲突后部队将恢复到何种状态这一实质性问题，却避而不谈。周接着指出，在 6 月形成的文件中规定了两个步骤：首先在 10 天内全国恢复到 6 月 7 日的状态，第二步则是在 20 天内恢复到 1 月 13 日（按：即 1 月 10 日停战令生效时）的状态。陈诚说："军队的配置肯定是要讨论的，但是首要的任务应该是解决停止冲突的问题。"他并表示，不记得在 6 月谈判中曾对驻防地区有所规定。马歇尔在一旁提醒道："满洲的防区是规定了的。"周恩来指出："在 6 月的休战谈判中，曾规定以 6 月 7 日的状况为基础恢复部队驻防位置，但是未能就有关各师指挥部驻地的条款达成协议。"[①]这一次三人小组的非正式会议，经过一番冗长的辩论，并未得出任何结论或协议，甚至连复会的日期也没有能够商定。

1946 年 12 月陈诚（前排左二）与国民党元老戴季陶（前排左一）在国民大会上交谈

---

① 《马歇尔使华》，中华书局 1981 年版，第 375-383 页。

十一十二月间，国民党当局不顾中共、民盟等方面的坚决反对，一党决定，匆匆召开制宪国大。陈诚以国大代表的身份，参加了这次会议，并成为大会主席团之一员。在他主持会议时，态度显得特别谦逊。他喜欢用"请示各位先生"的口气，来征求大家的意见。在他想要说话时，总要先问代表："各位先生允许我说几句话吗？"陈诚还比较圆滑地处理了会场上一度出现的尴尬局面。如蒙古代表刘踪萍对会议文件中"蒙古选出代表每盟四人，每特别旗各一人"的提法，提出文字上的修正，要求在"盟"字后面加上一个"各"字，以与后面的"各"字相匹配。其他代表均取笑他，认为有没有"各"字都一样，弄得刘下不了台。这时，陈诚提议说："请示各位代表，刘代表这个各字不加，原文旗字下的各字也去掉，这样好不好？"果然，大家均表附议，尴尬的局面也随之化解。①在制宪国大开会期间，陈诚还奉命精心组织了国民政府军首次的陆海空三军协同作战演习，供出席国大的 1 000 余名代表参观。唯其乃属首次，当标志着国民政府军装备与训练发展的一定程度；除此而外，并无任何实际意义。制宪国大期间，陈诚还和陈立夫共同拟定了国民政府改组后国民党籍国府委员候选人的名单。他们在上蒋介石的签呈中提出，该候选人应具备如下标准："1. 党的意识浓厚；2. 政治见解卓越；3. 精神充沛具有政治斗争经验，并能经常到会者；4. 应注重南北及一般地域关系，并须顾及蒙藏新疆之特殊地位，至于资历地位及年龄等似尚为次要条件。"②《签呈》最后，并附上 29 名现任国府委员、35 名国民党中央执监委员会常委，以及 13 名"本党老同志其资历可充国府委员"者，作为国民党籍国民政府委员候选人。他们所拟的这一名单，在几个月以后国民政府正式改组时，大多数得到采纳。由陈诚和陈立夫二人出面协商拟定这一名单，乃是蒋介石对于军事、党务这两个方面，以及陈诚和 CC 这两个重要派系所持的平衡手段。

---

① 《中国名将录》第 1 辑，新世界出版社 1947 年版。

② 《陈诚陈立夫上蒋总裁推荐中国国民党籍国府委员候选人备供参考签呈》，1946 年 12 月 9 日，《中华民国重要史料初编——对日抗战时期》第七编"战后中国"（二），台湾中国国民党中央委员会党史委员会 1981 年编印，第 789 页。

自 1947 年春季以来，陈诚以参谋总长的身份，参与了从苏军手中接收旅大的工作，对苏方极表不满。9 月，陈诚在一份致外交部部长王世杰的快邮代电中，指责苏联"不外迫我承认'共匪'在旅大区之行政权，同时拒我军队之驻入，使我接收空有其名"①。

陈诚在参谋总长任内，还于 1947 年至 1948 年，签呈了若干对日本战犯的判决案，择其要者有：国防部战犯法庭判决在南京纵兵屠杀之战犯谷寿夫死刑案，在南京附近共同连续屠杀之战犯田中军吉、向井敏明、野田岩死刑案，在崇明县共同连续屠杀之战犯大庭早志、中野久勇死刑案，在香港连续放逐非军人之矶谷廉介无期徒刑案；武汉战犯法庭判决在湖南攸县等地共同谋杀、强奸、肆意破坏财产、抢劫之战犯决堤三树男无期徒刑案；东北战犯法庭判决在抚顺有计划屠杀之久保孚死刑案等。其中制造惨绝人寰的"平顶山事件"，集体屠杀平顶山居民 2 800 余人的元凶久保孚，曾有人以"事件发生时，久保孚并未在场，及日军行动该被告无权阻止"为由，提出对其"从宽发落"。陈诚则坚主将战犯久保孚处以死刑，签批曰："谨查平顶山事件，死于非命者二千八百余人，其残酷程度，实不亚于南京大屠杀，该久保孚既为本案元凶，罪证又极明确。拟复饬毋庸减刑。"②陈诚的上述签呈，一概为蒋介石所批准。这些日本战犯也都按蒋的批示分别处刑。

二 为内战调兵遣将

陈诚遵照蒋介石的命令，通过郑州绥靖公署主任刘峙，指挥第五、第六两绥靖区的部队，向中原解放区李先念部发起进攻，从而点燃了全面内

① 《陈诚参谋总长致王世杰部长促继续交涉旅大接收快邮代电》，1947 年 9 月 24 日，《中华民国重要史料初编——对日抗战时期》第七编"战后中国"（一）"苏联侵掠东北"之九，台湾中国国民党中央委员会党史委员会 1981 年编印。

② 《中华民国重要史料初编——对日抗战时期》第二编"作战经过"（八），台湾中国国民党中央委员会党史委员会 1981 年编印，第 428–436 页。

战的战火。陈诚又调动第一绥靖区李默庵部、苏北绥靖军李延年部和第五军邱清泉部等，向苏中、苏北解放区，发动了大规模的进攻。陈氏信誓旦旦地预言："我负责地说，国军占领之地，确有力量保障其安全。""万一军事解决，三个月至五个月，一定完了。"

陈诚被任命为参谋总长后，尚未正式宣誓就职，即遵照蒋介石的命令，通过郑州绥靖公署主任刘峙，指挥第五、第六两绥靖区的部队，约 10 个整编师 30 万人，于 1946 年 6 月 26 日，向中原解放区李先念部发起进攻，从而点燃了全面内战的战火。

当时，中原解放区连同地方部队，总共只有 6 万余人。他们遵照中共中央"立即突围，愈快愈好"，"生存第一，胜利第一"的指示，[1]于 6 月底，分北路、南路、东路三路突围，先后在六七月间，冲破国民政府军的围堵，完成了战略转移。

紧接着在中原地区挑起战事后，陈诚又调动第一绥靖区李默庵部、苏北绥靖军李延年部和第五军邱清泉部等，向苏中、苏北解放区，发动了大规模的进攻。陈诚威胁说：解决苏北问题，"上策，共军退出；中策，国府迁都[2]；下策，武力决赛"。"上策共军不愿履行；中策国府由于五五迁都，未便再迁"，所以只有进行"武力决赛"一途了。[3]他甚至宣称"两星期解决苏北问题"[4]。他在苏中战事最激烈的 8 月上旬，于牯岭对记者发表谈话说："余半生戎马，在八年抗战中未出风头，岂愿打自己人来出风头？"他的结论是："请中共遵令撤至陇海以北地区。"陈诚还抓住苏北解放区开放运河五坝泄洪这一正常措施，发表评论曰："共军在苏北决堤殃民，当非恩来先生所能预知，亦非恩来先生所能约束。易言之，恩来先生今日之言行，

---

[1] 中共中央 1946 年 6 月 23 日给中原局的电报，《毛泽东军事文选》，中国人民解放军战士出版社 1981 年版，第 281 页。
[2] 国民党认为苏皖解放区威胁南京。
[3] 《新华日报》（华中版）1946 年 8 月 15 日。
[4] 《新华日报》（华中版）1949 年 3 月 5 日。

能否代表整个中共？能否为中共所信守？殊成疑问。"①

7月和8月，苏中解放区部队，一战泰兴、宣家堡，二战如皋，三战海安，四战李堡，五战丁堰、林梓，六战分界、加力，七战邵伯、乔墅，歼灭国民党军6.5个旅和5个交警大队，计5万余人；淮南、淮北解放区部队将进攻该地区的整编第六十九师戴子奇部，歼灭了第九十二旅全部和第六十旅一部。但是，在蒋介石、陈诚的指挥、部署下，国民政府军终以绝对优势的兵力，将这些解放区的点、线以至大、中集镇，全部占领。此时，陈诚一面积极部署向苏北解放区的攻击，一面又在9月4日的记者招待会上，再次提出要求，说"苏北地位威胁京沪，故政府首先希望中共让出苏北"②。接着，陈诚便指挥苏北绥靖军总司令李延年，以重大伤亡代价，占领了两淮、宿北等苏北广大地区。在是役中，属于陈诚军事集团的整编第六十九师，被歼3.5个旅，共2万余人；陈的嫡系将领、整编第六十九师师长戴子奇被击毙。

9月中旬，陈诚先后飞郑州、北平，分别召集顾祝同、胡宗南、刘峙、刘汝明、刘茂恩和李宗仁、孙连仲、王鸿韶、宋肯堂等高级将领开会，部署对冀鲁豫解放区和长城内外的战事。在蒋介石、陈诚的精心策划下，9月下旬，国民政府军第十一战区孙连仲部和第十二战区傅作义部共22个师，分沿平绥线及其两侧地区，东西并进，攻击张家口。10月上旬，傅作义部利用解放军晋察冀部队判断的失误，乘其调动之机，先取张北，继于11日进占塞外重镇张家口。为了扩大这一"战果"，陈诚迅于当日飞抵北平，与北平行辕主任李宗仁共同筹划长城一线军事。陈让夫人谭祥在北平游览名胜，自己则紧张地视察部队和商讨军事。据报载，12日，陈飞赴归绥（即今呼和浩特市），并于张家口上空故作盘旋，以显示其"胜利"；13日，回北平接见各军政长官；14日，飞华北各交通线视察，命各指挥官在指定地点"听候垂询"。

陈诚在北平，利用国民党军攻占张家口一事，大做文章，大造舆论。16日、

---

① 《新华日报》（华中版）1946年8月15日。
② 天津《大公报》1946年9月5日。

17 日，他先后在华北党团负责人集会和记者招待会上发表讲话，颠倒了内战战场上国共双方胜负的客观事实，称：东北区，正在整顿，至今未恢复；冀察热绥区，贺龙在大同之役损失很大；晋冀豫区，以中条山为根据地，刘伯承在陇海线大受损失；山东、苏北的陈毅部已被击溃，胶济线也已打通。他洋洋得意地声称："张垣的收复不仅是军事的，而且是经济的，河套的粮食可以运出来，平津的棉花可以运进去……连我们军队的冬衣也可以送进去了。"在谈到和战问题时，他说："人民要求和平，蒋主席也要和平，希望今后一切问题的解决不在战场。""今后的问题，一切均在共产党，如果他们不来打国军，国军决不先打他；从什么地方打过来，就从什么地方打过去。"陈氏信誓旦旦地预言："我负责地说，国军占领之地，确有力量保障其安全。""万一军事解决，三个月至五个月，一定完了。"①

在此期间，陈诚于北平召集行辕主任李宗仁、陆军总司令顾祝同、保定绥靖主任孙连仲、张家口绥靖主任傅作义、集团军总司令米文和及军、师长多人，举行重要军事会议。会上，陈诚首先宣读了蒋介石关于平汉路应于 3 周内打通的手令。读毕，大家均面面相觑。陈诚问李宗仁的看法，李表示：论军人本分，原应服从命令，不过为事实着想，我们更不应欺骗最高统帅。若以现有兵力来打通平汉路，简直是不可能。因为平汉路如果打得通，则早已打通了，然而打了这么久还未打通，现在并未增加一兵一卒，忽然限于 3 个星期内打通平汉路，实是梦想。我们如果不知彼不知己，贸然用兵，不特平汉路打不通，恐怕还要损兵折将，为天下笑。

陈诚："德公，你认为绝对打不通吗？"

李宗仁："照我看，以现有兵力，无此可能。"

陈诚："若果如此，我如何能向主席复命呢？"

李宗仁："辞修兄，那只有据实报告了。"

陈诚："德公，您是老前辈，能否用您的名义打一电报给主席，据实报告呢？"

---

① 陈诚讲话见天津《大公报》1946 年 10 月 17 日、18 日。

李宗仁："你既不愿直接报告,当然可以用我的名字!"①

李当即命参谋长王鸿韶起草电稿,向蒋介石报告。略称:奉手谕后,曾召集各将领讨论,深觉以目前兵力,断难完成任务。与其知其不可为而为之,莫若养精蓄锐以待有利时机再行动。电报发出后,陈诚方如释重负。因他亦深知3周内打通平汉路不可能,但又不敢违逆蒋介石的意旨。现既有李宗仁出面承担责任,他当然落得一个轻松。不久,蒋复电李宗仁,表示收回成命。

三　败绩鲁南

陈诚奉蒋介石之命,亲自坐镇徐州督战,声称:"党国成败,全看鲁南一役,只许成功,不许失败。"华东野战军自2月20日起,向李仙洲集团发起全线攻击,至23日在预设于莱芜、吐丝口间的袋形阵地中将李仙洲第七十三、第四十六军主力予以全歼。陈诚在3月17日国民党六届三中全会的军事报告中,不得不承认:自1月份以来,"国军数师伤亡损失亦较重";在莱芜战役中,"为防'匪'截击及山地补给关系","自动放弃莱芜、新泰及淄博等处"。但他又宣称,在今后的作战中,有信心战胜中共。他说:"'剿匪'绝对自信,绝对有把握。"

经过半年与解放区部队的较量,国民政府军损兵折将,损失惨重,却凭借优势的兵力,占据了大片解放区,控制了若干地区的点线。1947年1月中、下旬,华东解放区主力集结在临沂地区。蒋介石、陈诚错误地判断该部将固守临沂,遂制定了"鲁南会战"计划,企图在临沂附近进行决战。

陈诚奉蒋介石之命,亲自坐镇徐州督战,声称:"党国成败,全看鲁南一役,只许成功,不许失败。"②

---

① 《李宗仁回忆录》(下),广西人民出版社1980年版,第865-866页。
② 《中国人民解放军战史》第3卷,军事科学出版社1987年版,第80页。

1月20日，陈诚为实施他的"鲁南会战计划"，以机密文件发出《告"剿匪"各部队官兵书》，称："此次'剿匪'任务，为我革命成败最后关键，亦即我革命军人最后应负任务。"接着，他又说"苏北、鲁南、鲁西之'匪'鉴于大势已去，不得不作困兽斗"；"国军部队虽略受损失，但就全盘战局而言，实属莫大之成功"。最后，他又为官兵们打气说："盖此地区（按指鲁南）为主要战场所在地，同时更为'匪'我决战所关也。'剿匪'之成败全赖于此，望我将士齐心协力，切实遵奉命令，发挥革命无上之精神。"①

面对陈诚30余万大军向鲁南地区的进攻，中共中央军委特地向华东野战军发出了《关于粉碎陈诚向鲁南进攻的几点指示》，并对陈毅、饶漱石、粟裕、谭震林等指挥员指示了作战方针。中共中央军委指示了"为着彻底粉碎陈诚向鲁南之进攻"的五项原则，即"集中绝对优势兵力"；"休整部队"；"诱敌深入"；"先打弱者，后打强者"；"每次歼敌不要超过四个旅，最好是三个旅"②。

2月中旬，华东野战军根据中共中央军委的指示，将主力作战略转移。15日，国民政府军整编第七十四师占临沂。陈诚误将华东野战军主力的战略转移看作是"败退"，遂发报给第二绥靖区司令官王耀武："陈毅已率其主力放弃临沂，向北逃窜，有过黄河避战的企图；务须增强黄河防务，勿使其窜过黄河以北，俾便在黄河以南地区歼灭之。"③李仙洲部遂于17日重占颜庄、新泰。华东野战军为迷惑对方，特布置地方武装进逼兖州，在运河上架桥，造成部队将向运河以西撤退的假象。陈诚听到这个消息，便断定"共军已被打垮，不堪再战，现在要放弃山东，向黄河北窜了"。有人告诉他："鲁中南确有共军向北移动。"陈诚不屑一顾地说："几个被打垮了的散兵游勇，何足大惊小怪。"他一面斥令王耀武不准后缩；一面直接令李仙洲确保莱芜、新泰阵地，堵住胶济路一线。④

① 《陈诚一面吹嘘一面悲鸣》，《大众日报》1947年3月10日。
② 《毛泽东军事文选》，中国人民解放军战士出版社1981年版，第399—400页。
③ 《莱芜战役资料选》，山东人民出版社1982年版，第331—332页。
④ 《莱芜战役资料选》，山东人民出版社1982年版，第309—310页。

华东野战军自 2 月 20 日起，向李仙洲集团发起全线攻击，至 23 日在预设于莱芜、吐丝口间的袋形阵地中将李仙洲第七十三、第四十六军主力予以全歼。莱芜一役，国民政府军共损失 1 个指挥部、2 个军、7 个师，共五六万人，第二绥靖区副司令李仙洲被俘，胶济路西段及其两侧城镇 10 余处获得解放，一度攻占的莱芜、新泰等地亦复丢失。莱芜战役后，山东解放区之渤海、鲁中、胶东三区已连成一片；国民政府军于 3 月份未敢在华东战场再战。陈诚在 3 月 17 日国民党六届三中全会的军事报告中，不得不承认：自 1 月份以来，"国军数师伤亡损失亦较重"；在莱芜战役中，"为防'匪'截击及山地补给关系"，"自动放弃莱芜、新泰及淄博等处"。但他又宣称，在今后的作战中，有信心战胜中共。他说"军事重要仍在交通及经济，交通重要地方皆为我军控制，经济则'匪'亦不如我"，"'剿匪'绝对自信，绝对有把握"。陈诚还在同一报告中，抱怨各地党政未能很好配合军事，称："'剿匪'应以军事为中心，本人不敢希望党政能完全配合军事，但消极的应不妨碍军事，此说诸君或不乐闻，惟证诸征兵征粮各种事实，即可说明。"①

四　处处碰壁

在第七十四师岌岌可危的紧张时刻，陈诚与国防部长白崇禧飞抵临沂督战，给张灵甫打气说，"这个战役的结果，只有一个，那就是我们的辉煌胜利"；蒋介石"对这个战役抱有无限的希望"。可是，仅维持两天，号称"王牌师""五大主力"之一的第七十四师即遭全歼。蒋介石为此哀叹，"这是我军'剿匪'以来最可痛心、最可惋惜的一件事"。陈诚秉承蒋介石意旨，于 1947 年春，实施了以攻取延安为重点的陕北战场作战计划。西北野战军于 3 月 19 日主动撤出延安后，在一个多月的时间里，先后在青化砭、羊马河、蟠龙三战中，使国民政府军连失 3 旅，计 1.4 万余人。有的记者将

---

① 《陈诚参谋总长之军事报告》，1947 年 3 月 17 日，《中华民国重要史料初编——对日抗战时期》第七编 "战后中国"（四），台湾中国国民党中央委员会党史委员会 1981 年版，第 852、854 页。

了这位参谋总长一军，问："把全部共军打败需要多少时候？"陈诚只好尴尬地承认："从前说过三个月内可以击破共军主力。"

陈诚在国民党六届三中全会上所吹嘘的作战"信心"和"把握"，很快便在事实的面前遭到无情的嘲弄。

蒋介石、陈诚继莱芜惨败后，便于1947年3月，撤销徐州、郑州两绥靖公署，组成陆军总司令徐州司令部，由陆军总司令顾祝同坐镇徐州，统一指挥徐州、郑州两绥靖公署的部队。蒋、陈为徐州司令部先后调集了24个整编师（军），含60个旅（师），45万余人，向华东野战军发起进攻。5月15日拂晓，华东野战军封闭了合围口，将整编第七十四师及整编第八十三师的第五十七团包围在孟良崮、芦山地区。在第七十四师岌岌可危的紧张时刻，陈诚与国防部长白崇禧飞抵临沂督战，给张灵甫打气说，"这个战役的结果，只有一个，那就是我们的辉煌胜利"；蒋介石"对这个战役抱有无限的希望"①。可是，仅维持两天，号称"王牌师"、国民政府军"五大主力"之一、全部美械装备的整编第七十四师以及第八十三师的第五十七团即遭全歼，师长张灵甫、副师长蔡仁杰、第五十八旅旅长卢醒被击毙，官兵1.3万余名被毙伤；师少将参谋长魏振钺、少将副参谋长李运良等5名将级军官以下1.9万余名官兵被俘。蒋介石为此哀叹，"这是我军'剿匪'以来最可痛心、最可惋惜的一件事"②。中共中央主席毛泽东在5月底指出，"蒋介石、陈诚曾经错误地估计了人民解放军的力量和人民解放军的作战方法"，在经过10个月之后，国民政府军"已经深入绝境，被解放区人民或人民解放军所重重包围，想要逃脱，已很困难"③。可是，陈诚在公开场合，仍故作镇静。7月11日，他对记者发表谈话说，"山东战局发

---

① 《孟良崮战役资料选》，山东人民出版社1982年版，第251页。
② 蒋介石对军官训练团第二期学员的讲话，1947年5月19日，南京国民政府内政部档案，藏中国第二历史档案馆。
③ 毛泽东：《蒋介石政府正处在全民的包围中》，《毛泽东选集》合订本，人民出版社1967年版，第1122页。

展，本人极为满意"，但他也给国民政府军的进一步惨败，留下了一丝伏笔，曰："共军刘伯承部回窜鲁西，对战局稍有影响，惟国军已派有力部队堵击，亦绝无问题。"①

陈诚认为，在所有解放区部队中，数山东"最强"，"与地方关系最巨"，"控制鲁省可切断南北交通"；但他又吹嘘，"现山东境内国军已获很大成功，共军被逐出老巢，今后流窜而不能集中大股部队攻打少数国军"②。可是，就在7月中、下旬，国民政府军第二兵团王敬久所部整编第七十师、第三十二师和第六十六师，先后在金乡到巨野之间的六营集、独山集、羊山集就歼，整编第七十师师长陈颐鼎、整编第六十六师师长宋瑞珂被俘。其中整编第六十六师为陈诚军事集团中的主力部队之一。事后，国民党军事机关的资料也承认，自刘伯承部渡河以后，"我大部华中地区，全为'匪军'糜烂，我全般战略形势，乃从此陷于被动"③。但是，陈诚竟称中共部队11个师"已于鲁西微山湖西，全部被国军歼灭"；"此决定性战役将极有助于东北战事的展开"④。

东战场损兵折将，西战场的战事进行得也不顺利。陈诚秉承蒋介石意旨，于1947年春，实施了以攻取延安为重点的陕北战场作战计划。在这一作战行动中，蒋介石、陈诚共调集了由国民政府西安绥靖公署指挥的34个旅、23万人。此时延安地区中共主力部队总共只有6个旅2.7万人。在力量对比十分悬殊的情况下，西北野战军遵照中共中央的指示，实行"以歼灭国民党有生力量为主而不是以保守地方为主"的方针，决定放弃延安及若干城市和地方，诱敌深入，运用"蘑菇"战术，以求在运动中歼灭国民政府军。西北野战军于3月19日主动撤出延安后，在一个多月的时间里，先后在青化砭、羊马河、蟠龙三战中，使国民政府军连失3旅，计1.4万余人。陈诚在胡宗南部占领空城延安的次日，即举行记者招待会，报告占领经过。他

---

① 天津《大公报》1947年7月12日。
② 天津《大公报》1947年7月19日。
③ 《"戡乱"简史》，台湾"国防部史政局"1959年编印，第124页。
④ 天津《大公报》1947年8月18日。

夸大国民政府军的战绩，称"共军用以保卫延安之兵力共三师十三旅，配合民兵约共十六万人"；"俘获万余人"。记者问："延安攻下影响共军军心否？"陈诚回答："自然，若南京陷落亦必影响国军军心。"记者问："政府如无外国军事装备，可否击败共军？"陈诚答："政府不需要外国帮助，共军离开民众故败北，并非国军武器较好。"记者问："空军在延安之战中占重要部分否？"陈诚不顾国民政府军飞机对"延安党政机关、军事设施、工厂、仓库以及前沿阵地进行狂轰滥炸，仅进攻第一天即投弹 59 吨"[1]的事实，竟称"空军力量很大，唯只事搜索侦察"。有的记者将了这位参谋总长一军，问："把全部共军打败需要多少时候？"这显然是针对陈诚在发动内战初期曾允诺"三个月击败共军"而言。陈诚只好尴尬地承认："从前说过三个月内可以击破共军主力。"[2]

五　东北履新

陈诚在 1947 年夏秋间，曾多次去东北活动。社会舆论已预测陈诚"似有坐镇东北之意"。8 月 29 日，陈诚奉派兼任国民政府主席东北行辕主任。陈诚在 1947 年"国庆献词"中说，"要趁此机会将整个'共匪'主力消灭，以便明年今日东北四千五百万同胞皆能欢欣鼓舞，同申庆祝"。辽宁省参议会议长马恩忱说：熊式辉是内科大夫，开药治病；陈诚是外科大夫，对东北的恶性肿瘤开刀了。然而，至 1947 年年终时，陈诚以低沉的语调说："整个东北情势，以九月最为危险，十月至十二月亦甚艰难。"

随着国民政府军在各个战场的惨败，解放军由防御逐步转入反攻，蒋介石愈益将部队的人事、指挥大权，直接操于自己手中，不经参谋总长中转。同时，与全国其他各战场相比，对于国民党政权来说，东北战场显得特别重要；那里的行辕主任熊式辉同保安司令长官杜聿明又配合不好，亟须改

---

[1] 《中国人民解放军战史》第 3 卷，军事科学出版社 1987 年版，第 101 页。
[2] 天津《大公报》1947 年 3 月 21 日。

变这一格局。因此，蒋早有让陈诚主持东北军政的打算。

在 1947 年夏秋间，陈诚曾多次去东北活动。7 月中旬，陈诚飞沈阳后，于 14 日分别会见东北各省主席、各市市长及团长以上军官，并宣读蒋介石命令，批准东北保安司令长官杜聿明短期离沈就医，其职务由郑洞国代理。15 日，陈氏抵达甫经激战的四平，代表蒋介石对驻军进行慰问、打气，并对辽北省及四平各界发表讲话。接着，陈复于 16 日去长春，转达蒋介石对长春军民"能通力合作，巩固城防"，"深致慰问之意"。8 月上、中旬，陈诚又一次到东北活动。其间，在沈阳曾与美国特使魏德迈作长时间单独交谈；并于公开场合宣称，"吾人在东北之唯一目标在收复失地"。至此，社会舆论已预测陈诚"似有坐镇东北之意"。熊式辉见自己大势已去，遂连上 7 封辞呈，交蒋介石。

8 月 29 日，陈诚奉派兼任国民政府主席东北行辕主任。9 月 1 日晨 8 时 50 分，陈诚偕楚溪春等人，乘"追云"号机飞东北赴任，国防部长白崇禧、次长秦德纯等前往机场送行。楚溪春，出身保定军校第一期，曾任该校第八期队长，而陈诚乃保定军校八期生，故陈咸呼楚为老师。楚于 1946 年秋因顽固死守大同而著名，陈诚当即留楚在南京任中央军官训练团副教育长；此次北行赴任，亦邀其同行，以为左右手。

2 日上午 10 时，陈诚在东北行辕大礼堂正式就职后，发表《告东北军民书》，内称："今后行辕之首要任务，即在执行政府'剿匪'国策"；"宜及时去奢崇俭，力挽颓风"，"各就岗位，各尽职守，于艰难困苦之中，寻求自力更生之道"①。

陈诚上任伊始，首先对机构和人事进行了调整。他抱着"消灭共军，建设三民主义新东北"的宗旨，在东北大肆扩充部队。在部队扩编中，陈诚军事集团的势力得到了明显的加强。新一军所属第五十师和新六军所属第十四师，都是从第十八军中分出的陈诚基干部队。陈诚升任第五十师师长潘裕昆为新一军军长，升任第十四师师长龙天武为新三军军长。

①《陈诚正式就兼职》，天津《大公报》1947 年 9 月 3 日。

　　陈诚宣称："目前山东、陕北'剿匪'工作即将完成,今后'剿匪'重点无疑应在东北。""东北关系华北与西北安危至重,更进而影响全国与世界之安危"①。他还在 1947 年"国庆献词"中说,"要趁此机会将整个'共匪'主力消灭,尽复失地,使'共匪'此次进扰为最后的一次,以便明年今日东北四千五百万同胞皆能欢欣鼓舞,同申庆祝"②。然而,东北战局的发展,与陈诚的估计,正好相反。经过东北解放军 50 余日的主动进攻,东北陈诚所部被歼 6.9 万人;有 15 座城市又被解放;农安至铁岭间、锦州至山海关间的铁路,均被破坏。东北国民政府军已被压缩到长春、沈阳、营口、锦州等几个孤立的地区,陈诚的机动防御方针完全破产。

　　为了挽救垂危的局势,陈诚深感必须从整饬军纪和整治贪污做起。陈氏认为,东北社会上实际已经出现了"纵兵殃民,逼民为匪,收匪为兵"的恶性循环现象。为此,他警告说:"如其说向'共匪'拼命,不如先从自己拼命作起!"③于是,他又使出了当年在湖北主政时的铁腕:将以举办"兵学研究会"为名,暗设赌场的中将田湘藩逮捕归案;将不战而逃的本溪区保安司令李耀慈以"弃守领土"罪处以极刑;将利用职权勒索钱财的少将李修业加以拘捕;将收编军队、买空卖空的少将刘介辉递解出境。唯其如此,辽宁省参议会议长马愚忱说:熊式辉是内科大夫,开药治病;陈诚是外科大夫,对东北的恶性肿瘤开刀了。然而,国民党政权在东北及全国各地的颓势,绝非抓几个人、杀几个人所能挽回。至 1947 年年终时,陈诚以低沉的语调说:"整个东北情势,以九月最为危险,十月至十二月亦甚艰难。"④

六　失利东北

　　陈诚对于作为机动兵团的新五军,究应攻守,举棋不定,耽搁了一天

---

① 天津《大公报》1947 年 9 月 5 日。
② 陈诚:《"剿匪"建国与后期革命》,载天津《大公报》1947 年 10 月 11 日。
③ 吴相湘:《陈辞修生平大事》,《民国政治人物》第 2 集,台北传记文学出版社 1982 年版,第 185 页。
④ 何定藩主编:《陈诚先生传》辑录资料,台北"反共出版社"1965 年版,第 65 页。

多时间，后虽令其退守辽河，但已失去转移时机。新五军2万余人被全歼，新五军军长陈林达被俘。南京国民政府遂于1月17日明令："特派卫立煌为国民政府主席东北行辕副主任兼东北'剿匪'总司令。"这一命令，实际宣告了陈诚在东北的下台。在南京召开的行宪国大上，许多代表都围绕着他的名字吵闹不休，引起了一场轩然大波。赵庸夫大吼："应请政府杀陈诚，以谢国人！"这年10月，陈诚怀着凄怆的心情，携一家老小离开了喧闹的大陆，移居台北草山（即阳明山）静养。

　　1948年元旦，伴随着东北解放军冬季攻势的隆隆炮声来临。陈诚在解放军的秋季攻势中，已经损兵折将，遭到惨败，现未经喘息，又要迎战解放军的冬季攻势，真是穷于应付，一筹莫展。但他在发布元旦告东北军民书时，仍强作镇静，声称危期已过，战备完成，国民政府军即将由铁岭、沈阳、新民三路出兵，对东北解放区进行"扫荡"。

　　陈诚说"危机已过"是假，"三路出兵"是真。他自1月1日起，即在新民、沈阳、铁岭地区集中了10余师兵力，准备沿辽河西岸，从近100公里的正面向沈阳西北出击。3日，比较突出的新五军推进至新民正北的公主屯地区时，遭到东北民主联军的合围。当新五军发现自己有被解放军主力包围的可能时，曾发紧急电报向陈诚请示，是否可退守设有坚固防御工事的巨流河。陈对于作为机动兵团的新五军，究应攻守，举棋不定，耽搁了一天多时间，后虽令其退守辽河，但已失去转移时机。新五军2万余人被全歼，新五军军长陈林达被俘。

　　新五军的全军覆没，使东北行辕和国民党最高军事当局极为震惊。10日，蒋介石亲率国防部作战次长刘斐、陆军副总司令范汉杰等，由南京直飞沈阳，召开军事会议，追查造成新五军惨败的责任。在东北高级将领中经过一番推诿、争吵之后，陈诚只好无可奈何地表示，自己指挥无方，请求按党纪国法惩办。

　　陈诚自请处分之议，蒋介石当不忍下手；但新五军之覆没，乃使陈之声望大为下降。加之此时陈诚胃疾复发，不能亦不愿继续在东北督率战事。

南京国民政府遂于 1 月 17 日明令："特派卫立煌为国民政府主席东北行辕副主任兼东北'剿匪'总司令。"①这一命令，实际宣告了陈诚在东北的下台。历史的轨迹，在这里又一次巧合。4 年前，陈诚因胃疾离开远征军时，是卫立煌接替了他的岗位；此次陈诚离开东北行辕，又是这位与他积怨甚多的卫立煌将军取而代之。其中的奥妙，大概只有蒋介石能够回答清楚。

卫立煌受命东北新职后，蒋介石只给他 3 天准备时间。1 月 21 日，卫飞北平，与北平行辕主任李宗仁、华北"剿匪"总司令傅作义商谈军事；22 日，即抵沈阳视事。2 月 5 日，在东北坐镇了 5 个月的陈诚怏怏离去。时隔 1 周，蒋介石于 12 日电令：在陈诚病假期间，东北行辕主任职务，由卫立煌兼代②。

陈诚由东北返回南京后，虽仍挂参谋总长职衔，但就局势、人事、身体条件来看，已均非效力之时。卫立煌主持东北战局后，曾多次致电陈诚，"以目前控制地区狭小，就地筹办困难，请求空运补给"③。对此要求陈诚仍及时处理，于 2 月 21 日向蒋介石报告。陈诚认为："对东北数十万大军之作战补给，纵倾全力空运，运输量亦极有限，为解决该方面补给问题，似应先谋打通新民至锦州间路线，并确保其畅通，始能解决补给之困难。"④陈诚立意打通陆路，不无道理，惟卫氏迭次来电，请求空运，未必不懂得打通铁路的重要，然非不欲也，是不能也！陈诚坐镇东北时，亦曾竭力打通各路线，但最终落得个"铁路南站通北站"的惨局。因此，陈诚的这一建议，也只能使卫立煌望梅止渴、啼笑皆非。

2 月 27 日，陈诚偕夫人由南京乘车赴沪，上午 8 时到达；9 时，即由谭祥陪同赴上海国防医学院检查身体。此后一段，陈诚即在沪割治胃部，

---

① 天津《大公报》1948 年 1 月 18 日。

② 天津《大公报》1948 年 2 月 13 日。

③《陈诚参谋总长上蒋主席建议打通新民至锦州间铁路以解决东北补给困难签呈》，1948 年 2 月 21 日，《中华民国重要史料初编——对日抗战时期》第七编"战后中国"（五），台湾中国国民党中央委员会党史委员会 1981 年编印，第 386 页。

④《陈诚参谋总长上蒋主席建议打通新民至锦州间铁路以解决东北补给困难签呈》，1948 年 2 月 21 日，《中华民国重要史料初编——对日抗战时期》第七编"战后中国"（五），台湾中国国民党中央委员会党史委员会 1981 年编印，第 387 页。

休养身体，不过问政事，颇有销声匿迹之意。他脸色蜡黄，住在上海法租界一所公寓式的房子里，这是他在抗战前买下的，现在已很陈旧。陈诚在这里静观政治风云的变化。

可是，树欲静而风不止。陈诚本人由于复杂的思想状况和处境，虽不想再抛头露面，但1个月后在南京召开的行宪国大上，许多代表都围绕着他的名字吵闹不休，引起了一场轩然大波。4月12日下午，代表们就国防部长白崇禧的军事报告自由发言。山东代表赵庸夫说："政府应该明是非、信赏罚。检讨目前军事为什么会严重到这一步？其原因是由于参谋总长陈诚的三大政策。"讲到最后，赵越发慷慨激昂，声称："抗战开始时，我们的军队还不很好，后来杀了一个韩复榘，于是军心大振；现在军事当局要明赏罚，才能收拾人心！"①有些代表听到传闻，陈诚将去美国动手术，一名叫张步贤的代表大喊："由大会发电给上海市政府，不要陈诚走。"东北代表张振鹭说："诸葛亮挥泪斩马谡，我们要求蒋主席演这出戏。"赵庸夫跟着大吼："应请政府杀陈诚，以谢国人！"这种场面，使蒋介石十分难堪而又十分难办。不得已，蒋介石只好亲自出马说："责任在我，与辞修无关。"②他操纵大会秘书处，加快议程步伐，砍掉许多发言，方结束了这一幕闹剧。

5月13日，南京国民政府正式免去陈诚的参谋总长、东北行辕主任等本兼各职，任命顾祝同继任参谋总长，余汉谋继任陆军总司令；碰巧，19日南京国民政府又决定撤销各地行辕，东北行辕之职权与业务即归并东北"剿匪"总司令部。这不免给人一种撤了菩萨又拆庙的感觉。

这年10月，陈诚怀着凄怆的心情，携一家老小离开了喧闹的大陆，移居台北草山（即阳明山）静养。12月25日，中共权威人士列举了43名"罪大恶极，国人皆曰可杀"的"举国闻名的头等战争罪犯"名单，其名列前茅者即为"蒋介石、李宗仁、陈诚"③。

---

① 天津《大公报》1948年4月13日。
② 方靖：《六见蒋介石》，湖南人民出版社1985年版，第127页。
③ 《新华日报》（华中版）1948年12月27日。

第十三章　在台湾的军政生涯

一　就任台省主席

台湾省主席魏道明在毫无思想准备的情况下，突然接到蒋介石关于任命陈诚为台湾省主席的电令。魏对陈曰："如此重大人事调动，总统事前未征询你我二人的意见，显因政局已有重大变化。" 陈诚面对大陆政府的动荡和危殆，更加意识到蒋介石令其主政台湾的用心所在。陈诚宣布：在政治方面，要推行地方自治，健全组织，提高行政效率，确立人事制度，推行"土地改革"政策；在经济方面，要增加生产，稳定物价，实行三七五减租；在文化方面，要奠立实施计划教育的基础，建设三民主义的新文化。

1948 年秋冬，陈诚在台北草山静养之时，正是大陆国共两军在东北、平津和淮海三地进行战略决战的关键时刻。南京政府的政局险象环生，翁文灏内阁倒台，孙科匆匆组阁，蒋介石的心腹文臣陈布雷服安眠药自杀；经济上，发行不久的金圆券已呈崩溃之势，通货膨胀，物价腾飞。这种种迹象说明，南京政府的垮台，已是在劫难逃。蒋介石不得不把维持国民党政权的最后一点希望寄托于与大陆隔海相望的台湾岛。既然如此，就得派一个信得过的人物，去镇守该岛。于是，在政界沉默了半年多的陈诚又得到了重新活跃的机会。

12 月 29 日，在国民党中央常务委员会通过以蒋经国为台湾省党部主任委员的同时，行政院决定任命陈诚为台湾省政府主席。这一天，台湾省主席魏道明在毫无思想准备的情况下，突然接到蒋介石关于任命陈诚为台湾省主席的电令。魏不敢怠慢，立即将此电令转送正在休养的陈诚。陈诚自己说，在接到这个电令后，非常诧异，非常惶恐。魏对陈曰："如此重大人事调动，总统事前未征询你我二人的意见，显因政局已有重大变化。"①次日，蒋介石再次电令陈诚"克日接事"。陈诚迅于 1949 年 1 月 5 日就职视事，声称"政府是人民的政府，政府应以人民的意志为意志，以人民的利益为利益"，并提出"人民至上""民生第一"的口号。他在记者招待会上宣称："今日台湾所最需要的，就是政府与人民共患难同生死的精神，使台湾成为一个'复兴'中华民族的堡垒，来担负'复兴'中华民族的使命。"

1949 年 1 月陈诚（右）就任台省主席后与前主席魏道明（左）合影

陈诚就任台省主席方一周，蒋介石便于 1 月 11 日致电陈诚，告以治台方策。电云：

---

① 陈诚在国民党七全大会上的报告，1952 年 10 月 12 日，载何定藩主编《陈诚先生传》辑录资料，台北"反共出版社"1965 年版，第 244 页。

台湾陈主席：今后治台方针：一、多方引用台籍学识较优、资望素孚人士参加政府。二、特别培植台湾有为之青年与组训。三、收揽人心，安定地方。四、处事稳重，对下和蔼，切不可躁急，亦不可操切，毋求速功速效，亦不可多订计划，总以脚踏实地，实心实力实地做事，而不多发议论。五、每日特别注意各种制度之建立，注意治事方法与检点用人标准，不可专凭热情与个人主观。六、勤求己过，用人自辅。此为补救吾人过去躁急骄矜，以至今日失败之大过，望共勉之。中正手启子真府机。①

此电不仅包含了治台的政治方针，且有关于个人修养方面的告诫多项，婉转地提醒陈诚注意以往执事中的毛病。

1月18日，原台湾警备司令部扩大为警备总司令部，陈诚以省主席身份兼任警备总司令，原警备司令彭孟缉任副总司令。

陈诚于1月21日奉召飞南京。当座机飞至定海上空时，他在机上又接南京来电，嘱其改飞杭州。这一不寻常的改变，使陈诚惶恐不安。他不知道，这时国民党中央社已经播发了蒋介石宣布引退的文告；蒋已决定于当日抵杭州，再去奉化溪口"隐居"。陈诚座机在杭州笕桥机场着陆不久，载有蒋介石的"美龄"号专机于下午5时20分亦降落于此。蒋、陈进行了简单的谈话。

蒋介石："我已将总统职务交李副总统代理了。"

陈诚："总统此次引退，在个人是很好的，但国家怎么办呢？"

蒋介石："只要大家努力，革命是不会失败的，纵然一时失败，亦可从头做起，最后一定成功。"②

陈诚在见蒋之后，复遵蒋嘱，飞赴南京，谒见代总统李宗仁。因李当时正忙于政府改组，不及详谈，而陈之见李，亦仅为例行公事，故旋即匆返台湾。

---

① 《先"总统"蒋公图象墨迹集珍》，台湾近代中国出版社1984年版，第226页。
② 陈诚在国民党七全大会上的报告，1952年10月12日，载何定藩主编《陈诚先生传》辑录资料，台北"反共出版社"1965年版。

　　陈诚面对大陆政府的动荡和危殆，更加意识到蒋介石令其主政台湾的用心所在。他决定着手改变政府无能和公务员贪污的现状，实行公教人员日用品的配给和住房的公平再分配，提倡节约。这时，他提出了"浪费必贪污，节约当生产"的座右铭式的口号。陈诚特别重视解决公教人员的待遇问题，确定措施多项：同地同酬，即划一中央机关与地方机关的待遇；文武一致，差额接近，即高级少加，低级多加；奖励专门技术人才；年资加俸；计口配给实物，所配实物，扣回其薪俸的70％。①陈诚痛感，公务人员的贪污对于政权的危害至大。他认为："使人不贪污的方法，不外不会贪污、不敢贪污、不能贪污与不必贪污四种。不会贪污，只有圣贤能之，不能期望人人如此；不敢贪污，必须用严刑峻法，而法律有时而穷；不能贪污，系设立种种制度，加以防止，但事实上流弊亦多；唯一有效的方法，则为实行民生主义，使大众有饭吃，人民生活得到解决，自可不必贪污，则贪污自不期绝而自绝。"②

　　在陈诚执掌台省2个月后，他认为对台湾的情况已经有了一定的了解，于是，便拿出了较为系统的施政方针。陈诚在3月1日至7日举行的1949年度全省行政会议上宣布：在政治方面，要推行地方自治，健全组织，提高行政效率，确立人事制度，推行"土地改革"政策；在经济方面，要增加生产，稳定物价，实行三七五减租；在文化方面，要奠立实施计划教育的基础，建设三民主义的新文化。

　　3月间，陈诚奉李宗仁电邀去南京商谈关于与中共和平谈判事。陈诚对此抱坚决反对的态度。他对李宗仁说：看不出中共方面有要和的理由；中共方面的和谈，"其作用不外动摇军心民心，加速我们内部的瓦解崩溃，并争取渡江的准备时间而已"。24日，陈赴奉化溪口，向蒋介石报告了在南京的见闻、活动和感想。蒋曰："在台湾要做最坏的打算与万一的准备，

① 何定藩主编：《陈诚先生传》辑录资料，"台湾省政府主席时代重要言论"，台北"反共出版社"1965年版，第171页。

② 何定藩主编：《陈诚先生传》辑录资料，"台湾省政府主席时代重要言论"，台北"反共出版社"1965年版，第159页。

使台湾成为'复兴'民族基地。"①

陈诚深知，要巩固国民党在台湾的统治，必须加强在思想意识方面的工作。他十分强调，要"恢复革命精神"。他认为当前有三大思想潮流，即资本主义思潮、共产主义思潮和三民主义思潮。他说："资本主义提倡自由放任的经济制度，专门造就大地主与大资本家，不足为我们取法。""共产主义主张实行暴力革命，鼓励阶级斗争……我们必须誓死反对。"他的结论是，在三大思潮中，"只有三民主义所指示的道路，才为中国所最必需"②。

陈诚于接任台省主席约两月之后，在 1949 年 3 月 1 日至 7 日，假台北介寿馆介寿堂召开了主持省政后的第一次全省行政会议。出席者有省府各厅、处、局长及主管人员，各县市长，各县市参议会正副议长，各县市省立中等以上学校校长等，另中央驻台各机关负责人，省级各银行、各公营公司负责人均列席，与会人员共 210 人。会议讨论议案计 240 案。会议围绕确立"人民至上，民生第一"的施政原则、抓住施政重点，以及力争完成 1949 年度施政计划这三项中心议题，进行讨论。陈诚特别强调在施政中，要采取"重点主义"。他说："今天固然是百废待举，但如果百废俱举，必因之分散人财物力，而至一事无成，反致成为浪费。如果我们能够集中力量，选择最重要最迫切的工作去做，则必然可以收到一点成就，而不至于想兼筹并顾，反而弄成顾此失彼的情形。"③

这次行政会议，着重从政治、经济、文化、财政四个方面，提出了要求，明确了努力的目标。政治方面，要推行地方自治、健全组织、提高行政效率、确立人事制度、推行土地改革政策。陈诚对于台省各级行政组织中的流弊，深有感触。他指出："在我国一般通病，在因人设事，结果，组织流于庞大复杂，大部分经费用于养冗员，真正生产事业反而无法举办。

---

① 吴相湘：《陈辞修生平大事》，《民国政治人物》第 2 集，台北传记文学出版社 1982 年版，第 189 页。
② 《陈主席在中等学校毕业典礼中致词》，载何定藩主编《陈诚先生传》辑录资料，台北"反共出版社" 1965 年版，第 176 页。
③ 陈诚口述，吴锡泽笔记：《陈诚主台政一年的回忆》，台湾《传记文学》第 36 卷第 6 期。

因此由省县市到乡镇的各级机构都应该力求紧凑，并且以适应实际的需要为限。"①经济方面，重要的是增加工农业生产，满足民生的需要。会议特别重视粮食的增产，因为台湾正面临着人口的急速增长，但粮食产量仅相当于日本统治时期之70%。陈诚于会议期间提出："粮食的增产，除发展水利、增加肥料、改良种子、防止病虫害，以及集中一切人力物力，配合推行外，尤需着重三七五减租与土地政策的推行。"②陈诚设想，使粮食、蔗糖、渔获量、煤炭、铁路货运、港口进出船舶等项，在本年度内均增长10%~15%。文化方面，会议要求奠立实施"计划教育"的基础和建设"三民主义的新文化"。陈诚解释："所谓计划教育，就是由政府统筹教育经费，并按照青年的智能与兴趣，分别指导升学或就业的教育制度。"他还进一步在会上提出，统筹教育的经费，小学有乡镇统筹，高初中由县市统筹，师范与专科以上学校则由省负担。③财政方面，则要求财政金融与国民经济、生产事业相配合，财政支出量入为出，同时奖励出口，争取外汇。

在3月7日上午的闭幕式上，陈诚就发展生产、加强合作和地方自治三个问题，做了总结性发言。关于发展生产，陈诚特别属意于化肥生产。他认为化肥生产直接关系到粮食的增产，应首先集中力量充实生产设备，使化肥的年产量，在2年后达到15万吨的水平。关于加强合作，陈诚指出，须从纵的方面和横的方面同时着手，使得从中央到省、县、市，以及在经济、财政、金融等方面都能密切合作。他说："惟有大家互相合作，消除阻力，才能使不易解决的获得彻底之解决。"④关于地方自治，陈诚告诫，在选举中，切不可利用金钱与势力等非法手段来获得当选。他在闭幕词的最后，向全体与会者强调："本省人才甚多，希望能尽量参加政府工作，以便共同为建设地方而努力，尤望在座各位本服务为人生第一要义之原则，切实执行

---

① 陈诚口述，吴锡泽笔记：《陈诚主台政一年的回忆》，台湾《传记文学》第36卷第6期。
② 陈诚口述，吴锡泽笔记：《陈诚主台政一年的回忆》，台湾《传记文学》第36卷第6期。
③ 陈诚口述，吴锡泽笔记：《陈诚主台政一年的回忆》，台湾《传记文学》第36卷第6期。
④ 陈诚口述，吴锡泽笔记：《陈诚主台政一年的回忆》，台湾《传记文学》第36卷第6期。

大会各项决议案，达到预定的目的，以期解决人民实际困难。"①

　　陈诚对于建立独立自给的台湾经济曾经作了多方面的努力。在陈诚就任省主席时，台湾工农业生产的状况岌岌可危。至 1948 年年底，粮食产量为99 万吨，占战前最高产量的 70.7%；蔗糖为 50 万吨，占 35.4%；鱼类 5.4 万吨，占 69.2%；煤炭 165 万吨，占 57.9%；发电 131.8 万千瓦，占 86.7%。②陈诚一方面以增加粮食生产为中心，先求解决吃饭问题；另一方面设立了生产事业管理委员会，统一管理台湾地区的国营、省营及国省合营事业，协助民营事业的发展。陈诚亲自决定了工业生产的四项原则：（1）配合粮食增产计划，扩建肥料工业与水利建设；（2）扩充电力建设，以为发展工业之基础；（3）增加外销产品的生产，以争取外汇；（4）增加省内必需品的生产，以节省外汇。③他制定经济政策的指导思想是，"先求其'有'，然后再求其'平'"。他认为，主政一年来，求平已经注意到了，但求有却未尽理想；而如果根本没有，求平也无用处。他说："譬如只有一碗饭，要两个人吃，每人半碗，一定不饱，如果这碗饭还给有钱有力的一人拿去，另一个人更一点没吃。因此越发没有越发不平，越发不平，也越发没有。"④经过一年的努力，加之蒋介石决定将大陆库存金银悉数运台，使台湾的经济实力和物资供应有了一定的好转。

　　为总结 1949 年度台省政府工作，制定 1950 年度全省工作计划，陈诚于 1949 年 12 月 5 日至 12 日，在台北市中山堂主持了第二次全省行政会议。各级政府机关负责人、各县市长及民意机关代表、各省立中等以上学校校长、各公营事业机关负责人以及各界人士代表共 232 人出席，另有 139 人列席会议。陈诚在会议开幕时指出：

---

① 陈诚：《增加生产建设台湾》，载台湾何定藩编《陈诚先生传》辑录资料，台北"反共出版社"1965年版，第 169 页。

② 陈诚在 1949 年度全省行政会议开幕典礼上的训词，1949 年 3 月 1 日，载何定藩主编《陈诚先生传》辑录资料，台北"反共出版社"1965 年版，第 166 页。

③ 《陈"副总统"与台湾》，载何定藩主编《陈诚先生传》辑录资料，台北"反共出版社"1965年版，第 102 页。

④ 《陈主席第二届行政会议报告》，1949 年 12 月，载何定藩主编《陈诚先生传》辑录资料，台北"反共出版社"1965 年版，第 203 页。

　　这次会议的主要目的，在检讨过去，策励将来。现在三十八年（按即 1949 年）度快要终了，在这一年中，各项施政的利弊得失，在这里都需要我们虚心地来检讨，然后再根据检讨出来的缺点，力求改进。三十九年（按即 1950 年）度的施政方针，已经拟就草案，今后如何权衡轻重，规划施行，也需要我们在这里作补充的研讨。①

　　陈诚认为，一年来，台湾省在社会生活的各个方面都取得了进步与成绩，它们的主要表现为：一是人民生活的改善。其中获益最大的是农民，由于粮食的增产和"三七五减租"的进行，使占全省人口 60% 以上的农民，平均增加了 30% 以上的收入；不过，渔民、盐民、公教人员及东南区的部队官兵生活，改善不大或仍比较清苦。二是物价的稳定。由于币制改革的成功，金融与物价都比较稳定，特别是粮价"一直非常平稳"，具有"极端重要"的意义。在这方面，陈诚希望注意抓好行政经费的收支平衡、保持新币充足的发行基金、做到外汇的收支平衡这样三件事。三是生产的发展。在粮食增产的同时，省政府对与农业有关的化肥、水利、水电、交通等方面，也加大举措，取得了成绩。四是教育文化的发展。这一年中，省教育经费的投入已超过了预算 6%，县教育经费也超过预算 4%，全省教育的普及程度达到 80% 以上，比日本统治时期提高了一倍。五是地方治安的加强。自 6 月以来，全省共取缔散兵游民 2 万人以上，分别送往部队、培训就业，或依法处理；乞丐已经很少见到。

　　在新中国已经成立、台湾岛处于风雨飘摇的危急情况下，陈诚主持制定的 1950 年工作计划之要旨为："以保卫台湾为重心，无论人民和官吏皆须加强认识，提高警觉，各方面配合军事。"②陈诚在省政府工作报告中，从政治、经济、教育文化三个方面分别提出了具体的要求。政治方面，要

---

① 何定藩主编：《陈诚先生传》，台北"反共出版社" 1965 年版，第 202 页。
② 陈诚口述，吴锡泽笔记：《陈诚主台政一年的回忆》，台湾《传记文学》第 36 卷第 6 期。

抓好推行地方自治、实行三七五减租和组训民众。经济方面，要在今年粮食增产 20% 的基础上，明年再增产 20%，达到 140 万吨以上；同时，对民营工业加以扶植。教育文化方面，要做到教育机会均等，凡是优秀的学生都要给以升学的机会，使大专毕业生充分就业。

12 月 12 日，台省第二次行政会议闭幕。陈诚在闭幕词中，再次强调，明年施政的总目标是，配合军事，确保台湾，并进一步积极准备，向大陆发展。他号召全体与会者："在'中央'领导下，团结一致，集中力量，共同努力，来负起我们应负的责任，执行此次大会所决定的议案，使能一一见之于实际行动"①。

陈诚就任台省主席，自 1949 年 1 月 5 日接于魏道明氏，至 12 月 21 日交于吴国桢氏，一年中，他忠实地执行了蒋介石的指示，努力增加生产，稳定台湾局势，初步改变了台湾混乱的局面，为国民党政权撤离大陆，栖息孤岛，奠定了基础。

二　出任东南军政长官

1949 年 7 月 18 日，广州国民政府行政院政务会议决定设置东南军政长官公署，辖苏、浙、闽、台四省，长官公署设台北，任命陈诚为军政长官。在东南军政长官公署运作期间，由于体制与国民党军队中派系等多方面原因，身为军政长官的陈诚，与陆军中如日中天的重要将领孙立人之间，产生了诸多的矛盾与冲突。1950 年 3 月 15 日，蒋介石于陈诚接任"行政院长"的同一天，下令撤销东南军政长官公署。

1949 年春夏之交，中国人民解放军百万雄师，于南京政府拒绝在国内和平协定上签字之后，自 4 月 21 日起，兵分三路，横渡长江，并势如破竹，席卷江南。4 月 23 日解放南京，存在了 22 年的南京政府，一朝倾覆；5 月 3 日，

---

① 何定藩主编：《陈诚先生传》，台北"反共出版社"1965 年版，第 307 页。

攻占浙江省会杭州；27 日，全国最大的金融中心和商业都市上海宣告解放；6 月 2 日，随着崇明岛与青岛的解放，苏、鲁二省全境获得解放；7 月上旬，浙江除舟山群岛外，全境解放。华中地区，解放大军于 5 月先后解放武汉、南昌，席卷鄂赣，挺进湖南。与此同时，华北地区，解放军于 4 月 24 日解放太原，全歼蒋、阎军 8.4 万人；至 5 月 1 日，将山西全境解放。西北地区，5 月 20 日解放西安，国民党军被歼 27 万人；至 7 月上、中旬，解放宝鸡、凤翔，歼灭胡宗南部 4.3 万人。

国民党军在南北两线的大规模溃败，迫使国民党政权加紧在台湾的军事部署和对台湾的控制。

6 月 21 日，由蒋介石亲自决定，在台北召开东南区军事会议，借以检讨前一段军事、政治、经济等方面失败的经验教训，策划下一步有效的攻守方略及充实军事力量。出席会议者包括了东南地区陆海空三军将领及各党政要员，以及总裁办公室的各高级成员。会议由陈诚任主席，林蔚为大会秘书长，联勤副总司令张秉钧为副秘书长。议程历时 7 天，共提出检讨军事失败与各种腐败现象之总因，今后对共军战术与战略以及防卫台湾之研究，政治经济工作与联勤制度之革新，国军编制装备、军费预算、军需生产之改进等 10 余类、计 55 件提案。会议作出了成立非常委员会东南分会、改变财经政策、设立革命实践研究院、实施各兵种联合教育、成立东南区补给部、确立防卫台湾计划之原则、完成各项攻防准备，以及设立军队各级政治部门等多项重要决议，而在其诸项决议中，居于首要地位的决策，则为设立东南军政长官署，以统一指挥辖区内之军事政治。

该设置东南军政长官公署案于 7 月 18 日经由广州政府行政院政务会议通过，后又经非常委员会追认，任命陈诚为东南军政长官，长官公署设台北，辖苏、浙、闽、台四省。8 月 15 日，陈诚正式就职东南军政长官，先后被任命为副长官者为林蔚、汤恩伯、郭寄峤、罗卓英、郭忏、孙立人六人。其中林蔚主管行政、人事，郭寄峤主管作战，罗卓英主管后勤，郭忏、孙立人、汤恩伯则分别主管舟山指挥部、台湾省防卫司令部及福州绥靖公署。张秉钧任参谋长；副参谋长陆军为杨业礼，海军为杨元忠，空军为赵国标。

东南军政长官公署下设政务委员会与陆海空军联席会议，分负政治与军事方面的决策与执行，同由陈诚分别兼任委员会与联席会议主席。政务委员会职责为：监督、指挥辖区内政治经济之措施，考核、奖惩辖区内之行政官吏，监督、指导"行政院"各部会驻辖区内之附属机关，筹划、制定辖区内政治、经济、文化、土地之改革方案等。委员会下设政务、经济、文教、土地四处，分由徐鼐、尹仲容、刘业明、连震东任处长。陆海空军联席会议主要任务为：审议陆海空军之联合作战及其重要军事措施，任免陆海空军主要人事，以及对三军共同有关的生产、补充、通信、补给、人事、经理、训练等项问题提出建议与进行检讨。联席会议每周三举行例会，另于每周三、六、日召开记者会，分析战局，解答询问。长官公署的直属机关有办公室，第一（人事）、二（情报）、三（作战）、四（后勤）、五（训练）处，军法处，总务处，预算财务处，陆海空军联合作战指挥办公室，政治部，情报通信指挥部，东南海航务委员会，敌后军政指导委员会，东南区点编委员会等。

东南军政长官公署名义辖苏、浙、闽、台四省，实际至当年10月厦门解放后，其所辖地区仅为台湾一省及苏、浙、闽、粤沿海部分岛屿。该公署下辖由汤恩伯任主任的厦门分署、由石觉为司令的舟山防守司令部，及各直属兵团。由陈诚直接指挥的部队，先后计有：

第二十二兵团李良荣部，下辖第五军、第二十五军及独立第五十师；

第八兵团刘汝明部，下辖第九十六军、第六十八军、第五十五军；

第十二兵团胡琏部，下辖第十八军、第十九军、第十三军；

舟山防守司令部石觉所部，下辖第八十七军、第五十二军、暂编第一军，以及由金门调来之第十九军。

这时与东南军政长官公署同时存在的军政长官公署尚有：

西北军政长官公署，军政长官马步芳；

华中军政长官公署，军政长官白崇禧；

西南军政长官公署，军政长官张群；

华南军政长官公署，军政长官余汉谋（1949年8月31日始由广州"绥靖"公署改建）。

与陈诚于 8 月 15 日就任东南军政长官的同时，由他兼任总司令的台湾警备总司令部同时宣告结束。台湾警备总司令部系于 1 月 18 日由台湾警备司令部扩大改建，原警备司令彭孟缉任副总司令；台湾警备总司令部于 2 月 1 日正式成立，迄于 8 月 15 日，历时半年有余。陈诚在宣告结束省警备总司令部时，列举了半年来该部所做的主要工作。他说：

> 半年来之重要工作，如加强防卫设施，颁布戒严令，充实兵力，加强工事，关闭若干港口，以防敌偷袭。其与人民有关者，则尽量予以可能之便利，办理规定入境，以防止"匪谍"之潜入，与解除民食及房屋之纠纷，防谍肃奸；取缔散兵游勇，以确保社会安宁；整肃学风，使青年学生均安心向学；整饬军纪，促进军民情感。他如遣送日侨，收容失业官兵，以保社会之秩序；管制电台，无线电发射器材，以防"奸"保密；考察民间疾苦，以沟通军民情感，亦均为半年来努力之项目。①

陈诚新任东南军政长官不久，即遇到中国人民政治协商会议在北平隆重召开及中华人民共和国成立这一划时代的历史事件。陈诚对于人民革命战争的胜利和新中国的成立，激愤异常。他在 9 月 3 日，借庆祝抗战胜利 4 周年之机，指责共产党"不要国家民族"，"不要自由民主"，"不要人性伦理"；断言共产党"逆大势，背人心，决不能成功"。他叫嚷：

> ……为了拯救祖国，拯救同胞，本省人民要诉诸祖国与同胞的爱，拿出我们的力量，贡献于反共战争。我们必须明了，大陆上的反共战争有办法，本省的安全的保障更大，因为"共匪"那一把野火是要烧遍世界任何一个角落的。本省与大陆，一体相连，唇齿相依，

---

① 陈诚就结束台湾警备总司令部发表谈话，1949 年 8 月 15 日。

所以我们要提高警觉，一致奋起，为"反共救国"战争而努力。①

10 月 1 日，新中国的诞生，使蒋介石、陈诚激怒不已。蒋介石针对苏联第一个宣布承认新中国之举，哀叹："俄帝之承认共党'伪'政权，实乃既定之事，且为必有之事；而其所以如此急速，盖以我在联大控俄案通过，彼乃不能不出此一着，以作报复之行动耳。今后俄帝必与共党订立军事同盟，助共党建立空军与海军，则我为势更劣，处境更艰，此为最大之顾虑。"陈诚则跟着指责中共"召开'伪'政权会议，变更国体，废弃年号，'伪'造国旗"，叫嚷台湾人民和世界各"民主"国家，都应积极参与反共战争。他说：

> ……今天的反共战争，乃是神圣的民族战争，在神圣的民族战争之前，全国上下，都应激发天良，表现精神团结一致，勇猛向前，绝对不可负气自私，短视近利，更不可计较个人的得失与派系的利害，应知覆巢之下，必无完卵，大厦若倾，都难幸存……我们更要提高警觉，互信互助，共济艰难，万不可离心离德，致为亲者所痛，仇者所快。今天的事，如果我们内部能够团结一致，一切还有办法，所谓亡羊补牢还来得及，胜败存亡之机就在我们一念之转。②

陈诚之就任东南军政长官，并不能阻止国民党军在大陆及大陆沿海的溃败。在陈诚所管辖的苏、浙、闽、台四省中，江苏大陆部分，早已于 6 月初全境解放，只剩下了时属江苏省南汇县的嵊泗列岛尚为国民党军所控制。浙江省境，在解放大陆部分的基础上，解放军又于 8、9、10 三月，连续解放大树、梅山、六横、桃花等岛，至 11 月 6 日，已共占舟山外围岛屿 30 多个。福建地区，福州于陈诚就任军政长官 2 天后即告解放；接着，解放军又于八九月间，胜利解放了罗源、莆田、泉州等沿海城市，以及大、

---

① 陈诚为纪念抗战胜利 4 周年的广播讲话，1949 年 9 月 3 日。
② 《陈长官告东南同胞书》，1949 年 10 月 9 日，载何定藩主编《陈诚先生传》，台北"反共出版社"1965 年版，第 192 页。

小练岛，平潭、南日、湄洲等岛；至 10 月 25 日，漳州、厦门等重地及大、小嶝岛均告解放。至此，号称辖有四省地域的东南军政长官，实际上只控制着以台湾、舟山为中心的一些岛屿。

在东南军政长官公署运作期间，由于体制与国民党军队中派系等多方面原因，身为军政长官的陈诚，与陆军中如日中天的重要将领孙立人之间，产生了诸多的矛盾和冲突。东南军政长官公署当为包含台湾岛在内国民党军东南沿海所控制地区的最高军事决策与指挥机关，而身为台湾省防卫司令的孙立人，肩负台省军事防卫之责，不能没有自己的主见与方策。在这两个同样以防卫台湾为目的的军事首脑机关之间，便免不了要发生意见的分歧与碰撞。陈诚每感孙在军中有独断之嫌，而孙则认为陈对自己不够尊重。早在孙始获台防司令任职之际，即于 9 月 1 日觐见陈诚，指出要巩固台湾防卫，必须事权集中，要求统一指挥台湾地区陆海空军及一切人力物力，并扬言："你要我做事，就要授权，不然有名无权，何济于事？"①孙甚至不愿就台防司令职。9 月 20 日，他于台防司令就职典礼前夕，忽对副司令董嘉瑞说："明晨就职典礼决定不去参加，不就台防司令官职。"还是董向其申述两点理由，方将其勉强说服。董云："第一，总裁现为失势在野之人，此时违抗不从，恐遭物议，负不忠无义之恶名。第二，中共扬言血洗台湾，不就防卫司令官职，国人必以为怕死图逃，扬不勇丑声。"说到这种程度，孙方表示"采纳建议，明日与礼就职"，但仍"面呈不悦之色，感苦恼之象"。②由此可见，孙立人与陈诚之间成见之深。孙之不满与不悦，溢于言表。1 个多月后，在 11 月 2 日的陆海空军联席会议周三例会上，孙复直言长官公署不尊重台省防卫司令部，已将防卫部视为传达机关，声称似此防卫部已无存在之必要。孙立人在会上力争台省战斗序列部队的人事和补给权，并直接提出撤换陈系将领第六军军长戴朴。戴朴问题的出现，更于体制之争外，显现了派系之争的阴影。孙之吁求，部分得到与会者的

---

① 沈克勤：《孙立人传》，台湾学生书局 1998 年版，第 562–563 页。
② 董嘉瑞：《悼孙帅述其轶事》，《中国军魂——孙立人将军永思录》，台湾孙立人将军纪念馆筹备处 1992 年版，第 129 页。

支持，致陈诚颇感被动。由于陈孙二人所处位置的不同，对某些军事部署亦显有异见。孙立人从台湾本岛的防卫出发，深感整编后本岛兵力仍不敷应用，不愿将岛上兵力外调；而陈诚则从大台湾的防卫出发，不断调补台岛部队，增强舟山等外岛的兵力。可以说，在陈诚任职东南军政长官的半年多时间里，始终面临着这种人事方面的明争暗斗。

陈诚于 1949 年 12 月 21 日，将台省主席职移交吴国桢接任。1950 年 3 月，随着国民党残余政权的迁台，在陈诚出任"行政院长"后，便结束了东南军政长官公署的工作。刚刚"复职"的"总统"蒋介石，于 3 月 15 日，即陈诚接任"行政院长"的同一天下令：（一）东南军政长官公署着即撤销，其政务部门归"行政院"接管，军事部门归"国防部"接管。（二）该署军事人员，着编并于"国防部"，并限 3 月底前编并完毕。（三）该署所辖军事机关、部队、学校，着按"国防"机构组织系统表分别改隶调整。至此，陈诚担任了 7 个月的东南军政长官一职，即告结束。

三　严控社会治安

4 月 6 日，台北台湾大学和台湾师范学院的学生张贴进步标语，提出各种要求，遭到军警凶殴。陈诚对此次学潮，初不动手，静观事态发展，直到学生与警察发生互殴，有几名警察被打伤时，他认为时机已经成熟，立即采取严厉措施，进行镇压。在处理"四六"学潮前后，陈诚还制定各种法令，严格控制出入台湾人员和社会舆论，以加强国民党政权在台湾的统治。在所谓打击"匪谍"的名义下，许多无辜的台湾民众遭到迫害。作家江南写道："翻开 1950 年前半年的《'中央'日报》，《'匪谍'×××等数犯，昨日枪决伏法》的标题，一周出现好几次。"

陈诚从蒋介石的多次指示中，领悟到一个重要的道理：说一千，道一万，必须首先稳住台湾，在台湾站稳脚跟。他说：

面对台湾所面临的重重危机，我们怎样才能完成总裁交付我
们的使命，使台湾成为"复兴"民族的基地呢？经过深长的考虑，
我们认为现在只有一个机会——一个最后的机会。事急时危，与其
拘泥故常，等待失败后再讲理由，毋宁采取必要措施，在站稳后
再受责罚；与其怕对历史负责，致使中华民国的历史从此中绝，
毋宁受少数人的责难，保持中华民国的历史于不坠。①

陈诚执掌台湾省政不久，就碰到了以台湾大学和台湾师范学院为主的
"四六"学潮。

1949 年三四月间，大陆争生存、争自由、争取真正和平的学生运动进
一步高涨。4 月 1 日，南京中央大学、国立政治大学等 10 所专科以上学校
师生员工 5 000 余人，举行示威游行，到总统府向代总统李宗仁请愿，要求
提高师生员工待遇，实行"七项诺言"，停止征兵、征粮、扩编军队等，
遭到国民党军警的围殴，被打死 2 人，打伤 200 多人。"四一"血案在国
统区内引起了强烈反响，学生的正义行动得到了广泛的声援和支持。

受大陆学生运动的波及，4 月 6 日，台北台湾大学和台湾师范学院的学
生张贴进步标语，提出各种要求，遭到军警凶殴。数百名学生复上街示威游
行，沿着罗斯福路，径往台北警察局抗议。学生们沿途呼喊反迫害、反饥饿、
反专制口号，高唱《你这个坏东西》歌曲，群情激愤。陈诚对此次学潮，初
不动手，静观事态发展，直到学生与警察发生互殴，有几名警察被打伤时，
他认为时机已经成熟，立即采取严厉措施，进行镇压。台湾警备总司令部于
7 日半夜调动队伍，将台大与师院包围，根据早已掌握的名单，将"有问题"
的教职员和学生集中起来，分别逮捕、审讯。陈诚认为，这一事件是受了"共
党职业学生"的煽动，是"中共潜伏台湾的'匪谍'分子一种有计划的行动"。
他以省主席的身份，下令省立台湾师范学院即行停课整顿，并宣布成立直接

---

① 陈诚在国民党七全大会上的报告，1952 年 10 月 12 日，载何定藩主编《陈诚先生传》辑录资料，台北"反
　共出版社" 1965 年版，第 245 页。

隶属省政府的师范学院学风整顿委员会，任刘真为主任委员。接着陈诚又召集教育厅长陈雪屏、省参议会议长黄朝琴、省参议会副议长李万居、台大校长傅斯年、台湾警备副总司令彭孟缉、师范学院学风整顿委员会主任委员刘真等研究对策。他指示，"真正的'匪谍'分子往往只躲在幕后操纵，很少自己出面闹事的"；要"在'不流血'的原则下，清除'匪谍'，安全学校"①。在陈诚的一手主持下，逮捕了一批学生，对一些未逮捕者也进行了甄审，以软硬兼施的办法，平息了这次学潮。4月8日，陈诚以台湾省政府的名义，向行政院发去一份处理学潮的电报。内称：

> 近查本省师范学院及国立台大少数不法学生张贴破坏社会秩序之标语，散发煽惑人心之传单，甚至捣毁官署，私擅拘禁公务人员，扰乱秩序，妨害治安，殊堪痛惜，为整顿学风，保障大多数纯洁青年学生学业起见，不得已将为首学生拘送法办；并饬令师范学院虞日（7日）起暂行停课，听候整顿，所有该院学生，一律重新登记，再行定期复课。除分电台大并通饬中等以上各校，告诫并约束学生外，谨电察核，详情容续报。②

陈诚对学生运动的镇压，深得台湾上层人士的赞扬。他们称赞他"不动声色和傅斯年等合作，把大专学校里的共产分子清除"；"这个努力，不只是对教育的贡献"，"它的意义，对以后台湾社会治安、经济建设，都有很大关系"③。陈诚自己也很得意地说："处理这次学潮，三天三夜，没有好好休息，比打一次仗还辛苦……学潮好像手上长了一个疮疤，必须等它发脓成熟，疤头呈现白色，动一下手术，将脓挤出，那就好了。假如

---

① 刘真：《永远活在人们的心里》，载何定藩主编《陈诚先生传》辑录资料，台北"反共出版社"1965年版，第51页。

② 台湾省政府致行政院电报，1949年4月8日，南京政府教育部档案，中国第二历史档案馆藏。

③ 王世杰：《英雄事业·宰辅良才》，载何定藩主编《陈诚先生传》辑录资料，台北"反共出版社"1965年版，第364页。

开始发现疮疤，马上开刀，不但青年叫痛，老师、家长都不同情，甚至还要责备政府压迫青年。等到大家一致要求非清除少数害群之马不可的时候，才可获得民间的谅解与支持。"①

在处理"四六"学潮前后，陈诚还制定各种法令，严格控制出入台湾人员和社会舆论，以加强国民党政权在台湾的统治。1949 年 2 月 18 日，正式颁布了由他主持制订，并经省府会议和省参议会讨论通过的《军公人员及旅客入境暂行办法》。该办法于 3 月 1 日起施行，旨在以行政措施，强行限制入境人员。5 月 9 日，陈诚发布"戒严令"，在台湾全境自 20 日零点实施戒严，规定除基隆、高雄、马公 3 个港口在警备总司令部监护下开放外，其余各港一律封锁，严禁出入。戒严令规定：

（一）自同日起基隆、高雄两港市，每日上午 1 时起至 5 时止，为宵禁时间，其他各市除必要时，暂不宵禁；（二）基隆、高雄两市，各商店及公共娱乐场所，统限于下午 2 时前停止营业；（三）全省各地商店或流动摊贩，不得有抬高物价，闭门停业，囤积日用必需品，扰乱市场之情事；（四）出入境旅客，均需按规定办理登记手续，接受出入境检查；（五）严禁聚众集会，罢工罢课，游行请愿等行动；（六）严禁以文字标语或其他方法，散布谣言；（七）严禁人民携带武器或危险物品；（八）居民无论家居外出皆须随身携带身份证，以备检查，否则一律拘捕。

"戒严令"严厉宣布：

有下列行为者处死刑：（一）造谣惑众者；（二）聚众暴动者；（三）扰乱金融者；（四）抢掠财物者；（五）罢工、罢市扰乱秩序者；（六）鼓动学潮，公然煽动他人犯罪者；（七）破

---

① 郭骥：《存亡绝续的三十八年》，《陈诚传记资料》，台北天一出版社 1979 年版，第 175 页。

坏交通通讯器材者；（八）妨害公众之用水及电器、煤气事业者；
（九）放火决水发生公共危险者；（十）未受允许，持有枪弹
及爆炸物者。

为控制舆论，陈诚又抛出《戒严时期出版物管理办法》，将"为'共匪'
宣传者""诋毁国家元首者""淆乱视听，足以影响民心士气或危害社会
治安者""挑拨政府与人民情感者"等8种情况，列为须查禁的出版物之列；
并规定，"凡在本地区印刷或出版发行之出版物，应于印就发行时，检具
样本一份，送台湾警备总司令部备查"。

在所谓打击"匪谍"的名义下，许多无辜的台湾民众遭到迫害。陈诚宣布：
在1950年1月至7月，共办理"匪谍"案件300余件，逮捕1000余人，
被破获者有所谓中共"中央局""华东局""华南局"等秘密特派组织。
不久，又因破获所谓"重整后的中共台湾省委"，在苗栗山区复逮捕400
余人。一时间，台湾岛上一片恐怖气氛。作家江南在《蒋经国传》中写道：
"位于台北植物园附近的马场町，取代过去南京雨花台的地位。据执教东
京立教大学的戴国辉说：'我当时在南海路的建国中学念书，有天我看到
一辆卡车，载着七八位犯人，双手背绑，口用白衣扎着，大概怕他们声张，
一忽儿，传来枪声。我心里想，他们做了革命的烈士了。翻开1950年前半
年的《"中央"日报》，《"匪谍"×××等数犯，昨日枪决伏法》的标题，
一周出现好几次。""以'匪谍'名义，送往青岛东路军人监狱、台东绿岛，
或用麻袋捆扎，未经司法程序，丢到海里喂鱼的不计其数。"①

江南在书中还举出许多在"匪谍"罪名下受害者的实例。例如：台北
的一位化学工程师陈天民，江苏靖江人，因出言不慎，告诉投奔他的乡亲说：
"台湾都快解放了，你们还来这里干什么？"经人检举，判刑15年。诺贝
尔奖金得主李政道的母亲张明璋女士和儿子李崇道，在淡水家中留宿一位
广西大学时候的同窗，被以"掩护匪谍"罪琅珰入狱。1949年11月8日深

---

① 江南：《蒋经国传》，中国友谊出版公司1987年版，第232-233页。

夜，情治人员猛敲童轩荪住宅大门，闯进搜查，仅搜去一本翻译小说《汤姆历险记》作为罪证，便被押走。

陈诚的一位老部属冯世欣，曾撰文颂扬陈"清除""匪谍"的决心与"功绩"。他在叙述陈诚镇压学生运动之后继续写道："学生闹事从此消失了。但共谍还是到处渗入，影响治安。他毫不留情地把台糖公司总经理沈镇南枪毙（沈与投共之孙越崎时有联络）。又把台湾电力公司总经理刘晋钰枪毙（刘子系共党）。另一立法委员夏某也被枪毙，前热河省主席刘多荃之子亦因共谍嫌疑被处决。最妙的是他的东南长官公署，一位高级将领钱卓伦之子钱克显是上海新闻报的记者，在京沪一带是一个活跃的人物，他夫妇来台后，经治安当局发现也有共谍的嫌疑，向陈诚报告后，他说：'只要是间谍，任何人均不例外'。钱克显夫妇均遭枪决。"[①]

从上述这段目的在于颂扬陈诚的文字中，除可见陈诚与"匪谍"势不两立，必欲尽除而后快的决心外，也足可看出，其牵连之广与定案之不确。刘多荃之子及钱克显夫妇遭处极刑，其"罪名"均只为"共谍嫌疑"；沈镇南被枪毙只因与前南京政府资源委员会主任、后留大陆的孙越崎有联系；刘晋钰被处决，乃因其子为"共党"。陈诚宣布："吾人今后为维护本省同胞生命财产的安全，必须统一意志，集中力量，彻底铲除企图扰乱本省治安，危害本省同胞的赤色细菌，要知道纵容敌人，就是毁灭自己。"[②]

陈诚采用软硬兼施、严刑峻法的办法，终于在兵荒马乱的情况下，为蒋介石、国民党政权在台湾建立了一块立足之地。

四　继任"行政院长"

蒋介石于阎辞职后，复提名陈诚继任"行政院长"。蒋称："陈君扬历中外，文武兼资，对于'剿匪''戡乱'，深具坚定信心，出任'行政院长'，必

---

① 冯世欣：《陈诚临危受命》，台北《中外杂志》第 51 卷第 2 期。

② 陈诚在省参议会闭幕时的致词，载何定藩主编《陈诚先生传》辑录资料，台北"反共出版社"1965年版，第 173 页。

能胜任愉快。"陈诚在历次"行政院"施政报告中,对于政治建设方面的"成就",宣扬最多者,乃所谓"实施地方自治"。军事方面,陈诚宣称,在他任"行政院长"后,"已由收容整编步入建军阶段",一面改进了各种军事制度,另一方面,使部队随时保持戒备状态,以适应"反攻作战的需要"。陈诚在任"行政院长"期间,花费精力最多的,是台湾的经济建设。他要求"政府"官员能崇俭约,重实际,力戒铺张浪费和表面化、形式化的工作。

1950年3月1日,蒋介石在宣布引退了1年又2个月之后,复行"总统"职权。"行政院长"阎锡山暨全体"阁员",随即向蒋提出总辞职。①阎氏"内阁",本属过渡性质。蒋介石既复行视事,阎当只有急流勇退一途。蒋于阎辞职后,复提名陈诚继任"行政院长"。在其送"立法院"的咨文中称:陈诚"去岁受任东南军政长官兼台湾省政府主席,对于整军御敌、政治经济诸项措施,尤多建树,深为台湾人民所爱戴。现值巩固台湾,策划'反攻大陆'之际,陈君扬历中外,文武兼资,对于'剿匪''戡乱',深具坚定信心,出任'行政院长',必能胜任愉快"②。

1950年3月陈诚(中)就任"行政院长"与全体"阁员"合影

---

① 《陈诚将军组阁经过》,何定藩主编《陈诚先生传》辑录资料,台北"反共出版社"1965年版,第215页。
② 《革命人物志》第5集,台湾中国国民党中央委员会党史史料编纂委员会1970年编印,第254页。

　　3月8日，"立法院代院长"刘文岛在台北中山堂大礼堂主持"立法院"临时会议，行使同意权。其实，台湾的国民党残余政权乃由蒋介石一手操纵，只要蒋介石一声令下，"立法院"的所谓"行使同意权"，也只能是行礼如仪。会上，张道藩称，陈诚"如能对'立法院'确实负责，并公开以政策选用贤能，一洗过去作风，'立院'同仁，既无反对理由，当可同意"；武哲彭云，"'总统'提名陈诚先生为新任'行政院长'，当为一极为贤明选择"①。在388票中，陈诚以306票通过。陈诚在其官邸，接见记者，发表书面谈话，其中不乏冠冕堂皇之辞，并重弹反共老调。他说："我此次蒙'总统'提名，'立法院'同意，受命出任'行政院长'……今后一切措施，当恪遵国父遗教，以台湾为三民主义实验区。遵照'总统'训示，巩固台湾及其他反共基地，以确保全体民众生命财产之安全，并积极作'反攻大陆'之准备……"②

　　此时，阎"内阁"已残破不全。陈诚提名张厉生为"副院长"，余井塘为"内政部长"，叶公超留任"外交部长"，俞大维为"国防部长"，原"经济部长"严家淦为"财政部长"，黄少谷为"行政院秘书长"，王师曾、杨毓滋、田炯锦、蔡培火、黄季陆、董文琦为专职"政务委员"。"新阁"成员，于3月12日由蒋介石明令公布。15日，陈诚正式就"行政院长"职。陈诚这个"行政院长"，可以说是就任于风雨飘摇之中，形势十分危殆。他自己曾向"立法院"作这样的介绍：当时在军事方面，大陆上已仅存西昌一个据点，解放军随时可能渡海作战；政治方面，自"中央政府"于去年12月迁台以来，"部署未定，全社会人心充满了不安和恐惧"；财政经济方面，"因大陆尽失，收入锐减，军民集中台湾，消费增加，负担加重，无论财政经济均潜伏着极严重的危机"。因此，陈诚提出，"政府"当前的中心任务是，"竭尽一切力量，确保以台湾为中心的基地，准备'反攻大陆'"。他把台湾比作一只救生艇。他说：救生艇的任务在救人；但在惊涛骇浪之中，

---

①《陈诚将军组阁经过》，载何定藩主编《陈诚先生传》辑录资料，台北"反共出版社"1965年版，第215页。

②《陈诚将军组阁经过》，载何定藩主编《陈诚先生传》辑录资料，台北"反共出版社"1965年版，第216页。

又不能不顾到这只救生艇本身的安全。

陈诚首先从政治思想的宣导和实际工作入手。他竭力鼓吹“精神力量”的重要。他认为这种“精神力量”，“一言以蔽之，就是自立自强的意志与自力更生的信念”①。

1950 年 7 月 22 日，台湾国民党中央常务委员会通过《中国国民党改造方案》，决定设立中央改造委员会，陈诚被蒋介石指派为 16 名改造委员之一，名列第一位。在国民党改造期间，该委员会实际上取代了中央执行委员会，成为“太上内阁”。台湾国民党当局，试图通过党的改造这一措施，剔除弊端，振作党的精神，以求长期立足。陈诚用一个月的时间，拟定了台湾国民党当局的《现阶段政治主张》。该《主张》于 9 月 1 日公布。陈诚在 9 月 4 日的“中央”纪念周上，代表改造委员会报告了委员会的工作，并对《主张》作了说明。实际上，这也是台湾当局改造国民党的政治纲领。在党务改造方面，特别重视党的纪律与对党员的考核。9 月 9 日，中央改造委员会通过《中国国民党省级暨所属党部改造之措施及其程序》；29 日，复通过《党员归队实施办法》。接着，各县市亦相继成立改造委员会，党员需重新登记和编队。历经两年多时间，台湾当局于 1952 年 10 月 10 日宣告国民党改造完成。

陈诚在历次“行政院”施政报告中，对于政治建设方面的“成就”，宣扬最多者，乃所谓“实施地方自治”。他说：“我们必须实行民权主义，使人民充分尝到民主自由的甜美果实，然后人民才会自觉自发的努力于反极权、反专政的斗争，为维护民主自由而贡献他们的力量、智慧和生命。”②在具体做法上，他分三个阶段来进行。一是准备阶段；二是实施县市地方自治阶段；三是成立台湾省临时议会。

为了提高行政机构的办事效率，紧缩行政开支，陈诚主持了“行政院”各院、会机构的调整工作。调整原则为：甲、不切需要，徒资糜费的机构，予以裁撤；乙、骈枝重复牵制机构，予以裁撤归并；丙、业务性质相同，

———————————

① 陈诚在台湾中国国民党七届二中全会上的报告，台北《“中央”日报》1953 年 5 月 6 日。

② 陈诚在台湾中国国民党七全大会上的报告，1952 年 10 月 12 日，载何定藩主编《陈诚先生传》辑录资料，台北“反共出版社”1965 年版，第 239 页。

缺乏监督联系的机构，予以改隶；丁、各机关员额以工作上必要的人员为限，超过必要的人员予以裁撤[①]。陈诚在"组阁"后的 6 个月内，共裁撤了"行政院"直属及各部、会所属机构 84 个，共裁撤员额 4 940 名；"行政院"各部、会工作人员核减为 874 人，仅及原有组织法规定人数的 1/9。经此调整，"行政院"机构，基本上适应了仅施政于台湾一省的状况。

军事方面，陈诚宣称，在他任"行政院长"后，"已由收容整编步入建军阶段"，一方面改进了各种军事制度，另一方面，使部队随时保持戒备状态，以适应"反攻作战的需要"。在 1952 年和 1953 年内，共裁汰老弱机障士兵 2.38 万余名。为了解决"'反攻大陆'的兵员补充"问题，陈诚宣布，"所有到达服役年龄的国民，都要接受补充兵训练和国民兵训练；所有高中毕业生，都要接受预备军士训练；所有大专毕业学生，都要接受预备军官训练"。这样一来，使 1953 年度的后备兵员比 1952 年度增加 7.5 倍。陈诚并认为："一般估计，即在'反攻大陆'初期，兵员补充也不会有问题；至于'反攻大陆'获得进展以后，我们将会感到兵员太多，决不会感到兵员不足的。"[②]

"外交"方面，陈诚在主持"行政院"期间，奉行了三条原则：一是"坚决实行反共外交"。二是"加强自由世界的团结"。三是"维护国际间的正义与公道"。他认为，几年来台湾当局在"外交"上，"奋斗是艰苦的"，"信念是坚强的"，"目标是正确的"[③]。

陈诚声称，台湾当局为了继续以中国的名义，留在联合国内，进行了"非常剧烈而艰苦的"斗争，截至 1954 年 3 月作报告时止，共发生 185 次驱逐台湾当局代表出联合国的动议。虽然在陈诚任"行政院长"期间，保住了台湾当局非法窃据的联合国席位，但他仍抱怨"自由世界"各国对台湾的

---

① 《陈"院长"施政报告》，台北《"中央"日报》1950 年 10 月 4 日。
② 《对"立法院"最后一次施政报告》，1954 年 2 月 9 日，载何定藩主编《陈诚先生传》辑录资料，台北"反共出版社"1965 年版，第 281-282 页。
③ 陈诚对"第一届国民大会二次会议"报告施政，1954 年 3 月 3 日，载何定藩主编《陈诚先生传》辑录资料，台北"反共出版社"1965 年版，第 292 页。

重要性认识不足。他说："现在自由世界对于以台湾为中心的'自由中国'的认识，较之过去虽有进步，但他们对于我们的估价，大部分仍偏于地理上有限的战略价值和军事上有限的现实力量，至于'自由中国'在政治上所具有的无限价值及其所蕴藏的伟大潜力，自由世界似尚缺乏充分的了解和适当的估价。"①

对于台湾当局在 1952 年 8 月 5 日非法与日本签订的《"中华民国"与日本国间和平条约》，陈诚以"行政院长"的身份，积极参与其事，并竭力将其装扮为中国人民的"合法代表"，坚持反共观点。他说："我们与日本之间，已不能再计较过去的仇怨与一时的得失了。现在我们只有一个敌人，也只有一种任务，这个任务就是如何加强民主国家共同命运的认识与共同行动的意志，把所有民主国家坚强的团结起来，共同努力打倒企图征服全世界与奴役全人类的暴力集团。"②

陈诚在任"行政院长"期间，花费精力最多的，是台湾的经济建设。

陈诚深知，国民党残余政权退守台湾孤岛，在经济上带来了巨大的困难。他在 1952 年报告说："当前台湾情形不比当年大陆，大陆好比一个大家庭，虽然家道中落，但因基础深厚，毕竟容易张罗；台湾好比一个小家庭，家当有限，计算紧凑，挹注困难。因此，我们在台湾，一切必须量入为出，决不能放松一步。"③他还号召台湾人民，一个人作两三个人用，一件物作两三件物用，一文钱作两三文钱用；要打穷算盘，不要再摆过去的臭架子。他要求"政府"官员能崇俭约，重实际，力戒铺张浪费和表面化、形式化的工作。

陈诚告诫台湾人民："国家"的富裕与进步，不可得之于赠与，必须于生产建设中求之；人民的较佳生活，不可得之于懒惰，必须于勤劳工作中求之。在当前国际上"地区分工性"很大的情况下，必须注重自给自足的生产原则。他对于农业和工业的关系，曾发表了较为精辟的见解。他说："农业与工业

① 《"行政院"施政报告》，台北《"中央"日报》1953 年 4 月 29 日。
② 《陈院长昨向"立法院"说明中日缔和经过》，台北《"中央"日报》1952 年 7 月 16 日。
③ 陈诚在台湾国民党七全大会上的报告，1952 年 10 月 12 日。

实属相依相成，不可分割，故究竟孰重孰轻，孰先孰后，实无庸在理论上斤斤争辩。如说农业为工业的基础，但从另一角度而言，工业亦为农业的基础。因为农业生产的增加，势必有赖水利的发展与肥料的充分供应，而此两者又属工业的范畴。"①陈诚在安定台岛居民生活方面，碰到的最棘手的问题是大批公教人员及其眷属的生活安排问题。在他担任"行政院长"4个月后，于1950年7月间，公布了公教人员待遇调整办法，其要点为：计口配给实物，以维持公教人员最低生活水准；文武待遇，逐渐做到一致；为奖励生产，促进建设，决定提高技术人员及教师的待遇；增进公教人员福利，对公教人员的婚丧、医药、生育、灾害及子女教育等项实行补助。上述办法于8月起实行。1951年2月，陈诚在"行政院"首次国父纪念月会上表示：对于改善公教人员生活一端，"加薪之办法，懔于过去大陆之惨痛经验，实不敢'再试'"。今后可以考虑的办法有二：一为加强实物配给制度，设法增加实物配给的种类与数量；二为各机关自行创办生产事业，拿生产所得的收益，贴补工作人员的生活②。尽管不断调整和提高公教人员的生活待遇，可是，由于物价的不断上涨，终使公教人员的实际生活水平复趋下降。陈诚在6月4日的联合纪念周报告中指出：在过去的10个月中，台湾物价指数上涨了64%，而公务人员的生活费指数只上涨了22%；本来最好的办法是按照物价指数增加的比例来增发薪金，但这样做增加支出太多，财政负担不了。于是，从5月份起，给公教眷属发给补助费。陈诚宣布："每一眷属发给补助费二十元，职员以五口为限，技营工友以一口为限，'中央'及地方一律。"③1952年9月，再次给士兵及乡镇工作人员调整待遇。鉴于台湾当局不可能给所有公教人员提高待遇，旋由陈诚宣示给军公教人员调整待遇的三项原则，即："一要保持财政收支平衡，二要不增加通货发行，三要能够确实减轻军公教人员生活上的困难。"④

① 陈诚在台湾农学会年会上的讲话，台北《"中央"日报》1951年12月3日。
② 《陈"院长"检讨施政》，台北《"中央"日报》1951年2月14日。
③ 《陈"院长"昨在联合纪念周报告》，台北《"中央"日报》1951年6月5日。
④ 《"行政院"施政报告》，台北《"中央"日报》1953年4月29日。

1952年陈诚（前排中）与"总统府秘书长"王世杰（前排右一）、胡适博士（前排右三）等人合影

这一期间，台湾的经济日趋稳定，并有所发展。根据陈诚在1954年2月对"立法院"所作的最后一次施政报告①中说：赋税的收入结束了过去混乱的状态，逐年有所增加，财政赤字逐年减少。陈诚在同一份报告中还指出，今后生产建设的重点，农业仍以增加米谷生产为主，并注重增加甘蔗生产；工业以发展电力建设与增加肥料生产为主；同时，抓好联系农业生产与工业生产的重要环节水利生产。

在此期间，陈诚出席了于1952年10月中旬召开的台湾国民党"第七次全国代表大会"，当选为中央执行委员；复于七届一中全会，当选为10名中常委之一。"七全大会"特作决议称，"当三十八年革命遭遇空前挫折之际，大局处于风雨飘摇之中，陈诚同志确能秉承总裁指示，采行确切措施，作中流之砥柱，立'复兴'之基础"；对其"忠贞坚毅，勇敢负责，不辞劳怨，不避险阻之精神，及其对于革命之重大贡献，深致嘉许"②。"七全大会"对陈诚的高度评价，标志着他在国民党内地位的提高和蒋介石对

---

① 《对"立法院"最后一次施政报告》，1954年2月9日，载何定藩主编《陈诚先生传》辑录资料，台北"反共出版社"1965年版，第282页。
② 何定藩主编：《陈诚先生传》"旷世勋犹昭青史，举国哀悼失导师"，台北"反共出版社"1965年版，第90页。

他的特别赏识。

五　面对朝鲜战争

1950 年 6 月 25 日，朝鲜战争爆发。陈诚说："我们援韩的具体行动，已深获韩国政府和人民的好感，并深得各爱好自由国家的同情。"关于朝鲜统一问题。陈诚说："大韩民国政府是经联合国监督选举而承认的唯一合法政府，所以要使韩国达到真正的和实质的统一，必须维护和巩固现政府的基础……而且要真正做到军事的统一，使军队国家化，决不能容许韩共以任何方式保有自己的武力。"陈诚对美蒋方面采取种种手段，胁迫部分志愿军战俘去台湾一事，宣称有"一万四千余留韩中国反共义士""集体来归"，并将此说成是"共产集团内部的脆弱"和"民主国家自身的坚定与团结"。

1950 年 6 月 25 日，朝鲜战争爆发。27 日，美国总统杜鲁门公然宣布出兵朝鲜，扩大朝鲜战争；同时，美国又操纵联合国安理会，通过了"谴责北朝鲜侵略"和"紧急制裁"两个决议。

朝鲜半岛的局势，震动了台湾岛。陈诚连日来不断去台北阳明山"总统官邸"，参加由蒋介石召集的最高军政官员紧急磋商。经日夜商讨，蒋介石于 26 日下午分别致电韩国总统李承晚和远东美军总司令麦克阿瑟，表示将派遣第五十二军约 3.3 万人驰援韩国。陈诚在稍后的施政报告中，披露了这一事实。他说："安全理事会于六月二十七日通过援韩决议案后，'我国'依照决议案，决定派遣地面部队三万三千人参加联合国军，并徇联合国秘书长之请，与美国协商。嗣以美国为策划整个太平洋的全面安全，主张我们所派遣的部队，仍留台防守，故未成行。但是我们援韩的具体行动，已深获韩国政府和人民的好感，并深得各爱好自由国家的同情。"①

---

① 《陈院长报告施政及计划》，台北《"中央"日报》1950 年 10 月 4 日。

后来，在侵朝美军于9月中旬实施仁川登陆，把战火一直烧到鸭绿江边，严重威胁中国安全的情况下，中国人民志愿军被迫赴朝作战，抗美援朝，保家卫国。陈诚认为，中共完全听任克里姆林宫指挥，"没有独立的意志与自主的可能"，从而使"民主国家"对其"有了新的和比较正确的认识"①。

12月3日，陈诚在接见美国合众社记者时，"警告世界民主国家"，"共党在韩国之侵略必须制止，力戒临时观点"。当记者询问，台湾当局对结束韩战如何作最大贡献时，陈诚的答复可谓慷慨激昂，他说："吾人为联合国之一员，自应支持及遵守联合国之决定。……'中华民国'决不成为对共产主义投降国家之一。"陈诚宣称："有若干国家……以为讨好共党可以结束韩战，此念至属错误。在中国所得教训，民主国家应引为殷鉴，切勿使美国成为全球反共战争中之另一台湾。"②

美国侵略军在和中、朝军队较量了三年之后，被迫于1953年7月27日，在停战协定上签字。陈诚站在反共的立场上，对此却有他根深蒂固的看法。他认为"民主国家"在朝鲜战争的成败，应从直接和间接两个方面来看。直接的方面："联合国采取集体制裁的行动派兵援韩，其目的不仅在阻止俄帝集团对于韩国的侵略，而且要使韩国得到真正的统一。"但是，朝鲜统一的目标尚未达成。"如果停战以后，韩国不能获得真正的安全与统一，这一步骤或方法，便没有什么意义，而民主国家在韩战中所付出的生命和金钱，也便没有什么代价了。"间接的方面："我们纵不能认为民主国家在韩战中已经获得胜利，至少可以说俄帝集团在韩战中失败了。"这一场战争，把"民主国家"打醒了，打团结了，打坚强了。"我们若把韩战放在整个世界反共斗争中来看，可以说，韩战对于国际共产主义征服世界的计划，是一个很大的打击。"③这就是说，陈诚认为，朝鲜停战对于资本主

① 《对第一届国民大会二次会议报告施政》，1954年3月3日，载何定藩主编《陈诚先生传》辑录资料，台北"反共出版社"1965年版，第290页。
② 陈诚接见美国合众社记者时的讲话，1950年12月3日，载何定藩主编《陈诚先生传》辑录资料，台北"反共出版社"1965年版，第223页。
③ 陈诚在台湾国民党中央委员会联合纪念周的演讲，台北《"中央"日报》1953年8月4日。

义各国来说，在直接的意义上，不一定能说是成功；但在间接的意义上，是成功的。

面对朝鲜停战的实现，陈诚以"行政院长"的身份，对遣俘、撤兵和朝鲜统一等问题，发表了一系列政策性的意见。

关于遣俘问题。陈诚无视国际上关于释放全部战俘的惯例，打着"志愿遣俘"的旗号，企图胁迫部分志愿军战俘去台湾，并以此阻挠遣返战俘工作的顺利进行。他强调："民主国家要贯彻自由遣俘的原则，必须给予所有战俘以自由选择的环境和可能，使他们真正能够自由选择，不受任何诱惑胁迫和欺骗。"他认定，如果经过朝中方面的解释，使某些战俘不再受美蒋的欺骗和威胁，表示愿意返回祖国，"那将是一种可耻的政治欺骗"，是"对于人道主义和自由主义最大的侮辱和损害"。

关于撤兵问题。陈诚提出，美国的撤兵要以朝鲜的统一为前提。这实际上是想让美军和"联合国军"无限期地在韩国驻下去。他说："在韩国的统一未能真正达成以前，联军是绝对不能脱离韩国战场的……我们要获得真正的和平，必须用实力来争取，来维护，来培养，如果离开了实力，和平便要化为乌有了。"

关于朝鲜统一问题。陈诚完全无视朝鲜民主主义人民共和国的存在，主张全朝鲜统一于韩国政府；同时，还把中国抗战胜利后，国民党在国共谈判中，无理坚持所谓"军令政令统一"的一套，用到朝鲜统一问题上来。他说："大韩民国政府是经联合国监督选举而承认的唯一合法政府，所以要使韩国达到真正的和实质的统一，必须维护和巩固现政府的基础……而且要真正做到军事的统一，使军队国家化，决不能容许韩共以任何方式保有自己的武力。"

陈诚还竭力鼓吹，资本主义世界需在反共问题上有整个的计划和通盘的打算；并把这种计划和打算同台湾当局自身的利益联系起来看。他宣称，"'反攻复国'是我们自己的事，要靠我们自身的努力与奋斗，我们从来没有把中国问题的解决寄托在韩战之上，也没有指望世界大战来解决中国问题"；"'中华民国'不是靠了联合国而生存的，乃是靠了我们自己的意志和力量而生存的"①。

陈诚对美蒋方面采取种种手段，胁迫部分志愿军战俘去台湾一事，竭力歪曲其真相。他宣称有"一万四千余留韩中国反共义士""集体来归"，并将此说成是"共产集团内部的脆弱"和"民主国家自身的坚定与团结"②。这批被裹胁到台湾去的志愿军战俘，境遇十分凄惨，绝大部分都被强行编入国民党军队，充当其"反攻复国"的炮灰。陈诚称这是战俘们"志愿从军的行动"，并对他们进行反动的说教。他在去大湖、杨梅两地视察这些战俘驻地时，对战俘们说："'国家'的自由与个人的自由是不可分的，要争取个人的自由，必须争取'国家'的自由；亦唯有'国家'得到自由，个人才能享有真正的自由。"他要求这些被裹胁的战俘"分担'国家'的困难和大陆同胞的痛苦，发扬同生死共患难的精神，负起'收复大陆'的责任，遵照'总统'指示，从'反共抗俄'的'国策'中求出路，在摧毁铁幕的行动上争自由"③。

六　一人之下、万人之上

1954年3月，在台湾"第一届国民大会第二次会议"上，继蒋介石当选为"总统"后，陈诚得1417票，而石志泉仅得109票，陈诚遂当选为"副总统"。1957年10月23日，蒋介石向台湾国民党"第八次全国代表大会"正式提名陈诚为副总裁，并获通过。至此，陈诚登上了他一生宦途中的顶峰，成为台湾当局一人之下、万人之上的二号人物。

陈诚的进一步发迹，早从1952年10月举行的台湾国民党"七全大会"上，已见端倪。这次大会专门作出了颂扬陈诚的决议。

1954年，蒋介石的"总统"任职已届6年，根据台湾当局奉行的"宪法"

① 陈诚对朝鲜停战后若干问题的看法，均见台北《"中央"日报》1953年8月4日。
② 台北《"中央"日报》1954年3月10日。
③ 台北《"中央"日报》1954年3月28日。

规定，"总统、副总统之任期为六年"；而"副总统"李宗仁又因擅去美国，"违法失职"，于1952年1月受到"监察院"的弹劾。谁当"总统"、"副总统"？"总统"一职，当为蒋介石无疑。"副总统"一职，论当时的实际地位，非陈诚莫属；但若论在国民党内的资历和影响，何应钦似应有份。这样，蒋介石在提名"副总统"人选时，不免要做出一点姿态来。他"问何应钦愿否竞选'副总统'"，何早已看透蒋的心思，连忙婉谢①。

　　2月15日至16日，台湾国民党第七届中央委员会举行临时全体会议。15日，蒋介石被推举为国民党"总统"候选人。16日，蒋介石以国民党"总统"候选人的名义，提名陈诚为国民党"副总统"候选人。他说："'副总统'候选人的标准应有三个条件：第一要忠党爱国，第二要负责尽职，第三要任劳任怨。根据此项标准，我认为'副总统'候选人人选，以陈诚同志为最相宜。"②在接下来投票时，陈初"谦辞不肯投票"，经劝请后，方领了一张印有自己姓名的选票，但"未经圈选"，即投入票箱。计票结果，他在32张选票中得了30票，被正式推举为国民党"副总统"候选人。

1954年陈诚被蒋介石提名为"副总统"候选人后举行记者招待会

---

① 江南：《蒋经国传》，中国友谊出版公司1987年版，第265页。
② 《严家淦报告陈诚生平事迹》，台北《"中央"日报》1966年3月6日。

3月，"第一届国民大会第二次会议"在台北中山堂举行。继蒋介石当选为"总统"后，进行了"副总统"的竞选。此届"国大"代表总数应为3 045名，迁台代表已不足半数；复由"内政部"下令递补至稍过半数。23日，进行第一次"副总统"竞选，陈诚得1 276票，石志泉得231票，二人均未超过代表总额半数。24日，"就该二名重行投票，圈一名，以得较多票数者为当选"。结果，陈诚得1 417票，而石志泉仅得109票，陈诚遂当选为"副总统"。他发表广播讲话说："我深深地感到，今后六年将是决定'国家'兴亡与历史绝续的重要关头，其遭际的困难与工作之艰苦，都不是现在所能想象的。"他表示："今后仍当一本素志，服从'总统'，善尽职守，将我的一切奉献于'国家'，奉献于人民。"①

1954年陈诚（右一）当选"副总统"后发表谈话

5月20日，陈诚着蓝袍黑马褂礼服，佩紫红绶带，缀青天白日勋章，与蒋介石一道，参加了就职典礼。在蒋介石宣誓后，陈诚宣誓曰："余谨以至诚，向'全国'人民宣誓。余必遵守'宪法'，效忠'国家'，如违誓言，愿受'国家'严厉之制裁。"②是日，蒋介石批准了陈诚辞去"行政

① 台北《"中央"日报》1954年3月25日。
② 台北《"中央"日报》1954年5月21日。

院长"的辞呈,并以"总统"身份,致"立法院"咨文,提名现任"台湾
省政府主席"俞鸿钧继任"行政院长"。

1954年5月20日陈诚就任"副总统"时与"总统"蒋介石合影

1957年10月,台湾国民党"第八次全国代表大会"在台北举行。陈诚
被推选为大会主席团成员之一。18日,蒋介石向大会提交如下议案:

"中正提案本党应设副总裁一人,并在党章第五章中增设条文如下:'本
党设副总裁一人,辅助总裁处理党务,其人选由总裁提名经全国代表大会
通过之。'"①

23日,蒋介石向大会正式提名陈诚为副总裁,并获通过。至此,陈诚
登上了他一生宦途中的顶峰,成为台湾当局一人之下、万人之上的二号人

---

① 何定藩主编:《陈诚先生传》辑录资料,"就任副总统重要言论",台北"反共出版社"1965年版,
第332页。

物。在蒋经国的实力和地位不断增长的情况下，陈诚与蒋经国都说过不少颂扬对方和证明彼此间没有分歧的话。陈诚曾慷慨激昂地表白："从经国个人的才具与努力来说，这十几年，他的辛勤建树，值得夸耀，无论军中政治工作，无论退役官兵辅导工作，无论青年运动，他都做得有声有色，清清楚楚摆在大家眼前，我只有尽量帮助他，使他有更多的机会，也是使他负更重的责任，让他发挥更大的才能，俾'国家'得到最高最大的利益。我和他还有什么可争可夺的。"①对此，著名作家江南在《蒋经国传》中写道："政治家的否认与承认，往往认真不得的，我们只能姑妄听之。"②

1960 年 3 月，在"总统""副总统"任期将满时，台湾国民党第八届中央委员会举行临时全体会议，推选该党"总统""副总统"候选人。12 日，蒋介石、陈诚均以 50 票全票分别被推选为国民党"总统""副总统"候选人。陈诚表示："今后只有在中央决策与总裁领导之下，加倍努力，与全党同志及国人，共同为'反共复国'而努力，以完成'反攻大陆'，拯救同胞的使命！"③

接着，在"第一届国民大会第三次会议"上，陈诚继蒋介石连选连任"总统"之后，于 3 月 22 日选举时，获得了 1 505 票中的 1 381 票（除 124 张废票外，获全票），连选连任"副总统"。陈诚于当选后，大肆颂扬"蒋'总统'是'全国'民心所归向、'国运'所寄托的领导中心，而数十年来的革命经验，更证明了'国家'的环境愈困难，蒋'总统'的领导愈重要"；蒋介石当选"总统"，"是符合全民愿望与'国家'需要的明智措施，对于完成'复国'大业以及维护远东与整个世界的安全，都有决定性的作用"。他表示，"今后当继续在蒋'总统'领导之下，只要对'国家'对人民有利的事，必当勉力以赴，劳怨在所弗辞"④。5 月 20 日，蒋介石和陈诚分别宣誓，正式就任"总统""副总统"。

---

① 江南：《蒋经国传》，中国友谊出版公司 1987 年版，第 407 页。
② 江南：《蒋经国传》，中国友谊出版公司 1987 年版，第 408 页。
③ 台北《"中央"日报》1960 年 3 月 13 日。
④ 台北《"中央"日报》1960 年 3 月 23 日。

1960年蒋介石与陈诚就任正副"总统"合影

　　1963年11月22日，陈诚在台湾国民党"第九次全国代表大会"上，经蒋介石提名，连任副总裁。此后，他虽然一直保住了台湾党、政二号人物的位置，但随着政治格局的变化和自己身体的日渐病弱，其实际影响已在逐渐跌落。

七　调查孙立人"兵变"案

　　屏东阅兵前，蒋介石既知孙立人将有"异动"，遂通过"国防部保密局"，以迅雷不及掩耳之势，将孙立人在军中的主要骨干郭廷亮、江云锦、田祥鸿、刘凯英等100余人秘密逮捕。9月19日，以陈诚为首的"调查委员会"，与孙立人进行了整个"调查"期间唯一的一次接触。谈话中，孙立人拒不承认自己知道郭廷亮等人的"发动计划"，再三声称希望"消弭于无形"的观点。最后由陈诚定下基调、王云五执笔，撰成"报告书"。认定：孙立人有"在军中违法密结私党或秘密结社集会之嫌"，以及放纵刘凯英逃脱，"循情包庇之嫌"。对于"匪谍"郭廷亮活动于其左右，"至少应负失察之责任";对于"亲信人员不法言行之知情不报,以及平日之管束无方与训导失当,实难辞酿成郭廷亮阴谋之咎","应负其责任"。

1955 年 6 月上旬,蒋介石亲去台湾南部的屏东校阅陆军各兵种。屏东的凤山军事基地是"总统府参军长"、前陆军总司令孙立人主持第四军官训练班的地方。而关于孙立人将趁蒋阅兵之机,实行"兵谏"的情报,已经秘密传到蒋介石那里。

孙立人,字仲能,安徽舒城人。早年求学清华大学,后入美国普度大学,获土木工程学士学位,复转弗吉尼亚军校学习军事。1927 年归国后,服务军事,曾率税警第四团参加"八一三"淞沪抗战;滇缅战役中,率新三十八师取得仁安羌大捷,有"东方隆美尔"之称。1944 年升任新一军军长;抗战胜利后,先后任东北保安副司令、陆军副总司令;1947 年 11 月赴台编练新军,1949 年任东南军政长官公署副长官,1950 年任陆军总司令,1954 年调任"总统府参军长"。

屏东阅兵前,蒋介石既知孙立人将有"异动",遂通过"国防部保密局",以迅雷不及掩耳之势,将孙立人在军中的主要骨干郭廷亮、江云锦、田祥鸿、刘凯英等 100 余人秘密逮捕。同时,台湾当局如临大敌,将原定受阅部队重新编组,一部分部队被临时取消阅兵资格;阅兵场地四周,岗哨林立,戒备森严。

6 月 6 日晨 4 时 30 分,台南 7 万人的受检部队,抵屏东机场,进入受检位置。为保证检阅的绝对安全,军方两度用扫雷器在检阅台前进行反复检查,致使正式检阅的时间从 9 时 30 分推迟到 11 时 30 分。孙立人紧随"总统"蒋介石、"总统府战略顾问委员会主任委员"何应钦、"国防部长"俞大维之后,参加了检阅。

屏东阅兵后,台岛内外开始沸沸扬扬地传出所谓"兵变"的新闻。新闻的焦点围绕在孙立人及其已被逮捕的百余名部属之间。六七月间,孙立人的行踪成了人们猜测和议论的中心内容。

7 月 31 日,是台湾当局举行一年一度的"扩大军事会议"的日子。作为"总统府参军长"的孙立人，本应赴会。可是，这天一清早，"副总统"陈诚便来了电话，约孙前去谈话。孙立人于 7 时刚过，即带了随从参谋陈良埙，前往信义路陈诚官邸。孙立人判断，这次谈话将揭开盛传了将近两个月的谜底。

陈诚将"参军长"迎进客厅后，命副官们在厅外候命，由他与孙立人单独谈话。果不出孙立人所料，陈诚向孙交了底，把所谓郭廷亮"匪谍"案的情况向孙立人作了通报。郭廷亮，云南河西人，1922 年生，1939 年入税警总团 2 期学习，次年毕业后，留在孙立人麾下服务。后随孙远征印缅，官至上尉连长。抗战胜利后，编入新一军，开往东北，任榴弹营少校营长。陈诚告知孙立人，郭廷亮已"供认"：1948 年，郭率部驻沈阳铁西二道街三义和米栈内，与店主白经武相识，并经介绍与青年女子李玉竹结婚。11 月 2 日，沈阳解放，郭被困于城内，经白介绍，与其在人民解放军吕正操部任联络科长之兄白经文接触，允为中共去台从事"兵运工作"，约定联络暗号，得解放军所开路条及黄金 10 两。郭遂携妻经津、沪而抵台，重投陆军副总司令孙立人麾下，先后任储训班副队长、少校营长、教官之职。1954 年 9 月，郭曾与一操东北口音的"李先生"按秘密联络暗号接头，并接受对方布置的任务，准备在适当时机发动"兵谏"。陈诚与孙立人的谈话，共进行了 2 个多小时，致使陈、孙均未能前去参加"扩大军事会议"。也正是在这一天的"扩大军事会议"上，台湾当局正式宣布了"孙立人案件"。

次日，孙立人的随从参谋陈良埙接到台北宪兵队的通知：上面有命令，"参军长"不要出门。

接着，"国防部"又派黄、傅二局长前来，将江云锦等人的供词交孙阅读。

至此，孙立人深知，自己已经在劫难逃。于是，他于 8 月 3 日给"总统"蒋介石送上了一份辞呈，内称"近者陆军部队发生不肖事件，奉副'总统'谕示郭廷亮案情，昨日黄、傅两局长奉命交阅江云锦等供词资料，职涉有重大之罪嫌"，"拟请赐予免职，听候查处"，"俾闭门思过，痛悔自新"。其"请予惩处"的"过错"有二：

一、郭廷亮为职多年部下,来台以后,又选予任使,乃竟是"匪谍",利用职之关系肆行阴谋,陷职入罪,职竟未警觉,实为异常疏忽,大亏职责。二、两年前鉴于部队下级干部与士兵中,因反攻有待,表示抑郁者,为要好心切,曾指示警训组江云锦等于工作之便,从侧面联络疏导,利用彼等多属同学友好关系,互相策勉,加强团结,以期领导为"国"效忠,原属积极之动机,不意诲导无方,竟至变质,该江云锦等不但有形成小组织之嫌,且甚至企图演成不法之举动,推源究根,实由职愚昧糊涂,处事不慎,知人不明,几至贻祸国家,百身莫赎①。

半个月后,"总统府"突然于8月20日发布"总统命令",免去孙立人"总统府参军长"职,由黄镇球接任;并组成以陈诚为首的"调查委员会",彻底调查"孙案"。"总统命令"称:

> (一)"总统府"参军长陆军二级上将孙立人,因"匪谍"郭廷亮案引咎辞职,并请查处,应予照准,着即免职。关于本案详情,另组调查委员会秉公彻查,候报核办。此令。
>
> 派陈诚、王宠惠、许世英、张群、何应钦、吴忠信、王云五、黄少谷、俞大维组织调查委员会,以陈诚为主任委员,就"匪谍"郭廷亮案有关详情,彻查具报。此令。
>
> (二)"国防部"副部长陆军二级上将黄镇球另有任用,应予免职。此令。
>
> 特任陆军二级上将黄镇球为"总统府"参军长。此令②。

酝酿已久的爆炸性新闻,终于出台了。戎马一生的孙立人,在一场不

---

① 《孙案调查委员会报告书》,载台北《"中央"日报》1955年10月21日。
② 艾思明编:《名将孙立人》,台北群伦出版社1987年版,第96—97页。

见硝烟的战斗中，成了败将。而蒋介石的嫡系宠将陈诚，却深深地介入到扑朔迷离的"孙案"中来。

说起陈诚与孙立人之间的关系，他们同是抗日战场上叱咤风云的高级将领，曾两度共同战斗在同一战场。一次是在 1937 年的淞沪会战中，陈诚先后担任第三战区前敌总指挥兼第十五集团军总司令、左翼作战军总司令和第三战区前敌总司令，全盘负责指挥淞沪战事；而孙立人则是税警总团第二支队的少将司令官兼第四团团长，曾在淞沪战场受伤 10 余处，被炸成"血人"，九死一生。另一次是在 1943 年的印缅战场上，陈诚担任中国远征军司令长官，筹划收复缅北失地、打通国际交通线；而孙立人则在中国驻缅、驻印军中任新三十八师师长、新一军副军长、军长，同样肩负着收复缅北与修筑中印公路的任务。不过，他们之间真正发生较多的工作联系，还是在东北和台湾。孙立人于 1947 年 7 月离开东北，先后到南京、台湾担任陆军副总司令兼陆军训练司令；陈诚则于当年 9 月赴东北任行辕主任，指挥东北战事，而此时孙立人的旧部新一军则在陈诚麾下。孙立人曾致电陈诚，希望不要将新一军分割使用；陈诚在被免去一切职务、闲居上海时，亦曾邀孙来沪。陈、孙真正的合作共事，乃为 1949 年至 1950 年在东南军政长官公署中，他们分任正、副军政长官。

陈诚与孙立人，虽有一段军事上共事的渊源，但在人事关系上，却不属于同一派系。陈诚属黄埔系，在军中有较深的根基，尤其握有一批黄埔高级将领；孙立人则无派无系，但受美国赏识，有国际背景。

1949 年 2 月 14 日，蒋介石已经下野，退隐溪口；中国人民解放军的隆隆炮声，已经响到长江边；代总统李宗仁已经表示，愿意在中共提出的 8 项条件的基础上举行和谈。这一天，美国白宫训令驻南京大使馆，派公使衔参事莫诚德为密使，飞往台北，游说刚刚上任的台湾省主席陈诚"自立"。据美国国家档案局保存的文献称，其内容包括：

　　一、台湾现在的省主席，宜使政治与国府分离，经济贸易和中国绝缘。台湾省主席办理台政，美国每年拨给台湾经援 2 500

万美元。

二、形式上，联络菲、澳、印度、巴基斯坦、锡兰各国，各出一些象征性的兵力，会同美军占领台湾。希望在两周之内，在台召开政权转移会议，苏联、中国国民党政府亦可参加。

三、会议决定后，美国即对台海之海上及空中担任巡逻与联系活动，以免外来军队之来袭；同时遣送不受欢迎的大陆在台分子。

四、通知蒋介石，如他愿意留台，当以政治避难者身份相待。

五、邀请孙立人参加台湾新政权。①

陈诚以忠蒋而闻名，自不会接受这一方案。而"邀请孙立人参加台湾新政权"一条，却使这位陆军副总司令祸福参半。它既使蒋介石、陈诚不能将孙立人等闲视之，又使蒋、陈对孙氏更增加了一层戒备之心。

接着莫诚德又与美国国务院政策计划处处长肯楠博士，进一步商讨了由美国派兵占领台湾和扶持孙立人成立新政权的问题。据美国 NSC 密档第53 号记载：

> 邀请孙立人将军参加（美国）占领军新政权。如他肯接受此任，则我们分化中国驻台军队之工作即告成功……
>
> 国务卿艾奇逊主张：以孙立人代替陈诚为台省主席。我们所需要者，乃一干练笃实之人，不必听蒋介石之指挥，亦不必从李宗仁联合政府之命令，而专为台湾谋福利。孙氏经验或有未足，但其他条件，都甚符合。

由此，美之扶孙抑陈，已十分明显。就中亦可推断出，陈、孙之间关系并不融洽。美国人当时也看出了他们之间的歧见。1949 年 5 月 11 日，美驻台北"领事"艾嘉以第 154 号电致国务院称："孙立人与陈诚歧见尚未

---

① 艾思明编：《名将孙立人》，台北群伦出版社 1987 年版，第 17–18 页。

调处。他表示：陈诚有意冷冻他，重用自己亲信；孙氏在陈之下的指挥权，迭遭陈氏亲信干预。"6 月 12 日，艾嘉复以第 225 号电致国务院称：孙立人"抨击彭孟缉和陈诚其他亲信为本位主义、盲从，起码落后时代五十年"。

此后，在陈诚担任"行政院长"期间，孙立人与台湾黄埔将领之间的关系，更趋紧张。《孙立人在台兵变》一文曾有如下生动描述：

> 当陈诚任行政院长、周至柔任参谋总长、王叔铭任空军总司令、桂永清任海军总司令时，屡当蒋介石召开会议时，陆军总司令提出的问题或意见，总是遭到三票对一票的否决，有时弄得蒋介石亦左右为难……有时老孙气急了，就在会议上向老蒋报告说海军、空军如何好，如何如何行，那么请总统将陆海空三军测验一下，比一比，看究竟哪一军好。先从我们三军总司令考起，比文也好、比武也好、比立正稍息也好、比 x+y 也好，由你们海空军决定好了……由此可见老孙与陈诚、周至柔、王叔铭、桂永清等高级将领间之矛盾多深。①

在回溯了上述陈、孙关系的历史之后，就可以清楚地看出，他们之间各自代表着不同的势力。而由陈诚来主持孙立人"兵变"案的调查，则是蒋介石在清除孙立人举措中的必然人选。

9 月 19 日，以陈诚为首的"调查委员会"，与孙立人进行了整个"调查"期间唯一的一次接触。这天上午 9 点，孙立人奉召来到阳明山第一宾馆，阅览王云五、黄少谷两委员分别讯问孙之部属郭廷亮、王善从、田祥鸿、江云锦、陈良埙、刘凯英 6 人的笔录。中午，由陈诚单独邀请孙立人至自己寓所共进午餐。下午 4 时起，由在台北的全体调查委员进行集体谈话。谈话中，孙立人拒不承认自己知道郭廷亮等人的"发动计划"，再三声称希望"消弭于无形"的观点。孙立人面对陈诚等咄咄逼人的提问，回答说："至

---

① 江南：《蒋经国传》，中国友谊出版公司 1987 年版，第 313—314 页。

于整个的计划，我是不晓得的。"陈诚等人又问："为什么不向当局报告呢？"孙立人答："我总以为只要他们不作这个事情，就没有事情了，不会再有什么，所以我也觉得把这个话放在我心里，用不着报告了。"①

这次谈话一共进行了 4 个小时，直到晚上 8 时过后方告结束。

"调查委员会"在陈诚的主持下，总共工作了将近 50 天，最后由陈诚定下基调、王云五执笔，撰成"报告书"。"报告书"认定：孙立人有"在军中违法密结私党或秘密结社集会之嫌"，以及放纵刘凯英逃脱，"循情包庇之嫌"。对于"匪谍"郭廷亮活动于其左右，"至少应负失察之责任"；对于"亲信人员不法言行之知情不报，以及平日之管束无方与训导失当，实难辞酿成郭廷亮阴谋之咎"，"应负其责任"。"报告"笔锋一转，又云：

> 惟念孙立人将军为"总统"多年培植之人才，且曾为抗战建功，孙立人将军在 8 月 3 日上"总统"签呈中曾历陈愧悔自责之情，在 9 月 19 日答复本委员会询问时，亦痛切自承错误，一再声述愿负全责。且已引咎辞去"总统府"参军长职务，并奉政府令准免职。本委员会谨建议"总统"于执行法纪之中，兼寓宽宥爱护之意。

这份"报告书"，除了在日本治疗眼疾的何应钦之外，由陈诚等 8 名在台委员签署，呈送蒋介石。原拟于 10 月 10 日前公布，因故延长至 20 日公布。报告全文共 18 000 多字。台湾"中央社"电台在 20 日这一天，以每小时发出 1 500—2 000 字的速度，共播发了 11 个小时，方将全文发完。

于公布调查报告的同一天，台湾当局又公布了一份由蒋介石亲签的处置孙立人的"总统令"。"总统令"当然完全肯定了陈诚主持调查所得出的结论，并采纳了"报告书"关于处置孙立人的建议，内称："兹据调查

---

① 《孙案调查委员会报告书》，载台北《"中央"日报》1955 年 10 月 21 日。

委员会主任委员陈诚、委员王宠惠等呈报彻查结果，一致认定该上将不知郭廷亮为'匪谍'，尚属事实，但对本案有其重大咎责。兹念该上将久历戎行，抗战有功，且于该案发觉之后，即能一再肫切陈述，自认咎责，深切痛悔，兹特准予自新，毋庸另行处议，由'国防部'随时察考，以观后效。"①

这"由国防部随时察考"的命令，不禁使人联想起18年前对张学良将军之"交军事委员会予以管束"的命令。张将军被"管束"了18年，先后幽禁于南京、奉化和新竹，往后究竟还需"管束"多少年？天知道！孙立人之"由国防部随时察考"，究需多长时间，当亦无人知晓。

在"调查委员会"的报告书和蒋介石的"总统令"公开播发的当天，"副总统"陈诚于下午2时接见了孙立人，陪同接见的还有"总统府秘书长"张群。据《"中央"日报》报道：孙立人将军于二十日下午二时获悉"总统"已明令对他因"匪谍"郭廷亮案作宽大的处理暨调查报告书已正式发表后，即驱车赴陈"副总统"官邸晋谒陈"副总统"，表示诚恳的谢意。孙将军当时表示，政府对此案的处理极公平合理，尤其"总统"对他的宽大与爱护，使他铭感五内。他并曾向陈"副总统"表示，他正闭门思过，痛切改悔，将来如有机会，他将再度为国效力，以赎前愆②。

上述报纸报道的内容，多为官样文章，并不能代表孙立人的真实思想。不过有消息说，孙立人还向陈诚表示，他过去在美国普度大学学过土木系，愿以一名工程师的身份，献身于陈诚所主持的石门水库建设。对于孙立人在"由国防部随时察考"期间的任用，陈诚当然不敢擅自决定，允向"总统"报告。但是，到23日蒋介石接见孙立人时，其所作的指示，实际上是拒绝了孙立人的这一要求。蒋介石说："你要从心理上及精神上充实自己，俾来日可用。要多研究东方，尤其是中国的书籍，特别是中国古圣贤名言，做一个优秀的军人。"从此，孙立人便同当年的张学良一样，开始了一种没有时间下限的"修身养性"的生活。

---

① 《孙案调查委员会报告书》，台北《"中央"日报》1955 年 10 月 21 日。
② 台北《"中央"日报》1955 年 10 月 22 日。

20日当晚，作为陈诚调查孙立人"兵变"案的结束，蒋介石在士林官邸设宴款待了陈诚等8名在台的"调查委员"，用以酬谢他们两个月来的辛劳。

纵观陈诚与孙立人二人的全部人生轨迹，他们私人之间并无太深的个人恩怨。孙立人事件的发生，有诸多复杂的因素，有历史的、国际的背景，也有个人性格方面的原因。这是台湾当局内部的一场政治斗争。陈诚之介入此案，完全是秉承了蒋介石的意旨，他个人对此并没有过多的选择余地。

八　筹划"反攻大陆"

1951年1月16日，由陈诚提出建议的"行政院设计委员会"正式成立，由"行政院长"陈诚兼任"主任委员"。该委员会在陈诚主持下，于3年多的时间里，不断设计出配合"反攻"的诸种方案。陈诚之主持"反攻大陆"的设计，可以说是伴随他在台岛生活之始终。若从1951年1月主持"行政院设计委员会"算起，共有14年。其中主持"光复大陆设计研究委员会"凡10年，共设计出各种方案600余种。

陈诚主政台湾后，秉承蒋介石意旨，大肆叫嚷"反攻大陆"，并将其作为对台湾军民进行"精神动员"的一条中心口号。1951年1月16日，由陈诚提出建议的"行政院设计委员会"正式成立，由"行政院长"陈诚兼任"主任委员"。该委员会在陈诚主持下，于3年多的时间里，不断"设计"出配合"反攻"的诸种方案。

陈诚利用一切机会，喋喋不休地宣扬台湾当局"反攻大陆"的政策思想。1951年8月，他在一次讲话中算了一笔账。他说：依台湾现有的经济条件，最多只能容纳1 000万人；目前台湾人口已近800万，平均每年还要增长20万到30万人，再过10年，"无论本省或外省同胞，都将无法可想"。他宣称：台湾当局所定"建设台湾，反攻大陆"的政策，绝对不是凭空拟定的。

"苟安既然不行，我们就只有打回大陆一途。"①

既要准备"打回大陆"，就必须了解大陆人心的向背。陈诚把大陆人民，按其政治态度分为五种人。他认为："第一种是苏俄的真正鹰犬，这只是少数的共党首脑分子。""第二种是甘心附共及投共分子，此种人为数不多。""第三种是投机分子，从表面看，不算少数，但真正予以估价，其作用也不大。""第四种是不肯附共，也不属投机，满心痛恨共党，但因环境及种种条件的不许可，不得已而留在'匪区'，忍受威胁凌虐的人。""第五种是留在共区，有决心、有计划与'匪'搏斗的人。""他们不一定负有政府任务，或与政府有联络。他们苦斗的行动，多是自动自发的。"

据陈诚分析，上述五种人中，前三种人是少数；后两种人是绝大多数，"他们希望政府返回大陆的心理，至为迫切"②。当然，这样的分析，毫无现实依据和实际意义，只能是陈诚等人出于急切希望的杜撰。

陈诚在1953年3月召开的"行政院"检讨会议上强调说："反攻大陆是什么？第一是力量，第二是力量，第三还是力量。力量从哪里来，主要是从建设台湾的过程中来培养，来积聚，来发挥。"③1954年4月13日，陈诚于被选为"副总统"、即将辞去"行政院长"职务前夕，在向"立法院"所作的最后一次施政报告中，复行重申，"我们的一切措施，仍应本四年来一贯的政策，以积极加强'反攻大陆'的准备为中心，以期把握有利的时机，早日'收复大陆'"④。陈诚辞"行政院长"职后，台湾当局的"反攻"设计工作并未停止；而在蒋介石的心目中，"反攻大陆"这项中心工作的牵头，当非陈诚莫属。按照原《行政院设计委员会组织规程》之定则，应由"行政院长"兼任设计委员会主任委员。陈诚既不再担任"行政院长"，从名分上来说，当然不可能继续主持隶属于"行政院"的设计委员会工作。

---

① 《陈"院长"在交干班结业式中致词》，台北《"中央"日报》1951年8月6日。

② 《大陆人心的动向的分析》，载何定藩主编《陈诚先生传》辑录资料，"'行政院长'时代重要言论"，台北"反共出版社"1965年版，第258页。

③ 陈诚在"行政院"检讨会议闭幕时的讲话，台北《"中央"日报》1953年3月18日。

④ 陈诚向"立法院"作施政报告，台北《"中央"日报》1954年4月14日。

为了解决这一矛盾，蒋介石决定将设计委员会搬出"行政院"，改隶"总统府"①。7月16日，蒋介石发出聘书，聘陈诚为该会主任委员。11月1日，"光复大陆设计研究委员会"正式开始办公。陈诚指出：总的说来，"顾名思义就是研究如何'光复大陆'重建'国家'"。具体来说，又可从纵的方面和横的方面来看其任务。在纵的方面，"要研究'收复大陆'后的各种建设方案，要研究'反攻大陆'时的各种收复方案，更要研究加强动员，巩固台湾与瓦解敌人的各种方案"；横的方面，"不仅要研究我们自身的政治、军事、财政、经济、文化、教育与社会各方面的建设，更要研究敌人的一切措施与友方的各种情况"②。对反攻的认识，从可以马到成功的高调，开始降为"反攻"不可能在短期内实现的较低调。他说："反共战争是长期的，我们一面要有单独作战，随时应变的准备，一面要作配合世界局势，坚持最后五分钟的打算，因此，反共战争最重要的是要争取制胜的时机，而不是取决于时间的久暂。"③

为了联合国际上一切反共的国家和力量来为台湾当局的"反攻大业"服务，陈诚宣称，造成亚洲"动乱"的根源，即在中共和新中国。强调："根除亚洲纷扰的最佳途径乃是摧毁中共政权，扭转中国大陆上的现况。"④

1959年以后的几年中，由于中共工作上的失误，加上严重的自然灾害，中国大陆人民的生活遇到了暂时的困难。对此，陈诚如获至宝，大造"反攻大陆"的舆论。他认为，这是一种"日益有利的革命形势"；"反共复国的机运已更趋成熟"。1959年8月1日，他在"亚洲人民反共联盟中国总会第五届会员代表大会"上，要求每个人"激起救'国家'救人民的良知，时时以反共为念，事事以'复国'为先"⑤。1960年2月，他在谈到今后

① 台北《"中央"日报》1954年7月17日。
② 《"光复大陆"设计委员会陈主委讲词》，载何定藩主编《陈诚先生传》辑录资料，台北"反共出版社"，第130页。
③ 陈诚在记者大会上的演讲，1955年9月1日，载何定藩主编《陈诚先生传》辑录资料，台北"反共出版社"1965年版，第325页。
④ 陈诚答美国记者问，台北《"中央"日报》1956年8月13日。
⑤ 台北《"中央"日报》1959年8月2日。

的施政重点时，指出：在政治上，要"团结海内外爱国反攻的力量，发展大陆革命运动"；在军事上，要"继续充实战力"，"发展大陆反共武力，造成互相策应配合的形势"；在经济上，要"充分谋求经济发展"，"充实复国条件"[①]。

1962年年初，陈诚参加了以蒋介石为首、由5人组成的"反攻行动委员会"，负责作出"反攻大陆"的各项最高决策。"反攻行动委员会"曾准备于当年夏季发动窜犯大陆的军事冒险；后又改为派遣小规模的武装进行窜扰。

由于陈诚对"反攻大陆"一事，想得多，叫得也多，以至于连做梦时也梦到"反攻大陆"。据陈诚自己对别人介绍，他在1963年秋季特别好做梦，并且颠来倒去就是那两个相同的梦。他说："我的第一梦是指挥大军，渡海反攻，登陆作战，军事进展很快，不料中途被敌军重重包围，正在计划突围时，忽然醒了。第二梦是'反攻大陆'，连破'匪军'，胜利还都。"[②]这些梦境，当然在一定程度上反映了陈诚的真实思想。

陈诚之主持"反攻大陆"的设计，可以说是伴随他在台岛生活之始终。若从1951年1月主持"行政院设计委员会"算起，共有14年。其中主持"光复大陆设计研究委员会"凡10年，共设计出各种方案600余种。直至1964年10月该委员会举行第二十次综合会议时，他虽已重病缠身，然仍抱病赴会，要求各委员，根据国际局势和大陆情况的变化，将以往所既定之各项方案，重新加以整修；于是，该会方有"综合整理小组"之设立。

九　关注金门炮战

福建前线解放军部队在忍无可忍的情况下，对驻金门岛的国民党军及其驶往金门的运输舰，进行了警告性的大规模炮击。陈诚总括台湾当局对

① 台北《"中央"日报》1960年2月17日。
② 李渔叔：《敬念陈故"副总统"辞公》，载何定藩主编《陈诚先生传》辑录资料，台北"反共出版社"1965年版，第376页。

金马地区战局的态度说："你们若问我们的政策是什么？我的回答：'还击'。我们准备流汗流血，为保卫金马及其外围岛屿的每一寸土地而战斗，在任何情况之下，决不动摇，决不屈服。"他对身边的侍从人员说："我们现在局处台湾，好像坐在船上，总要回到大陆故乡家园的，而金门、马祖就是登岸的跳板。"

陈诚关于"反攻大陆"的宣传和部署，在1958年和1960年的金门炮战中，表现得特别充分。金门炮战是继1955年中国人民解放军一举解放一江山岛之后，台湾海峡最大、最剧烈的军事行动。

1958年8月，驻福建前线的中国人民解放军为了回击国民党军对福建沿海岛屿的骚扰，随时准备解放台澎金马，加强了战备。这时，刚重新接任"行政院长"的陈诚，就金门、马祖地区的紧张局势，不断发出战争恫吓。声称，如果解放军进攻金门，"就等于是打台澎，我们不能消极的挨打，应该积极的以打击还打击"[1]。中国人民解放军当然不能容忍陈诚这种蛮横的态度。正如国务院总理周恩来所宣布："中国人民解放自己的领土台湾和澎湖列岛的决心是不可动摇的。中国人民尤其不能容忍在自己的大陆内海中存在着像金门、马祖这些沿海岛屿的直接威胁。"[2]

23日，福建前线解放军部队，在忍无可忍的情况下，对驻金门岛的国民党军及其驶往金门的运输舰，进行了警告性的大规模炮击。据台湾方面资料透露，中国人民解放军以342门巨炮，对金门岛进行了地毯式的轰击，仅头两个小时，金门岛上即落弹5.75万发，23日全天金门落弹近10万发；24日，又向小金门、大担等岛发射炮弹3.65万发[3]。同时，国民党军亦以猛烈炮火还击。此时，陈诚以其在台湾党、政、军界的特殊地位，直接指挥金门战事。他秉承蒋介石的指示，决定了处理金门战局的三项原则，即：坚定我决不妥协屈服之决心，以抵挡国际姑息主义之冲击；在作战中力求

---

① 台北《"中央"日报》1958年8月13日。
② 《周恩来总理关于台湾海峡地区局势的声明》，1958年9月6日，《人民日报》1958年9月7日。
③ 徐扬等：《陈诚评传》，台北群伦出版社1986年版，第247、248页。

自制，以加强中美团结合作，粉碎敌人对我分化及孤立之阴谋；从奋战中转变国际间种种错误估计，以打击敌人行险侥幸之心①。他还在 28 日的"行政院院会"上，批评了那种把解放军炮击金门看成是中共方面"虚张声势"或其目标仅在"攫取金门"的看法，强调要作"积极的准备"；并指责中共的炮击行动，"显已构成挑衅行为，不仅危害我金门、马祖与海峡以及台湾本岛的安全，同时也扰乱远东乃至世界的和平"②。陈诚总括台湾当局对金马地区战局的态度说：

"你们若问我们的政策是什么？我的回答：'还击'。我们准备流汗流血，为保卫金马及其外围岛屿的每一寸土地而战斗，在任何情况之下，决不动摇，决不屈服。

"你们若问我们的目的是什么？我的回答：'胜利'。因为没有胜利，我们'国家'便不能恢复统一，大陆同胞便不能恢复自由。

"你们若问我们的方法怎样？我的回答：'从苦战中求胜利，从冒险中求成功'。"③

解放军福建前线炮兵于 9 月 8 日、11 日和 13 日，对金门和驶往金门的国民党军运输舰进行了三次大规模的猛烈炮击。30 日，美国国务卿杜勒斯在华盛顿举行记者招待会，就台湾海峡局势发表了谈话。他除了为美国侵略台湾的立场辩护外，声称：台湾当局在金门、马祖等岛屿驻扎部队"是相当愚蠢的"，"不明智的，也是不谨慎的"；"美国并不认为象（像）中国政府（指台湾当局）希望的那样承担在这些地区大规模地使用武力的义务是正确的"，"我们没有保卫沿海岛屿的任何法律义务"④。10 月 6 日，中国政府发表了由毛泽东亲自起草、冠以国防部长彭德怀名义的《告台湾同胞书》，宣布自即日起，暂停炮击 7 天；并提议"三十六计，和为上计"，

① 《革命人物志》第 5 集，台湾中国国民党中央委员会党史史料编纂委员会 1970 年编印，第 268 页。
② 台北《"中央"日报》1958 年 8 月 29 日。
③ 台北《"中央"日报》1958 年 9 月 2 日。
④ 《毛泽东军事文选》，战士出版社 1981 年版，第 366–367 页。

"实行和平解决"①。中国政府的和谈诚意和美国政府对台湾当局的批评，并没有使陈诚更加明智和现实。他在解放军停止炮击的第四天，即 10 月 9 日，于"行政院院会"上宣称：

——"金门之战，不是金门一岛之战，而是关系整个西太平洋安全与整个亚洲自由地区安全之战。其重要性同于第二次世界大战后的西柏林与第二次世界大战中地中海的马尔他。"

——中共方面"对我们抛出和平谈判，就是要用政治方法，达到他军事上所不能达到的目的。我们在军事方面，必须在金门第一道防线上制止他的侵略；我们在政治方面，将以同样的决心，打破其一切阴谋"。

——"在目前情形下，唯有加强我们及我们盟友在台湾及台湾海峡的武力，并加强中美的团结与合作"，中共"才不敢冒险作进一步的侵略"。与中共方面的"一切和谈，均属无益而有害"，"我们并且认为华沙谈判，亦应即行停止"②。

10 月 25 日，福建前线解放军部队，在对金马发射了 47.5 万发炮弹，已经达到警告和惩罚的目的之后，宣布每逢双日不打炮，单日为炮击日。实际上在这一地区一度激烈交战的局面已经成为过去。但偏偏在这时，陈诚于 10 月 31 日，在庆祝蒋介石生日的午宴上声称：共产党人"将采取某种新行动"来结束目前沉寂的情况；但是，"他们采取下一个行动之日，大概就是我们进行反击之时"③。陈诚于 11 月 2 日接见法新社记者时又说："中共如对一个或整个外岛发动全面性的攻击，中国国军便将攻击大陆上发动攻击的据点。""我们不主动掀起一次战争，但是共党如果攻击我们，我们决不放下我们的武器。"④这种与战局完全不合拍的叫嚷，实属虚张声势，色厉内荏，自欺欺人。在这一点上，蒋介石要比他"高明"一点。蒋介石在为自己生日发表的一篇文告中说：台湾当局"主要将依靠政治措施而不

---

① 《毛泽东军事文选》，战士出版社 1981 年版，第 365—366 页。
② 台北《"中央"日报》1958 年 10 月 10 日。
③ 《中美关系资料汇编》第 2 辑下，世界知识出版社 1960 年版，第 2 937 页。
④ 台北《"中央"日报》1958 年 11 月 4 日。

是依靠军事措施来返回大陆"。美国政府认为，蒋介石"似乎采取了同他的'副总统'兼'行政院长'所表示的观点有所不同的观点"①。

　　继 1958 年夏季金门炮战之后，由于台湾当局不断以金门岛为基地，派遣武装特务至大陆沿海骚扰，加强战争准备，恰逢 1960 年 6 月，曾负责与台湾当局签订所谓《共同防御条约》的美国总统艾森豪威尔赴台访问，中国人民解放军驻福建前线部队，为了回击美蒋的战争行动，于 6 月 17 日、19 日向金门、烈屿、大担、二担等岛进行了又一次猛烈的轰击。6 月 17 日夜，解放军分两次共发射炮弹 8 万余发，直至 18 日凌晨方息。10 小时后，艾森豪威尔乘直升飞机"白宫车厢"号，由"圣保罗"号军舰飞抵台北松山机场。19 日上午，自 7 时至 9 时 10 分，解放军又三度炮击，共发射 8.8 万发炮弹，"万炮齐鸣送瘟神"；停炮后 1 小时，艾森豪威尔乘坐的飞机滑离跑道，结束对台的"访问"。解放军的这次炮击行动，给予金门等岛国民党军的防御设施以毁灭性的打击，严正警告了美国侵略者和台湾当局。

1960 年 7 月陈诚（中）视察金门岛

　　陈诚为了重新部署金门地区的防务，为驻岛官兵加油、打气，于 7 月 8 日至 20 日，到金门、大担等岛"视察"。鉴于解放军已宣布"单打双不打"

①《中美关系资料汇编》第 2 辑下，世界知识出版社 1960 年版，第 2 937 页。

的炮击原则，陈诚特精心选择了两个双日，作为抵、离金门的日期。此时陈诚虽为"副总统"、副总裁，但去金门岛时，却一身戎装，腰悬手枪。这身装束，又为这次不寻常的"视察"，增添了战争色彩和硝烟气氛。他住于金门岛太武山巅，从那里，临台远眺，大陆河山历历如绘。面对彼岸多娇的江山，陈诚没有想到和平地回到她的怀抱，而是想着如何用武力把她抢夺回来。他对身边的侍从人员说："我们现在局处台湾，好像坐在船上，总要回到大陆故乡家园的，而金门、马祖就是登岸的跳板。"[①]他又对金门前沿官兵说："今天的金门，不但已成为三民主义的模范县，更是我们'反攻复国'的基石。"[②]经过陈诚的视察和部署，在以后的一个时期中，金门岛曾经给祖国统一大业造成过新的麻烦和困难。

十　再度组"阁"

俞鸿钧去职后，在当时台湾当局的上层人物中，只有"副总统"陈诚复出，方能稳住局势。陈诚在就职"行政院长"后，对记者发表谈话说，"今天是百废待举的时期"，他将"秉'反共抗俄'的政策、人民需要和'宪法'赋予的使命，除弊兴利，求其所当为，尽其所能为，努力以赴"。1963年6月下旬，陈诚在重新"组阁"5年后，迫于种种原因，再次向蒋介石请辞"行政院长"职。著名作家江南先生形容此时的陈诚，"上焉者，处处要请示蒋先生，下焉者，要向经国低头"；"陈军人本质，一向发号施令，且以果断闻名，处此尴尬境遇，内心之苦闷，盖可想及"。

陈诚在就任"副总统"以后，其所任"行政院长"一职，曾迭经变化。1954年5月20日，陈于宣誓就"副总统"职的同时，获蒋介石批准，辞去原"行政院长"职，改由"台湾省政府主席"俞鸿钧继任。俞氏接任后，

---

① 姚家彦：《追忆陈"副总统"视察金门》，载何定藩主编《陈诚先生传》辑录资料，台北"反共出版社"1965年版，第372页。

② 台北《"中央"日报》1960年7月21日。

复因 1957 年为公教人员调整待遇事，与"监察院"发生分歧。"监察院"认为俞氏调整时机不当，要求其赴"监察院"提出报告；俞鸿钧则断然拒绝此项要求，甚至表示"宁可辞职，不向'监察院'低头"。"监察院"一怒之下，遂于 1958 年春，对"行政院长"俞鸿钧提出"杜绝浪费调整待遇案"的弹劾案。俞仍不愿低头，使这一弹劾"内阁阁揆"案得以成立。俞氏愤然辞职。蒋介石同俞的关系虽至为密切，然因纷争复杂，不便插手，只好接受俞鸿钧辞职。俞氏去职后，在当时台湾当局的上层人物中，只有"副总统"陈诚复出，方能稳住局势。

蒋介石于 6 月 30 日向"立法院"发出"（四七）台统（一）仁字第一二三号"咨文，内称"'行政院长'俞鸿钧呈请辞职，已予照准，兹拟以陈诚继任'行政院长'，爰依'宪法'第五十五条第一项规定，提请同意，以便任命"①。7 月 4 日，"立法院"举行本会期的第 35 次院会，就是否同意陈诚出任"行政院长"事举行投票。投票结果，在 460 名委员中，有 364 人投了同意票，而不同意票仅 79 票。"立法院"遂以第 1452 号咨文，答复蒋介石，表示同意其对陈诚的提名。蒋介石于 7 月 4 日当天，明令发表，任陈诚为"行政院长"。

陈诚经几天紧张"组阁"，其"阁员"名单于 14 日明令公布。原"行政院副院长"黄少谷改任"外交部长"，由王云五继任；"内政部长""国防部长""财政部长"仍分别为田炯锦、俞大维、严家淦；原"行政院秘书长"陈庆瑜改任他职，由陈雪屏继任；专职"行政院政务委员"中，除保留余井塘、蔡培火二人外，又增加王世杰、薛岳、蒋经国三人。15 日，陈诚正式接管"行政院"。卸职之俞鸿钧称："在目前这个时候这个环境，由陈'副总统'出长'行政院'，是最适当最理想的人选。"陈诚在就职后，对记者发表谈话说，"今天是百废待举的时期"，他将"秉'反共抗俄'的政策、人民需要和'宪法'赋予的使命，除弊兴利，求其所当为，尽其所能为，努力以赴"。他同时指出："不过要在短期内做到百废俱举，

① 台北《"中央"日报》1958 年 7 月 5 日。

百弊俱除，百利俱兴，则是不可能的事。"①陈诚在复任"行政院长"之初，还单独接见了合众国际社记者，就台湾与美国的关系发表了讲话，要求美国给予台湾更多的武器支援。他告诉美国记者，他就任"行政院长"后的重要任务是"建设并开发台湾"和"准备光复大陆"。他认为，为了加速"反攻"准备，台湾当局应做好以下几件事，即："进一步加强大陆人民反共；积极鼓励大陆的革命；加强军事部署；加强支持军事的经济力量；加强与各友好国家的国际合作。"②

为了表示对台湾工商业的关注，陈诚于就任"行政院长"的当天，即指派"经济部长"杨继曾拟定方案，解救目前工厂营运周转资金的困难。19日，"行政院"颁布了《工厂营运资金临时贷款办法》；同时决定设立由"经济部长"为召集人的"工厂营运资金临时贷款指导小组"，专负审核各工厂申请临时贷款之责。

陈诚再度接任"行政院长"于内外交困之中，力图通过各项施政措施，摆脱这种艰难的困境。1959年4月，他抛出了接任后的第一个年度施政计划。政治方面：他认为主要应抓好台湾建设、团结海内外反共人士和加强外交三项工作。军事方面：他认为当前的军事工作，主要是实行精兵政策、健全三军、充实战力、加强现代化，造成局部的军事优势，"以确保台海安全，并进而有效的策应大陆革命，达成'反攻复国'的神圣使命"。军公教人员生活方面：他承认，"在目前财政情况下，全面调整待遇，事实上很困难"。因此，只能在老兵加给、伤亡抚恤费、高空津贴、海上作业津贴等方面略作增加。财政方面：他证实，经过半年来的彻底检查，财政困难是事实。他认为要解决财政困难，"唯有从开源节流两方面同时努力"。"就开源而论，最确实的办法是从增产建设、改革和整理赋税着眼"；"就节流而论，主要的就是严格控制预算，除军事紧急支出及不可预测的天灾所必需的费用外，在原则上希望做到不办理追加"，"对于可以缓办的业务缓办，

---

① 台北《"中央"日报》1958年7月16日。
② 《陈院长促西方国家正视大陆反共运动》，台北《"中央"日报》1958年7月19日。

可以不办的业务绝对不办"①

　　陈诚在 1960 年 3 月当选为"第三任副总统"后，以"个人德鲜能薄，不能负荷"为由，于 5 月 5 日向蒋介石请辞"行政院长"职。20 日，蒋批示"国难未纾，仔肩益重"，不准。21 日，陈再辞；22 日，蒋复批认为其辞呈"心长语重，具见精诚"②，但仍不准。辞职既不获准，陈"内阁"便首创了跨越两届"总统"任期的记录。此后，陈诚经多次与蒋介石面商，对"内阁"进行了局部的改组。31 日，公布了"新内阁"的阵容："副院长"王云五连任；"内政部长"田炯锦调任"蒙藏委员长"，由连震东继任；"外交部长"黄少谷出任"驻西班牙大使"，由沈昌焕继任；"国防部长"俞大维、"财政部长"严家淦、"行政院秘书长"陈雪屏均获连任。

　　6 月 2 日，陈诚主持召开了局部改组后的"行政院"首次院会。会上，他宣布了当前施政最重要的三大任务，即：加强战备，加速经济发展，政治改革。他深感，"若不及时冲破困难阻碍，则时间愈长，困难和阻碍将愈难克服"③。

　　1963 年 6 月下旬，陈诚在重新"组阁"5 年后，迫于种种原因，再次向蒋介石请辞"行政院长"职。当然，身体的日渐衰弱，不堪劳累，是其原因之一；但更深一层的原因，还在于人事关系上。5 年来，在蒋介石的精心扶持下，蒋经国的势力又得到了长足的增长，其所具竞争的潜力，绝非陈诚所能匹敌。著名作家江南先生形容此时的陈诚，"上焉者，处处要请示蒋先生，下焉者，要向经国低头"；"陈军人本质，一向发号施令，且以果断闻名，处此尴尬境遇，内心之苦闷，盖可想及"④。可是，蒋介石亦有自己的苦衷。他一面要提携蒋经国，一面又要使自己的处置显得冠冕堂皇。故蒋暂未准陈之辞呈，仅给假一月休养，其职由"副院长"王云五暂代。一月假期届满后，蒋继又准假二月。后因 9 月中旬台湾北部发生严重风灾，

① 《陈院长向"立院"报告四八年度施政计划》，台北《"中央"日报》1959 年 4 月 8 日。
② 台北《"中央"日报》1960 年 6 月 3 日。
③ 《陈兼院长发表谈话，宣示今后施政方针》，台北《"中央"日报》1960 年 6 月 3 日。
④ 江南：《蒋经国传》，中国友谊出版公司 1987 年版，第 398 页。

陈遂提前结束休假，勉强视事，但辞意未消。

11月，台湾国民党召开"九全大会"，陈诚向大会作政治报告，总结了国民党自"八全大会"以来6年中的工作。恰巧，陈氏重组"新阁"迄今亦为6年，因此，政治报告的某些总结内容，恰好可以作为他重新担任"行政院长"以来的总结。政治上，陈诚认为，6年中"不断的粉碎敌人对台湾的渗透分化和颠覆的阴谋，同时也忍受了来自各方面的压力，将台湾建设为远东最安定、最重要的一环，担负着屏障太平洋的安全与准备'反攻大陆'两重任务"。经济上，陈氏声称，"实质国民所得"1962年比1956年增长了49.3%；在过去的6年中，台湾经济平均年增长率为6.9%；工业品出口量所占总出口量的比例由1956年的11.9%提高到1962年的47.2%。军事上，陈诚报告说，部队的火力与机动力，都已逐渐达到国际间一般部队的水准；最近两年来，更对大陆沿海和内陆各地，实行了"地面、空中、海上多方面的突击活动"，"一部分同志壮烈牺牲"。陈诚对台湾当局各方面工作的总的评价是："六年来，我们在政治、经济、军事与文教、社会各方面的建设，虽有很多进步，但是，至今尚未做到的事还很多，同时，很多方面也尚未能达成'复国''建国'的严格要求。"他在实际上，承认了无法用武力来"反攻大陆"的事实，无可奈何地声称："我们要确切认清，从大陆上来瓦解敌人，乃是现阶段最实际也最艰苦的'复国'道路。"①

"九全大会"结束后，陈诚再次坚辞"行政院长"职，终获蒋介石批准。12月5日，他主持了"内阁"的最后一次"院会"，决定"内阁"总辞职。蒋介石在接受陈诚辞呈后，推出"财政部长"严家淦继任"行政院长"。10日，"立法院"为行使同意权进行了投票，在出席的441名委员中，有365名投票赞成。严家淦于3日内"组阁"完毕；14日，严所提出的"内阁"名单，由蒋介石明令公布。16日，陈诚同严家淦暨新旧"阁员"，举行了交接仪式。陈诚称赞严家淦为"能让能容、有守有为"、"当前最适当的行政院长人选"。

---

① 《陈"副总裁"政治报告》，台北《"中央"日报》1963年11月14日。

严家淦则表示，"行政院改组，政府政策的一贯性并不受到影响"①。陈诚之卸任"行政院长"，使其肩负的大量实际工作基本结束；同时，由于健康状况的每况愈下，其政治、社会活动，亦多停止。

十一　坚持"一个中国"

陈诚于 1949 年 10 月 17 日，以"东南军政长官公署发言人"的名义，断言否认"美国将托管台湾"的传言。陈诚在美访问时，美国务院曾将 1955 年以来中美"大使"级会谈的记录交陈阅读，以示信任。陈诚阅后对人说："中国拒绝美国一切建议，而坚持美舰队及武装力量退出台湾的作法，不受奸诈，不图近利，是泱泱大国的风度。"周恩来说："陈辞修是有爱国心人"，"陈不准美帝制造两个中国"，"可惜他身体不好，死的早了"。

在陈诚的政治生涯和政坛活动中，有一件特别值得称道的事，即反对将台湾"独立"或交由联合国"托管"，坚持"一个中国"的原则。尽管由于历史的局限，他所坚持的"一个中国"，只能是由蒋介石当"总统"的"中华民国"；但是，在客观上却回击了分裂势力的活动，维护了民族的团结与国家的统一。

台湾虽于抗战胜利后，即根据《开罗宣言》的决定，由中国政府收回主权，但嗣后在国际上又出现了一种声音，即认为中日之间尚未签定和约，台湾的地位尚未确定。这当然是对于中国主权的公然挑战。1949 年 6 月底，蒋介石收到了中国驻东京代表团的来电，称"盟总对于台湾军事颇为顾虑，并有将台湾由我移交盟国或联合国暂管之拟议"。蒋氏立即复电，望该团负责人就此事与麦克阿瑟详谈，指示谈话要点中特别强调："台湾移归盟国或联合国暂管之拟议，实际上为中国政府无法接受之办法，因为此种办法，违反中国国民心理，尤与中正本人自开罗会议争回台澎之一贯努力与立场，

---

① 台北《"中央"日报》1963 年 12 月 17 日。

根本相反。"①作为台省最高官员的陈诚，在对台湾岛地位的看法上，秉承与蒋介石同样的理念，坚决反对"托管"台湾。在他就任东南军政长官后，复于10月17日，以"东南军政长官公署发言人"的名义，断然否认"美国将托管台湾"的传言。②美国是否公然声称要"托管台湾"，并不重要。东南军政长官公署的"否认"，却向国际社会传达了一个重要的信息：台湾当局是决不能接受被"托管"之事实的。后来，陈诚在1952年10月向国民党七全大会作施政报告时，特别指出：1949年时，"少数野心分子勾结国外不肖之徒，正从事'独立''托管'活动"。他并将此种活动列为台湾日益加深的"隐忧"与"重要危机"之一种。③字里行间透出了陈诚对分裂活动的鄙视与谴责。

中国共产党及其领导人对于台湾的动向极为关注。自20世纪50年代中期放弃武力解决台湾问题以来，中共中央为实现国家的和平统一，采取了一系列措施，并逐步影响到台湾内部。美国政府推行的"两个中国"政策，不仅遭到中国政府的强烈反对，也遭到了台湾当局的领导人蒋介石、陈诚等人的反对。海峡两边在反对推行"两个中国"政策这一点上，是一致的。中共方面通过不同渠道，采取多种办法来做蒋介石和陈诚的工作。其中包括委托原国民党高级将领张治中、傅作义多次给蒋氏父子和陈诚去信，转达中共对台的方针、政策；通过有关人士将"奉化庐墓依然，溪口花草无恙"的照片寄去台湾；由统战部门安排蒋介石内兄毛懋卿为浙江省政协委员，给蒋介石在奉化、陈诚在青田的亲属以照顾等。这些举措，对蒋、陈都产生了一定的影响。

进入60年代后，美国对华政策有了调整，一方面加强与中国政府的接触，一方面向台湾当局施加政治、经济上的压力，继续推行"两个中国"的政策，美蒋之间的矛盾也因之加深、扩大。据长期从事中共对台工作的童小鹏先生回忆：1960年5月22日毛泽东经与周恩来研究商讨后，在中央

① 曾景忠、梁之彦选编：《蒋经国自述》，团结出版社2005年版，第201页。
② 台北《"中央"日报》，1949年10月18日。
③ 台湾邱定藩编：《陈诚先生传》，台北"反共出版社"1965年版，第244页。

政治局常委会上确定了对台的总方针是：台湾宁可放在蒋氏父子手里，不能落到美国人手中。我们可以等待，解放台湾的任务不一定我们这一代完成，可以留给下一代去做。毛泽东还提出了对台的具体政策，根据周恩来的概括，具体可归纳为"一纲四目"。

"一纲"即：台湾必须统一于中国。"四目"为：一是台湾统一于祖国后，除外交必须统一于中央外，台湾之军政大权、人事安排等悉委于蒋介石。台湾可以派人来参加中央政府的领导工作，中央政府不派人去台湾担任领导职务。二是台湾所有军政经济建设一切费用不足之数，悉由中央拨付。三是台湾的社会改革可以从缓，一俟条件成熟并尊重蒋介石的意见，协商决定后进行。四是双方互约不派遣特务，不做破坏对方团结之举。[1]

此后不久，周恩来又请有关人士转告陈诚：台湾回归祖国以后可以行使更大的自治权利，除外交以外，军队、人事均可由台湾朋友自己来管。周恩来还表示，过去送去的信件虽然是一些朋友个人写的，但政府是支持信中建议的，我们个人在政府中的任职虽然会有变化，但政府对台的政策是不会改变的。[2]

据左双文先生在《炎黄春秋》发表的文章介绍：在 1961 年下半年陈诚应邀访美时，美国政府曾企图在是否从金门、马祖撤退问题上，离间蒋氏父子与陈诚之间的关系，以实现其搞"两个中国"的目的。中共方面决定以促进他们之间的团结来击破美国"拉陈抑蒋"的阴谋。周恩来表示："我们希望蒋介石、陈诚、蒋经国团结起来，反对美帝国主义。"他认为陈诚"还有些民族气节，看来不会被美国牵着鼻子走"。周恩来还特地在陈诚赴美前，请人提醒台湾当局要加强内部团结，即蒋、陈、蒋的团结，把军队抓在手里，美国就不敢轻举妄动了。周恩来申明：只要他们能一天守住台湾，不使它从中国分裂出去，那么，我们就不改变目前对他们的关系。希望他们不要过这条界。[3]

---

① 童小鹏：《童小鹏回忆对台工作》，《作家文摘》，2001 年 4 月 10 日。
② 左双文：《坚持"一个中国"立场的国民党元老陈诚》，《炎黄春秋》，1996 年第 4 期。
③ 左双文：《坚持"一个中国"立场的国民党元老陈诚》，《炎黄春秋》，1996 年第 4 期。

　　这年七八月间,陈诚在美访问时,美国务院曾将1955年以来中美"大使"级会谈的记录交陈阅读,以示信任。陈诚阅后对人说:"中共拒绝美国一切建议,而坚持美舰队及武装力量退出台湾的作法,不受奸诈,不图近利,是泱泱大国风度。"他还表示,他们也要向历史做交代。①

　　1962年,有一次周恩来邀请张治中、傅作义、屈武等人在钓鱼台吃饭。席间曾谈到台湾问题,周恩来希望他们能写信给台湾当局,告诉他们不要轻举妄动。后来,屈武给国民党元老于右任写了信,张治中、傅作义则给蒋经国、陈诚等人分别写了信,转达了周恩来的意思。②

　　童小鹏先生回忆:毛泽东指示,解决台湾问题要靠实力派,主要是指蒋氏父子和陈诚,但蒋陈之间也有矛盾,我们做了些工作化解。蒋介石第三次连任"总统",我们捎了话,表示赞成,支持蒋,促进他们内部团结。③这一时期,中共通过不同渠道所表达的和谈诚意和提出的一些具体建议与设想,对台湾当局产生了深刻的影响。台湾当局的代表人物也表示:只要一息尚存,决不会接受"两个中国"。④

　　1963年7月,当陈诚因病提出辞职后,周恩来迅即约见张治中、傅作义等人,共议此事。周恩来分析,促使陈诚提请辞职的原因不外三个,即:美国压力、内部矛盾及真的有病。周说:"不管台湾形势如何,我们的政策是要老小合作。"⑤同年12月7日,周恩来率中国政府代表团出访亚非欧14国前,在广州停留时,在南海舰队的兵舰上会见了正准备赴台的香港文化界知名人士张雅群。周恩来请他转告陈诚及台湾当局:美国正准备采取更多的实际行动,要把台湾变成一个独立的政治单位。而国共两党可以在反对"两个中国"问题上形成统一战线。我们不会因自己强大而不理台湾,也不会因有困难而拿原则做交易。如果单从我们方面看,台湾回归祖国固

① 童小鹏:《童小鹏回忆对台工作》,《作家文摘》,2001年4月10日。
② 童小鹏:《童小鹏回忆对台工作》,《作家文摘》,2001年4月10日。
③ 童小鹏:《童小鹏回忆对台工作》,《作家文摘》,2001年4月10日。
④ 左双文:《坚持"一个中国"立场的国民党元老陈诚》,《炎黄春秋》,1996年第4期。
⑤ 左双文:《坚持"一个中国"立场的国民党元老陈诚》,《炎黄春秋》,1996年第4期。

然好，既然暂缺，那也无损于祖国的强大地位。我们是从民族大义出发，从祖国统一大业出发，今天祖国的四周边界问题已解决，唯独东南一隅尚未完满，这个统一大业应该共同来完成。①

陈诚在台湾当局中，作为一人之下、万人之上的"二号人物"，辅佐蒋介石执政十六七年，始终反对分裂台湾，坚持"一个中国"的立场，值得肯定。直至1965年3月逝世前，他还留下了令人感叹、殊堪玩味的66字遗言，其中既无"反共""反攻"之言词，又不乏团结、统一之意旨，应当说，这是多年来中共坚持做台湾当局高层工作的结果。

陈诚死后，1965年7月18日，周恩来总理为欢迎李宗仁归来，在上海虹桥机场候机室，对上海党政军负责人、原国民党军政人员及各界人士讲话时说："陈辞修是有爱国心的人"，"陈不准美帝制造两个中国"，"可惜他身体不好，死的早了"②。

据说，陈诚还曾向蒋介石进言：对中共不能反潮流，不能为外国动用台湾兵力，不能信任美国，不能受日本愚弄。陈诚死后，台湾当局的一些人想在陈诚遗言中加上"反共反攻"的内容，陈诚的亲属不同意，找到蒋介石，蒋介石同意不修改。③陈诚嫡系将领黄维认为，"陈的三句话遗言，都是对祖国统一的热切要求和呼吁。只因为当时在台湾的环境下，不得不用那样的语言表达其心声"。④黄维的这一认识应当是比较符合实际情况的。

① 左双文：《坚持"一个中国"立场的国民党元老陈诚》，《炎黄春秋》，1996年第4期。
② 《黄维呈中央统战部汇报》，1988年6月3日。
③ 王永钦主编：《中国结——两岸关系重大事件内幕》，新华出版社2003年版，第331页。
④ 《黄维呈中央统战部汇报》，1988年6月3日。

第十四章　经营台岛

一　主持土地制度改革

陈诚在其所著《台湾土地改革纪要》一书的序言中说："吾人坚欲在台湾实行土地改革，非仅为解除台湾农民之痛苦，实为解除大陆全体人民痛苦之嚆矢；非仅为农业发展而出此，实为进入工业社会作先驱；非仅为经济问题而谋划，实为'反攻复国'作必要之准备。"陈诚主持推行的"土地改革"，是在不触动土地私有制，承认和保护地主资产的基础上实施的。在客观上，这一"改革"，对台湾农业、工业和工商业的发展，起了某种推动的作用。

陈诚经营台岛于兵荒马乱之中，百废待举。其中最为紧要者，乃对农业之整顿。要整顿农业，必自土地制度的改革始。因为农民在沉重的地租负担下，已经毫无生产积极性，与地主及代表地主利益的台湾国民党当局的矛盾十分尖锐。

为此，陈诚于1949年1月初就任台省主席后，即着手拟定实施"三七五减租"的办法。是春，经行政院正式颁行《耕地三七五减租条例》。其办法与陈诚在湖北恩施实行的"二五减租"法相同，即规定耕地地租额，不得超过主要作物正产品全年收获总量的375‰；原约规定地租超过375‰者，减为375‰；不及者，不得增加。[①]

为了使这一办法得到地主的支持，陈诚利用各种场合，打通地主的思想。他首先把担任省参议会议长、议员的地主请来吃饭，同他们进行"恳谈"，

---

① 沈宗瀚：《陈故"副总统"与农业》，载台北《传记文学》第 7 卷第 4 期。

说服他们接受减租的措施。他在 3 月 1 日召开的省行政会议开幕典礼上说："三七五减租，一方面固然为佃农解除痛苦，减轻负担，实际上实为保护地主，帮助地主"；实行后，"便可避免共产党的渗入，而自能调和地主与佃农间的关系，逐渐达到民生主义的目的"①。下旬，陈诚亲去屏东、台南、台中等地，接见当地士绅、大地主，促进他们与佃农订立新的租约；并派省土地局局长去做台北著名大地主林献堂的工作。陈诚接受地主们提出的要求，将田赋征实和余粮征购的数额，也按减租的比例相应减少。经过这一系列的工作，使"三七五减租"的推行基本上得到了地主的配合和支持。

1949 年 4 月陈诚巡视三七五减租成绩展览会

在基本做好地主方面的工作后，陈诚又致力于工作人员的培训和工作机构的建立。自 4 月下旬至 5 月上旬，大约用了 20 天的时间，由省政府召集各县市地政、民政科股长、区长、自治指导员等，举办"讲习会"，讲解有关法令，研究各项实际问题及解决的办法；各县市政府、各区署，复

---

① 沈宗瀚：《陈故"副总统"与农业》，载台北《传记文学》第 7 卷第 4 期。

次第召集区、乡镇干部，举行"讲习会"。如是者，共 4000 余人受训。其组织机构：省级，由"地方公正人士、人民团体及民意机关代表暨与减租有直接利害关系之地主、佃农等代表"，联合组成机构，推行"三七五减租"；各县市，则由县市地政、民政、警察、社会、农林等单位主管，地方法院、议会、农会代表各 1 人，中等学校校长 3 至 5 人，地方"公正人士"3 人，地主、佃农代表各 2 人，共 21 至 23 人组成。

五六月间，各地地主与佃农相继订约。至 6 月中旬，台湾各地共订租约 37.7 万余甲 ①。

"三七五减租"是一种温和的土地政策。在实施过程中，曾发生过一些流弊和纠纷。如佃农在地主的威胁利诱下，被迫放弃耕地的事件，一度多达 5000 余宗。②但是，总的说来，既然明令减租，佃农多少总可从中得到一些实惠。这对于稳定台湾的经济和社会生活，有一定的积极作用。据台湾当局公布的资料，在实行"三七五减租"的当年，大约有 30% 的农民增加了收入。陈诚宣称：实行减租后的佃农，1949 年第一期每甲得稻谷 1740 千克，比上年同期多 565 千克，增加了 48.08% ③。1949 年全省共有 1722 户佃农购买土地，共购耕地 7730548 甲 ④。1950 年农民子女就学的人数比 1948 年提高了 44.75%。⑤

按照台湾当局的设想，实施"三七五减租"只是进行"土地改革"的初步阶段。它仅调整了租佃关系，尚未触及土地所有权的改变。1951 年 1 月 31 日，蒋介石指示已任"行政院长"的陈诚，从速办理"土地改革"。

时隔 1 周，蒋介石再致手令于陈诚，对前阶段和下一步的土地改革作出指示，云："二年来台省实施三七五减租，成绩以及其中缺点均应切实研究检讨与充实改正，今年应以改革土地税，依照平均地权之原则，参考

---

① 每甲约合 14.54 876 市亩。
② 邱七七：《集忠诚勇拙于一身——陈诚传》，台北近代中国杂志社 1985 年版，第 155 页。
③ 何定藩主编：《陈诚先生传》辑录资料，"台湾省政府主席时代重要言论"，台北"反共出版社"1965 年版，第 191 页。
④ 《革命人物志》第 5 集，台湾中国国民党中央委员会党史料编纂委员会 1970 年编印，第 250 页。
⑤ 台北《"中央"日报》1953 年 1 月 6 日。

本地实际情形拟订法规，限期实施，并以此为省政中心工作之一。"①

陈诚遵照蒋介石的指令，先后于春夏之间研订、审批了《台湾省开垦荒地放领公地扶植自耕农实施方案》《台湾省放领公地扶植自耕农实施办法》和《台湾省各县查定放领公有土地注意事项》等项法令；在各县组建了扶植自耕农促进委员会，以协助省政府民政厅地政局和各县市政府开展放领公地的工作。至 1954 年 3 月，共放领公有耕地 6.3 万余甲，从而产生了 12.19 万余户自耕农。②这就是陈诚和台湾当局所说的改革土地制度的第二阶段工作。

陈诚在开办放领公地的同时，并着手办理地籍总归户。实际上是对全岛土地进行了总清查。

陈诚在放领公地作示范和清查土地的基础上，进而逐步实施"耕者有其田"，进行改革土地制度的第三阶段工作。

1952 年年底，陈诚主持制定了《实施耕者有其田条例草案》，决定征收地主土地，交给农民承领。陈诚在解释这一条例草案时宣称，必须坚持三条原则：一是，政府不能负担太重；二是，地主不能损失太大；三是，不能养成国民不劳而获与不费而获的心理。③陈诚"内阁"的"内政部长"黄季陆称：这一条例的基本精神是"一个原则，两个办法"。所谓"一个原则"，即"彻底消灭租佃制度达到全面的土地改革"。所谓"两个办法"，即"地主三甲以上的土地，强制依法征收。地主三甲以下的土地，由政府贷款佃农鼓励其自由购买"。"一方面用直接的方法实施耕者有其田，一方面用间接的方法达到耕者有其田。" ④ 1953 年 1 月 26 日，蒋介石批准并明令公布了《实施耕者有其田条例》。2 月 1 日，陈诚在台湾省地政人员讲习班开训典礼上，详细阐述了实行这一条例应注意的问题。第一，"要

① 秦孝仪主编：《"中华民国"经济发展史》第 3 册，台北近代中国出版社 1983 年版，书前插页手迹照片。
② 陈诚在"第一届国民大会第二次会议"上的施政报告，1954 年 3 月 3 日，载何定藩主编《陈诚先生传》辑录资料，台北"反共出版社"1965 年版，第 295 页。
③ 台北《"中央"日报》1953 年 1 月 6 日。
④ 黄季陆：《为实现"耕者有其田"而奋斗》，载台北《近代中国》第 10 期，1979 年 4 月。

1953 年 1 月陈诚（中）在台湾省耕者有其田工作检讨会上致词

加强农村社会的安定和农村经济的繁荣"。陈诚认为：条例实施以后，承领的农户就是原承租农户，人没有变动；承领的土地就是原来承租的土地，地也没有变动；农民分 10 年偿还地价，利息 4 厘，其承领土地负担，不超过承租期间的负担，负担没有变动；农民承领土地后，原承租而未承领的部分，继续承租，其土地经营的面积亦没有变动。这四个"没有变动"，可以保持农村的安定和繁荣。第二，"业主、佃农双方利益都要顾到，要使农民得到利益，地主亦不吃亏"。他解释说：地主可以保留水田 3 甲或旱田 6 甲，其基本生活得到了保证；同时，地价及利息的收入，每年的纯收益超过"三七五减租"时期所得的收益。因此，在农民得利的情况下，地主也没有吃亏。第三，"办法要和平渐进，周密完善"。他列举了对农民的种种照顾，如贷款给已承领和未承领的农户，分别供他们稳固自耕基础和购买土地；规定承领农户遇到灾歉时可以缓缴地价，遇到不可抗拒事故时可以免缴地价，不能自耕时政府照价买回等。[①]"耕者有其田"政策，遂于是年 2 月底开始实施。

---

① 《陈院长对地政讲习会致训》，台北《"中央"日报》1953 年 2 月 2 日。

经过一年的时间，至 1954 年 3 月，陈诚在向"国民大会"所作的施政报告中指出：已征收私有出租耕地 14.35 万余甲，占出租耕地总面积的 56%；承领土地的佃农有 19.48 万户，占佃农总户数的 80%；第一、第二两期征收到的地价达应征收的 98% 以上[1]。另据统计，至 1955 年，共有 31.7 万户佃农成为自耕农[2]。

陈诚和台湾当局对于改革土地制度一举，认为它是"解决土地问题，改善农民生活、增加生产，使农村经济繁荣，社会基础安定的必要措施"[3]；"是为了农民利益，使他们完全获得土地的所有权、使用权和收益权，从而改善其社会经济地位，以提高其人格价值，充实其生活意义"。[4]陈诚在其所著《台湾土地改革纪要》一书的序言中说："吾人坚欲在台湾实行土地改革，非仅为解除台湾农民之痛苦，实为解除大陆全体人民痛苦之嚆矢；非仅为农业发展而出此，实为进入工业社会作先驱；非仅为经济问题而谋划，实为'反攻复国'作必要之准备。"[5]甚至，他还宣称，他所领导的"土地改革"，"为整个世界解决土地问题，尤其是中东与亚洲各国，提供了一个正确的途径与最好的先例"[6]。

陈诚主持推行的"土地改革"，是在不触动土地私有制，承认和保护地主资产所得的基础上实施的。由于农民与地主、农民与政府关系的调整，农村土地所有权的改变，封建主义势力基本上被消灭，这在一定程度上刺激了农民的生产积极性；由于地主获得了相当的地价收入，便纷纷将资金投入工商业。在客观上，这一"改革"，对台湾农业、工业和商业的发展，起了某种推动的作用。

---

[1] 陈诚向"第一届国民大会第二次会议"作的施政报告，1954 年 3 月 3 日。
[2] 《陈诚传记资料》，台北天一出版社 1979 年版，第 189 页。
[3] 台北《"中央"日报》1953 年 2 月 2 日。
[4] 《陈院长农民节广播词》，载台北《"中央"日报》1953 年 2 月 4 日。
[5] 《革命人物志》第 5 集，台北中国国民党中央委员会党史史料编纂委员会 1970 年编印，第 258–259 页。
[6] 陈诚：《实施耕者有其田之时代任务》，1951 年 11 月，载何定藩主编《陈诚先生传》辑录资料，台北"反共出版社"1965 年版，第 248 页。

二　出台新台币

陈诚于5月，再赴广州，方获蒋介石应允，准将中央银行存台的80万两黄金作为币制改革的基金，美元1000万元作为台省对外贸易的基金。此次币制改革的要点有三：（1）以台湾银行钞票为主币；（2）以美元为计算单位；（3）以台湾省区为限。其所采取的主要措施有四：一为控制通货发行。二为合理管理外汇。三为稳定物价。四为奖励储蓄，降低利率。币制改革的成功，也为台岛进一步开发和日后经济的发展奠定了良好的基础。

1949年年初陈诚接任台省主席时，面临着严重的财政经济危机。国民党政权于1948年8月在大陆发行的金圆券和实施的"限价"政策，经过三四个月的折腾，已注定了失败的命运。经济全面崩溃的趋势，愈加明显。金圆券虽未在台湾通行，但它在大陆的贬值及所导致的物价猛涨，必然要冲击台岛的经济。此外，台湾的财政金融还受到来自多方面的干扰和影响。陈诚在向台湾省参议会第七次大会所作的施政报告中，避开比较敏感的金圆券问题，摆出了造成台省币值下跌、物价上涨的三条原因，即：第一，由于战时破坏，生产迄未恢复；第二，台省重要生产事业，向由中央管理，致一切进出口贸易收支未能平衡；第三，台省对中央军公费垫款过多，使财政金融均受严重影响。随着大批大陆人员的迁台，使台湾游资激增，地下钱庄十分活跃，金融投机猖獗。由于为中央垫付大笔开支，台省每月财政赤字达85%。

为了稳定台湾的金融，陈诚认为必须改革币制。为此，他于1949年1月、3月先后两次去大陆见蒋介石、李宗仁，都作了这方面的努力。5月，再赴广州，方获蒋介石应允，准将中央银行存台的80万两黄金作为币制改革的基金，美元1000万元作为台省对外贸易的基金。与此同时，陈诚又以严厉的手段，断然封闭地下钱庄400余家，禁绝金融投机买卖。

6月15日，正式颁布了《台湾省币制改革方案》《新台币发行办法》及《新台币发行准备监理委员会组织规程》，新台币开始出台。此次币制改革的要点有三：（1）以台湾银行钞票为主币；（2）以美元为计算单位；（3）以台湾省区为限。①自此，旧台币停止使用，新台币正式流通，新台币与大陆上已经奄奄一息的金圆券以及相继发行的银圆券，均不发生任何联系。据陈诚分析，有三个因素，可以使新币的币值保持稳定：第一，"准备基金充足，约合全部发行总额的百分之一百"；第二，由于大量产品打入国际市场，"将来国际贸易必为出超，进出口贸易收支可以平衡"；第三，自7月份起，中央在台机关所需公款，除经中央指定者外，台省一概不予垫付，这是"平衡收支稳定币值的最大保障"②。

币制改革实施不久，陈诚虽辞去省府主席职，但旋任"行政院长"，仍致力于财政金融的稳定。其所采取的主要措施有四：一为控制通货发行。原定2亿元发行限额，后虽被突破，但陈诚执行的货币政策是，一方面"适当的控制发行数量，防止通货膨胀，不使因为通货膨胀而危害工商业的正常活动"；另一方面"机动管理通货的流通，使货币信用能够适应工商业的需要，不致因通货紧缩而阻碍工商业的正常发展"。二为合理管理外汇。陈诚主持"行政院"，于1951年4月9日颁行经济金融紧急措施，禁止金钞买卖，改订外汇管理办法，实行复式汇率，建立外汇审核制度。同年7月21日，"行政院"复重申前令，加紧控制外汇收支，减少不必要的外汇支出，维持必需品的进口。三为稳定物价。陈诚提出，"要稳定物价一方面必须努力增加生产，充裕物资供应；另一方面又必须斟酌实际需要，加强物资调节，控制物品货价，取缔过分利润"。由于粮价是决定一切物价的重要因素，因此他特别规定，"粮价只能照生产成本酌加合理利润，决不能向一部分高物价看齐"。陈诚以从上海运台的8700多吨粮食和向国外购买的1万吨粮食作为储备，强抑了市场粮价的上涨。四为奖励储蓄，降

① 《革命人物志》第5集，台湾中国国民党中央委员会党史史料编纂委员会1970年编印，第251页。
② 陈诚在台省党政军联合纪念周的致词，1949年7月5日，载何定藩主编《陈诚先生传》辑录资料，台北"反共出版社"1965年版，第173页。

低利率。陈诚认为："发展经济建设，必须鼓励国民储蓄，蓄积建设资金。同时更要降低利率，导致游资投向生产事业。"以 1949 年 6 月实行币制改革时银行的储蓄利率指数为 100，则 1 年后降为 49.74，2 年后为 27.14，至 1953 年 6 月已降为 15.85。与此同时，民众除向工商业投资外，仍将大量资金存入银行。以 1949 年 6 月台湾各公私银行的民众储蓄存款额为 100，则 1950 年年底为 768，1951 年年底为 1497，1952 年年底为 2448；至 1953 年 11 月，已增至 3216，相当于币制改革时的 32 倍多。①

国民党当局的中央银行将从大陆搜刮到的全部金、银、外钞，作为新币发行的准备基金，当十分充裕。可以说新台币乃从金圆券的尸体上获得了新的生命。若无从大陆运去的这一大批金银、外钞，新台币也是不可能站稳脚跟的。陈诚主持进行的币制改革，稳定了台湾的经济和社会生活，为国民党残余政权在台湾长期立足创造了重要的条件。币制改革的成功，也为台岛的进一步开发和日后经济的发展，奠定了良好的基础。

三　实施"四年经济建设计划"

从 1953 年开始，连续实行为期 4 年的"四年经济建设计划"。其目标是：力求提高自给自足的程度，使主要的必需物资能够自给，使国际收支可以平衡。其"四项原则"为：第一，是整个性。第二，是重点性。第三，是经济价值。第四，是保守的估计。陈诚在长达 12 年的三期四年经济建设计划实施过程中，他亲自主持拟定了两期四年计划；自始至终地执行了第一期四年计划；程度不等地主持了三个四年计划的实施。

陈诚吸取国民党在大陆经济崩溃的惨痛教训，决心在发展经济上花功夫。他说："如果只注意财政而不在经济方面去求发展，以培养财源，那

———————————

① 陈诚在"第一届国民大会二次会议"上的施政报告，1954 年 3 月 3 日，载何定藩主编《陈诚先生传》辑录资料，台北"反共出版社"1965 年版，第 296–297 页。

就是'杀鸡取卵'"; "我们一定要'养鸡取卵',才能使经济发达,人民生活改善,财政收支平衡。"①

陈诚在进行了几年的恢复、整顿工作,使台湾经济渐趋稳定后,决定从 1953 年开始,连续实行为期 4 年的"四年经济建设计划"。他在开始执行第一期四年计划时,拟定了该计划的"一个目标,四项原则"。其目标是:力求提高自给自足的程度,使主要的必需物资能够自给,使国际收支可以平衡。他所提出的"四项原则":第一,是整个性。他认为,经济是一个整体,各项生产建设必须相互配合,均衡发展,因此要"以农业增值工业,以工业发展农业"。第二,是重点性。他指出,经济的范围很广,应做的事很多,在有限的财力、人力、物力条件下,必须把握重点,因此当前农业要以增加谷类生产为主,工业要以肥料与电力生产为主。第三,是经济价值。他强调,"要能以较少的投资,获得较大的成果";"要在短期内有产生经济价值的可能"。第四,是保守的估计。这就是说,订计划要留有余地。他要求在制定各项计划指标时,"均采取保守的态度,力求低估,不敢高估"②。在陈诚主持制定的 1953 年至 1956 年第一期四年计划中,农业方面:有四项需要重点增产的内容,即:(1)对于供给"国内"需要及外销均有重要性者,如米;(2)对外销具有重要性者,如甘蔗、青果、茶;(3)对减少进口具有重要性者,如黄麻、花生、黄豆、小麦;(4)对供应"国内"需要具有重要性者,如甘薯、烟叶。在 1953 年度,米谷产量将达 170 万吨,甘蔗为 70 万吨,小麦为 3.4 万吨,花生为 6.8 万吨,大豆为 1.6 万吨;全年农作物产值比上年增加 4000 余万美元。工业方面:其发展与投资计划,以电力与肥料为主,其次为矿业、纺织业、食盐及副产品、纸浆及纸、金属器、石油及副产品、林产、油脂、化学品、水产、航运等;四年计划完成时,发电量将增加 1 倍,肥料年产量将达 30 万吨。至 1956 年第一期计划完成时,每年可增加外汇收入或节省外汇支出 1 亿美

① 《陈院长称誉经济大进步》,载何定藩主编《陈诚先生传》辑录资料,台北"反共出版社"1965 年版,第 264 页。
② 《"中央"联合纪念周上陈诚报告今年施政》,台北《"中央"日报》1953 年 1 月 6 日。

元；国民总收入可增加新台币 16 亿元。[①] 陈诚还特别向台湾国民党的中央执行委员及中央工作人员指出，在执行经济建设计划过程中，勤俭和实践的重要性。他说："当前我们的处境，一如农人春耕时期，必须束紧裤带，辛勤耕耘，然后才有秋收冬藏，所以'全国'上下必须厉行节约，实践克难，要做到人人以奢侈为可耻，以浪费为罪恶。""我们要重实践，尚力行，对于应该做与可能做的事，必须迅速确实的去做，不可空谈理论，浪费时间。"[②] 陈诚关于经济建设的设想和意见，虽系针对首期四年计划而言，但其中有许多精神，事实上贯串了台湾长久经济建设计划之始终。

为了台湾经济的发展和四年计划的顺利实施，陈诚特别重视技术和效率。他规定：在公营事业中，凡技术人员一律加给 50% 至 80% 薪俸；"如果有特殊情形再提高一点也可以，但一定要是专门技术人员"；设置增产奖金、减低成本奖金等效率奖。[③] 这些措施的实行，调动了专业技术人员和公营事业工作者的积极性。

在陈诚主持实施的第一期四年计划进行到第二年时，他因当选为"副总统"而辞去"行政院长"职。不过，台湾当局并未因此而中断四年计划的连续执行。到 1958 年 7 月，陈诚再度出任"行政院长"时，第二期四年计划已实施到第二个年头。接着，陈诚便遇到了 1958 年 8 月金门炮战和 1959 年 8 月台湾中南部水灾的打击。为了应付战争和自然灾害，财政开支大幅度增加，经济建设计划受到了一定的影响。

1959 年 12 月，陈诚在度过了炮战和水灾的危机之后，立即又制定了雄心勃勃的计划，决心成倍地增加投资，加快经济建设的速度。他指出：在当前要改善投资环境，需要三个方面协调配合、共同努力。一是"政府"方面，要节省开支，集中力量于建设事业；简化行政手续，便利私人投资；调整赋税，鼓励储蓄和投资；将部分公营事业适当转变为民营事业；修改

---

① 《"中央"联合纪念周上陈诚报告今年施政》，台北《"中央"日报》1953 年 1 月 6 日。
② 《"中央"联合纪念周上陈诚报告今年施政》，台北《"中央"日报》1953 年 1 月 6 日。
③ 《陈院长称誉经济大进步》，载何定藩主编《陈诚先生传》辑录资料，台北"反共出版社"1965 年版，第 264 页。

有关经济法令、规章制度。二是"政府"和民间两方面,要共同努力开拓"国外"市场,在国际间建立商业信用;吸收最新技术与管理知识,培植技术、管理、推销人才;争取"国外"资金与技术合作;加强对投资人的服务及供给必需的资料。三是民间方面,要恢复固有的刻苦、节俭习惯,增加储蓄,减少消费;振奋企业精神,创办新的事业;遵守商业道德,从事公平竞争;健全本身事业,改进品质,减低成本;健全同业组织,互助合作;遵守"政府"法令,与"政府"相配合。① 为了达成上述任务,陈诚决定,自 1959 年 12 月起,在"行政院""美元运用委员会"内设立"工业发展投资研究小组",由与投资有关的各机关代表共同组成,负责联系及协调各机关促进投资的工作,并对工业环境的改善和一般投资事项,作政策上的研究与建议。他对"工业发展投资研究小组"规定的任务是:作为与投资有关的各级"政府"机构的联络中心,汇集并调和各方意见;作为沟通投资人、民间生产事业与有关"政府"机构间的机构,研究与投资有关的各种因素,经常注意实际发展,并向"政府"和投资人双方供给情报,提供建议;从事对投资人服务,协助投资人进行投资活动。②

接着,陈诚又于 1960 年 1 月制定了《加速经济发展十九点计划》,其主要内容为:鼓励储蓄与节约消费;建立资本市场;改善民间投资环境;扶助民营工业;给予投资者便利与优待;改进投资设厂、获取工业用地、出入境手续及修改工业法令;充分利用公营事业及军事生产单位设备;公用事业费的合理解决;推行退除役办法及国防费用维持目前数额;改进租税制度及税务行政;改进预算制度并逐步推行绩效预算制度;取消军政费用及公用事业产品价格的变相津贴;调整薪给,取消各种隐藏的津贴福利;加强稽核军费支出;建立"中央"银行制度,加强控制银行信用;由代理央行的台银控制所有办理存放款的机构;严格划分各银行业务,并避免将短期资金留作长期之用;建立单一汇率制度,放宽贸易管制;促进出口各

---

① 台北《"中央"日报》1959 年 12 月 13 日。
② 台北《"中央"日报》1959 年 12 月 13 日。

种奖励。①陈诚称：实行经济改革计划的首要措施，是"改善投资环境，累积建设资金"②。发展工业，必须注意：配合粮食生产计划，扩建肥料工业与水利建设；扩充电力建设，以为发展工业之基础；增加外销产品的生产，以争取外汇；增加省内必需品生产，以节省外汇。③

继 1960 年完成第二期四年计划之后，陈诚又主持拟定了 1961 年至 1964 年的第三期四年计划及长期经济建设纲领。第三期四年计划的主要目标为：生产总值按毛额计算，增加 36%，按复利计算，平均年增长额 8%；国民收入增加 36%，按复利计算平均年增长额 8%；国民个人所得增加 18.6%，按复利计算平均年增长额 4.5%；就业人数增长 9.2%；减少国际收支差额，增加外汇储备等。④

陈诚虽然一度中止"行政院长"的职务，但在长达 12 年的三期四年经济建设计划实施过程中，他亲自主持拟定了两期四年计划；自始至终地执行了第一期四年计划；程度不等地主持了三个四年计划的实施。可以说，他对于台湾经济的发展，是倾注了心血的。他的努力，也取得了良好的结果。在农业方面：农业生产总量，1962 年达 2 106 074 吨，比日本占领时期的最高年产量(1938 年) 约为 140 余万吨，增长了 50%；1960 年第二期四年计划完成时，比 1949 年增长了 80%；至 1961 年 6 月底，已拥有 4 400 台耕耘机，机械化程度不断提高。工业方面：1961 年工业生产总量，比 1949 年增长了 3 倍；工业生产中，民营工业所占比例不断上升，1952 年时公营、民营工业生产的比例为 60.4 ∶ 39.6，至 1961 年这一比例已变为 38.6 ∶ 61.4。⑤

无可讳言，陈诚致力发展台湾经济的目的，则是为了巩固国民党残余政权的统治，"反攻复国"。但是，对台湾岛的经济开发，属于中华民族

---

① 台北《"中央"日报》1960 年 6 月 8 日。
② 台北《"中央"日报》1960 年 4 月 9 日。
③ 朱传誉主编《陈诚传记资料》，台北天一出版社 1979 年版，第 188 页。
④ 台北《"中央"日报》1960 年 4 月 9 日。
⑤ 朱传誉主编《陈诚传记资料》，台北天一出版社 1979 年版，第 188 页。

全民族的共同事业；这一经济基础，在实现祖国统一前后，都可直接、间接地为祖国的繁荣、富强服务。同时，陈诚关于重视资金积累、重视技术、讲求效率和速度等经济建设思想，也颇有值得借鉴和可取之处。

四　关注教育事业

陈诚认为：所谓计划教育，就是由政府统筹教育经费，并按照青年的智能与兴趣，分别指导他们升学或就业的教育制度。陈诚对于不同层次的学校，在发展方向上有着不同的要求。相比之下，对于中小学一类打基础、面广量大的学校，较为注重量的发展；而对于高等学校，则更注重质的提高。在陈诚担任台省主席与"行政院长"期间，教育经费逐年增长。1950年为1.56亿元新台币；到1953年教育经费为9.72亿元；1963年12月，这一年教育经费的投入高达25.5亿元。

陈诚并不是一名教育家，但在担任台省主席与台湾"行政院长"后，由于处于全面领导的地位，对于教育工作也投入了相当大的精力。不仅如此，在教育思想、教育理论和教育政策方面，还颇有一些自己的见解与办法。

陈诚对教育工作的了解和熟悉，最早可上溯到青少年时代就读于丽水浙江省立第十一师范学校那段经历。4年的初师学习，使他初步接触到了有关教育学的知识。后来，在抗战的烽火中，陈诚于1938年以第九战区司令长官身份兼任湖北省政府主席，果断地处理了中学迁校的问题，他还亲自兼任省立联合中学的校长。

陈诚的丰富阅历，使他再次主持省政时，对于教育工作驾轻就熟。他在就任台湾省主席之初，便宣示了自己的教育政策及其指导思想。他说："三民主义既为中国最必需，那么我们今后对于教育政策的拟定，当然也要根据三民主义。"陈诚认为，台湾过去推行的教育政策，不少因袭了日治时代殖民教育的遗风，有时还掺杂着内地带来的"资本主义教育的意识"，今后必须确定三民主义的教育政策，即由政府统筹计划的计划教育政策。陈诚指出，这种计划教育政策，在实施时有三个要点：（一）每个国民不分贫富愚智，都有受基本教育的机会。目前本省系以小学教育为基本教育，但我们并不以此为满足，希望将来，基本教育的标准能提高至初中阶段。（二）优秀青年皆有升学机会。政府因财力有限，欲辅助人人升学，势不可能，惟过去升学机会皆为有钱人子女包办，殊不合理，因此对于优秀贫寒青年，应由政府辅导升学，并借此培养建国干部。（三）受过相当教育的青年，由政府统筹计划，给予就业机会，消除"毕业即失业"的现象。①

何为"计划教育"？陈诚认为：所谓计划教育，就是由政府统筹教育经费，并按照青年的智能与兴趣，分别指导他们升学或就业的教育制度。为使每个青年不分贫富，充分发展自己的智能，必须求得教育机会的平等，"要达到这个目的，青年的全部求学费用必须由政府负责供给，那是最明白的道理"。如何统筹教育经费？陈诚也有具体的考虑，即：小学经费由乡镇统筹，高初中由县市统筹，师范与专科学校则由省负担；如果各级经费不足，乡镇可由县市补助，县市则由省补助。

1949年6月30日，省立台湾师范学院举行专修科第一届学生毕业典礼，陈诚以台省主席的身份，亲临主持，并致训词。鉴于这些毕业生即将走上讲坛，为人师表，陈诚围绕"尊师重道"发表了自己的见解，并向毕业生提出要求。他借用古人"师严而后道尊"的名言，要求教师管人要严，律己尤其要严。陈诚批评目下有些教师，对学生管理松懈，教学敷衍塞责，以致学风败坏，贻误青年。他说："严格"与"刻薄"是完全不同的。"严格"的动机发乎"爱"，"刻薄"的动机出于"恨"。无论老师对学生，长官对部属，管理尽管异常严格，但他们仍应如同父母对于子女一样，其间只有爱护，没有怨恨。②

---

① 《陈主席在中等学校毕业礼中致词》，载何定藩主编《陈诚先生传》辑录资料，台北"反共出版社"1965年版，第176页。

② 陈诚：《教学的道理与教师的责任》，载何定藩主编《陈诚先生传》辑录资料，台北"反共出版社"1965年版，第178页。

陈诚认为：教师如果自己生活随便，遇事敷衍，不能以身作则，不仅不足以为人师表，且必然遭受学生的轻蔑。这是很值得一般教师深深警惕的。

在陈诚的主持下，台湾的教育事业在1949年取得了初步的成绩。按照宪法的规定，省教育预算应占总预算的25％，而县教育经费应为县预算的35％；1949年台湾省教育经费已超出总预算的31％，县教育预算已超过39％；如加上未列入预算的地方教育补助费，则省、县平均更已超过了全部预算的40％。这一年，学龄儿童的入学率在80％以上，各校增加了1 000多个班，学生人数增加了10余万人。到1952年时，学龄儿童的入学率又增加到82％。

陈诚没有忘记把抓教育和"反攻复国"的方针联系起来。他公然申明："我们教育的目的，在为后一代着想，教育后一代青年，并培养各级干部，以备将来'收复失地'时接收之用。所以政府对于教育特别重视，不惜以庞大预算，用之于教育。"[1]

台湾省政府在陈诚的主持和倡导下，从1949年起，开始解决职业学校、师范学校及中等以上学校毕业生的就业问题。在1949年至1952年，共有2万名上述各类学校的毕业生被安排就业。陈诚在解释安排中等学校毕业生就业这件事的理由时说：一在减少"毕业即失业"的现象，使青年能够用其所学；二在促进人事的新陈代谢，使社会政治各方面不断渗入新血液，并进而建立健全的人事制度；三在消灭社会政治上钻营奔竞之风，使青年在校能够安心读书，出校不致感到学无所用。[2]

1952年10月，陈诚向国民党"七全大会"所作的施政报告中，详细分析了台湾职业教育、师范教育和高等教育的现状。关于职业教育，现在台湾职业教育有了较大的发展，平均不到两所中学就有一所职业中学，平均不到两个中学生就有一个职业学校学生。而过去在大陆时，据1946年

---

[1] 《陈主席在行政会议闭幕致词》，载何定藩主编《陈诚先生传》辑录资料，台北"反共出版社"1965年版，第205页。

[2] 陈诚向国民党七全大会所作施政报告，1952年10月12日，载何定藩主编《陈诚先生传》辑录资料，台北"反共出版社"1965年版，第243页。

学年度统计，平均每 6 所中学才有 1 所职业学校，平均每 11 个中学生才有 1 个职业学校学生。台湾 1951 年学年度，职业学校的经费几乎与普通中学相等。因此，每一名普通中学生摊得教育经费 552 元，而每一名职业学校学生却摊得 1 109 元。陈诚说："惟衡诸当前及未来的实际需要，职业教育尚须续求扩充发展。"关于师范教育：台湾在光复以后，中小学师资大部分都是代用教员，经过几年的努力，师资缺乏的状况虽有好转，但仍不足以适应当前及未来的需要。当前在国民学校中，平均 50 多个学生才能摊得 1 个教师。陈诚宣称，"'反攻大陆'以后，我们所需要的教师更多，所以师范教育仍须力求发展"。关于高等教育：过去在大陆时，专门人才就非常缺乏，而且由于粗制滥造的结果，一般的水准不够高，现在台湾的高等教育，在量的方面虽有发展，但质的提高注意不够。陈诚强调："今后我们遵照总裁的指示，提高学术水准，厉行竞争淘汰，始不致再蹈大陆上粗制滥造的覆辙，亦始能造就有用的优秀专门人才。"陈诚在向七全大会的报告中指出，教育问题，一方面与社会经济的发展程度有关，另一方面又与社会的观念习俗有关。教育问题的解决，除了教育本身应该确定正确的政策与整个的计划以外，同时更应发展社会经济，改变社会观念，从多方面来努力。为此，他特地在报告中，将国民党三全大会《政治报告决议案》中对于过去教育之弊端的分析重新抄录报告，以引起与会者的重视。该段分析的原文为：

　　吾人推究今日教育受病之源，以为实由于最近半世纪以来，中国文化旧基础即于崩溃，而新基础尚未确立所致，在此青黄不接之中，教育制度事实上流于放任之境。由于放任，遂生六滥：一、学校滥；二、办学之人滥；三、师资滥；四、教材滥；五、招生滥；六、升学滥。由此六滥，更生四恶：学校往往成为个人制造势力的工具，一恶也；教员与学生虽有天才，亦遭其戕贼，二恶也；不能养成一般青年之学问品格与技能，只能增高青年放浪之精神与物质之欲望，三恶也；为社会增加分利失业之徒，

为国家断丧民族托命之根，四恶也。总此四恶，即成三害：一曰
害个人，二曰害社会，三曰害国家。举此三害，即知教育上所种
之恶因，乃直接予中国以民族危亡之恶果。①

陈诚照录 23 年前国民党三全大会决议案中的有关段落，当然是针对台
湾教育现状，呼吁时人引以为鉴。由此亦可看出陈诚在教育方针、政策上
重视质量的思想。

陈诚对于不同层次的学校，在发展方向上有着不同的要求。相比之下，
对于中小学一类打基础、面广量大的学校，较为注重量的发展；而对于高
等学校，则更注重质的提高。长期在陈诚"内阁"中担任"政务委员"的
王世杰说："陈先生在他主持省政府和'行政院'期间，这几十年来，以
坚强的信念，认为中小学校应求量的发展，高等教育则注重质的提高。他
不愿草草创办大专学校，对公立学校如此，对私立学校也如此。他不愿制
造'游民'，徒然增加社会和政府的负担。"②有鉴于此，陈诚特别重视发
挥大学校长的作用，授予他们用人的实权。他说："聘请教授是学校的行
政权，任何人不能任意干涉。我们知道，职权与责任是对等的，政府既课
校长以责任，即应尊重其职权。校长依其职责，以人格与学问足为师表者，
作聘请教授之标准，自然是万分正确的。"③有一年，旅美学者郑通和返台，
嘉新水泥公司愿意出钱，创办一所私立大学。郑往谒陈诚，说明打算。陈
诚当即劝郑，改办一所化工研究所，而不必办大学，因为大学是"选择教育"，
不是"推广教育"，大学应该重质而不重量。陈诚并告诉郑通和，他自己
不是一个做学问的人，但他的长处是能接受有学问人的意见，同时能够执
行那些意见。

① 陈诚在国民党七全大会上的报告，载何定藩主编《陈诚先生传》辑录资料，台北"反共出版社"1965
年版，第 244 页。
② 王世杰：《英雄事业·宰辅良才》，载何定藩主编《陈诚先生传》辑录资料，台北"反共出版社"1965
年版，第 264 页。
③ 《陈院长对改进台大谈话》，载何定藩主编《陈诚先生传》辑录资料，台北"反共出版社"1965 年版，
第 279 页。

陈诚十分看重大学的招生与分配，用以保证社会的新陈代谢。他强调升学应以成绩为准，优秀的学生要给以升学的机会；大学毕业应一律充分就业，用新陈代谢作用，淘汰现有老弱。陈诚说："如此社会才能求致进步，我认为如要'国家'进步，一定要看中青年，使青年能有机会发展，这点是我们'政府'应有的主张。"[①]在陈诚担任台省主席与"行政院长"期间，作为他主政的一个方面，教育事业得到了较大的发展，教育经费逐年增长。1950 年为 1.56 亿元新台币；到 1953 年他再度出任"行政院长"时，教育经费为 9.72 亿元，比 1950 年翻了五番；1963 年 12 月，陈诚辞去"行政院长"职，这一年教育经费的投入高达 25.5 亿元，比 1953 年又增长了 1.6 倍。台湾当局对教育经费的巨额投入，从一个侧面反映了他们对教育的重视。尽管陈诚对教育重视的目的和他的政治立场是不可分的，但在客观上，这却为台湾大、中、小学教育的发展奠定了良好的基础。

五　致力石门水库

石门水库完工后，灌溉农田面积为 5.454 万公顷，装设发电容量为 12 万千瓦，可调节最大洪水量为 3000 立方米／秒，可供桃园、新竹两县 8 个乡镇的自来水与工业用水。1964 年 6 月，石门水库工程经过 9 年艰苦施工，终于竣工。14 日，举行了石门水库落成典礼。此时，陈诚虽已因健康的原因，辞去了"行政院长"兼职，各项社会活动亦多谢绝，但他仍兴致冲冲地主持了这一盛典。陈诚是石门水库建设的倡导者、组织者和领导者，面对这样一个庞大的工程和实际存在的各种困难，他作出了巨大的努力。

在陈诚经营台岛的庞大计划中，有一项令人瞩目的重要工程，即兴建石门水库。

---

① 陈诚在台湾第二届行政会议上的报告，1949 年 12 月 5 日，载何定藩主编《陈诚先生传》辑录资料，台北"反共出版社"1965 年版，第 205 页。

1964 年 6 月 14 日陈诚主持石门水库竣工典礼

石门峡谷位于台北市南约 50 公里处，属桃园县境，大汉溪由此出山流入平原，两岸峡谷岩壁耸立，水流湍急。日本统治时期，即准备在这里兴建水坝，便利灌溉。复因工程浩大，未能着手进行。1948 年秋，陈诚由大陆至台北养病，曾至石门游览，听到介绍说，这里是兴建灌溉、发电、供水等多目标水库工程的优良选址，遂对此留下深刻印象。他在 1949 年年初担任台省主席后，不断接到民间关于要求修建石门水库的呈文；1950 年出任"行政院长"后，更不时前往视察、筹划。

1954 年，陈诚决定由"经济部"、台湾省建设厅、水利局及电力公司派员，并邀请"中国农村复兴联合委员会"派出代表，共同组成石门水库设计委员会，从事地质、水文、农业经济等方面的综合调查，以及工程费用的估算。

1955 年上半年，石门水库设计委员会提出了水库工程的定案计划报告，并得到了蒋介石的批准。

1955 年 7 月 1 日，石门水库建设筹备委员会成立，陈诚兼主任委员。陈诚此时已辞去"行政院长"职，专任"副总统"。陈诚在筹委会第一次会议上说：他以"副总统"地位兼任主任委员，一则表示"政府"极端重视此项建设事业；二则"副总统"任期尚有 5 年，不致因人事的变动而影响工程的进行。他表示"个人对于职位并不计较，只要有利于国家和人民"，"不怕多负责任"①。

7月7日，石门水库建设工程举行开工典礼。是日开工的工程为水库之三处辅助工程，均由陈诚主持简短的仪式后，正式破土动工。尤为壮观者，系桃园大圳新进水口引水隧道工程的开工，陈诚一扭电制开关，在30秒钟内，连续爆炸7响，寓意纪念"七七"抗战。陈诚在开工典礼上致词时指出：石门水库系多目标水利工程，"为远东第一高坝"。完工后，灌溉农田面积为5.454万公顷，装设发电容量为12万千瓦，可调节最大洪水量为3 000立方米／秒，可供桃园、新竹两县8个乡镇的自来水与工业用水。预定分5年施工。他勉励全体施工人员与当地农民："石门水库现在已开工了……我希望我们大家都能把一时的热心，变为永恒的毅力，牺牲个人的小利，完成全体的大利。"②

在石门水库建设筹备委员会成立一年之后，于1956年7月，石门水库建设委员会正式成立，仍由陈诚兼任主任委员。

自水库工程动工以来，其进展基本顺利；但是由于资金和技术等方面的原因，某些工程项目的动工时间不得不后移。其中，主坝的开工时间，即由1957年移至1958年8月。

1958年8月5日，桃园大圳新进水口隧道与石门大桥工程同时竣工，全岛瞩目的石门大坝开基典礼也选择在这一天进行。陈诚刚于一个月前，再次兼任"行政院长"。他遂以"副总统"、"行政院长"和石门水库建设委员会主任委员的多种身份，亲临现场，分别主持了竣工、开工典礼。陈诚于是日上午10时5分，来到桃园大圳新进水口，主持开闸仪式。在他按动电钮后，闸门徐徐开启，河水奔腾而下。10时25分，他为石门大桥的竣工剪了彩。接着，他又步上92.4米长的石门大桥，行至东端，主持石门大坝的开基仪式。按设计要求，该坝为巨型混凝土拱式坝，建成后，可蓄

---

① 台北《"中央"日报》1955年7月2日。
② 陈诚在石门水库开工典礼上的致词，台北《"中央"日报》1955年7月8日。

水成湖，形成长 17 公里的石门水库。10 时 30 分，陈诚面对石门峡谷，按动电钮，远处预定筑坝地点轰然一声巨响，土石纷飞，烟云弥漫，石门水库主体工程从此开工。陈诚在大坝开基典礼的讲话中宣布，美国开发贷款基金会已同意贷款 2 150 万美元，作为石门水库的建设资金。该贷款年息 3.5 厘，分 35 年偿还。他说："由于此项贷款的获得，将使石门水库的建设工程，可以按照预定计划进行与完成。"当天下午陈诚将石门水库建设委员会主任委员这一兼职，移交给蒋梦麟接任，并表示，他今后仍将随时继续协助工程的进行。

1964 年 6 月，石门水库工程经过 9 年艰苦施工，终于竣工。14 日，举行了石门水库落成典礼。此时，陈诚虽已因健康的原因，辞去了"行政院长"兼职；各项社会活动亦多谢绝，但他仍兴致冲冲地主持了这一盛典。

1964 年 6 月 14 日陈诚在石门水库竣工典礼上致词

陈诚是石门水库建设的倡导者、组织者和领导者。面对这样一个庞大的工程和实际存在的各种困难，他作出了巨大的努力。石门水库不仅是造福于台湾人民的一项重要工程，而且也是伟大祖国用以战胜大自然的一项珍贵财富。

六 抵御水灾、风灾

1959 年 8 月 7 日，台湾中南部发生了 60 多年来未有的大水灾。陈诚表示，他所以要带若干"中央"主管官员一起来灾区，"是免得这些主管官员分别到灾区去，使地方官员们花费时间去招待"。他认为，"在灾期节约，也是道德上应该的事情，没有遭受灾难的人，实在不应在许多同胞受到灾害的时候大吃大喝"。与 1959 年 8 月的"八七"水灾相隔一年，灾区重建工作甫告完成，1960 年 8 月 1 日，在台湾中部又发生了一次台风的灾害。他希望各部门认真总结这两次灾害的经验教训，"密切协调合作，以人和克服天灾，对全省水利系统应彻底勘测整理，对交通建设的技术方面，应力求改进"。1963 年 9 月 11 日，正当陈诚因病赴日月潭休养之际，又一次强台风给台湾北部造成了严重的灾害。这大概可以算作陈诚在"行政院长"任期及其一生中，最后处理的一项重要公务。此后，他即于 12 月获准辞去"行政院长"兼职，以静养身体为主。

陈诚对于台湾历次发生的各种自然灾害，十分关注，亲自主持了几次重大的救灾工作。

1959 年 8 月 7 日，台湾中南部发生了 60 多年来未有的大水灾，24 小时内，降雨量为 700 至 1 000 厘米；同时，由于河流短促，一时难于宣泄，致泛滥成灾，受灾面积为 1.2 万余平方公里，灾民有 30 余万人，公私损失约为新台币 37.4 亿元。据陈诚向新闻界公布的数字，在这次水灾中，共死亡 669 人，失踪 377 人，受伤 852 人，无家可归者 31 000 人。[①]

此时，陈诚重新兼任"行政院长"刚一年。救灾工作对于"行政院长"来说，义不容辞。陈诚于 8 月 9 日，召开紧急会议，听取了台湾省主席周至柔报告巡视灾区情况，并作四点指示：第一，由空军派出飞机维持空中

[①] 台北《"中央"日报》1959 年 8 月 21 日。

交通，陆上交通命工兵先行抢修公路；第二，要求工商界人士协助"政府"稳定物价，救济灾民；第三，由有关单位多拨黄豆，制造豆芽、豆腐，以补蔬菜之不足；第四，省政府紧急救灾工作所需经费，由"财政部主计处"用紧急支付来解决。① 10日，陈诚邀工商界重要人士40余人举行座谈。会上，他要求每个国民都应发挥"人饿己饿，人溺己溺"的同情心，配合"政府"，协力救灾；工商界不许投机取巧，抬高物价。他还宣布：自即日起，各项主要生活物资应照以前价格，不准上涨；蔬菜、肉类均暂行停止出口；猪肉如再上涨，可以考虑禁屠。② 次日，为节约肉食消耗、稳定猪肉价格，由"中央"和省、市各级机关、人民团体共同议决：实施全省性有限度禁屠，首先自12日至19日连续禁屠8天，以后每逢星期二、星期五禁屠，直至水灾区恢复原状为止③。17日、18日，陈诚率台湾省主席周至柔、"经济部长"杨继曾、"交通部长"袁守谦等高级官员，先后至中部灾情较重的苗栗、彰化、台中、南投四县视察。据台湾报纸报道：陈诚一行，在视察过程中，"没有接受县市政府的招待"，"都吃带来的便食"。陈诚表示，他所以要带若干"中央"主管官员一起来灾区，"是免得这些主管官员分别到灾区去，使地方官员们花费时间去招待"。他又规定，"今后如有人在工作上必要到灾区去的话，必须不妨碍县市政府的工作，且须自备交通工具"④。陈诚听取了受灾地区军政长官关于灾情和救灾工作的报告，并对各项急需处理的问题，作出指示。他对苗栗、彰化两县的地方官员说："'政府'对于这回台湾中南部各县市水灾的复旧⑤工作，已经有了一个整个的计划，依照概略的统计，在抢修方面大概要花新台币3亿元；在修复工作方面，大概要用新台币6亿元。这就是说，对于这回暴雨造成的灾害，约需新台币9亿元才能修复过来。目前关于钱的方面，无论'中央政府'或者台湾

---

① 台北《"中央"日报》1959年8月10日

② 台北《"中央"日报》1959年8月11日

③ 台北《"中央"日报》1959年8月12日

④ 台北《"中央"日报》1959年8月18日。

⑤ 复旧，即指恢复旧观。

省政府，都很困难，但是'政府'无论如何，将尽最大的努力，把钱筹足，在最短期间，依先后缓急，展开复旧工作，希望复旧工作在本年底可以全部完成。"①

陈诚率员巡视灾区四县后，于18日下午6时飞返台北；晚8时30分，即在官邸召集"中央政府"有关部门主管举行会议，研究灾情，商讨进一步的救济及重建办法。会上决定，成立由陈诚亲自主持的台湾省中南部水灾救济及重建工作小组，下设人力、物资、财务三组，分由"国防部副部长"梁序昭、"经济部长"杨继曾和"财政部长"严家淦为三组召集人。该小组的任务为负责拟定重建计划及推动重建工作。

陈诚对于灾区的重建工作，制定了四条原则：充分利用人力物力，以发挥人力弥补财力之不足，以节约物力弥补灾害之损失；重建工作，应以恢复交通及生产为最优先，按交通、水利及生产、事业的次序进行；筹措财源，须避免通货膨胀，并防止物价暴涨；重建工作，必须力求计划确实，手续简捷，以期争取时效，有效执行。②他依据这些原则，又对若干具体问题，作了阐明。关于节约：他宣布继续执行每周禁屠两天的决定。他认为，"在灾期节约，也是道德上应该的事情，没有遭受灾难的人，实在不应在许多同胞受到灾害的时候大吃大喝"。关于减免田赋：他表示，对于受灾流失的耕地，"政府"一定考虑免征田赋，但现在还不能对减免田赋问题作出规定，"希望能耕种的田地，一定要很快恢复耕作生产"。关于贷款：他宣布由"政府"按一定标准贷给灾民重建资金的50%，由灾胞自筹其余的50%。在贷款中，有几种人应获得优先，即赤贫的人、"革命先烈"遗属和出征军人家属。③

8月31日，蒋介石以"总统"名义，依"宪法动员戡乱时期临时条款"的规定，为抢救灾害、加速重建步伐，颁布《紧急处分令》，对现行税法及各级"政府"预算，"自九月一日起，为必要之变更，俾统筹运用，争

---

① 台北《"中央"日报》1959年8月18日。
② 《陈"院长"施政报告全文》，台北《"中央"日报》1959年9月16日。
③ 台北《"中央"日报》1959年8月19日。

取时效，以应付财政经济上之重大变故"。各项税课、公私小客车、电力电信费及铁路、公路票价自 9 月 1 日起，将分别附征水灾复兴建设捐，这些收入均由"行政院"统筹调度支拨。明令："凡关款项支拨，工程发包，物料采购及使用等事项，应简化审计会计程序，由行政院斟酌情形核饬办理，得不受各该有关法令之限制。"①这就大大增加了"行政院"的权力。对此，社会上颇有反应，"立法院"也向陈诚提出质询。陈诚解释说："救灾如救火，事实上，这场水灾比大火更厉害，如果我们救灾还先要弄一个法案或进行修订若干种法规，这样，将不知耽搁多少事情。"他宣称："希望舆论界相信我，我决不会滥用职权。"②陈诚还在向"立法院"作的"施政报告"中强调：蒋介石颁发《紧急处分令》，"其目的在争取时效，迅赴事功，及时恢复交通、水利及农工生产，以防灾害影响的扩大与人民痛苦的加深，这种为应付紧急灾难不得已而采取的措施，本席不但希望贵院谅解，而且诚恳地希望予以支持"。"紧急处分令虽然加重了本院的权力，同时也加重了本院的责任。我们重视责任甚于重视权力，决不敢滥用权力，重增罪愆。"③

在救灾重建工作中，陈诚动用了大批军队。3 万多官兵，累积工数约 4100 万工，完成各种工程近 450 项。陈诚对此，深表赞许。他认为：使用军工，间接的效果多于直接的效果，无形的帮助大于有形的帮助。因为军工支援，争取了抢修和重建的时效，控制了工资，稳定了物价，更具有安定人心、安定社会的作用。

陈诚在 1960 年 2 月中旬，向"立法院"作"施政报告"时指出，按照重建计划，"政府"共将投资 15.38 亿元，动员人力 623 万余工，使用建筑材料 21 万吨，施工区域达 13 个县市，动工工程共 28 类 1 474 项，全部工程将于 6 月底完成。他还特别报告了在重建工作中运用新技术、提高设计标准的情况。例如：公路桥梁的载重量，一律提高至不低于 20 吨；公路路

---

① 台北《"中央"日报》1959 年 9 月 1 日。
② 台北《"中央"日报》1959 年 8 月 21 日。
③ 《陈"院长"施政报告全文》，台北《"中央"日报》1959 年 9 月 16 日。

基截弯取直，加固放宽；重要桥梁调整跨度；灌溉工程采用自动节制水闸等。他从此次灾区重建工程中，总结了两条教训：一是技术人才不足，深感"今后我们需要培养更多的技术人才"。二是工业生产力不足，表示"今后我们必须加速发展工业建设，同时要提高技术与产品的水准"[①]。陈诚全力关注的重建工作，于1960年6月30日，由台省主席周至柔宣布全部结束；自1959年9月1日起实施的《紧急处分令》，亦因重建工作的结束而自动失效。

与1959年8月的"八七"水灾相隔一年，灾区重建工作甫告完成，1960年8月1日，在台湾中部又发生了一次台风的灾害。该次台风于7月31日下午7时在花莲北方30公里处登陆。登陆后，风势虽有减弱，但在新竹附近已诱发出副台风，为全岛各地带来大雨。台风过境，暴雨成灾，共伤亡475人，失踪95人。铁路、公路损毁较多；幸第一期水稻已经登场，第二期才有一部分栽种不久，损失不大。陈诚早于台风在台岛登陆之前，即根据气象资料，督饬各有关单位加强防灾、抗灾的措施，要求做到"全力预防，加强准备，以防万一"。8月1日，灾害发生后，陈诚即令台湾省政府、各地驻军及警察单位，全力协助民众防护堤防，抢救灾害。台岛驻军迅于当日成立中部地区八一抢救指挥部，至晚10时前，已出动官兵万余名、车辆300余辆，救出灾民3 000余人。

2日，陈诚召集"行政院"各部、会主管开会，商讨对风灾的救济、抢修等问题。他指出这次风灾与去年水灾的情形、损失均不相同，其原因在于：第一，灾区民众受去年水灾的教训，均能提高警觉，注意防范；第二，风灾在日间发生，同时三军有计划的协助，故伤亡及其他损害减少；第三，重建堤防较坚，重加修护之处亦多，疏浚工程较深，故洪水消退较速；第四，重建工程能争取时效在6月底以前完成，对此次风灾发生了防堵作用，否则不但前功尽弃，而且可能遭受更大的损害。据此，他希望各部门认真总结这两次灾害的经验教训，"密切协调合作，以人和克服天灾，对全省

---

① 《陈"院长"施政报告全文》，台北《"中央"日报》1960年2月17日。

水利系统应彻底勘测整理,对交通建设的技术方面,应力求改进"。陈诚
要求省政府、"国防部"、"交通部"等单位共同配合,迅速恢复交通,
"尽先恢复公路交通,再集中力量先行抢修纵贯铁路的山线或海线";他
并保证支持省政府进行救灾和抢修的各项措施。[①]他在 8 月 4 日的"行政院"
例会上,再次重申,要求各部门"努力同心,争取时间,尽速完成'雪莉'
风灾的善后工作,克服灾情,恢复旧观"[②]。在陈诚的主持下,这次台风所
造成的各项后果,迅速得到了消除。

1963 年 9 月 11 日,正当陈诚因病赴日月潭休养之际,又一次强台风给
台湾北部造成了严重的灾害。一时间,洪水泛滥,波及中部地区,电讯及
交通中断,公私损失奇重。受灾较重的地区为台北市和台北、新竹、苗栗、
台中 4 县。陈诚因交通阻梗,一时不能返回台北,遂暂以书信指示之。他
在 13 日致台省主席黄杰的信中,根据抢救"八七水灾"的经验,指示五点:

> (一)从速整理灾区,使灾胞早日得以归居,从事清理家务;
> (二)对于灾区之清洁消毒工作极为重要,以先大灾后必有瘟疫;
> (三)从速计划并切实实施修复各种所遭损害之工程,尤以交通最
> 为重要;(四)对于此次抢救灾胞奋不顾身致死亡者,从优抚恤(可
> 参照阵亡之例办理),负伤者亦应重奖,其余努力人员亦希予以奖
> 励;(五)救济抚恤以及修复或重建所需之经费,不分中央、地方,
> 诚当负责筹措。[③]

16 日,陈诚提前结束病假,不待公路完全修复,即随同修路工程人员,
自日月潭赶赴台中;次日,复乘机飞台北。17 日下午,陈诚在其官邸召集
"内阁"会议,并请台省主席黄杰参加,听取了农田、工矿、水利、交通、
电讯等方面被灾、损失情况的汇报。在其所作指示中,除前致黄杰信中已

---

① 台北《"中央"日报》1960 年 8 月 3 日。
② 台北《"中央"日报》1960 年 8 月 5 日。
③ 陈诚致黄杰函手迹,载何定藩主编《陈诚先生传》辑录资料,台北"反共出版社"1965 年版,第 103 页。

列各点外，尚有：为做好救灾的善后和重建工作，各有关方面应首先就其执掌范围，将损失情况调查清楚，并拟定补救计划及步骤；此次台北市郊洪水为患，特别严重，应切实检讨，"行政院"防洪小组应厘定整个计划，分别先后缓急，不为局部之要求所困扰；对灾民的救济，除依灾害程度确定救济标准外，尤应考虑对特殊情况作特案处理；关于工厂矿场的恢复和继续生产办法，可照"经济部"及"国际经济合作发展委员会"所拟计划，加速辅导。[①]此次风灾，经全力抢救，迅即克服其灾害。这大概可以算作陈诚在"行政院长"任期及其一生中，最后处理的一项重要公务。此后，他即于 12 月获准辞去"行政院长"兼职，以静养身体为主。

　　陈诚在其担任"副总统"、"行政院长"期间，多次主持处理水、风灾害，致力于灾区的恢复和重建工作，深受社会各界和台湾人民的赞誉。他在这方面所作出的成绩和贡献，在中华儿女同自然界作斗争的光荣史册中，占有重要位置；他在这一工作中积累的丰富经验和教训，也是祖国人民用以征服自然、发展生产力的宝贵财富。此外，他在工作中讲求效率、重视技术等，也是值得肯定的。

---

① 台北《"中央"日报》1963 年 9 月 18 日。

第十五章　最后的年代

一　首开阳明山会谈

陈诚在发给与会者的邀请书中指出，"当前大陆及国际情势之发展，尤亟需海内外一切力量之加强团结，以助'反共抗俄''国策'之实现，尤亟需我全民族一切力量加强团结"。被邀请参加阳明山第一次会谈的，有工矿、农林、渔牧、水利、商业等各界从业人士和专家共104人，其中台湾60人，海外华侨44人。陈诚主持的这次阳明山会谈，着重研究的是台湾经济发展问题，但具有浓烈的政治色彩。陈诚在政治上一再强调反对"两个中国"的主张，在客观上有利于祖国的统一大业。

1961年7月上旬，陈诚以"行政院长"身份，主持召开了"以研讨经济的发展，配合'反攻'军事，增强'反攻'力量为主旨"的阳明山第一次会谈。陈诚在发给与会者的邀请书中指出，"当前大陆及国际情势之发展，尤亟需海内外一切力量之加强团结，以助'反共抗俄''国策'之实现，尤亟需我全民族一切力量加强团结"①。被邀请参加阳明山第一次会谈的，有工矿、农林、渔牧、水利、商业等各界从业人士和专家共104人，其中台湾60人，海外华侨44人。

7月1日，阳明山第一次会谈在台北阳明山庄会场正式开始，有84名被邀请者与会，40名"政府"官员及有关人士列席。陈诚出席主持并致词。他重申，这次会谈的主要任务，"是为了商讨'反共复国'大计"；希望"与会诸先生本知无不言，言无不尽的精神，来发表意见"。他特

---

① 台北《"中央"日报》1961年6月13日。

别强调了经济力量在战争中的重要作用，说："历史告诉我们，经济是决定战争成败的主要因素，也是保障军事胜利成果的主要条件，从第一次世界大战和第二次世界大战的情形均可证明。我们第一次会谈以经济财政为主，原因亦正在此。"陈诚在致词中，提出了三个方面的问题，为会谈定下了基调。第一，"加速'复兴'基地经济发展"。他指出：应努力实现19点财经改革措施和积极推行第三期四年经济计划；对于如何使生产的增加适应人口增加的需要，如何依加速经济发展的要求培植人才并使人尽其才等问题，都需要更进一步从社会观念、经济制度、技术知识各方面互相配合，加倍努力。第二，"配合'反共复国'的需要"。他认为"反共复国"的行动，需要经济与军事密切配合。因此，必须一面求经济力量的充实，以肆应一切可能的变化；一面谋求经济与外交、侨务等方面的配合，以肩负对中共经济作战的任务。"一切工作尤须着重适应军事行动的需要，作支援前线的适当准备"。第三，"拯救大陆同胞，重建自由康乐的国家"。他宣称："'光复大陆'，建设民有、民治、民享的新中国，是我们反共斗争的最终目标。"他说：在"光复大陆"后，要用台湾的物资、技术、生产能力，及在国际贸易上的信用，来供应大陆人民粮食、布匹、果品、种子等生活必需品，"使他们能恢复健康，从事生产，徐图休养生息"①。

6日，与会者按三组进行分组会谈。第一组着重研讨经济发展问题；第二组着重研讨财政金融问题；第三组着重研讨外汇贸易问题。陈诚表示，希望各与会者在会谈中，"不必讲我们已有之成就，最好把政府没有想到和没有做好的工作尽量指出，以作今后改进的参考"②。

7日，陈诚为这次会谈作了总结。他首先肯定这次会谈的举行，具有重要意义。这次会谈的目的，是要"了解国民的需要"，"依据国民的需要来做"；通过会谈，"使'政府'同仁对财政、经济以及贸易等问题，都有了深切

---

① 台北《"中央"日报》1961年7月2日。
② 台北《"中央"日报》1961年7月4日。

的了解"，"这次会议的结束，即是'政府'行动的开始"。他表示，"政府"将根据会谈中所提供的有关农、工、渔、矿等方面的建设性意见，来修订第三期四年经济建设计划。接着，他对会议中着重讨论的国际负担与经济发展，经济体制，农业与工业，增加生产与节约消费，资金、利率与货币供应量，平衡财政收支与改革租税，辅导对外贸易，以及行政等8个方面的问题，分别作了综合说明。他强调指出："带着'国家'安全的背包往经济发展的道路上走，自然很吃力，但如果抛弃了'国家'安全的背包，我们生产建设的成功以及由此所产生的希望，都可能化为乌有。"他回顾11年来台湾经济体制方面的状况，认为"有一个非常明显的趋向，此即不断的扩大企业的自由，扶植民营企业"。他表示，"今后我们仍要继续扩大企业的自由，扶植民营企业，并将公营事业转移民营，以培养人民的经济力量，加速经济的发展"。

陈诚在这篇总结报告的最后，像画龙点睛一般，特别提出"复国大计"的问题。他谴责了"现在国际间酝酿的'两个中国'的阴谋"，表示决不会接受这类解决办法。他重申"反共复国"的决心，并要求大家发扬"在艰弥劲，遏阻不回"的精神。①

陈诚主持的这次阳明山会谈，着重研究的是台湾经济发展问题，但具有浓烈的政治色彩。其"反共复国"的基调十分明显。从时间安排上来看，用于政治讨论的时间也远多于对经济问题的实质性的探讨。事实上，经过这次会谈，亦未在经济方面作出什么新的重大决策。台湾当局对此举大肆宣传，毒化了海峡两岸的气氛，掀起了一股新的反共逆流，在海内外造成了极坏的政治影响。但会谈毕竟为经济界的著名人士和专家商讨问题，交换意见，提供了一个场所，开放了言路，对于暴露和解决经济方面存在的问题，有一定的作用。陈诚在政治上一再强调反对"两个中国"的主张，在客观上有利于祖国的统一大业。

---

① 台北《"中央"日报》1961年7月8日。

二　赴美访问

陈诚在机场发表书面声明称："本人此次应美国甘乃迪总统之邀请，代表蒋'总统'赴美访问，将就当前世界各项问题，尤其是亚洲方面有关'两国'共同利益之各项问题，与甘乃迪总统及有关人士交换意见，余希望此行对于增进中美'两国'之传统友谊及'两国'有关各项问题之了解，均能有所裨益。"在陈诚到达檀香山的第二天，美国国务院突然正式宣布撤回对于在外交上承认蒙古人民共和国的试探。美国政府的这一态度，是陈诚在"联合公报"中所孜孜以求，但未能实现的；现在在"失望的"公报发表一周以后，在他停留于美国国土的最后一刻，却突然戏剧性地从天而降，这不能不使他喜出望外。

第一次阳明山会谈结束后，陈诚便着手准备访美。

当时，台湾当局与美国的关系，外弛内紧。1962年美国大选中，以反共、亲台著称的共和党候选人尼克松失败，民主党参议员肯尼迪当选总统。这种结局，为台湾当局同美国之间的关系，蒙上了一层阴影。更为重要的是，在1961年秋即将召开的联合国大会上，美国对于中国问题，将取何种政策，这同台湾当局也存在着分歧。由于新中国的国际威望日益提高，联合国大会上要求接纳中华人民共和国代表而驱逐台湾当局代表的呼声愈来愈高。对此，美国政府一方面以"缓议"的手法，拖延对这个问题的讨论；一方面也有部分人主张以"两个中国"的办法，来保住台湾当局在联合国中的地位。可是对于"两个中国"的主张，台湾海峡两岸都是同样坚决反对的。与此相联系，对于接纳蒙古人民共和国加入联合国的问题，台湾当局认为蒙古是中国领土的一部分，坚决反对联合国将其作为一个独立国家予以接纳。但是苏联等国，将蒙古与毛里塔尼亚等非洲新独立国家加入联合国的问题捆在一起。如果美、台拒绝接纳蒙古，亦将造成事实上不接纳非洲新独立国家的后果，则台湾当局在联合国中的"代表权"问题，就可能失去

一批非洲国家的支持。凡此种种，
均影响着美、台关系的发展。

为了解决这些分歧，密切美、
台关系，美国"驻华大使"庄莱德
曾多次往返于台北和华盛顿之间。
于是，导致肯尼迪总统亲函蒋介石，
邀请他访问美国。蒋介石以"大陆
不光复，不离开台湾一步"[1]为由，
委婉拒绝。

1961 年 7 月 14 日，肯尼迪复
致函蒋介石，请派能代表"总统"
及"政府"的大员，前往美国访问，
以举行美、台之间高层次的会谈。
这时，陈诚行政上任"副总统""行

1961 年陈诚赴美访问之风貌

政院长"等要职，在国民党内又是"副总裁"，堪称为台湾十足的"二号
人物"；加之在当年 5 月，他又接待过美国副总统约翰逊对台的访问，可
以"副总统"的身份进行回访。依据这些条件，可以说，作为蒋介石的代
表赴美访问的人选，是非陈诚莫属了。蒋介石遂决定派陈诚为自己的"代表"，
迅速赴美访问。

离台前，陈诚经多次向蒋请示，复于 27 日邀约"五院院长"及各方交
换意见，将此次赴美访问的目的归纳如下："1. 就一般世界局势，尤其是
亚洲危机，以中美'两国'相互利益为依据，与美方交换意见；2. 将我基
本立场详向美方说明，并尽量听取美方意见，俾增加了解，并加强互信；
3. 答聘詹森[2]副总统之访华；4. 与美方各界人士接触，以求了解美国国情——
尤其是关于抗拒共产侵略之趋向；5. 代表我'总统'慰问各地侨胞，向其报

---

① 参见邱七七著《集忠诚勇拙于一身——陈诚传》，台北中国杂志社 1985 年版，第 176 页；徐扬等著《陈
　诚评传》，台北群伦出版社 1986 年版，第 273 页。
② 詹森即约翰逊，1961 年任美国副总统，1963 年在总统肯尼迪遇刺后，继任总统。

道祖国建设情形,并听取侨胞之意见;6.考察美国各地建设之进步,藉资借镜。①

7月29日中午12时,陈诚偕夫人谭祥,"外交部长"沈昌焕夫妇一行14人,自台北松山军用机场,搭乘民航公司"翠华"号专机离开台湾。行前,蒋介石于上午前往信义路陈诚官邸看望,并再次研讨赴美谈判方案。宋美龄及台湾当局诸高级官员到机场送行。陈诚在机场发表书面声明称:"本人此次应美国甘乃迪②总统之邀请,代表蒋'总统'赴美访问,将就当前世界各项问题,尤其是亚洲方面有关'两国'共同利益之各项问题,与甘乃迪总统及有关人士交换意见,余此行亦系答聘美国副总统詹森最近之来华访问。余希望此行对于增进中美'两国'之传统友谊及'两国'有关各项问题之了解,均能有所裨益。"③

陈诚一行经4小时飞行抵东京,并于当晚改乘泛美航空公司的"飞剪"号喷气客机续飞旧金山;由旧金山乘坐美国总统座机"槿花"号,经古城威廉斯堡,飞往华盛顿。

1961年7月31日陈诚(左四)访美抵达华盛顿时检阅仪仗队

陈诚专机于31日格林威治时间下午2时许抵达美国首都华盛顿。在机场,陈诚一行受到美国副总统约翰逊和国务卿腊斯克等高级官员的欢迎。

① 《革命人物志》第5集,台湾中国国民党中央委员会党史史料编纂委员会1970年编印,第271—272页。
② 甘乃迪即肯尼迪,1961年任美国总统,1963年11月遇刺身亡。
③ 台北《"中央"日报》1961年7月30日。

约翰逊在机场欢迎仪式中代表肯尼迪致词，重申 5 月间在台北与台湾当局达成的关于"维持自由亚洲完整"声明的精神，说："阁下在此间所作重要讨论中，将可发现进一步的证据，即我们不仅要信守我们的宣言，并且将以行动，冷静而具有远见的实现我们的宣言，我们这些话以及我们的坚定决心是诚挚不二的。"陈诚在答词中则宣称："我们今天是由一件共同防御条约和不少的工作协议联系在一起，所有这一些，目的是在保护我们在这危急时代中的共同利益。"他希望，通过这次访问，能导致台、美双方对共同有关问题的较佳了解，相互间关系也因此而进一步加强。①

陈诚等由机场径赴白宫，与肯尼迪总统会谈。台湾方面参加会谈的还有"外交部长"沈昌焕、驻美国"大使"叶公超等；美国方面参加会谈的还有国务卿腊斯克、"驻华大使"庄莱德等。台、美双方在 7 月 31 日至 8 月 1 日两天中，共进行 4 轮会谈。其中美方由总统肯尼迪主持两次，由国务卿腊斯克主持两次；台湾方面，由于陈诚既是蒋介石的全权代表，又是"行政院长"，故均由陈诚主持。在此期间，肯尼迪曾于 1 日中午，在白宫东

陈诚（左一）与夫人谭祥（左三）在访美时抵白宫出席国宴

---

① 台北《"中央"日报》1961 年 8 月 1 日。

厢设国宴招待陈诚夫妇。肯尼迪在宴会上赞扬陈诚的"领导才能"，"在
中国大陆的军事领导"，"在最近若干年中所作的维持他的国家生存的努
力"，以及"重建台湾经济的伟大贡献"。陈诚则认为，台、美间领导人
已进行的会谈，对于双方"坚决反对国际共产主义的国策"是"一大贡献"；
他还称颂说，台湾"不论有何进步，一个重要的因素便是美国政府和人民
所给予的鼓励和援助"①。

陈诚（中）访美时在白宫会见美国总统肯尼迪（右一）

2日，肯尼迪与陈诚发表联合公报。公报称：此次会谈，"充满一种符
合'两国'深厚永久友谊的谅解和共同利益的精神"；对于台湾在联合国
中的"代表权"以及蒙古、毛里塔尼亚加入联合国等问题，"曾坦诚及广
泛的交换意见"。公报阐明了美国政府对一些重大问题的基本态度，内载：
"美国总统重申美国坚决支持为联合国创始会员国之一的'中华民国'继
续其在联合国中的代表权。他并重申美国继续反对中共政权进入联合国的
决心。""美国总统明白表示，美国政府愿意继续对于'中华民国'的军
事援助计划，并对'中华民国'提供相当数量的援助，以支持其经济发展
计划。"公报还宣布，台、美之间将"进一步加强有关他们共同安全利益

---

① 台北《"中央"日报》1961年8月2日。

事项的密切合作与协议"①。

从联合公报的内容可以看出，陈诚与肯尼迪的会谈，并未在关于接纳蒙古加入联合国的问题上取得一致意见。台湾《"中央"日报》驻美特派员陈裕清在由华盛顿发往台北的消息中说："中美双方就外蒙古问题未获到充分协议，已经不是秘密。"②美国打算接受苏联关于"整批接纳"的提议；但台湾方面则表示，"对外蒙古问题的坚定立场，在任何情况下都不会改变"。

陈诚在华盛顿逗留期间，曾向美国全国记者联谊会发表演讲，并即席回答了记者提出的若干问题。③他的演讲和答记者问，涉及许多有关中国和世界的广泛而十分敏感的问题。联谊会会长高思克鲁夫在向到会者介绍陈诚时，称他是一位"性格人物"④。并且说他名字的含义是"陈久的诚实"。陈诚解释说，"我的名字也代表愚蠢或愚钝"；而高思克鲁夫这个名字，照中国文字看来确是一个伟人，它含有"以高度的思考，克服赫鲁雪夫"⑤的意思。他的幽默，获得了热烈的掌声和欢笑。

关于有人揣测新中国不久将拥有核子武器的问题。陈诚说：中共方面"若干核子物理学家正在苏俄研究，而且为苏俄所建造的实验用核子反应炉工作"，仅"由于缺乏工业基础"，"距离他们能够甚至开始制造和屯存他们自己的核子武器的阶段还很遥远"。"如果有任何这样一种武器有一天竟在中国大陆上出现，你们可以确信它们是由俄国人放置在那里的。"⑥陈诚在另一个场合谈到这个问题时说：在 1960 年 6 月艾森豪威尔访台期间，中国人民解放军"向金门发射了十七万发炮弹，全都是俄制的"；如果中共方面"甚至连炮弹都无法制造，如何能制造核子武器？"⑦

---

① 台北《"中央"日报》1961 年 8 月 3 日。

② 台北《"中央"日报》1961 年 8 月 3 日。

③ 台北《"中央"日报》1961 年 8 月 3 日。

④ "性格"一词，在英文中有使一个人在人群中成为杰出的那些身体上、智力上及道德上非凡气质的含义。

⑤ 赫鲁雪夫即当时苏联领导人赫鲁晓夫。

⑥ 苏联于 1960 年 7、8 月，已撤走全部在华专家，废止科技合作项目；1964 年 10 月 16 日，中国第一颗原子弹爆炸成功。

⑦ 台北《"中央"日报》1961 年 8 月 5 日。

关于中苏分歧的问题。陈诚认为：中苏之间虽有许多歧见，"但这些歧见还没有严重到使他们各走各的路子"，"如果你问我说他们是否可能完全断绝关系，我的回答是绝对的'否'"；"这个理由是很明显的，他们谁也不能丧失谁"，他们"具有共同的思想，抱有共同的目标"，他们"不仅彼此互相需要，而且他们必须联结在一起来对付自由世界"。他说："认为莫斯科和北京在可见的未来会拆伙，那就无异于自掘坟墓。"

关于阻止中华人民共和国进入联合国的问题。陈诚表示，"只要自由国家一天团结一致支持联合国宪章的文字及精神"——即阻止中华人民共和国进入联合国——则"前途便一天是光明的"。当有记者提问，将用什么方法来阻止时，他故意神秘地说："我不愿预先让共党知道。"

2 日晚，陈诚假"五月花"饭店中华厅举行答谢晚宴，招待肯尼迪及美方高级官员。肯尼迪在晚宴上大肆攻击新中国。他把中共领导的人民政权比之为中国历史上秦始皇的"暴政"。他要陈诚"告诉中国人民，不要对前途失去希望"①。陈诚对于肯尼迪的讲话称颂不已。他表示："对于甘乃迪总统不仅明了中国今天的实况，而且熟悉中国历史，深为钦佩。""像甘乃迪总统这样一位有智慧的人，必能阻止共党统治世界。"②

陈诚在华盛顿期间，还曾到离华府 75 航空英里的农场，与美国前总统艾森豪威尔会晤。陈诚于 3 日抵纽约，4 日分别与前出兵朝鲜的"联合国军总司令"麦克阿瑟和联合国秘书长哈马舍尔德晤谈；5 日，怀着极大的兴趣在田纳西州参观了那里的水利电力工程和大型农场；旋经芝加哥，于 7 日抵美国工业名城底特律，参观了现代化的汽车工业；继于旧金山逗留 2 日，10 日飞夏威夷群岛之檀香山。

檀香山是陈诚一行访美的最后一站。陈原希望在这里参观第二次世界大战中出了名的珍珠港，并无其他重要的活动。出人意料的是，就在陈诚到达檀香山的第二天，美国务院突然正式宣布撤回对于在外交上承认蒙古

---

① 台北《"中央"日报》1961 年 8 月 4 日。
② 台北《"中央"日报》1961 年 8 月 13 日。

人民共和国的试探。国务院说："鉴于目前的世界局势，此刻暂行中止对此问题的进一步探讨，乃是符合美国的最佳利益。"①合众国际社在其电讯中认为，美国务院的这一决定，是"在国会及'中华民国'的强大压力下"作出的。这当然包含了陈诚刚刚在华盛顿所进行的努力。美国政府的这一态度，是陈诚在"联合公报"中所孜孜以求但未能实现的；现在在"失望的"公报发表一周以后，在他停留于美国国土的最后一刻，却突然戏剧性地从天而降，这不能不使他喜出望外。他在从一家通讯社获知这一消息后，立即在记者招待会上兴奋地表明了态度。他说"这是美国政府的一项十分明智的决定"；这一决定符合于白宫关于"美国将坚决反抗亚洲的赤色浪潮"的保证。②

美国务院关于中止探讨承认蒙古的决定，大大增加了陈诚个人的政治资本。甚至还在他逗留于檀香山时，台湾岛上已经掀起了一股颂扬陈诚访美"功绩"的热议。"监察院外交委员会召集委员"王冠吾发表讲话说：美国务院的决定，"显然是陈诚'副总统'此行，已使美国了解中美共同利益的重要"。"立法院外委会委员"邓公玄认为，"陈'副总统'此行，是我们在外交上的一大胜利"③。

13 日，陈诚一行取道东京，乘高级"翠华"号喷气式专机返回台北。陈诚此次访美共历时 16 天，除在华盛顿与肯尼迪、腊斯克的 4 次"国事"会谈外，还发表正式演讲 2 次，在宴会、茶会、欢迎会等场合致辞 27 次，接见记者 20 次，与 300 余名华侨、商业、文化界人士及留学生晤谈。作为私事，他还会见了在美国留学的长子陈履安④和两个女儿陈辛、陈平。夫人谭祥因肠胃病，暂留美国医治，由陈诚随行医师沈彦陪护。陈诚在台北机

---

① 台北《"中央"日报》1961 年 8 月 13 日。
② 台北《"中央"日报》1961 年 8 月 13 日。
③ 台北《"中央"日报》1961 年 8 月 13 日。
④ 陈履安时在美国纽约大学数学研究所专攻应用数学；1970 年返台，任明志工业专科学校校长；1974 年调任台湾工业技术学院院长；1977 年任"教育部"常务次长；1979 年任国民党中央组织工作会主任；1980 年任台湾国民党中央党部副秘书长；1984 年任"行政院国家科学委员会主任委员"；1986 年 3 月，在台湾国民党十二届三中全会上，被选为中央常务委员；后又任台湾"经济部长""国防部长""监察院长"及参加"总统"竞选。

场发表了书面讲话。

　　18日，陈诚向"立法院"报告访美经过并回答了委员的质询。他说："此行不敢谓有何特殊成就，但尚能恪守'总统'所指示及'全国'人民所冀望之原则。关于双方看法未尽相同之处，已约定续作密切接触，以谋适当的解决。"①

　　陈诚此次出访美国，进一步加强了台、美之间的联系。他对于美国最新科学技术成就、工程设施的参观，也大开了眼界，有助于其在台岛的经营、开发。

三　再开阳明山会谈

　　此次会谈，主要邀请对象为教育、学术、新闻界人士。会谈将以讨论现行教育设施、"国家"长期科学发展及"光复大陆后的教育重建工作"为重点。陈诚对于会谈中四个小组分别议论的当前教育措施、文化建设与新闻事业、大陆"光复"后的文教重建、国际情势与"反共复国"等问题，逐一发表了结论性的意见，并将这些问题死死地扣住"反攻复国"这一中心内容。

　　当陈诚本人还在美国纽约访问的时候，台湾"行政院阳明山会谈筹备处"已根据陈诚出国前既定的方针，将准备邀请出席阳明山第二次会谈的第一批名单75名，经"行政院"第726次院会通过，于1961年8月4日予以公布，并陆续发出邀请。此次会谈，主要邀请对象为教育、学术、新闻界人士。会谈将依照原定计划，以讨论现行教育设施、"国家"长期科学发展及"光复大陆后的教育重建工作"为重点。

　　陈诚于13日由美返台后，举行阳明山第二次会谈的各项筹备工作，得以迅速落实。17日，"行政院"例会通过了出席会谈的第二批邀请名单计

---

① 台北《"中央"日报》1961年8月19日。

31 名。在前后两批 106 名被邀人士中，一部分为台湾本岛和香港各公私立大学、学院及新闻事业单位的著名人士，一部分则为旅居美国、联邦德国、加拿大、萨尔瓦多等地的学人和新闻界人士。

22 日至 24 日，与会人士在正式参加会谈前，首先被组织在台北、金门等地，参观了军政、经济、文教设施。

25 日，第二次会谈在台北阳明山庄正式开始。这一天，在被邀请者中有 87 人出席，另有 62 名有关部门和单位人员列席。陈诚出席主持会谈，并首先致词。他在讲话中概述了国民党残余政权迁台前后政治、军事、财经、社会、教育等各方面的情形。他说："这次会谈是以文化、教育、科学为主，与会诸位先生，或在学术上有卓越的成就，或在文化岗位上有重大的贡献。"他强调必须"运用教育的力量"，以"谋求社会安定与政治的进步"。陈诚还重弹"反攻"老调，宣称："我们的'国策'是'反共抗俄'，而达成这项'国策'的重要工作，则是先求确保并建设台湾，再谋'反攻大陆'，拯救水深火热中的同胞。"①

26 日，由陈诚主持进行综合会谈。与会者就留学政策、文化思想、新闻等方面，提出了意见。陈诚在当天会谈结束时，发表讲话。关于留学问题。他说："对于青年'出国'留学的名额，不宜加以限制。凡接受技术训练的，亦不必限定大学毕业。"他表示相信，那些希望延长留学时期或暂时留在"国外"就业者，"在'光复大陆'以后，他们一定愿意'回国'效力"。关于香港和海外的"思想文化斗争"。他对于在海外，尤其是在香港"从事思想文化斗争人士"，"极表钦佩"。他指出，"在海外、在香港进行文化思想斗争的艰巨，和保卫金马前线的将士，具有同等的功劳与重要"。关于新闻事业问题。他说：台港现在已有报纸 31 家，刊物 700 种，通讯社 42 家，电台 64 家。"今后与其求量的发展，不如求质的改进，更为重要。"他告诉与会者，"自出版法修正公布以后，政府从不愿轻于援引执行"②。

---

① 台北《"中央"日报》1961 年 8 月 26 日。
② 台北《"中央"日报》1961 年 8 月 27 日。

陈诚在 28 日综合会谈结束时，就当前的国际形势及"反攻复国"的问题作了补充说明。他认为"当前世界紧张局势，悉由苏俄集团扩张侵略、渗透煽动所造成"；就大陆的灾荒及中共内部不安的情况而言，"反攻复国的客观条件已经具备"，"我们惟有更加团结合作，充实'光复大陆'的主观条件，并由此增进国际的同情与支援"。对于与会者发表的众多意见，陈诚表示欢迎，认为"虽见仁见智，各有不同，但同样值得重视"。同时，他又提出，"希望在大家对'反共复国'作艰苦奋斗的时候，各方人士最好在批评检讨之中，多多鼓励政府能够认真负责，勇于做事"。他重提过去说过的几句话来要求大家，即：以创造代替占有，以团结代替倾轧，以互信代替猜忌，以鼓励代替责难。陈诚强调说："中华民国"决不可能被中共所打倒，但可能被自己骂倒。"因为各种谩骂攻讦而使士气人心受到严重影响，并为政府各项措施，增加许多阻力。"①

自 29 日起，第二次会谈分 4 组进行。

在分组和综合会谈的基础上，第二次会谈于 31 日上午通过了《当前教育措施问题》《文化建设与新闻建设问题》两项研讨结论。这一天，在陈诚的主持和操纵下，还以全体与会人士的名义，发表了《促请政府早日"反攻大陆"的声明》和《对当前局势与"反共复国"的综合意见》。这两份文件，充满了"反共"和"反攻"的叫嚣。《声明》敦促台湾当局，"应把握时机，反攻大陆，击垮中共"。

31 日下午，陈诚在 6 天的阳明山第二次会谈结束前，为会谈作了总结。他认为与会者对于当前时局与"反攻复国"的问题，已经取得了一致的看法，主要是：第一，"当前世界紧张纷乱局势的日益严重，系由共产集团扩张侵略所造成"；第二，"没有自由统一的中国，亚洲和世界的安全和平便不能确保"；第三，"相信我们的奋斗一定会得到最后的成功"。陈诚对于会谈中四个小组分别议论的当前教育措施、文化建设与新闻事业、大陆"光复"后的文教重建、国际情势与"反共复国"等问题，逐一发表了结论性

---

① 台北《"中央"日报》1961 年 8 月 29 日。

的意见，并将这些问题死死地扣住"反攻复国"这一中心内容。陈诚指出，"当前的反共斗争，实质上是一种文化斗争"。他针对与会新闻人士要求保障新闻自由的问题，特别强调：自由与责任是对等的，所以一方面要尊重新闻自由，另一方面要承担与之俱来的责任；民主自由是一种生活方式，民主不能离开法治，自由不能离开自律。陈诚声称："大陆光复"之后，大陆上"被迫害的知识分子"，是文教重建工作的"一个主要力量"；由于"共产主义的思想与制度，不适合人性要求"，"所以大陆光复后，共产思想的流毒并不是一个严重问题"。他强调，"'复国'要靠我们自己流血流汗，要依靠中国人民奋斗牺牲"；但是，中共的失败，"并非就是我们'复国'的成功"，"如果我们在'光复大陆'后，仍如抗战胜利后一样的无计划、无办法，那将招致再度的失败"。最后，陈诚希望每一位与会人士回去后，"都能变成推进团结与'复国'的一座发动机"，"要对'国家'负责，要对历史负责，更要对这一代的同胞和后代子孙有一个交代"①。

陈诚一手主持的阳明山第二次会谈，也和他在一个半月前主持的第一次会谈一样，政治喧嚣淹没了对于实际问题的讨论。这只不过是陈诚秉承蒋介石的意旨，对文化、教育、学术界的海内外知名人士，采用的一种拉拢手段和精神战。当然，一些正直的学者和新闻界人士，在发展文化、教育、科学事业，争取新闻自由方面，还是提出了若干有益的建议。

四　出访南越

陈诚声称：南越当局和人民，"在贤明的吴总统领导下，以艰苦卓绝的精神，推行各种国家建设工作，已获得长足的进步"，"反共反颠覆战争，已获得重大的胜利，有许多事实和经验，是值得我们观摩和借镜的"。吴庭艳则称赞说："中国的两位伟大领袖——蒋'总统'和陈'副总统'，是绝对不会失败的！"陈诚以台北市和西贡市相比，介绍说："西贡现有

---

① 《陈兼"院长"综合结论全文》，台北《"中央"日报》1961 年 9 月 1 日。

人口两百万，比台北多一倍，他市政建设甚为进步，街道整齐清洁，一切
秩序井然。"

　　1963年春，正当南越吴庭艳集团不断遭到越南南方人民武装力量沉重
打击的时候，台湾当局为了表示对吴庭艳集团的支持，加强国际反共势力
的团结，陈诚衔蒋介石之命，于3月4日至9日，代表蒋介石，作为对3
年前南越"总统"吴庭艳访台的答聘，访问了南越。

1963年3月4日陈诚（左一）访问南越

　　南越吴庭艳统治集团是亚洲反共的急先锋，在政治上与台湾当局可说
是"难兄难弟"。因此，他们对于陈诚的访问，特别重视。早在陈诚到达
西贡前两天，南越当局的高级官员和武装部队，就开始在新山一机场进行
欢迎陈诚到来的演练。从机场通往"总统府"道路上和陈诚下榻处，都挂
上了"两国国旗"；在交通枢纽处，特建了两座欢迎牌楼。

　　4日上午9时30分，陈诚率"外交部长"沈昌焕、"教育部长"暨"中
越文化经济协会会长"黄季陆、副参谋总长赖名汤、陆军副总司令胡琏等，
乘坐"中美"号专机，自台北松山机场，飞赴西贡。起飞前，陈诚向记者

们宣读了一个准备好的讲话稿，客气地说："我请各位不要提出问题，要多给我一些指示。"当记者们发问时，他立刻幽默地回答说："你这个是问题，不是指示。"陈诚声称：南越当局和人民，"在贤明的吴总统领导下，以艰苦卓绝的精神，推行各种国家建设工作，已获得长足的进步"，"反共反颠覆战争，已获得重大的胜利，有许多事实和经验，是值得我们观摩和借镜的"。在访问期间，他将和吴庭艳及其他官员，"就当前世界局势，特别是亚洲地区情势"，及有关双方"共同利益的各项问题交换意见，寻求解决这些问题的正确途径"①。

当天下午 3 时 30 分，陈诚一行抵达西贡新山一机场，受到了南越"副总统"阮玉书等高级官员的欢迎。陈诚在机场发表了书面谈话。内称：台湾与南越当局，"今天面对着共同的敌人，进行着共同的战斗，追求着共同的理想，今后，更需要坚强地团结在一起"。他称颂说：南越"在各项建设中的卓越成就，增强了我们保卫亚洲的力量；在'剿共'战争中的重大胜利，坚定了我们反共必胜的信心"②。

当晚，陈诚接见了南越华侨中的知名人士，向他们传达了蒋介石的话："政府'反攻大陆'的时机，已日益接近，并已掌握必胜左券。"击败中共的力量有三，即"在台湾的军民、海外华侨和大陆上的同胞"。陈诚告诫当地华侨："中越'两国'好像兄弟，现在面临同一命运，应该同舟共济"；应"以财力和人力协助越南的经济建设和反共斗争"，"越南的胜利，就是我们'中华民国'的胜利"③。

5 日上午，陈诚拜会吴庭艳，代表蒋介石以象牙船一座及由蒋亲自签名的半身相片一张赠吴庭艳，以珊瑚十字架赠吴庭艳夫人。陈本人则以翡翠挂屏四幅、古鼎一只赠吴庭艳。接着，双方进行了首次会谈。台湾方面参加会谈的有沈昌焕、黄季陆、赖名汤、胡琏、"外交部顾问"王季徵、驻越南"大使"袁子健；南越方面参加会谈的还有"副总统"阮玉书、"外

---

① 台北《"中央"日报》1963 年 3 月 5 日。
② 台北《"中央"日报》1963 年 3 月 5 日。
③ 台北《"中央"日报》1963 年 3 月 6 日。

交部长"武文牡、"教育部长"阮光程、"代理国防部长"阮迁淳和"参谋总长"黎文巳。

陈诚一行，于当晚出席了南越"副总统"阮玉书举行的欢迎宴会。陈诚在宴会致词时，竭力强调台湾和南越所处的共同命运。他说："越、中'两国'人民血统上、文化上有不可分的密切关系，在地理上又唇齿相依，使彼此成为祸福与共的兄弟之邦。第二次世界大战以后，国际共党在亚洲大举侵略扩张，中国大陆沦入铁幕，越南也遭受分割。事实证明，越、中两大民族今天命运相同，目标一致，比过去任何时期更迫切需要坚强的团结、全面的合作。"①

6日下午，陈诚会晤了"越南总统府政治顾问"、吴庭艳的胞弟吴庭琛。台湾报纸称吴庭琛为"坚决反共的越南青年领袖"、"战略村"的实际负责人、"越南的诸葛亮"。

当晚，陈诚举行答谢宴会，招待阮玉书及其他南越高级官员。陈诚对于南越所怀有的特殊感情，溢于言表。他说："拿'兄弟之邦'来表达越、中两个'国家'、民族之间的热情，现在已不十分恰当了；我们应该说'越、中一家'。"陈诚意味深长地说，"有若干友人对于我们的政治批评很多，他们用意虽好，但完全不了解中国的国情"，不懂得共产党"民主斗争的阴谋"，不知道共产党"统战策略的厉害"。他鼓励对方说：南越当局"在政治、经济、文化和思想战线上，都已击败了共党'匪徒'，军事的胜利是必然的"。阮玉书在答词中称："志向一致的国家间的真诚合作，才是一项增强对付共同敌人的有效武器。"他表示希望与台湾当局都能"实现统一国土的愿望，并合作建立富强的经济安定的社会及优美的文化"②。

陈诚在访问过程中，与吴庭艳相互之间，以及吴庭艳对于蒋介石，都竭力吹捧。陈诚在吴庭艳举行的宴会上，称吴是"当代亚洲杰出的政治家"、"融合东西方文化的思想家"，是"越南共和国的创造者"、"世界最伟

---

① 台北《"中央"日报》1963年3月6日。
② 台北《"中央"日报》1963年3月7日。

大的反共领袖之一"①。吴庭艳则称赞说："我们对于蒋'总统'的任何见解，都应该留意，来增强我们的信心。""中国的两位伟大领袖——蒋'总统'和陈'副总统'，是绝对不会失败的！"②

陈诚在南越期间，与吴庭艳先后举行四次会谈，参观了越南纺织厂、苟知"战略村"、"国立"行政学院和越南军官学校，并将访问时间延长一天。

由陈诚和吴庭艳签署的《中越"两国"政府联合公报》于9日发表。据《公报》载，陈诚一行对于给越南南方人民带来巨大灾难的"战略邑"，"获有深刻之印象，认为此乃将来制胜共产党之基本因素，并为在民主基础上加速发展国家政治、经济、社会革命之设施"。《公报》宣称，台湾、南越双方共同认为：南越"在亚洲的战略地位至为重要"，其所进行的反共斗争，"为自由世界反共斗争的一环，并为东南亚各国的和平与安全所系，应获得所有自由国家在各方面一致的积极支持"。《公报》强调，对台湾当局"予以道义与物质上支持"③。

是日，陈诚一行结束了对南越的访问，于上午10时40分由西贡乘"中美"号专机返台。行前，陈诚复至"总统府"向吴庭艳辞行。南越"副总统"阮玉书等高级官员到机场送行。陈诚在机场发表了简短的讲话，竭力为南越在各方面所取得的"成就"贴金，他表示，双方今后要"在吴'总统'和蒋'总统'的领导下"，"相亲相爱，精诚团结，战斗在一起，胜利在一起"④。

下午3时45分，陈诚座机在台北松山机场降落。陈诚向聚集在机场的记者们发表了谈话。他说：台湾与南越之间，今后将以经济技术合作为基础，自然走向全面的合作。他表示，"深信只要自由亚洲各国肯负起保卫亚洲

① 台北《"中央"日报》1963年3月8日。
② 台北《"中央"日报》1963年3月10日。
③ 台北《"中央"日报》1963年3月10日。
④ 台北《"中央"日报》1963年3月10日。

的责任，自动地坚强地团结起来，则亚洲的局势必将迅速改观"①。

12 日，陈诚向"立法院"报告访问南越的观感。他对南越的经济建设和对人民革命运动的镇压，大加赞扬，说：南越"全国上下已切实实施战时生活，并在乡村建立反共堡垒——战略村，不但在军事上奠定了肃清越共的基础，而且在生产建设方面也有飞跃的进步"。陈诚以台北市和西贡市相比，介绍说："西贡现有人口两百万，比台北多一倍，但市政建设甚为进步，街道整齐清洁，一切秩序井然。"他向"立法委员"们呼吁："我们应该学习人家这种蓬勃奋发的精神，厉行战时生活，以提早完成'反攻复国'的大业。"②

陈诚对南越的访问，达到了预定的目的，密切了这两个政权之间的关系，加强了它们之间的反共联盟。

五　访问菲律宾

这是他在三年中的第三次出访，也是他一生中的最后一次出访。陈诚在宴会上称颂了马嘉柏皋"在领导国家建设和国际事务方面"所显现出的"崇高的理想与正确的目标"，"卓越的智慧和坚定的决心"；感谢菲律宾对台湾当局所给予的"道义的政治的积极支持"和"伟大而诚挚的友情"。陈诚此次出访菲律宾的重要任务之一，是向菲律宾介绍台湾进行"土地改革"的经验。陈诚着重向菲律宾"土地改革"的专家们介绍了两条经验：一是"要说服地主支持"。二是"必须要有足够的中下级干部"。

陈诚在访问南越之后，只休息了一周，便又开始了对菲律宾的访问。这是他在三年中的第三次出访，也是他一生中的最后一次出访。此次访问，他仍然作为蒋介石的代表，并作为对菲律宾前总统贾西亚和时任副总统的

① 台北《"中央"日报》1963 年 3 月 10 日。
② 台北《"中央"日报》1963 年 3 月 13 日。

马嘉柏皋于 1960 年访台的回访。陈诚的夫人谭祥女士陪同访问，在随行人员中，还有"外交部长"沈昌焕、"财政部长"严家淦等 17 人。菲总统府宣布，"将以最隆重的礼节"欢迎陈诚的访问。

　　1963 年 3 月 20 日下午，在陈诚一行乘坐的"中美"号专机飞入菲律宾国境后，即由菲国派出的 10 架喷气战斗机，将其迎护至马尼拉上空。专机于 4 时降落于马尼拉国际机场。菲律宾总统马嘉柏皋与夫人亲至机场迎接。陈诚在机场发表了书面讲话。他说：在此次访问中，他将与菲律宾政府首脑"商讨当前世界局势及亚洲反共斗争情势"，并就与双方"共同利益有关的各项问题，交换意见"；同时，还要代表蒋介石，向当地的华侨"表示慰问之意"①。

　　当晚，马嘉柏皋设宴欢迎陈诚抵菲访问。宴会前，马、陈之间互赠了勋章。马嘉柏皋以菲国喜嘉图纳族长最高勋章赠陈诚，以金心总统勋章赠陈诚夫人；陈诚则回赠采玉大勋章给马嘉柏皋，以特种大绶云麾勋章赠马嘉柏皋夫人。陈诚在宴会上称颂了马嘉柏皋"在领导国家建设和国际事务方面"所显现出的"崇高的理想与正确的目标"，"卓越的智慧和坚定的决心"；感谢菲律宾对台湾当局所给予的"道义的政治的积极支持"和"伟大而诚挚的友情"。陈诚说："我们深深了解，坚决反共乃贵国举国一致的政策。"他强调台湾同菲律宾，"在西太平洋反共的防线上"，"不仅同为重要的环节，而且是唇齿相关处于守望相助的地位"；双方应"更紧密地团结在一起，共同努力以争取反共斗争的胜利"②。

　　陈诚被台湾报纸夸耀为"亚洲第一流土地改革专家"。菲律宾也希望实行和平的"土地改革"，来缓和农民同地主之间的矛盾。马嘉柏皋曾经提出了废除佃农的计划。因此，陈诚此次出访菲律宾的重要任务之一，是向菲律宾介绍台湾进行"土地改革"的经验。21 日上午，陈诚一行听取了菲方关于实行"土地改革"的计划及"致力提高其千百万农民地位所作的

---

① 台北《"中央"日报》1963 年 3 月 21 日。
② 台北《"中央"日报》1963 年 3 月 21 日。

努力"的报告。陈诚认为菲律宾所面临的"土地改革"问题，"并不严重，是可以解决的"，并称赞了马嘉柏皋推行的"大胆的土地改革计划"。接着，陈诚便介绍了台湾进行"土地改革"的情况和经验。他说："一个好的土地改革计划，于实行之初，并不会使生产减低"。以台湾为例，在实行改革的第一年，农产品增加了20%。他声称：台湾的"土地改革"，"不仅使农民获益，也使地主和'政府'蒙受其利"。"就农民而言，土地改革使他们收入增加；就地主言，因为可以把他们从土地的所得投资于工业，而提高了他们的社会地位；就政府言，土地改革带来了更多的收入，生产激增，出口增加，获取更多的外汇，并加速了工业化。"陈诚着重向菲律宾"土地改革"的专家们介绍了两条经验：一是"要说服地主支持"。要"教育地主"，"使他们确信，土地改革对他们是有利的"。二是"必须要有足够的中下级干部"，台湾是"由'中央'政府训练省级人员，省政府训练县级人员，县政府训练乡镇人员"①。

这天上午，陈诚还向马嘉柏皋等赠送了礼品。他代表蒋介石将一艘象牙船和一张由蒋亲自签名的照片赠送给马嘉柏皋；他自己则以一串珊瑚项珠和一套西装料赠马。陈诚在拜会菲律宾副总统兼外交部长白莱斯时，以一套西装料和一套雕花桌子相赠。后来，马嘉柏皋回赠给蒋介石一件菲律宾特制的礼服，给陈诚一只用贝壳制成的茶几，并以5面瓷盘分赠蒋介石夫妇、陈诚夫妇和"外交部长"沈昌焕。

21日中午，陈诚在出席白莱斯举行的午宴前，又代表台湾当局，将特种大绶景星勋章颁赠给白莱斯，以酬谢他"在增进中菲友谊合作以及对世界和平上所作的贡献"。白莱斯不久前刚进行了一次大的手术，正在退伍军人医院休养，因此他没有参加前一天的欢迎仪式和马嘉柏皋举行的国宴。陈诚在午宴上，邀请白莱斯可以带几位菲律宾地主一起到台湾去参观，以使他们知道，在菲律宾实施"土地改革"，并不会对他们有害。遗憾的是，白莱斯并没有当场爽快地接受陈诚的这番好意，他只是说，

---

① 台北《"中央"日报》1963年3月22日。

先要看看有没有时间去台湾访问。当这种不够得体的报道见诸报端后，白莱斯急忙在 23 日宣布，"将尽早访问'中华民国'"，并表示"菲律宾政府将组织一个农民、地主和专家的访问团，前往台湾参观土地改革计划及其他设施"[①]。

22 日，陈诚一行赴马尼拉以南 62 公里的罗巴诺斯参观菲律宾大学农学院和国际稻米研究所。当晚，陈诚夫妇在马尼拉大旅社举行答谢宴会，马嘉柏皋夫妇应邀出席。在陈诚不长的致词中，称中国大陆，由于"农业的破产，工业的瘫痪"，"连年严重的普遍饥荒"，使中共政权已"走到崩溃的边缘"；中共领导人"为了挽救其灭亡的命运，正准备在亚洲实行军事冒险"。他鼓动说："我们若不乘此良机，采取积极行动，以拔除亚洲祸根"，使中共政权"渡过难关，则亚洲甚至整个自由世界将进入一个黑暗的时代"。陈诚慷慨激昂地宣称："世界和平不可分，自由亦不可分，爱好自由的国家与人民要想永远确保自由，必须用自由之火毁掉共党奴役的枷锁，使在黑暗中挣扎的人民重见光明。"他认为："目前世界最大的危机，不是国际共党的武装侵略或渗透颠覆，而是自由世界本身思想观念的错误与混乱。""只要大家一致了解，今天的反共斗争已经不是种族的、宗教的和国家的战争，一切不同种族和宗教信仰的国家和人民联合起来，和共同的敌人国际共党斗争，则世界局势便立刻改观。"陈诚进而鼓吹菲律宾与台湾共同努力，进行反共斗争。他说：菲律宾与台湾"都是亚洲坚决反共的'国家'，而且是曾经和正在共患难的朋友，痛苦的经验使我们深切了解世界反共斗争的性质和争取胜利的正确途径。我们需要共同努力，促使自由世界统一意志，集中力量，在全球性反共斗争的各个战场互相策应，一致行动"[②]。

陈诚在菲期间，虽与马嘉柏皋有过多次的会晤、接触，但是，作为"政府"间最高级官员的正式会谈，只进行了一次，共一个小时。23 日上午，

---

① 台北《"中央"日报》1963 年 3 月 24 日。
② 台北《"中央"日报》1963 年 3 月 23 日。

在陈诚一行离开菲律宾前几个小时，举行了这样的会谈。会谈结束后，立即发表了《联合公报》。《公报》说，在访问期间，陈诚与马嘉柏皋总统、白莱斯副总统，"曾就当前世界局势特别是东南亚洲地区反共斗争情势，及其他有关'两国'共同利益问题，坦诚充分交换意见"。对于华侨等有争议的问题，《公报》含混地说：双方曾对"各项悬案，予以适当考虑"，双方同意，"为达成'两国'间更进一步的合作起见，'两国'政府将基于'两国'人民之传统友谊与亲善精神，对此等问题早日觅致最后解决之方案"。《公报》宣布，双方已达成共同见解的事项为：（1）"当前远东与东南亚的情势，比过去更加危险"，"在此一地区的国家，面对国际共产主义之威胁，尤应提高警觉，并加强团结"；（2）中共政权是"亚洲之主要祸乱根源"；（3）"为了共同安全与亚洲和平，同意采取一切必要步骤"，以加强双方的"团结合作"①。

陈诚一行于当日上午启程，仍乘"中美"号专机离菲返台。下午2时20分，返抵台北松山机场。台湾"总统府秘书长"张群、"行政院副院长"王云五、"政务委员"蒋经国等到机场迎接。陈诚在机场发表的书面讲话称：经过这次访问，更深切地了解到，台湾与菲律宾"在共同反共的大原则、大目标之下，相互间的合作与团结，是至诚的"；旅菲侨胞，"希望'反攻大陆'之殷切，是难以言语形容的"。对于菲律宾华侨在当地所面临的种种困难和矛盾，陈诚说，"政府将竭力谋求解决若干侨胞遭遇的困难问题，希望他们共体时艰，继续发扬自爱、自重、克己、守法的美德，与菲律宾政府和人民充分合作"，以期对反共的事业有更大的贡献②。

访菲之后，陈诚的身体渐趋衰弱，再未到外国去进行访问。作为他访菲的反响，菲律宾的土地专家、行政官员，络绎不绝地到台湾来观摩"土地改革成果"。陈诚在健康状况允许的时候，很乐于接待这些参观访问者，并回答他们提出的问题。

---

① 台北《"中央"日报》1963年3月24日。
② 台北《"中央"日报》1963年3月24日。

六 生命的终点

陈诚口授遗言三条:一、希望同志们一心一德,在总裁领导之下,完成国民革命大业。二、不要消极,地不分东西南北,人不分男女老幼,全国军民,共此患难。三、党存俱存,务求内部团结,前途大有可为。蒋介石下令:自3月6日起,全体军政机关、部队、学校、团体等,一律下半旗10日,并停止娱乐及宴会;公祭及殡葬之日,民间一律悬挂半旗,并停止娱乐及宴会。蒋亲书挽联曰:"光复志节已至最后奋斗关头,那堪吊此国殇,果有数耶!革命事业尚在共同完成阶段,竟忍夺我元辅,岂无天乎?"

陈诚早在1948年于上海施行胃部手术时,即已发现肝脏有中等程度的硬化现象。此后,多年来不断对肝脏功能及肝硬化可能导致的并发症作定期检查和经常性治疗。

1964年9月3日起,陈诚连续腹泻,体重遽降,虽予药物及营养治疗,亦未见效。10月14日,由陈耀翰医师陪同巴大维、张先林两教授,共同会诊,发现肝脏肿大,甚坚硬,表面有蛋形硬块,诊断为肝硬化合并肝癌症。20日,陈诚赴荣民总医院作放射及肝功能检查,发现右上腹部硬块与临床诊断相符。主治医师遂遵蒋介石、宋美龄之嘱,于陈诚官邸设立设备完整的临时病室,并指定两名医师、3名护士及1名营养专家,日夜照顾。旋将腹泻症有效控制。27日作肝脏穿刺检查,经病理分析,确诊为肝癌。鉴于当前世界各国对肝癌尚无有效药物治疗,而放射疗法亦无法根治,故决定以支持其营养及解除其痛苦为原则。蒋介石命立即成立医师诊疗小组。遂聘巴大维教授、娄克斯博士、张先林教授及陈耀翰医师等为顾问医师;指定沈彦医师为主治医师;董玉京、陈良甫两医师在陈诚身边值班;"国防"医学院院长卢致德负责筹划一切行政及技术事宜,并为诊疗小组负责人。11月,先后延请纽约娄克斯博士、纽约癌症纪念医院院长大维·卡诺夫斯基博士专程赴台会诊;同时,函请美国内科权威罗尔博教授,癌症专家盖洪博士、乔治·摩尔博士以及香港放射线治疗专家等会诊。其结果，一致认为：肝癌之诊断殆无疑义；目前各国实无根治肝癌之疗法；任何放射性以及中、西药物等治疗，除可能增加患者之痛苦外，实无甚效用；治疗之准则厥为支持其体力以及灭除其痛苦，尽可能予以延长其安适而无苦楚之生命。①

经一月余时间，连续使用营养、止痛药物，陈诚一度食欲增加，消化良好，精神、体力俱见增进，已能在花园散步，逗弄依偎膝下的孙子、外孙。但癌肿则继续增大，并转移至左肺下叶。

1965 年 1 月 17 日，陈诚突患重感冒，合并支气管肺炎，病状持续两周之久。经对症治疗，急性症状逐渐消失，但体力及精神迅趋下降，食欲消失，两腿浮肿，腹水增加，肝癌增大至脐下，皮下现出出血性紫斑及黄疸。经再请中医诊视，亦作肝癌之诊断，并认为无根治之中药疗法。

2 月 27 日，陈诚体温忽降至 35℃以下，呼吸每分钟仅有 8 至 12 次，脉搏增加至每分钟 100 次以上，血压亦逐渐降低，终日呈半睡眠状态。当晚，医师诊疗小组发表了关于陈诚的第一次病情公报，内称："医师诊疗小组及各顾问医师决定治疗之准则及主要任务，均为安排如何使'副总统'获得安适，所有治疗之方法均循此原则。"②公报的发表，实际上向公众宣布了医生们已经束手无策。同日，美联社从台北发出了一条惊人的电讯，称陈诚已进入弥留状态，其生命不会延长一周。③虽然陈诚身边的医生否认这条电讯的内容为事实，但陈诚的生命日程表却证实了这条电讯的正确。陈诚在这天以后，一共又活了 6 天。

自 3 月 3 日起，陈诚已不能饮食。是日晨 8 时左右，他屏退医师、护士，召长子履安带纸笔至其身边，口授遗言三条：

---

① 《医师诊疗小组的第二次病情公报》，载朱传誉主编《陈诚传记资料》，台北天一出版社 1979 年版，第 284 页。

② 《医师诊疗小组的第一次病情公报》，载朱传誉主编《陈诚传记资料》，台北天一出版社 1979 年版，第 283 页。

③ 何定藩主编《陈诚先生传》辑录资料，"旷世勋猷昭青史，举国哀悼失导师"，台北"反共出版社"1965 年版，第 14 页。

一、希望同志们一心一德，在总裁领导之下，完成国民革命大业。

二、不要消极，地不分东西南北，人不分男女老幼，全国军民，共此患难。

三、党存俱存，务求内部团结，前途大有可为。①

陈诚长子、台湾前"国家科学委员会主任"、"经济部长"、

"国防部长"、"监察院长"陈履安

这66字的遗言，思路清晰，内容完整，是他对人们提出的要求，也应当是他一生经验的总结。然而，与陈诚一贯的思想、言论及当时台湾的政治气候相比较，人们不难发现，其中竟未出现"反共"和"反攻"一类的词句。这是出自偶然，还是陈诚临终有感？殊堪玩味。

4日上午，陈诚病情已相当危急，脉搏每分钟在百次以上，血压降至80；下午，他断断续续地向家人吩咐："我很累，恐怕不行了，别人要来

① 台北《"中央"日报》1965年3月6日。

看我的，你们不必再阻止他们，让他们进来，见我一面。"诊疗小组遂取消禁令，让各界官员及其亲友入内探视。5 日上午，血压降至 60；至 10 时以后，血压继续下降，神志逐渐昏迷。下午 1 时 10 分，宋美龄前来探视弥留中的陈诚。6 时 30 分，陈诚呼吸已十分微弱，医生及其家属将卧室门关上，不再让人们进去。7 时 5 分，陈诚最终停止了呼吸，享年 68 岁。时其夫人谭祥，长子履安、四子履洁、长女陈幸、次女陈平立于榻前；次子履庆、三子履碚在美国读书，未及返回。3 刻钟后，宋美龄再次前来与陈诚遗体告别。

1954 年陈诚与夫人谭祥及子女陈幸（右二）、陈平（右四）、履安（右三）、

履庆（右五）、履碚（右六）、履洁（右一）合影

台湾当局对于作为蒋介石副手的陈诚之逝世，极为重视，给予了特殊的哀荣。台湾国民党中央常务委员会于 5 日当晚举行临时常会，作出决议，称陈诚在其一生中，"革命圣战，无役不从，烛照机先，深谋果断"，"不辞艰危，不避劳怨"；"镇抚东南，秉承总裁指示，贯彻党的政策，以土地改革安定民生，以工业建设增强国力，俾克建设台湾为三民主义模范省，承担'反攻复国'之大业"①。蒋介石亦于当天发布"总统令"，特派"总

① 台北《"中央"日报》1965 年 3 月 6 日。

统府秘书长"张群、"行政院长"严家淦、"立法院长"黄国书、"司法院长"谢冠生、"考试院长"莫德惠、"监察院代院长"李嗣璁、"总统府战略顾问委员会主任委员"何应钦、"最高国防会议秘书长"顾祝同、"参军长"周至柔、"光复大陆设计委员会代主任委员"薛岳、"国民大会秘书长"谷正纲、台湾中国国民党中央委员会秘书长谷凤翔组成治丧委员会，"敬谨治丧，以示优隆，而昭崇报"①。蒋还下令：自3月6日起，全体军政机关、部队、学校、团体等，一律下半旗10日，并停止娱乐及宴会；公祭及殡葬之日，民间一律悬挂半旗，并停止娱乐及宴会。台湾"国防部"亦下令，三军为陈诚服丧，各单位自6日晨6时起至15日日落时止，一律下半旗志哀；官兵自6日起至15日止，一律缀佩丧章；凡备有礼炮之部队，于6日中午12时，鸣放哀炮19响。②

陈诚遗体于10日上午，在台北市殡仪馆入殓。"总统府秘书长"张群为主祭官。蒋介石、宋美龄前往含泪吊祭。其灵柩所用棺木，为采自阿里山巅的天然香杉，直径2米，年轮达2000个以上，费资约3万元新台币。

以蒋介石为首的台湾党政当局，为陈诚的逝世举办了极为隆重的丧仪，同时，也通过各种方式，对陈诚效忠国民党、蒋介石的一生，给予了极高的评价。蒋介石亲题挽匾"党国精华"。蒋氏父子还在挽辞中，刻意将对陈诚的悼念与"收复"大陆联系到一起。蒋介石书挽联曰："光复志节已至最后奋斗关头，那堪吊此国殇，果有数耶！革命事业尚在共同完成阶段，竟忍夺我元辅，岂无天乎？"蒋经国吊曰："三十年导师中殂，忧国不忧身，少长皆令照肝胆；千万里疆土待复，为河亦为岳，涕洟原许负弓旌。"陈诚夫人谭祥亦仿其意，哀称："结缡自卅载相守以还，怜君尽瘁邦家，临难每忘身，遗恨中原犹未复；易箦在一息仅存之际，顾我栖迟病榻，伤心成独活，那堪白首不同归。"也有些挽辞，较为客观地颂扬陈诚："孤岛扶危，竭尽心力。""武

① 《"中华民国"褒扬令集》初编（十三），1985年编印，第8013页。
② 台北《"中央"日报》1965年3月6日。

略文韬，大名垂宇宙；均田治水，至计赞中兴。"①

28名台湾国民党中央常委和治丧委员，其中包括张群、蒋经国、严家淦、谢东闵、何应钦、顾祝同、彭孟缉、黄少谷等，自3月10日下午6时起，至翌日上午8时止，轮流在市立殡仪馆陪护陈诚灵柩。

8月28日，由旅菲侨团捐款、雕塑家陈一帆塑造的陈诚半身铜像，收入台湾"国立历史博物馆"国家历史人像室。

1965年陈诚长子陈履安与美国副总统尼克松在陈诚丧礼上

七 安息在水一方

由于蒋介石迷信风水，他指示要为陈诚选一处"龙穴"作为墓址。蒋经国称赞这座墓址"风藏气聚，山水环抱，龙虎比和，万山朝拜，万派归源，气象阔大"。蒋介石在陈诚灵前献了白色花圈，并行三鞠躬礼。礼成后，

① 所引挽辞，均见何定藩主编《陈诚先生传》辑录资料，台北"反共出版"社1965年版。

他进入灵帏，在陈诚灵枢前环视一周，带着忧伤的神情，黯然离去。11 时30 分，蒋介石在哀乐声中，亲临墓地。这是他在 4 小时内，第二次来到陈诚灵前致祭。他在陈诚的遗像前献花、行礼；然后，默默地巡视墓地一周，没有和任何人说一句话，默然离去。陈诚的墓地与他的家乡青田县，直线距离只有 400 公里左右，可谓近在咫尺。可是，茫茫的台湾海峡和一道无形的墙，将陈诚的墓地隔绝在水之一方。

大殓之后，遂由国民党中央党部副秘书长、治丧办事处副主任郭骥，负责勘选墓址。台湾当局公开宣称的说法是：墓址必须风景优美、环境雅洁、交通便利，同时还要考虑到费用节省的因素。为此，治丧办事处婉言谢绝了观音山农场一位董事长自愿无偿奉献出的一片土地，理由是那里过于偏僻，修筑道路的工程费用太大。但是，据一些资料透露：由于蒋介石迷信风水，他指示要为陈诚选一处"龙穴"作为墓址。为此，郭骥同一风水高手曾跑遍了阳明山、北投、淡水、观音山等地，最后还是由台湾名望甚高的"地理仙"曾子南，勘定台北县泰山乡的一处"雄狮出林穴"作为墓址。蒋经国称赞这座墓址"风藏气聚，山水环抱，龙虎比和，万山朝拜，万派归源，气象阔大"。

经过 4 个多月才选定的泰山乡墓址，在同荣村一块海拔 400 米的山腰平台上。这里四周是连绵的山峰，山坡上植满了郁郁葱葱的修竹和相思树。由陈诚主持修建的石门水库放出的水，长年灌溉着附近一望无垠的良田。墓地依山带水，视野广阔，气势雄伟，交通方便。从台北乘车到同荣村，只要 20 分钟，从同荣村再步行 10 分钟，就可以到达墓园。

治丧办事处请七八名建筑设计师同时为陈诚的墓园设计图样，规定以简朴、庄严、雅致和节约为原则。著名建筑设计师杨卓成先生以其简单、朴实的图样独占鳌头，为治丧办事处选中。

墓地工程于 7 月底正式动工。经半个月日夜施工，至 8 月中旬，墓园及墓穴工程告竣。墓园依陡峭的山势而建，经 6 层 240 级台阶而达于墓穴。台阶的中部有一大水泥广场，供凭吊者中途休息，其两端各立一块高 4.2 米、宽 8 米的墓志铭。寝墓的形状为一块高 1 米、宽 2.6 米的正方形结结实实的水泥体。墓内为磨光的水泥石，外面用纯黑色大理石包贴；四周围着石栏，可供游人静坐。墓的后方，有一座高 10 米、长 29.5 米的弧形护墙，用白水泥建筑，与黑色的墓体黑白分明。治丧委员会认为，这墓体的设计和色彩，象征着陈诚一生脚踏实地和廉洁奉公。

殡葬日期定于 8 月 30 日。陈诚治丧办事处对于殡葬日的一般仪节，作了如下规定：

一、下半旗及停止娱乐、宴会："全国"军政机关、部队、学校、团体及民间等，一律下（悬）半旗，并停止娱乐及宴会。

二、鸣放丧炮：凡备有礼炮的要塞、部队及军舰等，都于当日中午十二时起鸣放丧炮十九响。

三、佩缀丧章：凡于当日参加殡葬的人员及身份旗、武器、乐器等，都应佩缀丧章。

四、一般礼节：于灵柩移动时，鸣放丧炮时，及吹奏安息号时，除工作人员外，都应面向灵柩，武官行举手礼，文官及各界人士则脱帽肃立致敬。

五、服装穿着：（一）文官及各界人士，请着蓝袍黑褂、中山服或深色西服（结领带），武官请着夏季军常服（佩勋奖表），妇女请着素色服装。（二）外宾文官及各界人士，请着礼服或深色西服（结领带），武官请着礼服或军常服（佩勋奖表），妇女请着素色服装。①

谭祥因健康关系，经医生劝阻，没有参加送葬，故特于 29 日下午到陈诚灵前，作了最后的吊祭。

30 日晨 7 时 35 分，蒋介石赶在启灵前，第三次来到陈诚灵堂致祭。蒋

---

① 何定藩主编：《陈诚先生传》辑录资料，台北"反共出版社"1965 年版，第 105 页。

介石在陈诚灵前献了白色花圈，并行三鞠躬礼。礼成后，他进入灵帏，在陈诚灵枢前环视一周，带着忧伤的神情，黯然离去。

启灵仪式在上午 8 时整举行，由张群主祭。在献花、行礼、读"启灵文"后，缓缓的丧炮声响起，预告即将启灵。一名陆军上尉擎着"副总统"旗，立正举在灵堂左方，面向祭者。一名海军上尉捧着蒋介石亲颁的"总统褒扬令"，也站在灵堂左方，面向灵堂中央。陆海空军中尉军官各 4 名，捧着陈诚生前获得的各种勋章，分三列立于灵堂左前方，亦面向灵堂中央。灵堂门口，伫立着由陆海空三军共 18 人组成的仪仗队，作人字形排列两侧。

8 时 10 分启灵。安放在活动引台上的陈诚灵枢，由 6 名陆海空军少校扶护推出灵帏；12 名治丧委员和蒋经国、彭孟缉担任扶枢委员，分列灵枢两侧，随护前进。灵车上置有铜轨，灵枢下装有铁轮。轮盘顺着轨道滚动，使灵枢顺利地停置在灵车上。据说这种设备是仿照了西方首脑人物的灵车结构。

随着开道车上指挥官一声银笛长鸣，庞大的送殡行列开始缓缓移动。紧跟着开道车的，是排成"V"字队形的 16 辆摩托车。"副总统"旗高擎在大乐队的前面。由 121 人组成的陆海空三军联合大乐队，反复演奏着充满忧伤的《送殡进行曲》。乐队指挥只是单调、机械地将指挥棒上下移动，因为台湾当局的《军人礼节》规定，在举行丧礼时，乐队长姿势应保持端庄，不得飞舞或旋动指挥棒。

缓缓行驶的灵车上，悬挂着蒋介石手书的"党国精华"挽额；挽额两边，挂着蒋介石手题的挽联。

12 名捧勋军官，分成三排，双手捧着镶在镜框里的勋章。陈诚一生中，共获 12 枚"本国勋章"和 25 枚"外国勋章"。在"本国勋章"中，包括了国民党最高级的一等云麾勋章、一级景星勋章、一等宝鼎勋章和一等卿云勋章；包括了因抗战有功而获得的青天白日勋章、忠勤勋章、胜利勋章和在国民党派系战争中以及内战中获得的各种勋章。这些勋章，从一个侧面反映了陈诚一生的人生轨迹。

三军仪仗队由 265 人组成。他们把行进的速度比平时放慢了一半；缓慢而有节奏的步伐，显得整齐、沉重。

陈诚的儿子履安、履洁，手提哭丧棒，身穿白布孝袍，头戴高高的白色孝帽，神情悲戚，默默地走在灵车前。14 名扶柩委员，随护在灵车的两侧。由 196 个单位的代表和各界人士组成的万人执绋行列，跟随在灵车之后。

灵车过处，民众肃立道旁，组成厚厚的人墙；各商店门口与安全岛上，搭满香案、供桌。台湾《陈诚先生传》一书中有如下记述：

八时三十分发引，一条长达五公里的送殡行列，缓缓地前进，在路的两旁，满满地肃立着民众，形成两堵厚厚的人墙，高楼上也爬满了人，当灵车走过面前时，有的设香案祭吊，有的合十为礼，有的鞠躬，有的用照相机留下永恒的纪念，在木架上做工的建筑工人，也停下来就地肃立致敬。很多外籍女士也在路旁瞻仰陈氏的遗容与灵柩，有的还拍下电影。

出殡行列，一直步行到九台街口，两位孝子叩首致谢，请送殡的人们回驾，然后灵车继续前驶，但从市区直到墓园，两旁的民众，仍然密密层层，到处是香案路祭，后面送殡的大小车辆，数以百计。

马路中间安全岛的草皮上，隔个三五步便插着一把把清香；一路香烟袅绕，这些香都是市民们对陈故"副总统"的灵柩拜拜后，才插上去的……

中山北路的商铺，到处自设香案路祭，有些店铺还烧了一堆堆的黑布，鸣放一串串鞭炮。仁山庄鲜花店设的香案上面，还高书了"普惠万商"几个大字。

进入泰山乡后，远近农舍门前，均可看到乡民们扶老携幼地站在门前等候"副总统"灵柩经过。泰山乡那条小街道上，家家户户门前都设立了灵案，上面供着素烛清香、鲜花素果，有些人家甚至敲着锣鼓，以节奏简单的哀乐，表示他们心中无限的悲悼！①

灵车于 10 时 20 分抵达墓园。32 名穿白色短衣裤、白球鞋，头戴斗笠的工人，合力将灵柩抬下灵车。他们冒着炙人的秋阳，不断发出嗨嗨的声音，吃力地爬上 240 级台阶，置灵柩于墓穴之中。

陈诚墓地

11 时许，安葬典礼在墓前一座临时用杉萝搭成的丧棚中举行。治丧委员会召集人张群担任主祭。全体参祭人员向墓穴行三鞠躬礼后，6 名护灵军官将覆盖在灵柩上的"国旗"、党旗收起。后来这两面旗帜，由张群代表台湾当局，赠给了陈诚的家属保存。

11 时 30 分，蒋介石在哀乐声中，亲临墓地。这是他在 4 小时内，第二次来到陈诚灵前致祭。他在陈诚的遗像前献花、行礼；然后，默默地巡视墓地一周，没有和任何人说一句话，默然离去。蒋介石离开后，墓地既定

---

① 何定藩主编：《陈诚先生传》辑录资料，台北"反共出版社"1965 年版，第 122、125、128 页。

的葬仪继续进行。19 响丧炮隆隆响起。大家面向灵柩，武官们举手行礼，文官和市民则脱帽肃立致敬。

11 时 40 分，4 名号兵从 4 个不同的地方，同时连续吹起了安息号。号声悠悠，一代枭雄长眠地下。

陈诚的墓地与他的家乡青田县，直线距离只有 400 公里左右，可谓近在咫尺。可是，茫茫的台湾海峡和一道无形的墙，将陈诚的墓地隔绝在水之一方。①

---

① 据报载，1993 年 8 月，陈诚六子女一致决定：根据其父生前"诚死火葬，以不占地为原则"之遗愿，将其遗骸捡出火化后，安放于高雄佛光山灵骨塔；捐出泰山乡陈诚墓园及其所属土地，供"总统府"另行处理。

附　录

陈诚生平大事年表

1898 年

1 月 4 日　出生于浙江青田县高市，父陈希文，母洪氏。

1905 年

始从堂伯父就学，父亦常亲自督教。

1906 年

入高市小学读书。

1912 年

自高市小学毕业，在家补习。

1913 年

春　考入丽水浙江省立第十一中学读书。

秋　以学费困难，转入丽水浙江省立第十一师范学校读书。

1917 年

12 月　自浙江省立第十一师范学校毕业。

1918 年

春　与吴舜莲女士结婚。

夏　插班考入杭州体育专门学校，旋即毕业。

10 月　考入保定陆军军官学校，随即分发至陆军第九师炮团入伍训练。

1919 年

6 月　于炮团训练期满，正式入保定军官学校第八期学习，分隶炮科。

1920 年

7 月　因爆发直皖战争，保定军校停办，遂南下广东参加中国国民党，入粤军第一师第三团。

1921 年

10 月　保定军校复课，乃北返继续军校学业。

1922 年

6 月　自保定军校毕业，分发至浙江第二师第六团第三连任见习官，旋补少尉排长。

1923 年

3 月　任建国粤军第一师第三团中尉副官，旋调上尉连长，负责大元帅府警卫。

5 月　随孙中山出征西江，参与对沈鸿英叛军作战，胸部中弹受伤。

9 月　升师部独立连少校连长。

1924 年

春　任黄埔军官学校上尉特别官佐，负教育副官职。

10 月　父希文病故于青田，返乡奔丧。

1925 年

1 月　任黄埔军校校军炮兵营第一连上尉连长，参加第一次东征。

2 月　在淡水城之役中，指挥炮击城墙，初获战果。

3 月　投入棉湖战役，发炮阻敌前进，再建战功。

6 月　回师广州，讨伐杨希闵、刘震寰，在歼灭滇军胡思舜部战斗中，建有殊功。

10 月　参加第二次东征，炮击惠州城，致是役大胜；旋因功升迁炮兵第二营少校营长。

1926 年

1 月　任黄埔军校特科大队长。

4 月　任军校炮兵科长。

7 月　参加广东国民政府北伐，初任国民革命军总司令部中校参谋，旋任预备第一师第三团团长。

11 月　随预备第一师改编为第二十一师、第三团改编为第六十三团，而改任第六十三团上校团长。

1927 年

2-3 月　率部在浙江桐庐、新登间与军阀孙传芳激战，并乘胜克复杭州。

4 月　擢升第二十一师少将副师长。

5 月下旬　率部渡江进击扬州，后驻防蚌埠。

6 月　晋升第二十一师师长。

8 月　率部进击南京栖霞山孙传芳军。

10 月　免第二十一师师长职，居沪。旋出任国民政府军事委员会军政厅副厅长，兼驻上海办事处主任。

12 月　代理军事委员会军政厅厅长。

1928 年

3 月　兼军事教育处处长。

4 月　任国民革命军总司令部警卫司令，兼炮兵集团指挥官。

7 月　任第十一师副师长。

10 月　兼代第一师第三十一旅旅长。

1929 年

4 月　奉命率部进驻武昌。

5 月　奉命率部移驻襄樊。

6 月　升任第十一师少将师长，旋升任第二军副军长。

10 月　兼"讨逆军"第二军副军长。

12 月　率部对唐生智军作战，大胜。

1930 年

3 月　兼蚌埠戒严司令。

5 月　率第十一师参加中原大战，收复马牧集，克复归德，进逼宁陵。

7 月　移师援曲阜，曲阜解围。

8 月　率部抢先攻占济南，立战功；旋提升第十八军军长，仍兼第十一师师长。

10 月　率部首先攻入郑州，得蒋介石嘉奖。

11月、12月　赴日参观秋操及军事学校，任观操武官。

1931年

1月　兼任第十四师师长。

6月　参加对工农红军的第三次"围剿"，任第二路进击军总指挥。

9月　兼任吉安警备司令。

10月　兼任第五十二师师长，原第十四师师长职由周至柔调任。

是年　与原配夫人吴舜莲离婚。

1932年

1月1日　经宋美龄介绍，在上海与谭延闿之三女谭祥女士结婚。

2月、3月　率部增援赣州，使红一方面军被迫放弃攻打赣州计划。

11月　任抚河方面"进剿军"前敌总指挥。

12月底　在对工农红军第四次"围剿"的战斗序列中，任"赣闽粤边区进剿军"中路军总指挥。

1933年

2月下旬　所率第五十二师、第五十九师在黄陂被工农红军全歼。

3月21日　所率第十一师在草台冈被工农红军围歼。

7月　兼任设于庐山的"中国国民党赣闽湘鄂北路剿匪军官训练团"团长，训练北路军"剿匪"部队中下级军官。

10月　参加第五次对工农红军的"围剿"，任北路军第三路军总指挥，兼第五路纵队总指挥。

1934年

2月　任北路军前敌总指挥，兼第三路军总指挥。

7月　任军事委员会陆军军官训练团（简称庐山军官训练团）副团长，轮训全国各地陆军高级军官。

10月　率部进占中央苏区石城、宁都、瑞金等地。任"驻赣绥靖预备军"总指挥，继续"清剿"红军及地方人民武装力量。

1935年

3月　兼任新成立的国民政府军事委员会委员长武昌行营陆军整理处

处长。

4月　在新颁军衔序列中，授陆军中将衔。

同月　奉派任庐山暑期训练团筹备主任。

5月　兼任陆军整理处军官教育团团长。

6月　奉蒋介石命令，负责整编部队的范围扩及全国骑兵、炮兵、工兵。

8月　任"峨眉军官训练团"教育长兼办公厅主任，专门训练川、滇、黔三省的军、政、教界官员。

10月　任新成立的"宜昌行辕"参谋长，仍兼任陆军整理处处长，该处改隶于宜昌行辕。

1936年

1月底　宜昌行辕与陆军整理处合并，改组为委员长行辕，不冠地名，驻武昌，旋任行辕参谋长。

3月28日　奉派赴山西协助阎锡山防御红军东渡黄河，任"剿匪"军第一路总指挥。

6月1日　在太原就任晋陕绥宁四省边区"剿匪"总指挥。

6月　以行辕参谋长名义，指挥部队南调，软硬兼施，处理"两广事变"。

8月21日　为对付桂军，兼任第三路军总司令。

9月　任中央军校校务委员兼广州分校主任；旋兼任军事委员会委员长广州行营参谋长。加陆军上将衔。

11月　调任武汉"委员长行辕"副主任兼参谋长。

12月　调任军政部常务次长。

12月12日　在震惊中外的"西安事变"中被拘。

12月27日　继蒋介石于25日获释后，与其他军政大员同时获释，飞返南京。

1937年

1月4日　奉派为第四集团军总司令，屯兵渭南，"剿抚并举"，分化瓦解东北军和西北军。

3月　与夫人谭祥，同赴青田探亲。

6月　兼任庐山军官训练团教育长，调训全国党政军官员。

8月　任第三战区前敌总指挥，兼第十五集团军总司令，指挥淞沪抗战。

9月　任第三战区左翼作战军总司令，兼第四预备军副司令长官。

11月　任第三战区前敌总司令。上海失陷后，复于11月25日任第七战区副司令长官兼第十五集团军总司令。

1938年

1月　任武汉卫戍总司令。

2月　任军事委员会政治部部长。

3月　任武昌军官训练团教育长。

4月　兼任航空委员会委员。

5月　兼任中央训练委员会主任委员、军事委员会战时工作干部训练第一团副团长。

6月14日　奉派为第九战区司令长官，兼湖北省政府主席，与第五战区协同组织指挥武汉保卫战。

6月　兼任中央训练团教育长。

7月9日　任刚成立的三民主义青年团中央书记长，蒋介石任团长。

7月21日　奉派为国民党湖北省党部主任委员，未到任期间，由喻育之代理职务。

12月　第九战区司令长官兼职由薛岳代理。

1939年

1月31日　经行政院决定，其湖北省政府主席职由严重代理。

2月　兼任游击干部训练班副主任。

3月　兼任战地党政委员会委员、中央训练团军事训练处处长。

5月　升陆军二级上将。

8月　兼任中央训练团特别党部特派员。

9月　与薛岳指挥第一次长沙会战。

10月　兼任第六战区司令长官，驻节恩施。

1940 年

1 月　奉命抵桂，参与指挥桂南会战。

6 月　任宜昌会战右翼兵团长。

7 月　重建第六战区，任该区司令长官，驻节恩施。

9 月　回任湖北省政府主席；与此同时，辞去军事委员会政治部长及三民主义青年团中央团部书记长职。

1941 年

3 月　兼军事委员会党政委员会第六战区分会主任委员。

4 月　颁布《湖北省减租实施办法》，分区实行二五减租。

6 月　主持制定《新湖北建设计划大纲》。

9 月　赴秭归指挥攻略宜昌。

1942 年

2 月　实施军需独立，扫除积弊。

1943 年

2 月 11 日　奉派为远征军司令长官，3 月飞楚雄到任；仍兼第六战区司令长官及湖北省政府主席职。

5 月　赶回恩施，指挥鄂西战役，歼敌于石牌，获捷。

8 月　重返远征军司令部任所。

9 月　请辞远征军司令长官职，遭蒋严词斥责。

11 月　因胃病复发，远征军司令长官职由卫立煌代理，赴渝休养。

1944 年

6 月　赴西安，协助整顿西北局势。

7 月　出任第一战区司令长官暨冀察战区总司令。

同月　飞汉中设长官部，补充训练并监督陕豫党政机关。

8 月　赴西安指挥潼关方面战事。

12 月 1 日　出任军政部部长，着手整顿全国军队。

1945 年

1 月　兼军政部后勤总司令。

3 月　提出整军纲要，并呈准施行。

5 月　当选为中国国民党第六届中央执行委员会委员、中央执行委员会常务委员。

6 月　兼任国防研究院副院长。

8 月 15 日　日本宣布无条件投降，主持军政部开展复员与接收工作。

同月　辞后勤总司令兼职。

10 月　兼中央训练团教育长。

12 月　任中央军事机构改组委员会主任委员。

1946 年

4 月 3 日　继张治中之后，任"三人小组"国民政府方面代表；24 日即由军令部长徐永昌接任。

4 月　任青年军复员管理处处长。

6 月　于国防部成立后，任参谋总长兼海军总司令。

9 月　再度兼任三民主义青年团中央团部书记长。

10 月 21 日　因徐永昌生病，再次奉派作为国民政府代表参加三人小组，俞大维襄助。

11 月　当选制宪国大代表，出席"制宪国民大会"，并任大会主席团成员。

1947 年

2 月　晋升陆军一级上将。

8 月 29 日　奉派兼任国民政府主席东北行辕主任；9 月 1 日飞赴沈阳就职，接替熊式辉，主持东北战局。

1948 年

2 月 5 日　离沈赴沪医治胃病，由卫立煌任东北行辕副主任兼东北"剿匪"总司令。

5 月 12 日　准辞参谋总长本兼各职。

6 月　入上海国防医学院，胃切除三分之二。

10 月　由上海移居台北草山（即阳明山）疗养。

12 月 29 日　受任台湾省政府主席，翌年 1 月 5 日正式就职视事。

1949 年

1 月 18 日　兼任台湾警备总司令。

1 月 21 日　飞杭州，谒见刚宣布下野的蒋介石。次日飞南京，谒见代总统李宗仁、行政院长孙科。

3 月　飞溪口，谒见蒋介石。

同月　订颁台湾省出境入境管制办法。整编军队。

4 月　推行三七五减租，开始土地改革。

5 月 20 日　颁布"戒严令"，台湾省实行"临时戒严"。

5 月　实行户口总检查。简化行政机构。

6 月 15 日　颁布《台湾省币制改革方案》和《新台币发行办法》，发行新台币，改革币制。

8 月 15 日　任东南军政长官公署军政长官，辖苏、浙、闽、台四省，长官公署设台湾；台湾警备总司令部同时结束工作。

12 月 21 日　辞去台湾省政府主席职，专任东南军政长官职务。

1950 年

3 月　出任"行政院院长"；东南军政长官公署结束工作。

7 月　任中国国民党中央改造委员会委员。

1951 年

1 月　兼任"行政院设计委员会主任委员"，为"反攻大陆"设计各种实施方案。

4 月　实行经济金融紧急措施，禁止金钞买卖，并改定外汇管理办法。

1952 年

3 月　订定四年建设计划。

10 月　当选为台湾国民党第七届中央执行委员会委员、中央执行委员会常务委员。

同月　召开侨务会议，订立《华侨反共公约》。

1953 年

1 月 发布"行政院"令,指定台湾为"耕者有其田"施行区域。

1954 年

3 月 24 日 在第一届"国民大会"第二次会议上,当选为"副总统"。旋辞"行政院长"职。

11 月 兼"总统府""光复大陆设计研究委员会"主任委员,原"行政院设计委员会"即行并入。

1955 年

2 月 兼"革命实践研究院主任"。

7 月 兼"行政院"石门水库建设筹备委员会主任委员,主持石门水库建设的筹备工作。

1956 年

7 月 石门水库建设委员会正式成立,任主任委员。

1957 年

10 月 在中国国民党"八全大会"上当选为中央执行委员会委员、常务委员;并经蒋介石提名,当选为副总裁。

1958 年

7 月 再度出任"行政院长"。

8 月 辞石门水库建设委员会主任委员及"革命实践研究院主任"职。

1960 年

1 月 订立《加速经济发展十九点计划》。

3 月 在"第一届国民大会第三次会议"上,再次当选为"副总统";继续担任"行政院长"。

7 月 前往金门岛视察。

1961 年

7 月 以"行政院长"身份,主持阳明山第一次会谈,邀台湾及海外经济界人士,商讨"复国大计"。

7 月 29 日 出访美国,8 月 13 日返台。

8月　以"行政院长"身份，主持阳明山第二次会谈，邀台湾及海外文化、教育、科技界人士商讨"复国大计"。

1963 年

3月4日　出访南越，9日返台。

3月20日　出访菲律宾，23日返台。

7月　病假一月，在阳明山休养。

8月　续假二月，在日月潭休养。

9月16日　因葛乐礼台风，提前销假，处理水灾。

11月22日　在台湾国民党"九全大会"上，经蒋介石提名，连任副总裁。

12月15日　辞"行政院长"兼职。

12月25日　请病假三月。

1964 年

6月14日　石门水库落成，主持竣工典礼。

9月　连续腹泻，体重遽减。

10月　经肝穿刺检查，确诊为肝癌。

1965 年

2月27日　医疗小组发表第一次病情公报。

3月3日　口授遗言三条。

3月5日　因患肝癌，医治无效去世，终年 68 岁。